Vaivén: 21st-Century Art of Puerto Rico
and Its Diaspora

Arte de Puerto Rico en el siglo
XXI y su diáspora

I0446049

Vaivén: **21st-Century Art of Puerto Rico and Its Diaspora**

Arte de Puerto Rico en el siglo XXI y su diáspora

**Curated by / Curado por
Teréz Iacovino, José López Serra**

Published by / Publicado por
Katherine E. Nash Gallery

Distributed by / Distribuido por
University of Minnesota Press

Teréz Iacovino

(EN)

Acknowledgments

Like many relationships, ours began on an app. It was July 2021, and I nervously typed a message to someone I had never met. For months I had been following the work of Hidrante, an exciting and experimental project space in San Juan, Puerto Rico, directed by José López Serra. "I am interested in a collaboration between two Puerto Rican artists/curators," I wrote, "one who has always been rooted in Puerto Rico (you), and one who is very estranged from Puerto Rico." That first message catalyzed four years of conversation, research, travel, and curatorial collaboration between an independent art space and a university gallery. I am forever grateful to José López Serra, his willingness to jump in headfirst with me, and his wonderful contributions to our project.

This catalogue and its related exhibition are a testament to the generosity of Puerto Ricans across the archipelago and its diaspora. To our forty-three exhibiting artists, thank you for entrusting us with your work and words. To our contributing authors Arlene Dávila, Yomaira C. Figueroa-Vásquez, María Elena Ortiz, Carlos Ortiz Burgos, and Monica Uszerowicz, the beauty and insight of your writing bring invaluable perspectives to these pages. I am honored to share this project with you, our loved ones, and our communities across Minnesota, Puerto Rico, and everywhere in between.

Vaivén: 21st-Century Art of Puerto Rico and Its Diaspora is made possible by the generous support of The Andy Warhol Foundation for the Visual Arts, the National Endowment for the Arts, the Elizabeth Firestone Graham Foundation, the Harlan Boss Foundation for the Arts, the University of Minnesota Imagine Fund, and Ann and Michael G. Hofkin. On behalf of Hidrante, many thanks to the Centro ce Economía Creativa and its cultural employment initiative, Maniobra, which supported Hidrante's programming from 2022 to 2025; the Puerto Rican Arts Initiative (PRAI), a curatorial platform created to support and promote

(ES)

Agradecimientos

Como muchas relaciones, la nuestra comenzó en una aplicación. Era julio de 2021 y nerviosamente escribí un mensaje a alguien a quien nunca había conocido. Durante meses, había estado siguiendo el trabajo de Hidrante, un espacio experimental y emocionante en San Juan, Puerto Rico, dirigido por José López Serra. "Me interesa una colaboración entre dos artistas/curadores puertorriqueños", escribí, "uno que siempre ha estado arraigado en Puerto Rico (tú) y uno que está muy alejado de Puerto Rico". Ese primer mensaje dio lugar a cuatro años de conversación, investigación, viajes y colaboración curatorial entre un espacio independiente de arte y una galería universitaria. Agradeceré siempre a José López Serra, por su disposición para lanzarse a esta aventura conmigo y sus maravillosas contribuciones a nuestro proyecto.

Este catálogo y su exposición relacionada son un testamento a la generosidad de los puertorriqueños a través del archipiélago y la diáspora. A nuestros cuarenta y tres artistas exhibidores, gracias por confiarnos su trabajo y sus palabras. A nuestros autores colaboradores Arlene Dávila, Yomaira C. Figueroa-Vásquez, María Elena Ortiz, Carlos Ortiz Burgos y Monica Uszerowicz, la belleza y perspectiva de sus escritos aportan perspectivas invaluables a estas páginas. Me honra compartir este proyecto con ustedes, nuestros seres queridos y nuestras comunidades a través de Minnesota, Puerto Rico y en todos los lugares intermedios.

Vaivén: Arte de Puerto Rico del siglo XXI y su diáspora es posible gracias al generoso apoyo de The Andy Warhol Foundation for the Visual Arts, la National Endowment for the Arts, la Elizabeth Firestone Graham Foundation, la Harlan Boss Foundation for the Arts, la University of Minnesota Imagine Fund y Ann y Michael G. Hofkin. En nombre de Hidrante, muchas gracias al Centro de Economía Creativa y su iniciativa de empleo cultural, Maniobra, que apoyó la programación de Hidrante de 2022 a 2025; la Puerto Rican Arts Initiative (PRAI), una plataforma curatorial creada para apoyar y promover las artes performativas y efímeras

performance and ephemeral arts; and the Mellon Foundation for its contributions to Puerto Rico's cultural sector through its support of Maniobra and PRAI.

Many of the exhibiting artists have generously lent work from their personal collections, and the following lenders have kindly permitted and facilitated loans to the exhibition: Dieu Donné, New York; Efraín López, New York; Ferrin Contemporary; Hannah Hoffman, Los Angeles; Hidrante, San Juan; Hutchinson Modern & Contemporary, New York; the Collection of Jerry Jackson; Luis De Jesus Los Angeles; Monique Meloche Gallery, Chicago; the Collection of Osvaldo Santiago; P•P•O•W, New York; and the Collection of Marguerite Steed Hoffman.

I am grateful to our community partner, Borikén Cultural Center, for bringing the beauty of Bomba to the Katherine E. Nash Gallery. I am also grateful to our University of Minnesota partners who have supported this project through their cosponsorship: the Departments of Art, Art History, and Chicano and Latino Studies; the Immigration History Research Center; the Office for Public Engagement; and the University Libraries Francis V. Gorman Rare Art Books, Media, and Artist Archives Collection. I am grateful to visiting assistant professor Dr. Elvira Aballí Morell and her undergraduate students Emily Almanzar, Lukas Charbonnet, Hudson Doty, Charlotte Gilkey, Andy Hayman-Wetterland, Devin Heppenstall, Madelyn Jacobs, Sana Kathawala, Tori Lokuta, Alexandra Panic, Gavriel Pappas, and Carly Rekstad, who wrote this exhibition's bilingual guide as part of their coursework for SPAN 3510 Issues in Hispanic Cultures: "(Re)Framing Afro-Latinx," offered in spring 2025. A special thanks to Dr. Aballí Morell's undergraduate student Bella Minahan, whose podcast *Contemporary Latinx Art in Perspective* featured the exhibition in its first four episodes.

The Katherine E. Nash Gallery is operated by the Department of Art and supported by administrative and technical staff across the department, the College of Liberal Arts, and the University of Minnesota. My thanks to Hermela Adugna, Shannon Birge Laudon, Mindy Breva, Alexandra Brown, Christy Dickinson, Colleen Donahue, Brad Engelmann,

y la Mellon Foundation por sus contribuciones al sector cultural de Puerto Rico a través de su apoyo a Maniobra y PRA.

Muchos de los artistas exhibidores han prestado generosamente obras de sus colecciones personales y los siguientes prestamistas han permitido y facilitado amablemente los préstamos para la exposición: Dieu Donné, Nueva York; Efraín López, Nueva York; Ferrin Contemporary; Hannah Hoffman, Los Ángeles; Hidrante, San Juan; Hutchinson Modern & Contemporary, Nueva York; la Colección de Jerry Jackson; Luis De Jesus Los Ángeles; Monique Meloche Gallery, Chicago; la Colección de Osvaldo Santiago; P•P•C•W, Nueva York y la Colección de Marguerite Steed Hoffman.

Agradezco a nuestro socio comunitario, Borikén Cultural Center, por llevar la belleza de la Bomba al Katherine E. Nash Gallery. También agradezco a nuestros socios de la University of Minnesota que han apoyado este proyecto a través de su copatrocinio: los Departamentos de Historia del Arte y Estudios Chicano y Latinos; el Immigration History Research Center; la Oficina para el Compromiso Público y el University Libraries Francis V. Gorman Rare Art Books, Media y Artist Archives Collection. Agradezco a la profesora visitante la Dra. Elvira Aballí Morell y sus estudiantes de pregrado Emily Almanzar, Lukas Charbonnet, Hudson Doty, Charlotte Gilkey, Andy Hayman-Wetterland, Devin Heppenstall, Madelyn Jacobs, Sana Kathawala, Tori Lokuta, Alexandra Panic, Gavriel Pappas y Carly Rekstad, quienes escribieron la guía bilingüe de esta exposición como parte de su curso SPAN 3510 Issues in Hispanic Cultures: "(Re)Framing Afro-Latinx", ofrecido en primavera de 2025. Un agradecimiento especial a Bella Minahan, estudiante de pregrado de la Dra. Aballí Morell cuyo podcast *Contemporary Latinx Art in Perspective* presentó la exposición en sus primeros cuatro episodios.

Katherine E. Nash Gallery es operada por el Departamento de Arte y apoyada por el personal administrativo y técnico del departamento, la Facultad de Artes Liberales y la University of Minnesota. Mis agradecimientos a Hermela Adugna, Shannon Birge Laudon, Mindy Breva, Alexandra Brown, Christy Dickinson, Colleen Donahue, Brad Engelmann, Josh Gates, Jim Gubernick, Karen Haselmann, Regina Hopingardner, Caroline Houdek Solomon, Paul

Josh Gates, Jim Gubernick, Karen Haselmann, Regina Hopingardner, Caroline Houdek Solomon, Paul Linden, Logan Morrow, Lynda Pavek, Sonja Peterson, Kimberlee Roth, Robin Schwartzman, Patricia Straub, and Victoria Troxler. I am incredibly grateful to our current gallery assistants, interns, and teaching assistants, including Fernanda Beltran-Lopez, Bryn Cashen-Smart, Maeve Jackson, Corrie Steckelberg, and Taylor Wald, who have done an excellent job assisting with all aspects of the exhibition. I am indebted to freelance preparators Kathryn Blommel, Julia Maiuri, Eleanore McKenzie Stevenson, and Prerna, who were essential to the exhibition installation. My thanks to Christine Baeumler for her support of the Katherine E. Nash Gallery, and a shared belief that art has the power to transform our understanding of the world. To my colleagues Chotsani Elaine Dean and Russ White, thank you for being sounding boards for many facets of this project. I am also forever grateful to Howard Oransky, former director of the Katherine E. Nash Gallery (2011–25), who supported every aspect of this project through his generous mentorship, encouragement, and feedback.

I appreciate the impeccable work of our designer Luis A. Vázquez O'Neill, lead copy editor Miles Champion, and copy editor Joel D. Rivera Díaz, who also translated alongside Néstor David Pastor. This bilingual publication is distributed by University of Minnesota Press and my thanks go to senior acquisitions editor Pieter Martin for bringing this project onboard and his colleagues Anne Carter, Shelby Connelly, Rachel Moeller, and Heather Skinner for their assistance. As language is alive and constantly in flux, a variety of spellings, translation styles, and terminology relating to Puerto Rican culture, life, and history are respected in this book.

Lastly, I am thankful to my family, whose unconditional love and support sustained me throughout this process. To my husband, Brian, I am grateful that you are my person and coparent. Thank you to my mother, Linda, for witnessing this journey, and to my brother, Julio, for leading me back to Puerto Rico. And to my son, Henry, whose birth planted the seeds for this exhibition, and whose love waters them each day.

Arlene Dávila

Foreword

Prólogo

It is an honor to write a few words as a fore-word for the catalogue accompanying *Vaivén: 21st-Century Art of Puerto Rico and Its Diaspora,* an exhibition that gives me hope that we are finally amid and witnessing a much antic-ipated, unprecedented, and necessary Vaivén Rican renaissance.

This is the Vaivén Rican renaissance that Nuyorican artists once dreamed of, where we could imagine Puerto Rican identity beyond territorial and regional boundaries, where Blackness, Indigeneity, and intersectional iden-tities take center stage.

Indeed, one of the most important take-aways from the Nuyorican art movement of the late 1960s and 1970s is the efforts of art-ists and activists to expand definitions of Puerto Rican identity to include the diaspora and its creativity. Their significant achieve-ment was delinking Puerto Ricanness from narrow constructions that tied it to geography and ignored the evolving Puerto Rican dias-pora that was then transforming New York City and other cities across the United States. Nuyorican artists and activists communi-cated their vision through a Third Worldist perspective, as seen in the work of the Young Lords and the creative output of such pio-neering Nuyorican "artivists" as Miguel Piñero and Marta Moreno Vega. It was a vision that centered on validating Diasporican identities broadly—challenging notions of authenticity around language, place of birth, or race, while boasting Puerto Rican pride as a source of resistance and defiance against racism and colonial oppression.

Unfortunately, this imagination was too beautiful and expansive for our institutions, which failed to support and cherish it. After the growth of the alternative art movement throughout the late 1960s up to the 1980s, when we saw the creation of alternative art and culture museums and organizations to sustain alternative worldviews and commu-nities, the 1980s saw a turning away from community—a drying up of funds and a turn

Es un honor escribir unas palabras como pró-logo al catálogo que acompaña a *Vaivén: Arte de Puerto Rico en el siglo XXI y su diáspora,* una exposición que me da la esperanza de que finalmente estamos presenciando un renaci-miento *vaivén-rican* tan esperado, tan necesa-rio y sin precedentes.

Este es el renacimiento vaivén-rican que una vez concibieron los artistas nuyorrique-ños, en el que podemos imaginar una identidad puertorriqueña más allá de las fronteras terri-toriales y regionales, en el que la negritud, la indigeneidad y las identidades interseccionales toman protagonismo.

De hecho, uno de los resultados más im-portantes del movimiento artístico nuyorri-queño de finales de los años 1960 y 1970 son los esfuerzos de los artistas y activistas por ampliar las definiciones de la identidad puerto-rriqueña para incluir a la diáspora y su creati-vidad. Su logro más significativo fue separar la puertorriqueñidad de los constructos cerra-dos que la vinculaban a la geografía e ignoraban la creciente diáspora puertorriqueña que es-taba transformando la ciudad de Nueva York y otras ciudades en los Estados Unidos. Los artistas y activistas nuyorriqueños comunicaron su visión a través de una perspectiva tercer-mundista, como se ve en el trabajo de los Young Lords y la producción creativa de "artivists" nu-yorriqueños como Miguel Piñero y Marta Moreno Vega. Fue una visión enfocada en afirmar las identidades diasporriqueñas en general—desa-fiando las nociones de autenticidad asociadas con idioma, lugar de nacimiento o raza, mientras que gozaba del orgullo puertorriqueño como una fuente de resistencia y rebelión contra el racismo y la opresión colonial.

Lamentablemente, esta creatividad era demasiado hermosa y expansiva para nues-tras instituciones, que no la apoyaron ni la apre-ciaron. Tras el crecimiento del movimiento de arte alternativo desde finales de la década de 1960 hasta la década de 1980, cuando vi-mos la creación de museos y organizaciones de arte y cultura alternativos para sostener

to what I have elsewhere called a whitened Latinidad that had little to no room for Nuyorican and Diasporican creativity.[1] The rise of the "Latin art boom" in the 1990s secured this invisibility by canonizing the category of "Latin American art" as the premier space for studying and exhibiting artists living and working across the United States, be they Puerto Rican or Latinx.

This is why this multidisciplinary exhibition is so historic and necessary. It deepens an ongoing conversation and marks a timely return to the diaspora, while creating a solid scholarly record of documentation so we keep moving forward in this necessary direction. Several factors have fueled this return, from the growing recognition of Latinx art as American art to the rise of the Afro-Latinx movement, which has led to greater recognition of Nuyorican/Diasporican art and artists. These factors also served as the impetus for our volume *Nuyorican and Diasporican Visual Art: A Critical Anthology*, coedited with Yasmin Ramirez, for which some of the contributors to the present catalogue have written important essays.

This timely return is also evident in *entre horizontes: Art and Activism Between Chicago and Puerto Rico* (2023–24), curated by Carla Acevedo-Yates at the Museum of Contemporary Art Chicago, and the Center for Puerto Rican Studies' important initiative, Diasporican Art in Motion, which examines visual culture and Diasporican community-building. It also reverberates in Puerto Rico, in the first institutional exhibition of Black Puerto Rican artists, presented at the Museo de Arte Contemporáneo de Puerto Rico. *Puerto Rico Negrx* (2023–24), curated by María Elena Ortiz and Marina Reyes Franco, featured several artists from the diaspora, including Glendalys Medina, Shellyne Rodriguez, and William Villalongo. Finally, we are also seeing deep engagements with Diasporican artists, such as the exhibition at El Museo del Barrio, *Candida Alvarez: Circle, Point, Hoop* (2025), an important retrospective of a Diasporican master artist and one of less than a handful of solo exhibitions featuring a Diasporican female artist in the museum's history!

Finally, *Vaivén: 21st-Century Art of Puerto Rico and Its Diaspora* is made possible

cosmovisiones y comunidades alternativas, en los años 1980 se produjo un rechazo de la comunidad—una escasez de financiación y un giro hacia lo que en otras ocasiones he llamado una latinidad blanqueada en la que no había lugar para la creatividad nuyorriqueña o diasporriqueña.[1] El "Latin art boom" en la década de 1990 facilitó esta invisibilidad al canonizar la categoría de "Latin American art" como el campo principal para estudiar y exhibir a los artistas que viven y trabajan en los Estados Unidos ya sean puertorriqueños o latinx.

Por eso esta exposición multidisciplinar es tan histórica y necesaria. Profundiza una conversación en curso y marca una vuelta oportuna a la diáspora, mientras crea un sólido registro académico de documentación para que sigamos avanzando en esta dirección necesaria. Varios factores han impulsado esta vuelta, desde el creciente reconocimiento del arte latinx como arte estadounidense y el boom del movimiento artístico afrolatinx, los cuales han resultado en un mayor reconocimiento del arte y los artistas nuyorriqueños-diasporriqueños. Estos factores también han servido de impulso para nuestro volumen *Nuyorican and Diasporican Visual Art: A Critical Anthology*, coeditado con Yasmín Ramírez, para el cual algunos de los colaboradores de este catálogo han escrito importantes ensayos.

Esta vuelta oportuna también se nota en *entre horizontes: Art and Activism Between Chicago and Puerto Rico* (2023–24), curada por Carla Acevedo-Yates para el Museo de Arte Contemporáneo de Chicago y la importante iniciativa Diasporican Art in Motion del Centro de Estudios Puertorriqueños, que investiga la cultura visual diasporriqueña y la construcción de comunidades. También encuentra eco en Puerto Rico, en la primera exposición institucional de artistas afropuertorriqueños, organizada por el Museo de Arte Contemporáneo de Puerto Rico. *Puerto Rico Negrx* (2023–24), curada por María Elena Ortiz y Marina Reyes Franco, presentó a varios artistas de la diáspora, entre ellos Glendalys Medina, Shellyne Rodriguez y William Villalongo. ¡Finalmente, también estamos viendo compromisos profundos con artistas diasporriqueños, como la exposición en El Museo del Barrio, *Candida Alvarez: Circle, Point, Hoop* (2025), una gran retrospectiva de una maestra diasporriqueña

by the vision of a Diasporican curator, which is a rare feat given how much curators and art historians centering the archipelago have dominated the art history conversation, often contributing to Latin American art, but less so to the development of Diasporican artistic communities. Indeed, the lack of Diasporican curators and art historians with the knowledge of and linkages to Diasporican communities is one of the many unfortunate outcomes of the historical blindness and whiteness of the field of art history. Within this discipline, Nuyorican and Diasporican art have been systematically marginalized, falling through the cracks of the fields of American and Latin American art, the two canonically sanctioned areas within art history where Puerto Rican and Latinx art have been pigeonholed. In this context, renowned Puerto Rican curators have historically contributed to major scholarly debates in Latin American art, but seldom contributed to documenting Diasporican art or the development of Diasporican artistic communities. This is why I am so excited to see this exhibition come to fruition, an exhibition that I hope—and trust—will finally help address dominant trends in Puerto Rican art history while pointing to what is possible when we nurture and mentor more Diasporican arts professionals, and generate more scholarship about Puerto Rican artists working across the states and the archipelago with equal attention and care.

I also want to credit Teréz Iacovino's vision for the Katherine E. Nash Gallery to collaborate with a smaller alternative art organization. By working with Hidrante—a San Juan, Puerto Rico–based gallery and residency program directed by independent curator José López Serra—their shared vision brings together an intergenerational mix of curators, scholars, and arts writers, to contextualize the exhibition within the larger conversation of Puerto Rican studies. These moves provide a model of the type of interdisciplinary and community engagement that we should all strive for when representing the diverse community of Diasporican art.

I commend the exhibition's breadth and the curators' pioneering efforts to go beyond both the archipelago and New York–centric focus that has dominated the con-

y una de las pocas exposiciones de una artista diasporriqueña en la historia del museo!

Por último, *Vaivén: Arte de Puerto Rico en el siglo XXI y su diáspora*, es posible gracias a la visión de una curadora diasporriqueña, lo cual es un logro poco común dada la forma en que muchos curadores e historiadores del arte con enfoque en el archipiélago han dominado la conversación de historia de arte, en muchos casos contribuyendo al arte latinoamericano, pero no tanto al desarrollo de las comunidades artísticas diasporriqueñas. De hecho, la falta de curadores e historiadores de arte diasporriqueños con el conocimiento y conexiones con las comunidades diasporriqueñas es una de las consecuencias más desafortunadas de los puntos ciegos históricos y la blancura del campo de la historia del arte. En esta disciplina, el arte nuyorriqueño y el arte diasporriqueño han sido sistemáticamente marginados, cayendo en las brechas de los campos del arte estadounidense y del arte latinoamericano, las dos áreas canónicamente autorizadas dentro de la historia del arte en las que el arte puertorriqueño y el arte latinx han sido estereotipados. En este contexto, curadores puertorriqueños de renombre han contribuido históricamente a importantes debates académicos sobre el arte latinoamericano, pero casi nunca han contribuido a la documentación del arte diasporriqueño ni al desarrollo de comunidades artísticas diasporriqueñas. Por eso me emociona tanto ver que se lleve a cabo esta exposición, una que espero—y confío—que nos ayudará a abordar las tendencias dominantes en la historia del arte puertorriqueño y también señalar lo que es posible cuando fomentamos y asesoramos a más expertos en el arte diasporriqueño y generamos más investigación sobre los artistas puertorriqueños que trabajan en los Estados Unidos y el archipiélago con igual diligencia y atención.

Además, quiero reconocer la visión de Teréz Iacovino para Katherine E. Nash Gallery y su colaboración con una organización de arte alternativo más pequeña. Al trabajar con Hidrante—una galería y programa de residencia con sede San Juan, Puerto Rico dirigido por el curador independiente José López Serra—su visión compartida reúne una mezcla intergeneracional de curadores, académicos y críticos de arte para darle contexto a

versation on Puerto Rican art. By exhibiting artists working in, or with deep connections to, Chicago, Los Angeles, Minneapolis, Miami, and Philadelphia, among other locales, the exhibition offers us the first comprehensive view of Puerto Rican aesthetics across the region.

Most of all, I celebrate the complexity and nuance this exhibition offers and how it moves beyond the identity of "neither-here-nor-there" conversations that have dominated exhibitions on the diaspora. It presents a diverse visual feast, ranging from public murals and digitally printed posters to ceramics, sculpture, installation, video, painting, and more, making it clear that Puerto Rican artistic production across the archipelago and the diaspora is intricate, dynamic, and multifaceted, representing a cultural *vaivén* of expression and creativity.

la exposición dentro de la conversación más amplia de los estudios puertorriqueños. Estas medidas proporcionan un ejemplo del tipo de compromiso interdisciplinario y comunitario que todos deberíamos esforzarnos por lograr para representar a la diversa comunidad del arte diásporriqueño.

Elogio la variedad de la exposición y los esfuerzos pioneros de los curadores para ir más allá del enfoque tanto en el archipiélago como en Nueva York que ha dominado la conversación sobre el arte puertorriqueño. Al mostrar artistas que trabajan en o con profundas conexiones con Chicago, Los Ángeles, Minneapolis, Miami y Filadelfia, entre otros lugares, la exposición ofrece la primera perspectiva integral sobre la estética puertorriqueña en toda la región.

Sobre todo, celebro la complejidad y los matices que ofrece esta exposición y cómo va más allá de la identidad de las conversaciones "ni de aquí ni de allá" que han dominado las exposiciones sobre la diáspora. Presenta una muestra visual diversa que abarca desde murales públicos hasta cárteles, impresiones digitales, cerámicas, esculturas, instalaciones, videos, pinturas y más y deja claro que la producción artística puertorriqueña de todo el archipiélago y la diáspora es compleja, dinámica y multifacética, lo que representa un vaivén cultural de expresión y creatividad.

Teréz Iacovino, José López Serra

Teréz Iacovino, José López Serra

(EN) ## Preface

(ES) ## Prefacio

Derived from Spanish for "back-and-forth movement," *vaivén* is most associated with the supposed ease with which Puerto Ricans migrate between the United States and Puerto Rico. Beyond the comings and goings of travel, this word invokes something profound, naming decades of physical and cultural ebb and flow that have resulted in more people of Puerto Rican descent living across the fifty United States than in Puerto Rico. Amid a myriad of obstacles and distances, the diversity found among the artists included in this exhibition is a testament to Puerto Ricans' cultural richness, a culture that simultaneously sways between the territorial US mainland and a nation that is "foreign to the United States in a domestic sense," and ultimately, to itself.[1] As a result, *Vaivén: 21st-Century Art of Puerto Rico and Its Diaspora* gathers forty-three artists working from the archipelago and its diaspora whose work bears witness to the past twenty-five years of cultural, political, and migratory oscillations. Works in the exhibition challenge dominant cultural narratives of "island" post-disaster resiliency versus "mainland" diasporic neither-here-nor-there identity by tracing conceptual and aesthetic intersections across a range of approaches to image- and mark-making, sculpture and installation, and sound and video. Artists in the exhibition explore the hybridity of memory, language, place, and ancestral knowledge as they relate to acts of witnessing, resistance, and connection.

 Vaivén: 21st-Century Art of Puerto Rico and Its Diaspora builds on a history of research and exhibitions focusing on Caribbean and Latinx art and culture that have been presented at the University of Minnesota's Katherine E. Nash Gallery. Among other examples, the Gallery has collaborated with the Consulate of México to present *Allen Downs Life and Work: Winter Quarter in Mexico* (2013); the University's Departments of Chicano and Latino Studies, as well as Spanish and Portuguese, to present *Covered in Time*

Derivado del español para "movimiento de ida y vuelta", vaivén está más asociado con la supuesta facilidad con la que los puertorriqueños migran entre los Estados Unidos y Puerto Rico. Más allá de los vaivenes del viaje, esta palabra invoca algo más profundo para nombrar décadas de fluctuaciones físicas y culturales que han resultado en más personas de ascendencia puertorriqueña viviendo en los cincuenta estados de los Estados Unidos que en Puerto Rico. En medio de una multitud de obstáculos y distancias, la diversidad que se encuentra entre los artistas incluidos en esta exposición es un testimonio de la riqueza cultural de los puertorriqueños, una cultura que se balancea simultáneamente entre el territorio continental de Estados Unidos y una nación que es "extranjera a los Estados Unidos en un sentido doméstico" y en última instancia, a sí misma.[1] Como resultado, *Vaivén: Arte de Puerto Rico en el siglo XXI y su diáspora* reúne a cuarenta y tres artistas que trabajan desde el archipiélago y su diáspora cuyo trabajo da testimonio de los últimos veinticinco años de oscilaciones culturales, políticas y migratorias. Las obras de la exposición desafían las narrativas culturales dominantes de la "resiliencia insular" posdesastre versus identidad diaspórica de "ni aquí ni allá" en el continente, trazando intersecciones conceptuales y estéticas entre diversos enfoques de la creación de imágenes y los dibujos, la escultura y la instalación y el sonido y el vídeo. Los artistas de la exposición exploran la hibridez de la memoria, el lenguaje, el lugar y el conocimiento ancestral en relación con actos de testimonio, resistencia y conexión.

 Vaivén: Arte de Puerto Rico en el siglo XXI y su diáspora se basa en una trayectoria de investigación y exposiciones centradas en el arte y la cultura caribeña y latina que se han presentado en la Katherine E. Nash Gallery de la University of Minnesota. Entre otros ejemplos, la Katherine E. Nash Gallery ha colaborado con el Consulado de Mexico para presentar *Allen Downs Life and Work: Winter Quarter in México* (2013); los Departamentos de Estudios

and History: *The Films of Ana Mendieta* (2015)—the first full-scale traveling exhibition and catalogue devoted to the artist's films; and the Playwrights' Center in Minneapolis to commission Puerto Rican playwright Haygen-Brice Walker to produce a one-act play, which was read as part of the exhibition *Queer Forms* (2019). This exhibition also builds on Hidrante's past decade of programming, spanning exhibitions, residencies, and performances that respond to the immediate context of San Juan and its more extensive, complex relationship with Puerto Rico, the greater Caribbean, and the Puerto Rican diaspora. In addition to many of the exhibiting artists, Hidrante has worked with such artists, dancers, and writers as Pepe Álvarez Colón, Awilda Sterling-Duprey, Culeybo, Carina del Valle Schorske, Javier Cardona, Lena Galíndez, Ramón Miranda Beltrán, nibia pastrana santiago, Gadiel Rivera Herrera, and La Trinchera (Beatriz Irizarry, Cristina Lugo and Marili Pizarro), among others.

When we started conceptualizing this project in 2021, we saw *vaivén* as a framework for exchange and dialogue between two Puerto Rican curators tied to vastly different worlds. Our collaboration utilizes the knowledge and networks of a university gallery and an independent art space to address gaps in representation that large-scale exhibitions can fall victim to when the curators exist outside of the communities they want to engage and serve. In support of our exhibition research, we were fortunate to receive a Curatorial Research Fellowship from The Andy Warhol Foundation for the Visual Arts, which allowed us to build relationships with a variety of Puerto Rican practitioners in the visual arts. The fellowship supported travel over two years to conduct over sixty studio visits, archival research at the Center for Puerto Rican Studies and the Museo de Arte Contemporáneo de Puerto Rico, and in-person conversations with Puerto Rican curators and gallerists, cultural workers and producers, and scholars and writers across the diaspora and the archipelago. Our curatorial journey challenged us to reach beyond the well-worn narratives of Puerto Rican migration, and to ask ourselves again and again, what marks the exhibition's 110-plus objects as contemporary art of Puerto Rico and its diaspora? To answer this question

Chicanos y Latinos, así como Español y Portugués de la Universidad para presentar *Covered in Time and History: The Films of Ana Mendieta* (2015), la primera exposición, catálogo y gira internacional a gran escala dedicada a las películas de la artista y el Playwrights' Center en Minneapolis para encargar a la dramaturga puertorriqueña Haygen-Brice Walker la producción de una obra de un acto, que se leyó como parte de la exposición *Queer Forms* (2019). Esta exposición también se basa en la programación de Hidrante de la última década, que abarca exposiciones, residencias y performances que responden al contexto inmediato de San Juan y su relación más extensa y compleja con Puerto Rico, el Caribe y la diáspora puertorriqueña. Además de muchos de los artistas de la exposición, Hidrante ha trabajado con artistas, bailarines y escritores, entre ellos Pepe Álvarez Colón, Awilda Sterling-Duprey, Culeybo, Carina del Valle Schorske, Javier Cardona, Lena Galíndez, Ramón Miranda Beltrán, nibia pastrana santiago, Gadiel Rivera Herrera y La Trinchera (Beatriz Irizarry, Cristina Lugo y Marili Pizarro), entre otros.

Cuando comenzamos a conceptualizar este proyecto en 2021, vimos a *vaivén* como un marco para el intercambio y el diálogo entre dos curadores puertorriqueños vinculados a mundos muy diferentes. Nuestra colaboración aprovecha el conocimiento y las redes de una galería universitaria y un espacio de arte independiente para abordar las brechas de representación que pueden afectar a las exposiciones a gran escala cuando los curadores se encuentran fuera de las comunidades a las que desean conectar y servir. Para apoyar nuestra investigación expositiva, tuvimos la fortuna de recibir una beca de investigación curatorial de The Andy Warhol Foundation for the Visual Arts, que nos permitió establecer vínculos con diversos artistas puertorriqueños en el ámbito de las artes visuales. La beca financió viajes durante dos años para realizar más de sesenta visitas a estudios, investigación de archivo en el Center for Puerto Rican Studies y el Museo de Arte Contemporáneo de Puerto Rico y conversaciones presenciales con curadores y galeristas, trabajadores y productores culturales y académicos y escritores puertorriqueños de la diáspora y del archipiélago. Nuestro viaje curatorial nos desafió

requires us to recognize that being "of Puerto Rico" is inextricably linked with diaspora, Black and Caribbean epistemologies, and a constant reimagining of home and belonging.

As Carmen Theresa Whalen notes, "Puerto Ricans arrived in the States as a colonial people in the metropolis, as US citizens, and as a racially diverse group in a biracial system of classification that deemed people as either white or black, despite the far greater racial complexity that has always existed in the United States."[2] This biracial system of classification continues to be replicated in what Arlene Dávila, vis-à-vis George Lipsitz, describes as "the art world's 'possessive investment in whiteness.'"[3] As curators, we witnessed this in the contemporary art world after the 2020 murder of George Floyd in Minneapolis and the subsequent rise of the global Black Lives Matter movement, which led to greater scrutiny of racism and colorism across the archipelago and its diaspora.[4] "It took twenty-six years for this movement to finally unfold," Mayra Santos-Febres observes, "tentatively paving the way for including Afro-descendant Latinx artists in museum and gallery spaces ... Black Lives Matter has shaken the foundations of art institutions, on both the island and the mainland, and forced them to open their doors to those who had long remained on the art world's periphery.[5]

Recent exhibitions such as the inclusion of Awilda Sterling Duprey's performed drawings in the Whitney Biennial 2022: *Quiet as It's Kept*; *Daniel Lind-Ramos: El Viejo Griot—Una historia de todos nosotros (The Elder Storyteller—A Story of All of Us)* (2023) at MoMA PS1; Gadiel Rivera Herrera's *Mar adentro, historias profundas (Out to Sea, Deep Histories)* (2023) at the Museo de Arte de Puerto Rico; Pepón Osorio's *My Beating Heart/ Mi corazón latiente* (2023) at the New Museum; and *Puerto Rico Negrx* (2023–24) at the Museo de Arte Contemporáneo de Puerto Rico, all point to the recent contributions of Afro–Puerto Rican artists who "remained on the art world's periphery," both stateside and in the archipelago. This is not to say that curators and scholars were not previously engaging with and investing in these artists prior to the global rise of the Black Lives Matter movement. But what is so significant

a ir más allá de las narrativas conocidas de la migración puertorriqueña, y a preguntarnos una y otra vez, ¿qué marca los más de ciento veinte objetos de la exposición como arte contemporáneo de Puerto Rico y su diáspora? Para responder a esta pregunta, es necesario reconocer que ser "de Puerto Rico" está inextricablemente vinculado con la diáspora, las epistemologías negras y caribeñas y una constante reimaginación del hogar y la pertenencia.

Como observa Carmen Theresa Whalen, "los puertorriqueños llegaron a los Estados Unidos como un pueblo colonial en la metrópolis, como ciudadanos estadounidenses y como un grupo racialmente diverso en un sistema de clasificación birracial que consideraba a las personas como blancas o negras, a pesar de la complejidad racial mayor que siempre ha existido en los Estados Unidos".[2] Este sistema birracial de clasificación continúa replicándose en lo que Arlene Dávila, en relación con George Lipsitz, describe como "la inversión posesiva del mundo del arte en la blancura".[3] Todos presenciamos esto en el mundo de arte contemporáneo con el asesinato de George Floyd en Minneapolis en 2020 y el ascenso posterior del movimiento global Black Lives Matter, lo que llevó a un mayor escrutinio del racismo y el colorismo a través del archipiélago y su diáspora.[4] "Le tomó veintiséis años a este movimiento desarrollarse finalmente", observa Mayra Santos-Febres, "allanando el camino para incluir a artistas latinx de afrodescendiente en espacios de museos y galerías ... Black Lives Matter ha sacudido los cimientos de las instituciones artísticas, tanto en la isla como en el continente y las ha obligado a abrir sus puertas a aquellos que habían permanecido durante mucho tiempo en la periferia del mundo del arte".[5]

Exhibiciones recientes en solitario y en grupo, como la inclusión de los dibujos performáticos de Awilda Sterling-Duprey en el *Whitney Biennial 2022: Quiet as It's Kept* (Tan silencioso como se mantiene), *Daniel Lind-Ramos: El Viejo Griot—Una historia de todos nosotros* (The Elder Storyteller—A Story of All of Us) (2023) en MoMA PS1, Gadiel Rivera Herrera's *Mar adentro, historias profundas* (2023) en el Museo de Arte de Puerto Rico, Pepón Osorio's *My Beating Heart/ Mi corazón latiente* (2023) en New Museum y *Puerto Rico*

about the events of 2020 is how the hold of the art world's "possessive investment in whiteness" was loosened long enough to force the art world to pay attention to artists, curators, and institutions who have always been working from its "periphery."

One of the most prominent examples of the foregoing groundwork is the formation of the Nuyorican Poets Café—the birth of the "Nuyorican" demonym—and the greater Puerto Rican arts movement of 1970s New York City. As Yasmin Ramirez writes, "The Nuyorican moniker rebrands Puerto Rican New Yorkers as a transnational community whose language and lifestyles defied essentialist constructions of national identity, language, and culture in the United States and Puerto Rico."[6] Nuyorican culture paved the way for the -Rican suffix to graft new possibilities such as "Cali-ricans," "Chi-ricans," and "Sota-ricans," among others found within this exhibition. This variety of Diasporican possibilities speaks to the dispersive *vaivén* of Puertoricanness and the ongoing negotiation between assimilation of the immediate context versus one's ethnic and cultural origins. This negotiation is as complex as it is ongoing, reflecting the depth of the Puerto Rican experience and the importance of documenting artists who challenge the geographic and cultural authenticity, racialization, and classism that have shaped which voices define Puerto Rican contemporary art, and which continue to be devalued.

Maria Elena Ortiz's "Refusing Essentialism" is the first of four commissioned essays in this volume. Ortiz discusses how Black Boricua artists use their diasporic knowledge and strategies of opacity "to portray their perspective and affirm their visibility." In solidarity, this thread of refusal is stitched throughout the pages of Carlos Ortiz Burgos's "A Bifurcated Tongue: Multilingual Resistance in Puerto Rican Art," in which he considers how artists in the exhibition "surpass the capacity of any singular aesthetic as representative of a transnational Puerto Ricanness," as many of the exhibition artists employ a "bifurcated tongue" to move between forms of legibility and illegibility. This image of the bifurcated tongue dovetails with Monica Uszerowicz's "An In-Between

Negrx (2023–24) en el Museo de Arte Contemporáneo de Puerto Rico, apuntan a las recientes contribuciones de los puertorriqueños negros que "permanecieron en la periferia del mundo del arte", tanto en los Estados Unidos como en el archipiélago. Esto no significa que los curadores y académicos no estuvieran involucrados con estos artistas antes del ascenso del movimiento Black Lives Matter, pero lo que es tan significativo sobre los eventos de 2020 es cómo el dominio de la "inversión posesiva en la blancura" se relajó lo suficiente como para forzar al mundo del arte a prestar atención a artistas, curadores e instituciones que siempre han trabajado desde la "periferia".

Uno de los ejemplos más destacados de este trabajo es la formación del Nuyorican Poets Café—el nacimiento del gentilicio "Nuyorican"—y el mayor movimiento artístico puertorriqueño de la ciudad de Nueva York en la década de 1970. Como escribe Yasmín Ramírez, "el apelativo *Nuyorican* reetiqueta a los neoyorquinos puertorriqueños como una comunidad transnacional cuyo lenguaje y estilos de vida desafían las construcciones esencialistas de la identidad nacional, el lenguaje y la cultura en los Estados Unidos y Puerto Rico".[6] La cultura Nuyorican allanó el camino para que el sufijo -Rican permitiera nuevas posibilidades como "Cali-ricans", "Chi-ricans" y "Sota-ricans", entre otras encontradas en esta exposición. Esta variedad de posibilidades Diasporicanas habla del vaivén dispersivo de la puertorriqueñidad y la negociación continua entre la asimilación del contexto inmediato y los orígenes étnicos y culturales propios. Esta negociación es tan compleja como continúa, reflejando la profundidad de la experiencia puertorriqueña y la importancia de documentar a los artistas que desafían la autenticidad geográfica y cultural, la racialización y el clasismo que han definido qué voces definen el arte contemporáneo puertorriqueño y cuáles siguen siendo devaluadas.

El ensayo de María Elena Ortiz, "Rechazando el esencialismo", es el primero de cuatro ensayos encargados en este volumen. Ortiz discute cómo los artistas negros boricuas utilizan su conocimiento diaspórico y estrategias de opacidad "para retratar su perspectiva y afirmar su visibilidad". En solidaridad, este hilo de negación se teje a lo largo de las páginas

Thing: Water, Dreams, and Swaying in Vaivén," where she writes about her Caribbean family's ancestral and spiritual practices, the embodiment of longing, and the fraught relationship between nostalgia and lived reality. Lastly, Yomaira C. Figueroa-Vásquez's "'con el recuerdo al hombro': Black Boricua aesthetics and the demand for our politico-spiritual attention" discusses how Black Puerto Rican women offer ways through which to imagine a Puertoricannessbeyond the enduring vestiges of political and spiritual colonial domination. To further unfold the patchwork that is Puertoricanness, as Figueroa-Vásquez tells us, "we must remind ourselves of the double diaspora of Black Boricuas."

As Puerto Rican curators from very different worlds, our shared vision for this exhibition embodies the vaivén as a dialogue beyond binaries. Throughout this journey, we challenged each other to unpack our preconceived notions about what a Puerto Rican art exhibition can be. Rather than following a linear trajectory, *Vaivén: 21st-Century Art of Puerto Rico and Its Diaspora* documents Puerto Rican artistic production across time and place, illuminates a greater understanding of *vaivén* that contemporary Puerto Rican reality entails, and serves as an invitation to continue to pull at the threads of migration, assimilation, and cultural and political belonging.

del ensayo de Carlos Ortiz Burgos, "Una lengua bifurcada: Resistencia multilingüe en el arte puertorriqueño", en el que considera cómo los artistas en la exposición "superan la capacidad de cualquier estética singular como representativa de una puertorriqueñidad transnacional" ya que muchos artistas en la exposición emplean una "lengua bifurcada" en la forma en que se mueven entre formas de legibilidad e ilegibilidad. Esta imagen de la lengua bifurcada se cruza con el ensayo poético de Mónica Uszerowicz, "Una cosa intermedia: Agua, sueños y balanceo en vaivén", donde escribe sobre las prácticas ancestrales y espirituales de su familia caribeña, la encarnación del anhelo y la relación complicada entre la nostalgia y la realidad vivida. Finalmente, el ensayo de Yomaira C. Figueroa-Vásquez, "'con el recuerdo al hombro': la estética negra boricua y la demanda de nuestra atención político-espiritual", discute cómo las mujeres negras puertorriqueñas ofrecen formas de imaginar una puertorriqueñidad mas allá de los vestigios perdurables de la dominación colonial política y espiritual. Para desplegar aún más el patchwork que es la puertorriqueñidad, como Figueroa-Vásquez nos dice, "debemos recordarnos de la doble diáspora de los negros boricuas".

Como curadores puertorriqueños de mundos muy diferentes, nuestra visión compartida para esta exposición encarna el vaivén como un diálogo más allá de los binarios. A lo largo de este viaje, nos desafiamos mutuamente a desempacar nuestras nociones preconcebidas sobre lo que puede ser una exhibición de arte puertorriqueño. En lugar de seguir una trayectoria lineal, *Vaivén: Arte de Puerto Rico y su diáspora del siglo XXI* documenta la producción artística puertorriqueña a través del tiempo y el lugar, ilumina una mayor comprensión del vaivén que conlleva la realidad puertorriqueña contemporánea y sirve como una invitación a seguir tirando de los hilos de la migración, la asimilación y la pertenencia cultural y política.

María Elena Ortiz

(EN) ## Refusing Essentialism

(ES) ## Rechazando el esencialismo

When I was a child in the early 1990s, I spent most of my time at my abuela's house in Rio Piedras, Puerto Rico. Like many Puerto Rican grandmothers, she was a vital caregiver in my upbringing on the island. One afternoon, I was enjoying the tropical breeze and bird-song, daydreaming and playing with my Barbie dolls in her living room, when I got up and went to her bedroom. When I sat down at her dresser and started to play with her makeup, I looked up and saw myself in the mirror. I must have been four or five years old, and it was then that I realized I was looking at a Black girl. I understood then that the texture of my hair and color of my skin did not match blonde Barbie.

During my elementary years on the beautiful tropical island, I learned in my history classes about a magical racial rainbow, a "cultural mix that is characteristic of Puerto Ricans—the blend of Taíno culture (Native American), African culture, and Spanish culture."[1] I absorbed one monolithic or essentialized definition of what it meant to be Puerto Rican—a characterization that also defines an ideal Boricua as a native Spanish speaker who resents US cultural assimilation. This political ideology denotes a racial democracy that essentializes what it

A principios de los años 90, cuando yo era pequeña, pasaba la mayor parte del tiempo en la casa de mi abuela en Río Piedras, Puerto Rico. Como muchas abuelas puertorriqueñas, ella fue una niñera importante durante mi infancia en la isla. Una tarde estaba disfrutando de la brisa tropical y el canto de los pájaros, soñando despierta y jugando con mis muñecas Barbie en su sala, cuando me levanté y fui a su habitación. Mientras me sentaba en su tocador y comencé a jugar con su maquillaje, miré hacia arriba y me vi en el espejo. Debí tener cuatro o cinco años y fue entonces cuando me di cuenta de que estaba mirando a una niñita negra. Comprendí que la textura de mi cabello y el color de mi piel no eran los mismos que los de esa Barbie rubia.

Durante mis años de primaria en la hermosa isla tropical, aprendí en mis clases de historia sobre un arco iris mágico de razas, una "mezcla cultural que es característica de los puertorriqueños: la mezcla de las culturas taína (indígena), africana y española".[1] Asimilé una definición monolítica o fundamental de lo que significaba ser puertorriqueño, una caracterización que también define al boricua ideal como un hispanohablante nativo que se resiste a la asimilación cultural estadounidense. Esta ideología política corresponde a una democracia

means to be Puerto Rican, disregarding specific identity experiences on and outside of Puerto Rico. On the archipelago, "the politics of difference are subdued, silenced, and embedded within imaginary nationalist discourses."[2] I grew up feeling that I was different from my fellow white Boricua friends and family members, with an understanding that my Black phenotype had implications. As I continued my schooling, nurtured by the creative energy of the culture, that feeling of difference grew. The local racial dynamics of the archipelago function as a pigmentocracy in which white skin and black or blonde straight hair are considered beautiful. Even though, culturally speaking, African heritage is welcomed in the definition of Puerto Ricanness, the color of my skin and texture of my hair were not considered preferable within the national discourse.[3]

Then, I had to migrate. Living in the United States, I gained the language to speak about my experiences as an Afro–Puerto Rican. My diasporic knowledge provided an expansive perspective that challenged traditional Boricua identity, allowing for a deeper appreciation of the kaleidoscopic beauty of Puerto Rican culture. With this transformative spirit, the artists included in *Vaivén: 21st-Century Art of Puerto Rico and Its Diaspora* declare their diasporic knowledge to show the multifaceted definition of Puerto Rican contemporary art through an intersectional and hybrid perspective. With a multigenerational approach, several artists in the exhibition take on dialogues with identity, showing layered experiences and negotiations.

In Estrella Esquilín's *Between You and Me* (2012, fig. 1), the artist presents an image of a woman covered with different architectural motifs that allude to both Caribbean and US contexts. She stands in a domestic setting, the entry to a house made with bricks, a material that has been used to construct houses in the United States since the seventeenth century, and *rejas*, a wire covering, part of vernacular architecture on the archipelago used to protect and decorate houses. She is dressed in a black pencil skirt, and one can only discern her clothing, and her contoured body covered with rejas, surrounded by architectural symbols that reveal

racial que fundamenta lo que significa ser puertorriqueño, descartando las experiencias específicas de identidad dentro y fuera de Puerto Rico. En el archipiélago, "la política de la diferencia se mitiga, se silencia y se oculta detrás de los discursos del imaginario nacionalista".[2] Crecí pensando que era diferente de mi familia o de mis panas puertorriqueños blancos. Entendí que mis rasgos negros tenían otro significado. A medida que avanzaba mi educación, fomentada por la potencia creativa de la cultura, esa sensación de diferencia creció. La dinámica racial local del archipiélago se desarrolla como una pigmentocracia en la que la piel blanca y el cabello lacio, ya sea rubio o negro, se consideran hermosos. Aunque la herencia africana está incorporada en la definición de identidad puertorriqueña dentro de la cultura, mi color de piel y la textura de mi cabello no se consideran preferibles dentro del discurso nacional.[3]

Luego tuve que emigrar. Viviendo en Estados Unidos, obtuve el vocabulario para hablar de mis experiencias como afropuertorriqueña. Mi sabiduría diaspórica me proporcionó una perspectiva amplia que desafió la identidad tradicional boricua, permitiéndome una apreciación más profunda de la belleza caleidoscópica de la cultura puertorriqueña. En este espíritu transformador, los artistas incluidos en *Vaivén: Arte de Puerto Rico en el siglo XXI y su diáspora* manifiestan su sabiduría diaspórica para desempeñar una definición multifacética del arte puertorriqueño contemporáneo a través de una perspectiva interseccional e híbrida. Adoptando un enfoque multigeneracional, varios artistas en la exposición bregan con la identidad, revelando experiencias y negociaciones complejas.

En *Between You and Me* (Entre tú y yo) (2012, fig. 1) de Estrella Esquilín, la artista presenta una imagen de una mujer cubierta de diversos motivos arquitectónicos que remiten tanto al contexto caribeño como al estadounidense. Ella está de pie en un ambiente doméstico, la entrada de la casa está hecha de ladrillo, un material que se ha utilizado para construir casas en Estados Unidos desde el siglo XVII y rejas, parte de la arquitectura típica del archipiélago que se utiliza para proteger y decorar las casas. Lleva una falda lápiz negra y sólo se puede distinguir su ropa y el contorno de su

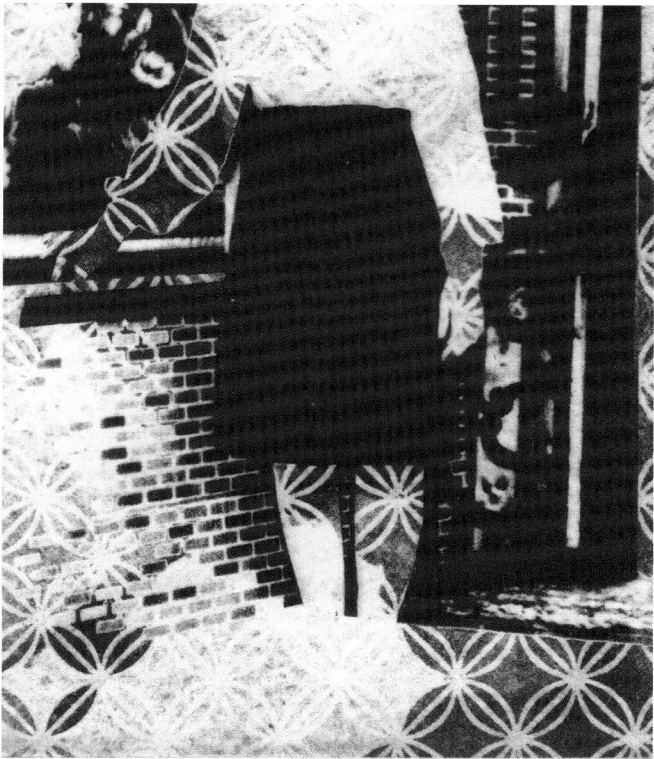

her diasporic experience. In this photogravure, Esquilín shows a ghostlike figure, almost invisible. Often using her own body in her works, Esquilín, an Afro–Latina who grew up in the United States, is known for re-creating images of people of color, marginalized in society. It is unknown if the body in this work is the artist's figure, but this work speaks to larger questions of Black identity in Puerto Rico and its diaspora. Esquilín depicts this female, or Black body, as invisible, alluding to a shared experience of invisibility within Puerto Rican and US national discourses. The artist is representing a "shared experience, a sort of collective truth that councils in its interior small and more superficial or artificial realties forming a 'we' converging [associated] historical events and common cultural codes."[4] The woman in this work is represented as "other," unseen to and within her community, and gender becomes another marker of the intersectional and fragmentary qualities of Afro–Latina identity. Esquilín places this figure in a transcultural space, in between Puerto Rican and US architectural frameworks, which generates an abstract composition to address race and identity.

Martinican thinker Édouard Glissant's theories on opacity provide an important framework through which to consider identity both globally and in the Caribbean. As scholar

cuerpo cubierto de rejas, rodeado de símbolos arquitectónicos que revelan su experiencia diaspórica. En este fotograbado, Esquilín muestra una figura fantasmal, casi invisible. Utilizando frecuentemente su propio cuerpo en su trabajo, Esquilín, una afrolatina que creció en Estados Unidos, es conocida por recrear imágenes de personas de color, marginadas por la sociedad. No se sabe si el cuerpo en esta obra sea el de la artista, pero esta obra aborda las más grandes cuestiones de la identidad negra en Puerto Rico y su diáspora. Esquilín representa este cuerpo femenino, o negro, como invisible, en alusión a la experiencia compartida de invisibilidad dentro de los discursos nacionalistas puertorriqueños y estadounidenses. La artista presenta una "experiencia compartida, una especie de verdad colectiva que exhorta dentro de sí a realidades pequeñas y más superficiales y artificiales, formando un 'nosotros' en el que convergen acontecimientos históricos y códigos culturales comunes (asociados)".[4] En esta obra, la mujer está representada como "la otra", oculta dentro y fuera de su comunidad y el género se convierte en otro marcador de las cualidades interseccionales y fragmentarias de la identidad afrolatina. Esquilín coloca esta figura en un espacio transcultural, entre contextos arquitectónicos puertorriqueños y estadounidenses, generando una composición abstracta que aborda la raza y la identidad.

Las teorías del intelectual martiniqués Édouard Glissant sobre la opacidad proporcionan un marco importante para pensar la identidad tanto a nivel global como en el Caribe. Como señala la erudita Margo Natalie Crawford, Glissant afirma "que las personas tienen derecho a la opacidad sostiene que la negación de la opacidad es una práctica neocolonial inconsciente".[5] Los artistas negros y diaspóricos emplean la opacidad, el deseo de mantener sus identidades ambiguas, como estrategia para expresar sus perspectivas y afirmar su visibilidad. Los mejores ejemplos de esta relación entre el yo y la opacidad se ven en las obras de la maestra Candida Alvarez. Conocida como pintora, Alvarez ha creado obras que combinan abstracción, representación y conceptualismo desde la década de 1980. Sus pinturas presentan colores vibrantes y formas gestuales que dominan el lienzo. En su serie

Margo Natalie Crawford notes, Glissant asserted "that people have the right to be opaque; he argues that the denial of opacity is an unconscious neocolonizing practice."[5] Black and diasporic artists use opacity, the desire to keep their identities ambiguous, as a strategy to portray their perspective and affirm their visibility. This relationship between the self and opacity is best represented in the works of master artist Candida Alvarez. Known as a painter, Alvarez has been creating works combining abstraction, representation, and conceptualism since the 1980s. Her paintings have exuberant colors and gestural forms that dominate the canvas. In her series Air Paintings (2017–19), Alvarez presents double-sided canvases suspended in free-standing aluminum frames to offer a 360-degree viewing experience. One of her earlier paintings from this series, *Estoy Bien* (2017, figs. 2–3), was made during the aftermath of Hurricane Maria. In this painting Alvarez unequivocally addresses the catastrophic events pertaining to the hurricane, but her methodology embraces opacity. She employs both abstraction and representation to create works that allude to the hybridity of Puerto Rican identity, challenging its essentialism. For example, one side of the work has mostly white, gray, and light-blue colors in which green and purple lines intervene in the pictorial space. This side has a subdued and eerie quality. The other side is energetic with vibrant red and blue colors that dominate the canvas with different compositions. On this side, the phrase "estoy bien" (I am okay) is readable. This phrase refers to the disturbing and resilient sentiment shared by many Puerto Ricans in the horrific aftermath of Hurricane Maria.

Alvarez's use of language can also be analyzed through the politics of English and Spanish found within Puerto Rico and its diaspora. Alvarez grew up in New York, learning Spanish from her parents. For the artist, speaking Spanish at home became another cultural signifier that resonates with what it traditionally means to be Puerto Rican, but it also alienated her from people on the archipelago as her life was mostly conducted in English. The national discourse in Puerto Rico has preferentially treated Spanish as the

Air Paintings (Pinturas al aire) (2017–19), Alvarez presenta lienzos de doble cara suspendidos en marcos de aluminio independientes para brindar una experiencia de visualización de 360 grados. Una de sus primeras pinturas de esta serie, *Estoy bien* (2017, figs. 2–3), fue realizada después del huracán María. En esta pintura, Alvarez aborda claramente los acontecimientos catastróficos del huracán pese a que su metodología abarca la opacidad. Ella emplea tanto la abstracción como la representación para crear obras que aluden a la hibridez de la identidad puertorriqueña, desafiando su esencialismo. Por ejemplo, en un lado de la obra predominan los colores blanco, gris y azul claro, con líneas verdes y violetas intercaladas en el espacio gráfico. Este lado tiene una cualidad sumisa y extraña. El otro lado es enérgico con colores azules y rojos dominando el lienzo con diferentes composiciones. En este lado está escrita la frase "estoy bien". Esta frase hace referencia al sentimiento inquietante y resiliente que compartimos muchos puertorriqueños tras el terrible paso del huracán María.

El uso del lenguaje por parte de Alvarez también puede interpretarse a través de la política del inglés y el español en relación con Puerto Rico y su diáspora. Alvarez creció en Nueva York y aprendió español de sus padres. Para la artista, hablar español en casa se convirtió en otro significado cultural que coincide con lo que tradicionalmente significa ser puertorriqueño, pero asimismo la alejó de su familia en el archipiélago porque su vida transcurrió principalmente en inglés. El discurso nacional en Puerto Rico prioriza el español como lengua predominante y el inglés es considerado el idioma del "colonizador" debido a la relación colonial entre el archipiélago y Estados Unidos. Irónicamente, el español también puede interpretarse como la lengua del colonizador, ya que España colonizó Puerto Rico durante cuatrocientos años. Sin embargo, en la política puertorriqueña contemporánea, el español se utiliza como otro mecanismo para promover ideologías partidistas, excluyendo repetidamente a los puertorriqueños angloparlantes del discurso y la identidad nacional en el archipiélago.[6] Al incorporar texto a su obra, Alvarez nos recuerda la política del lenguaje en los debates sobre la identidad puertorriqueña. En ese sentido, visibiliza su perspectiva cultural y lingüística híbrida, mostrando una realidad multilingüe.

figs. 2–3   Candida Alvarez, *Estoy Bien* (I am okay), from *Air Paintings* (2017–19), 2017. Latex ink, acrylic, and
enamel on PVC mesh with aluminum, 77 × 135 × 26 in. (195.6 × 342.9 × 66 cm). Courtesy the artist and
Monique Meloche Gallery, Chicago.

Candida Alvarez, *Estoy Bien*, de *Air Paintings* (Pinturas al aire) (2017–19), 2017. Tinta látex, acrílico
y esmalte sobre malla metálica con aluminio. 77 × 135 × 26 in. (195.6 × 342.9 × 66 cm). Cortesía del
artista y Monique Meloche Gallery, Chicago.

(recto)

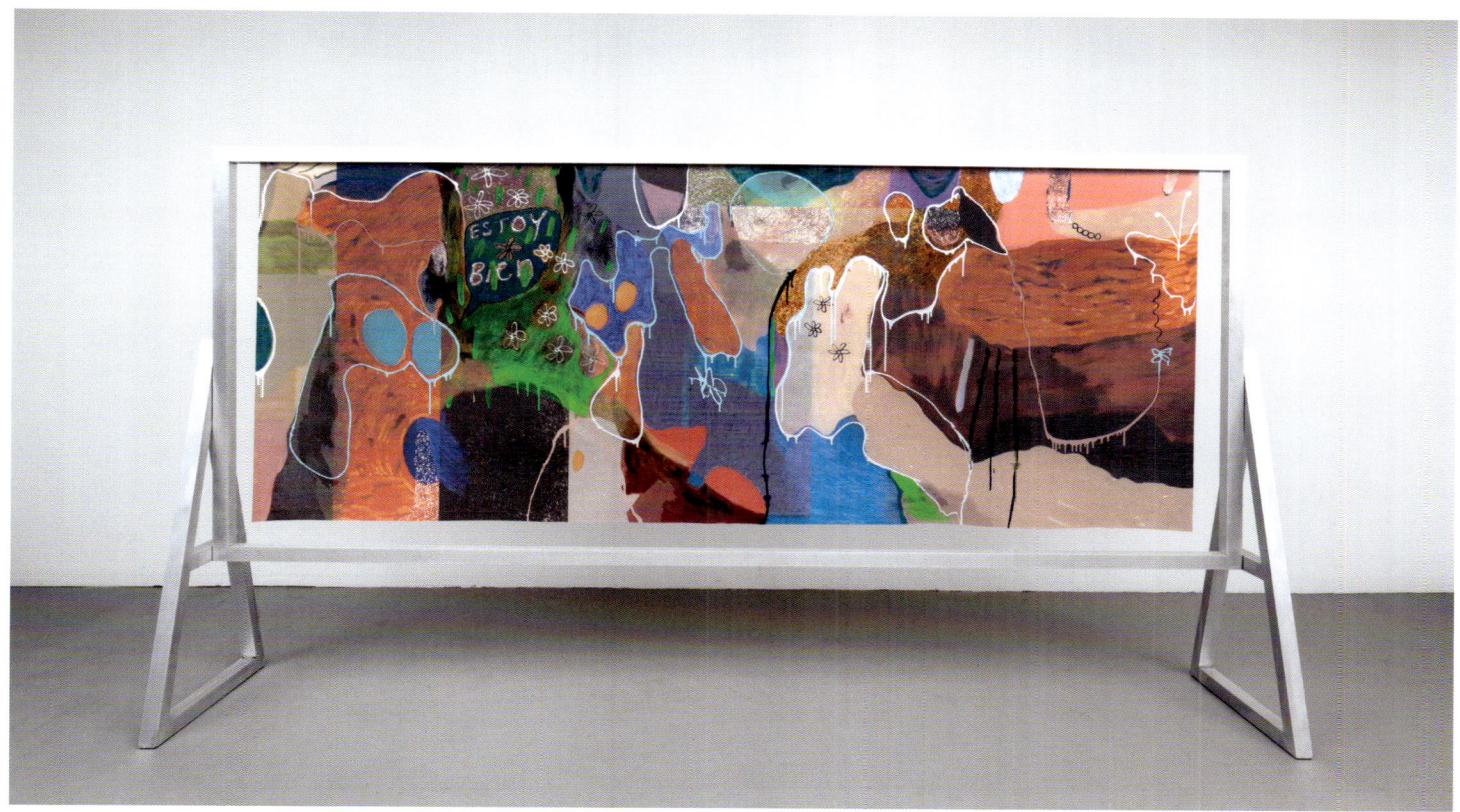

(verso)

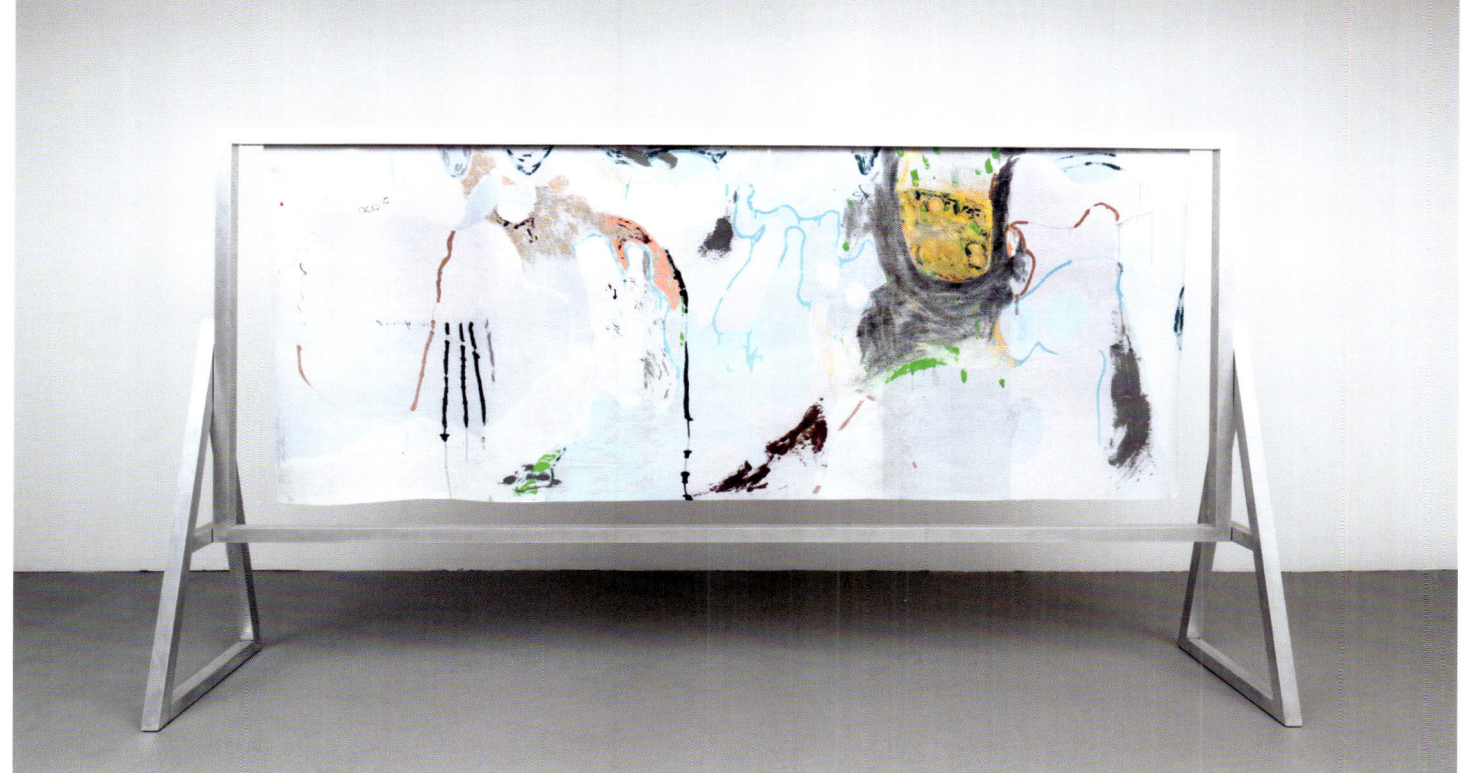

figs. 4–5   Candida Alvarez, *Hopscotch* (Rayuela), from (de) *Air Paintings* (Pinturas al aire) (2017–19), 2019.
(→ pp. 61–63)

(recto)

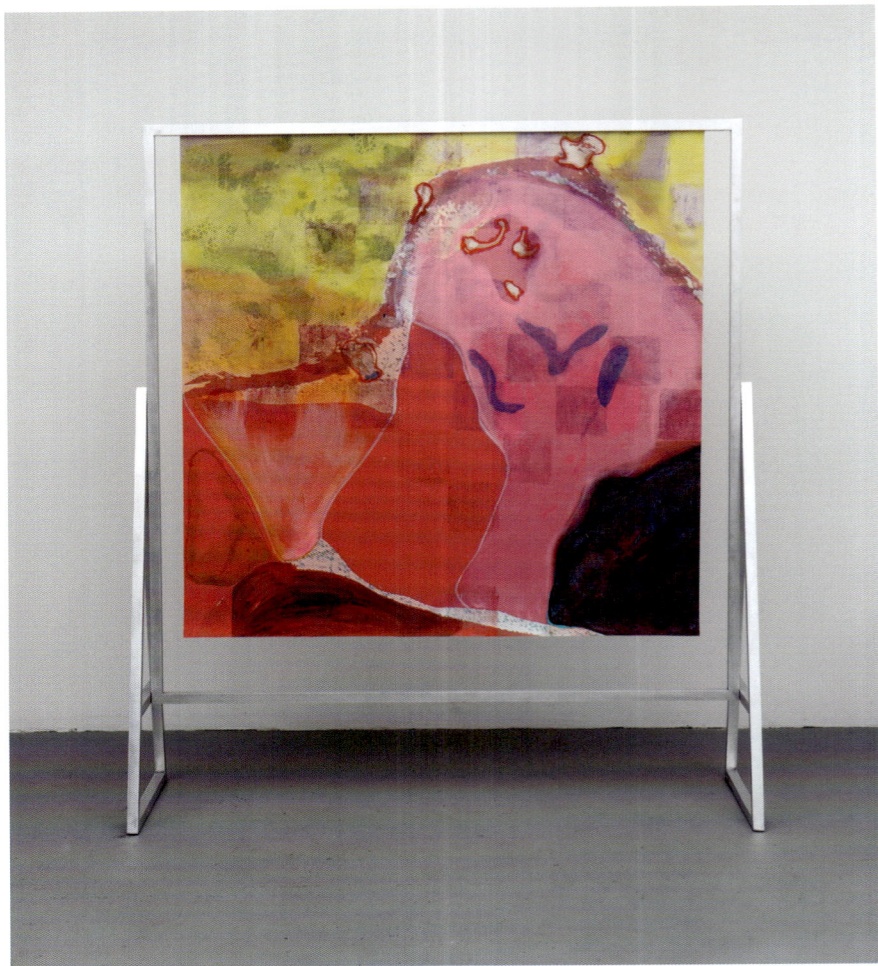

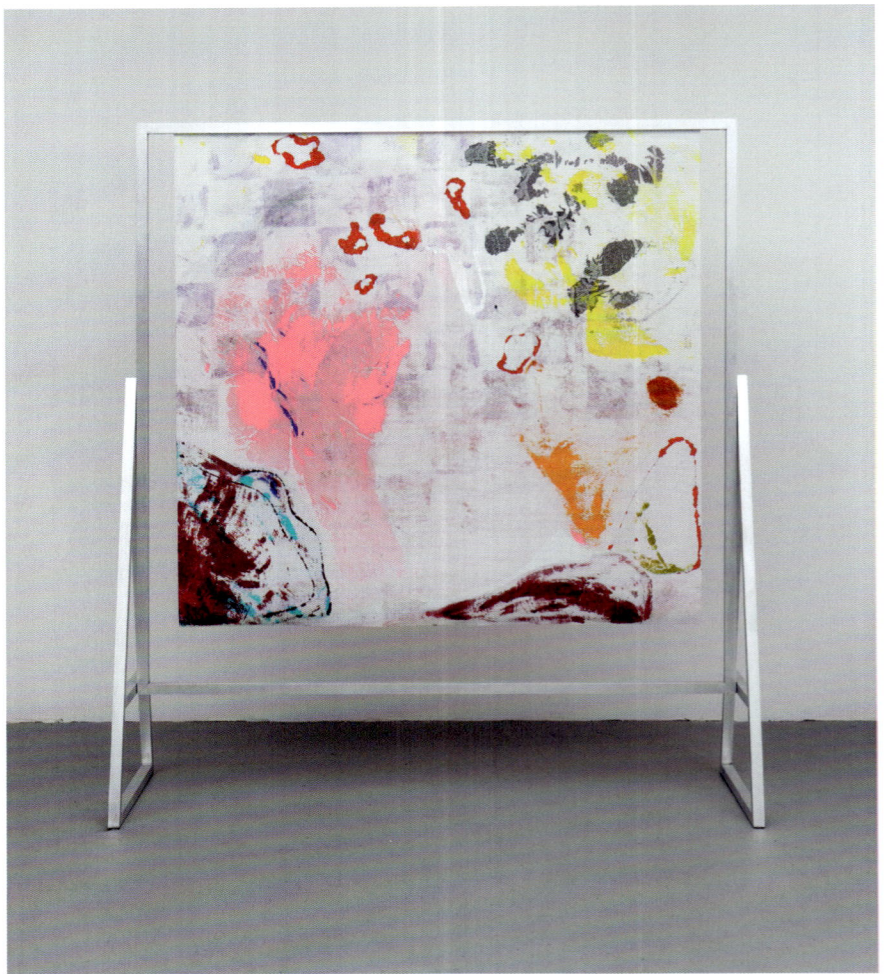

dominant language and considers English as the "colonizer's language" given the archipelago's colonial relationship with the United States. Ironically, Spanish can also be interpreted as the colonizer's language, given that Spain colonized Puerto Rico for five hundred years. But in contemporary Puerto Rican politics, Spanish is used as another mechanism to promote party-line ideologies, often isolating English-speaking Puerto Ricans from the national discourse and identity on the archipelago.[6] By incorporating text into the work, Alvarez reminds us of the politics of language within Puerto Rican identity discussions. In this sense, she makes her hybrid cultural and linguistic perspective visible, showcasing a multilingual reality.

In the exhibition, Alvarez's work is represented by the painting *Hopscotch* (2019, figs. 4–5), another work belonging to Air Paintings (2017–19). Like *Estoy Bien*, *Hopscotch* can be appreciated from both front and back. Full of gestural brushstrokes, one side of the painting has bright red colors, and the other side has muted white colors. Continuing with a language of opacity, the painting's abstract features engage both formal and conceptual languages. In Spanish, the title of the work translates as *rayuela* (hopscotch) or *peregrina* (pilgrim girl). Both allude to the global playground game in which children throw a small rock or object into one of nine numbered squares drawn with chalk on the ground. Peregrina is popularly played in the Spanish-speaking Caribbean, as well as on the playgrounds of New York City, where the artist grew up. In Puerto Rico and Cuba, the nine squares are often related to the notion of a traveler navigating from Purgatory to Heaven, in a reference to Dante's *Inferno*. With a play of words, Alvarez brings viewers into a childhood game that connects the archipelago with the diaspora along with the many global communities that engage in hopscotch.

William Villalongo, born and raised in the United States, is another artist in the exhibition whose works deal with notions of invisibility, hybridity, and Blackness. Crafting fantastical and mysterious compositions, Villalongo's work is informed by extensive research into African and Western art histories. He creates

En esta exposición, la obra de Alvarez es representada por el cuadro *Hopscotch* (Rayuela) (2019, figs. 4–5), otra obra que pertenece a Air Paintings (Pinturas al aire) (2017–19). Tal como *Estoy bien*, se puede apreciar *Hopscotch* (Rayuela) desde ambos lados. Repleto de pinceladas gestuales, un lado del cuadro lleva rojos brillantes y el otro lado lleva blancos apagados. Desarrollando un lenguaje de opacidad, las características abstractas del cuadro utilizan lenguajes tanto formales como conceptuales. El título de la obra en español se traduce como rayuela o peregrina. Tanto aluden al juego infantil universal en el que los niños lanzan una piedra u objeto a uno de nueve cuadrados numerados escritos con tiza en el suelo. Peregrina es un juego muy popular en el Caribe hispano, tal como en espacios recreativos de la ciudad de Nueva York, donde creció la artista. En Puerto Rico y Cuba, los nueve cuadrados suelen relacionarse con la noción del viajero que navega del purgatorio al cielo, en referencia al *Infierno* de Dante. A través de un juego de palabras, Alvarez acerca a los espectadores a un juego infantil que relaciona al archipiélago con la diáspora, junto a las numerosas comunidades alrededor del mundo que juegan a la rayuela.

William Villalongo, nacido y criado en Estados Unidos, es otro artista cuyo trabajo aborda nociones de invisibilidad, hibridez y negritud. Al crear composiciones fantásticas y misteriosas, el trabajo de Villalongo se basa en su profunda investigación de las historias del arte africano y occidental. Crea obras que bregan con el mito y la sátira para comentar lo absurdo de la experiencia negra. En *Specimen* (Espécimen) (2022, fig. 6), Villalongo yuxtapone su estilo característico de recortes de papel coloridos pegados sobre un fondo negro. Incorpora imágenes de cristales, mariposas y esculturas africanas flotando sobre un fondo negro, que rodean dos manos que parecen sostener una gota de agua. Debajo de las manos, dos ojos miran de forma extraña y directa al espectador. Conocido por sus representaciones surrealistas, Villalongo utiliza el collage para representar la multitud de influencias culturales que constituyen un sentimiento y tránsito diaspórico. *Specimen* (Espécimen) abarca los tránsitos migratorios de la identidad negra con respecto a África y Europa, presentando esta identidad como de naturaleza híbrida en

works that navigate myth and satire to comment on the absurdity of the Black experience. In *Specimen*, Villalongo juxtaposes his signature style of colorful paper cutouts brought together through collage against a black background (2022, fig. 6). He incorporates images of crystals, butterflies, and African sculptures floating against a black backdrop, surrounding two hands that seem to be holding a drop of water. Underneath the hands, there are two eyes looking weirdly and directly at the viewer. Known for his surreal depictions, Villalongo uses collage to represent the myriad cultural influences that compose a diasporic sentiment and movement. *Specimen* embraces the migratory movements of Black identity in relationship with Africa and Europe, presenting this identity as hybrid by nature in contrast with a static depiction of Puerto Rican identity. In many ways, Villalongo's work poses the questions: If diasporic Black identity is inherently related to movement, how has it become essentialized within a national paradigm? And if Black people remain invisible or marginalized, who benefits from this essentialism? Villalongo invites the viewer to question and explore the different symbolism and historical motifs that inform Blackness.

contraste con la representación fija de la identidad puertorriqueña. En muchos sentidos, el trabajo de Villalongo plantea la cuestión de si una identidad negra diaspórica está intrínsecamente relacionada con el tránsito y cómo se ha consolidado dentro de un paradigma nacionalista. Y si los negros permanecen invisibles o marginados, ¿quién se beneficia de este esencialismo? Villalongo invita al espectador a cuestionar y explorar los diferentes simbolismos y motivos históricos que determinan la negritud.

No se puede discutir nociones de identidad en Puerto Rico sin mencionar el estatus colonial del archipiélago y su relación con los Estados Unidos. Varias obras de la exposición abordan esta historia, en particular la muerte de David Sánes Rodríguez (1954–1999) y también la historia de la represión política estadounidense en el archipiélago. Sánes Rodríguez murió durante un bombardeo simulado en la ahora clausurada base naval de Estados Unidos en la isla de Vieques. Su muerte provocó manifestaciones masivas en Puerto Rico, que terminaron con Estados Unidos abandonando la base militar. Este fue el primer suceso en la historia política contemporánea en el que los puertorriqueños lograron unirse por un objetivo común. Tanto Héctor Méndez Caratini con *Via Crucis III* (2000, fig. 7) como Juan Sánchez con *Para*

fig. 6   William Villalongo, *Specimen* (Espécimen), 2022. (→ p. 253)

fig. 7   Héctor Méndez Caratini, *Vía Crucis III* (Stations of the Cross III), from (de) *Vieques: Crónicas del Calvario* (Vieques: Chronicles of the Calvary), 2000. (→ p. 163)

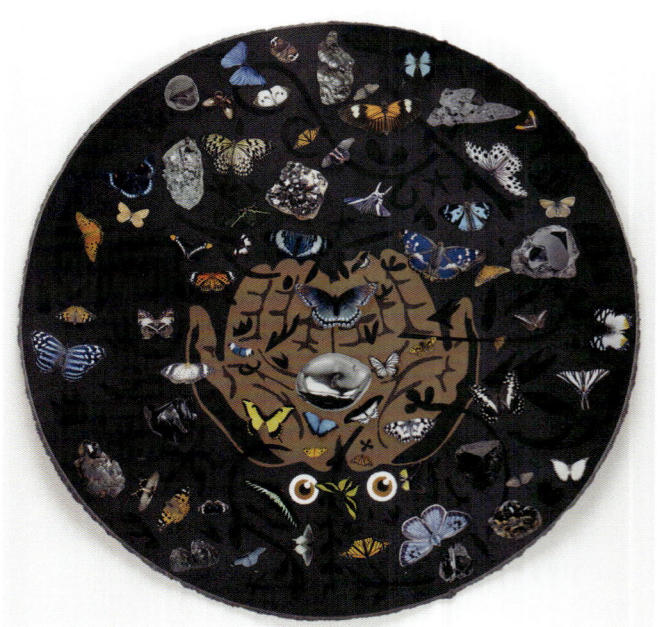

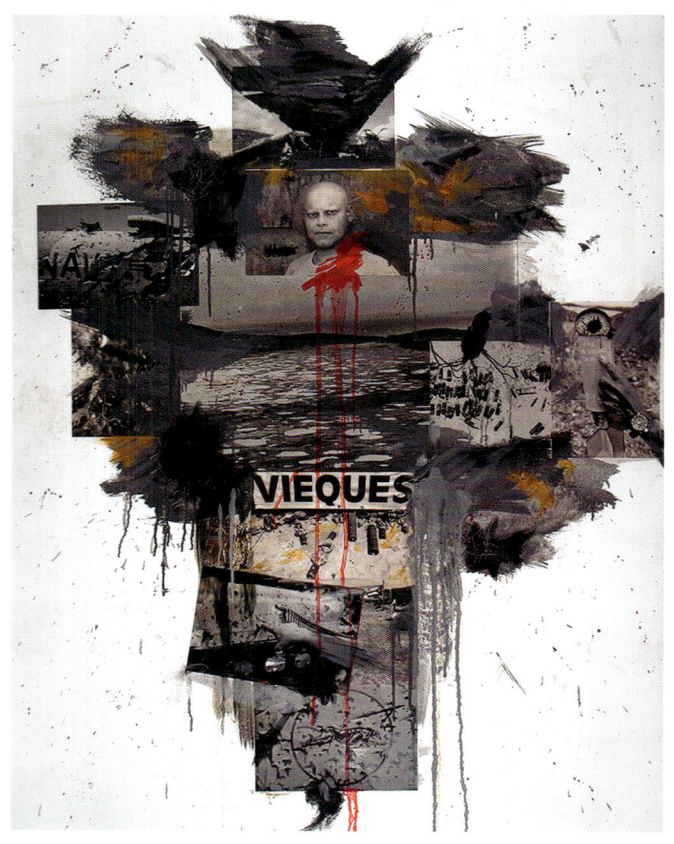

Notions of identity in Puerto Rico cannot be discussed without addressing the archipelago's colonial status and relationship to the United States. Several works in the exhibition address this history, particularly the death of David Sánes Rodríguez (1954–1999), as well as the history of US political oppression on the archipelago. Sánes Rodríguez died in a practice bombing on the now closed US Navy base on the island of Vieques. His death sparked mass protests in Puerto Rico, which ultimately resulted in the United States closing the military base. This was the first event in contemporary political history where Puerto Ricans successfully united against a common cause. Both Héctor Méndez Caratini, with *Via Crucis III* (Stations of the Cross III) (2000, fig. 7), and Juan Sánchez, with *Para Ángel de Vieques* (For Ángel of Vieques) (2006, fig. 8), have works that directly refer to this history. Méndez Caratini, who lives in Puerto Rico, uses photography and collage to depict a gruesome landscape. Sánchez, living in New York, created a painting that pays homage to Sánes Rodríguez and most importantly to Ángel Rodríguez Cristóbal (1946–1979). Puerto Rico and the people of Vieques have a long history of fighting against the US militarization of the archipelago. In the 1970s, Rodríguez Cristóbal was apprehended by the US government for trespassing into the navy military base when practices were underway. He was sentenced to six months in federal prison and was later found dead, hanging from the ceiling during his solitary confinement in a Tallahassee jail. Several Puerto Ricans condemned his death and considered it to be the responsibility of the US government, representing the political, economic, and social oppression of the archipelago. In Sanchéz's impressive painting, the artist highlights the long and gruesome history that has emerged from the colonial status of the archipelago, alluding to an incident that predates the massive protests against the US Navy in the late 1990s. These protests marked a generation both on the archipelago and from its diaspora, illustrating the impact of colonialism, which was further experienced in the aftermath of Hurricane Maria.

The colonial relationship between the United States and Puerto Rico influences how

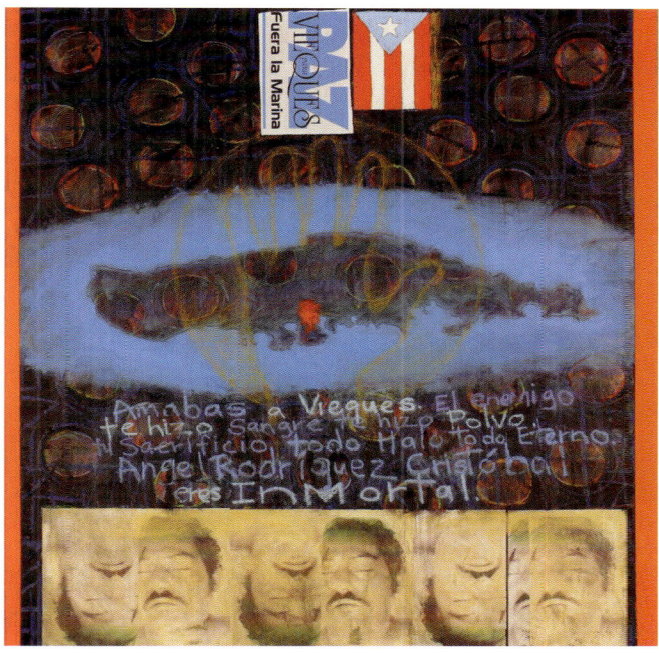

fig. 8   Juan Sánchez, *Para Ángel de Vieques* (For Ángel of Vieques), 2006. (÷ p. 221)

Ángel de Vieques (2006, fig. 8) tienen obras que citan directamente esta historia. Méndez Caratini, residente de Puerto Rico, emplea la fotografía y el collage para representar el paisaje grotesco. Sánchez, residente de Nueva York, creó un cuadro que rinde homenaje a Ángel Rodríguez Cristóbal (1946–1979). Puerto Rico y el pueblo de Vieques comparten una larga historia de lucha contra la militarización estadounidense del archipiélago. En la década de 1970, Rodríguez Cristóbal fue detenido por el gobierno estadounidense por ingresar a una base militar de la Marina sin autorización mientras se llevaba a cabo un entrenamiento. Fue sentenciado a seis meses en una prisión federal y luego fue encontrado muerto, colgado del techo de una celda de aislamiento en una cárcel de Tallahassee. Varios puertorriqueños condenaron su muerte y responsabilizaron al gobierno de Estados Unidos, demostrando así la represión política, económica y social del archipiélago. En la impactante pintura de Sánchez, el artista resalta la larga y macabra historia debida al estatus colonial del archipiélago y hace referencia al incidente que precede a las protestas masivas contra la marina estadounidense a finales de los años 1990. Estas protestas marcaron a una generación tanto en el archipiélago como en su diáspora, ilustrando el impacto del colonialismo, tal como se vivió nuevamente tras el paso del huracán María.

La relación colonial entre Estados Unidos y Puerto Rico dicta cómo hablamos sobre la raza. Para las élites de Puerto Rico, el discurso

we talk about race. For the elites in Puerto Rico, the discourse of a racial democracy allows them to "offer" the people that live on the archipelago the dream of racial equality, which they will not experience in the United States. For example, a white Puerto Rican living on the archipelago benefits from racial pigmentocracy that venerates European culture and belittles Indigenous and Black cultures. But if that same person moved to the United States, they would become a person of color. At the same time, if you are a person of color on the archipelago, you are thought to believe in the notion of a harmonious racial rainbow, even though it is known that the standards of beauty and access to economic opportunity are not in your favor. Puerto Rico's colonial status benefits both elites on the archipelago and in the United States. The colonial relationship and the archipelago's traditional national rhetoric favor a singular understanding of Puerto Rican identity, disregarding multilayered and polylinguistic experiences.

In 1997, Mattel Inc. came out with its own Puerto Rican Barbie (fig. 9). It was a striking woman with light tanned skin who had straight black hair and wore a traditional white Bomba skirt. Originating in enslaved populations in sugar plantations on the archipelago, Bomba is a music genre that embodies Puerto Rico's rich cultural syncretism, combining African and European customs. Even though this Barbie was wearing clothes alluding to African culture, her phenotype was European. These limited representations continue to define Puerto Rican identity. In this exhibition, artists challenge these ideas, showcasing the plurality of Puerto Rican culture. Their point of view considers the opulent multiplicity of the archipelago's identity and incorporates the realities of Boricuas whose experiences cannot be solely defined by the traditional cultural discourse. Not all Boricuas are a perfect rainbow mix or are protected from racism on and outside the archipelago. In *Vaivén: 21st-Century Art of Puerto Rico and Its Diaspora*, artists assert their own roles within this cultural narrative, enriching what is Puerto Rican and illustrating the complexity of contemporary Caribbean art.

de la democracia racial les permite "brindar" a las personas que viven en el archipiélago el sueño de la igualdad racial, que no alcanzarán en Estados Unidos. Por ejemplo, un puertorriqueño blanco que vive en el archipiélago se beneficia de la pigmentocracia racial que venera la cultura europea y menosprecia las culturas negra e indígena. Pero si esa misma persona se muda a los Estados Unidos, será una persona de color. Al mismo tiempo, si eres una persona de color en el archipiélago, se te considera alguien que acepta la noción de un arco iris racial armonioso, aun cuando se sabe que los estándares de belleza y el acceso a las oportunidades económicas no están a tu favor. El estatus colonial de Puerto Rico beneficia a las élites del archipiélago y de Estados Unidos. La relación colonial y el discurso nacionalista tradicional del archipiélago favorecen una percepción singular de la identidad puertorriqueña, ignorando experiencias multifacéticas y multilingües.

En 1997, Mattel Inc. lanzó su propia Barbie puertorriqueña (fig. 9). Era una mujer impresionante de piel bronceada y cabello negro y liso y vestía una tradicional falda blanca de la bomba. Originaria de las poblaciones esclavizadas en las plantaciones de azúcar del archipiélago, la bomba es un género musical que representa la riqueza del sincretismo cultural de Puerto Rico y su mezcla de costumbres africanas y europeas. Aunque esta Barbie vestía ropa alusiva a la cultura africana, sus rasgos eran europeos. Estas representaciones incompletas siguen definiendo la identidad puertorriqueña. En esta exposición, los artistas desafían estas ideas, resaltando la pluralidad de la cultura puertorriqueña. Sus perspectivas toman en cuenta la opulenta multiplicidad de la identidad del archipiélago e incorporan las realidades de los boricuas cuyas experiencias no pueden definirse en su totalidad mediante el discurso cultural tradicional. No todos los boricuas son del arco iris ideal de mestizaje ni están protegidos del racismo dentro y fuera del archipiélago. En *Vaivén: Arte de Puerto Rico en el siglo XXI y su diáspora*, los artistas afirman sus propios roles dentro de esta narrativa cultural, enriqueciendo lo que es puertorriqueño e ilustrando la complejidad del arte caribeño contemporáneo.

fig. 9

Puerto Rican Barbie (Barbie puertorriqueña), Dolls of the World Collection (La colección de muñecas del mundo), 1997. Courtesy (Cortesía de) Mattel Inc. ©

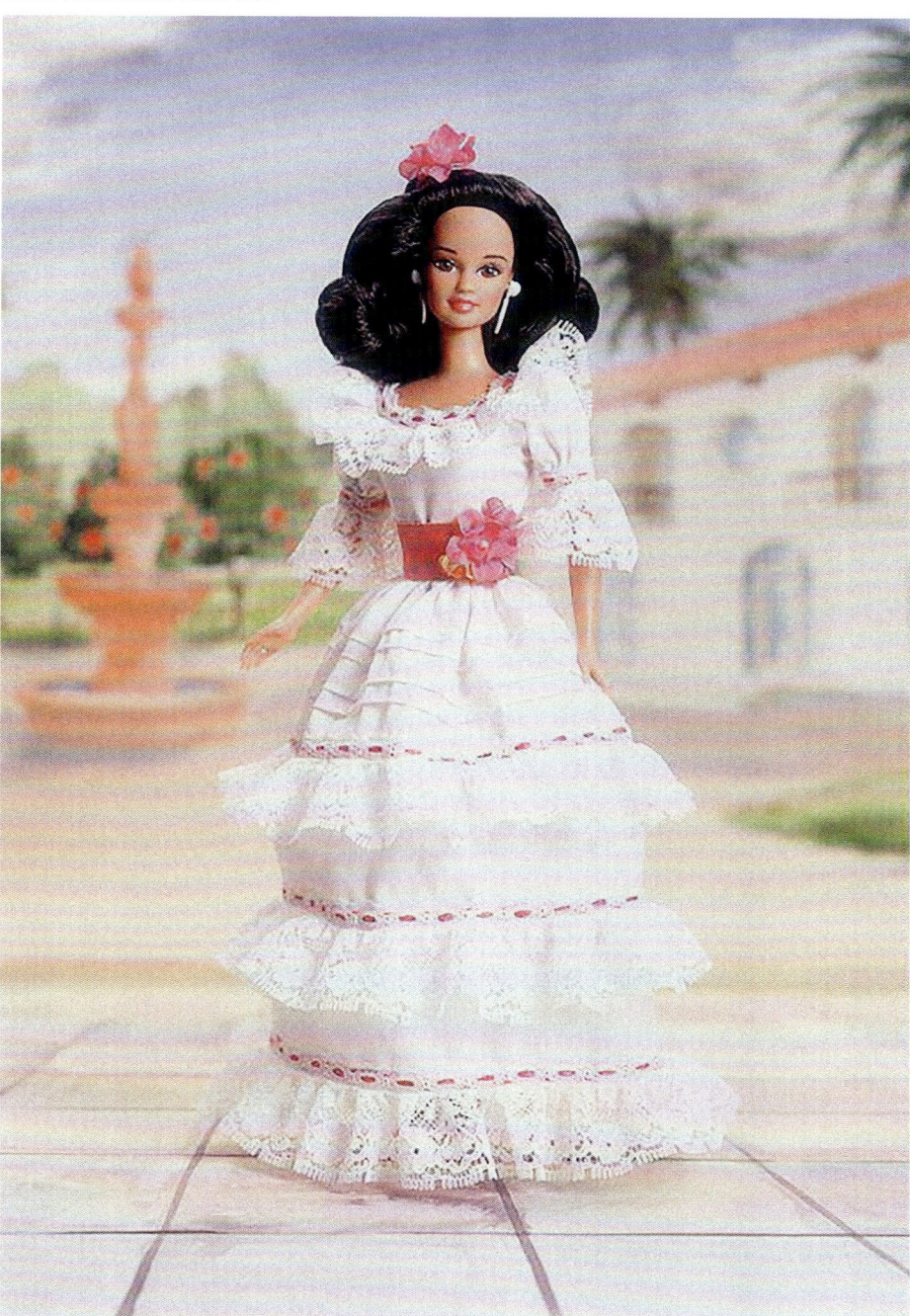

Carlos Ortiz Burgos

(EN) ## A Bifurcated Tongue: Multilingual Resistance in Puerto Rican Art

(ES) ## Una lengua bifurcada: resistencia multilingüe en el arte puertorriqueño

Within the neocolonial context that has ensnared Puerto Rico since the United States invasion of 1898, English has been present in the archipelago for more than a century.[1] This reality, however, has not erased over five hundred years of previous cultural development across the Caribbean under Spanish colonization. Puerto Rican Spanish—with its hundreds of words descendant from Arawakan and African languages—has been an integral part of Puerto Rico's national development, and as a result, it remains a symbol of resistance against US colonialism.[2] While the relationship between Spanish and English in Puerto Rico has been extensively studied in the fields of linguistics and literature, it is an issue that also strongly affects the visual arts.[3] If it is true that iconography constitutes a language, and that every artist develops their own visual vocabulary, Spanish and English—and the result of their marriage, Spanglish—often inform the artistic practices of those who work with topics such as Puerto Rican identity, neocolonialism, and coloniality. Amid these concepts that are entangled with the social fabric of Puerto Rico, and its stateside diaspora, the

En el marco neocolonial que ha envuelto a Puerto Rico desde la invasión estadounidense en 1898, el inglés ha tenido presencia en el archipiélago por más de un siglo.[1] Sin embargo, esta realidad no ha borrado la historia de más de quinientos años de desarrollo cultural en el Caribe bajo la colonización española. Con cientos de palabras originarias de lenguas africanas y arahuacas, el español puertorriqueño ha jugado un papel importante en el desarrollo nacional de Puerto Rico. Como resultado, sigue siendo un símbolo de resistencia contra el colonialismo estadounidense.[2] Aunque la relación entre el español y el inglés en Puerto Rico ha sido estudiada ampliamente en los campos de la lingüística y la literatura, es un tema que también tiene un fuerte impacto sobre las artes visuales.[3] Si bien es cierto que la iconografía constituye un lenguaje y que cada artista desarrolla su propio vocabulario visual, el español y el inglés, así como el espanglish, fruto de su combinación, suelen ser tomados en cuenta en las prácticas artísticas de quienes bregan con cuestiones como la identidad puertorriqueña, el neocolonialismo y la colonialidad. Entre estos conceptos enredados en el tejido social de Puerto Rico y su diáspora estadounidense,

image is presented as a conciliatory sign—a mediation that sometimes reaches the category of lingua franca. In the face of the reality that more Puerto Ricans currently live in the United States than in the Caribbean, I argue that the visual elements of our collective idiosyncrasy surpass the capacity of language to condense a transnational Puerto Ricanness.

Frantz Fanon begins his paradigmatic text *Black Skin, White Masks* with a chapter dedicated to the importance of language in racial and colonial issues. Although the case dealt with by this Martinican philosopher differs from that of Puerto Rico, the parallels we can draw between the archipelago, and its relationship to Spanish and English, are striking.[4] Fanon explains that "Every colonized people, that is, every people in whose bosom an inferiority complex has been born due to the burial of local cultural originality, positions itself vis-à-vis the language of the civilizing nation, that is, of the metropolitan culture."[5] While Spanish and English are both recognized as the official languages of Puerto Rico, in practice, Spanish continues to be the predominantly used language in the archipelago. For Puerto Rico, the "local cultural originality" has never been buried by the US metropolis, although the use of English has increased in recent years, mainly due to gentrification.[6]

Like many of the artists included in *Vaivén: 21st-Century Art of Puerto Rico and Its Diaspora*, I too am part of "the contemporary Puerto Rican exodus," as discussed in Jorge Duany's essay of the same title. Almost two decades ago Duany wrote that in 2006 there were already more Puerto Ricans living in the United States than in Puerto Rico, and that by 2015 there would be more than 5.3 million "people of Puerto Rican descent" living stateside versus 3.4 million in the archipelago.[7] Based on these statistics, he declared that "Puerto Rico has become a transnational population, split between two territories, two languages and two cultures, beyond the physical and symbolic limits of political sovereignty."[8] Whereas Duany asserts that Puerto Rican culture has been severed in two, I propose that it is the same bifurcated culture that has evolved in tandem with the regionalisms of the place in which it flourishes.

la imagen se presenta como un signo conciliador, una mediación que a veces alcanza la categoría de lengua franca. Ante la realidad de que actualmente vivimos más puertorriqueños en Estados Unidos que en el Caribe, sostengo que los elementos visuales de nuestra idiosincrasia colectiva exceden la capacidad del lenguaje para consolidar la puertorriqueñidad transnacional.

Franz Fanón comienza su texto paradigmático *Piel negra, máscaras blancas* con un capítulo que aborda la importancia del lenguaje con respecto a temas coloniales y raciales. Aunque el caso que analiza el filósofo martiniqués y el de Puerto Rico son diferentes, los paralelismos que pueden establecerse entre el archipiélago y su relación con el español y el inglés son impresionantes.[4] Fanón explica "Todo pueblo colonizado, es decir, todo pueblo en cuyo seno haya nacido un complejo de inferioridad debido al entierro de la originalidad cultural local, se posiciona frente al lenguaje de la nación civilizadora, es decir, de la cultura metropolitana".[5] Aunque el español y el inglés son reconocidos como idiomas oficiales de Puerto Rico, en la práctica el español sigue siendo el idioma que predomina en el archipiélago. Para Puerto Rico, la "originalidad cultural local" nunca ha sido desplazada por la metrópoli yanqui, aunque el uso del inglés ha aumentado en los últimos años, debido principalmente a la gentrificación.[6]

Como muchos de los artistas incluidos en *Vaivén: Arte de Puerto Rico en el siglo XXI y su diáspora*, también soy parte del "éxodo puertorriqueño contemporáneo", como lo llama Jorge Duany en su ensayo homónimo. En 2006, hace casi dos décadas, Duany escribió que ya había más puertorriqueños viviendo en Estados Unidos que en Puerto Rico y que para 2015 habría más de 5,3 millones de "personas de ascendencia puertorriqueña" viviendo en Estados Unidos y solo 3,4 millones en el archipiélago.[7] Con base en estas cifras, concluyó que "Puerto Rico se ha convertido en una población transnacional, dividida entre dos territorios, dos idiomas y dos culturas, más allá de las fronteras políticas y simbólicas de la soberanía política".[8] Mientras que Duany afirma que la cultura puertorriqueña se ha dividido en dos, yo propongo que se trata de una misma cultura bifurcada que ha evolucionado en paralelo con los regionalismos del lugar en el que ha florecido.

We see the idea of bifurcation appear in the exhibition through the work of artists such as Elizabeth Robles. In her sculpture *Fermentación de la lengua* (Fermentation of the Tongue) (2007, fig. 10), the artist presents us with a tissue-like mass, divided in two by a metal collar, illustrating a sort of synthetic mitosis. Fermentation involves the growth of microorganisms that transform an organic product. The title of the work—the written word—is what anchors the object to a specific discourse around language, although the aesthetics of the piece alone allude to bodily mutation. In the context of the exhibition, which studies the bifurcation of a people who have developed simultaneously in different geographical spaces, the sculpture alludes to these linguistic transformations that are still part of the same body. I witnessed this same branching of Puerto Rican culture as someone who moved to the United States to pursue educational opportunities. With few archipelago-based graduate programs specializing in art and art history, many of us working in these fields must travel stateside. In pursuit of an advanced degree, we have no choice but to engage in *vaivén*.

One such artist in the exhibition who drew this same conclusion is Ivelisse Jiménez. Through her research on language, form, and identity, Jiménez encountered the limits of oral and written languages early on in her career while studying at New York University in the late 1990s.[9] While her oeuvre is now intrinsically linked to the materiality of painting, and the space in which it is installed, it was her initial interest in language that equally shaped her distinctive style. If Jiménez

fig. 10   Elizabeth Robles, *Fermentación de la lengua* (Fermentation of the Tongue), 2007. (→ p. 189)

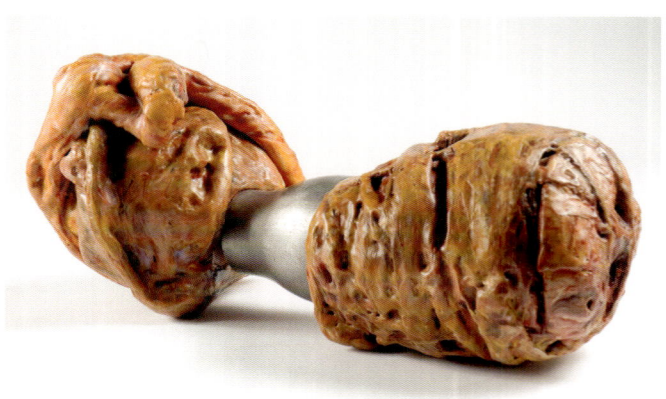

El concepto de la bifurcación se ve en la exposición a través de la obra de artistas como Elizabeth Robles. En su escultura, *Fermentación de la lengua* (2007, fig. 10), la artista nos brinda una masa de tejido dividida en dos por un collar de metal para ilustrar una especie de mitosis sintética. La fermentación implica el crecimiento de microorganismos que modifican un producto orgánico. El título de la obra, la palabra escrita, es lo que vincula el objeto a un discurso específico respecto al lenguaje, aunque la estética de la pieza por sí sola alude a la mutación corporal. En el marco de la exposición, en la que se examina la bifurcación de un pueblo que se ha desarrollado simultáneamente en varios espacios geográficos, la escultura se refiere a estas transformaciones lingüísticas que siguen siendo parte de un solo corpus. Fui testigo de esta misma ramificación de la cultura puertorriqueña como persona que se mudó a los Estados Unidos para tener la oportunidad de continuar sus estudios. Como en el archipiélago hay pocos programas de posgrado en arte e historia del arte, muchos de los que trabajamos en estos campos tenemos que ir a Estados Unidos. En la búsqueda de un programa de posgrado, la única opción para nosotros es participar en el *vaivén*.

Una de las artistas de la exposición que llegó a la misma conclusión es Ivelisse Jiménez. A través de su investigación sobre el lenguaje, la forma y la identidad, Jiménez se topó con los límites de los lenguajes escritos y orales al principio de su carrera mientras estudiaba en New York University a finales de los años 1990.[9] Aunque su obra ahora está intrínsecamente ligada a la materialidad de la pintura y al espacio en el que está instalada, fue su interés inicial por el lenguaje lo que le permitió crear su estilo distintivo. Si bien Jiménez abandonó decididamente la especificidad de los lenguajes orales y escritos, su elección estética nunca fue arbitraria ni carente de sentido. *Detour #21* (Desvío #21) (2013/2021, fig. 11) es parte de la serie Detour (Desvío) (2010–21) de Jiménez y en una entrevista en el 2012 con *CultureMap*, reflexionó sobre la primera exposición en la que presentó la serie, afirmando: "Mi principal interés en esta exposición es la imposibilidad del lenguaje. Siempre existen huecos y desvíos cuando alguien trata de explicar algo, todas estas acotaciones. Eso no solo tiene

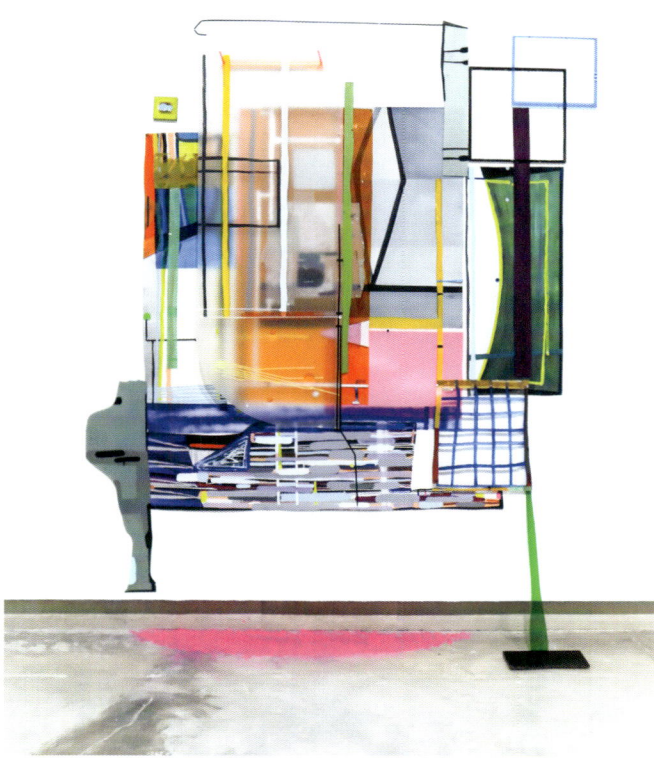

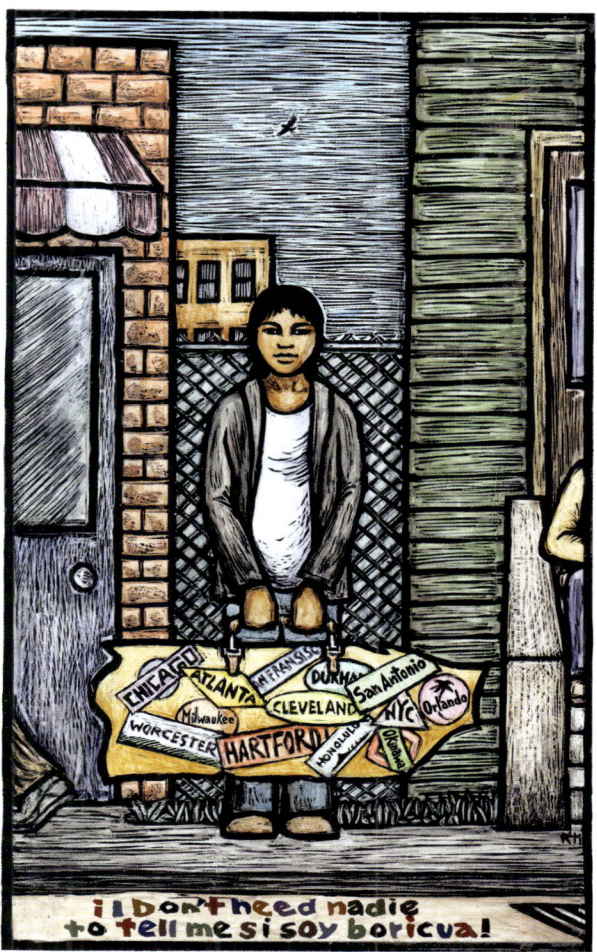

decidedly walked away from the specificity of oral and written languages, her aesthetic decisions have never been gratuitous or meaningless. *Detour #21* (2013/2021, fig. 11) is part of Jiménez's series Detour (2010–21), and in a 2012 interview with *CultureMap*, she reflected on the first exhibition in which she presented the series, stating: "My main interest with this show is the impossibility of language. There are always gaps and detours when somebody tries to explain something, all these asides. That's not just with verbal language, but with art as well."[10] *Detour #21* acts as a blueprint that has been altered so many times that there is no longer an identifiable structure. The bones are still there, but multiple layers and colors have been added. The blue is now just a part of the palette, not the dominating color of the background. Some colors have even been pulverized—a fuchsia pile rests on the ground—while other areas have extended far from what once was the main structure. In the context of the exhibition, Jiménez's work acts as a rendering of Puerto Rican linguistic practices, one of many possibilities.

que ver con el lenguaje verbal sino también con el arte".[10] *Detour #21* (Desvío #21) funciona como un plano que ha sido alterado tantas veces que ya no existe una estructura reconocible. Los huesos todavía están allí, pero se han agregado varias capas y varios colores. Ahora el azul es solo parte de la paleta, no el color dominante en el fondo. Algunos colores han sido pulverizados, un azulejo fucsia permanece en el suelo, mientras que los demás espacios se extienden lejos de lo que era la estructura principal. En el contexto de esta exposición, la obra de Jiménez funciona como representación de las prácticas lingüísticas puertorriqueñas, una de muchas posibilidades.

Si bien la abstracción es una estrategia útil para el estudio visual de los fenómenos lingüísticos, no faltan obras en la exposición que incorporan imágenes y texto en composiciones figurativas. En *Soy Boricua* (2010, fig. 12) de Ricardo Levins Morales, leemos la frase, "¡I Don't need nadie to tell me si soy boricua!" Con una sola frase, Levins Morales ejemplifica su resistencia al rechazo que los diasporriqueños, particularmente aquellos que hablan poco o ningún español, suelen sufrir por parte de los

While abstraction serves as a useful strategy in the visual study of linguistic phenomena, there is no lack of works in the exhibition that incorporate images and text in figurative compositions. In *Soy Boricua (I Am Puerto Rican)* (2010, fig. 12), by Ricardo Levins Morales, we read the phrase, "¡I Don't need nadie to tell me si soy boricua!" Levins Morales dramatizes, in one sentence, his resistance to rejection from Puerto Ricans in the archipelago—often experienced by Diasporicans—especially by those who speak little to no Spanish. The artist may also have experienced this rejection firsthand, as represented by the young figure holding a sticker-covered suitcase in the shape of the largest island of Puerto Rico, which our common ancestors called Borikén. Scattered across the suitcase, we see the names of US cities such as Chicago, Hartford, Orlando, and Worcester, among others, all of which are home to large Puerto Rican communities. The artist's use of Spanglish acts as a form of solidarity with his fellow Diasporicans, doubling down on the impact of the declaration.

Like Levins Morales, Bibiana Suárez also plays with the malleability of language, as seen in *Memoria (Memory)* (2005–11), an installation originally made up of 108 "cards" that appropriate the classic Milton Bradley matching game of the same name. Suárez notes that "The layout is intended to imply a game in process with cards turned and others unturned, and pairs found and others to be still discovered." For this exhibition, the artist and curators selected thirty-five cards (p. 242–243) that introduce racial, political, migratory, colonial, and environmental topics associated with Puerto Ricans in the archipelago and its diaspora. The backdrop of this piece is the plurality of Puerto Ricanness, and Suárez touches on each topic by adding a twist to the game she is emulating: the two cards that should be paired are never identical. For example, a set of cards that point to racial and gender stereotypes within the Puerto Rican community present the buttocks of two women (figs. 13–14). Their compositions are identical, but their skin tones are notably different. The artist addresses the voluptuous body of the "hot Latina" stereotype, while pointing to the racial diversity

puertorriqueños del archipiélago. Puede ser que el artista también haya sufrido ese rechazo al igual que la figura joven que tiene un maletín cubierto en pegatinas con la forma de la isla más grande de Puerto Rico, a la que nuestros antepasados llamaban Borikén. Vemos los nombres dispersos por todo el maletín de ciudades estadounidenses como Chicago, Hartford, Orlando y Worcester, entre otras, en las que viven grandes comunidades puertorriqueñas. El uso del spanglish por parte del artista sirve como una forma de solidarizarse con sus compañeros de la diáspora, multiplicando el impacto de la declaración.

Como Levins Morales, Bibiana Suárez también juega con la flexibilidad del lenguaje, tal como se ve en *Memoria (Memory)* (2005–11), una instalación compuesta originalmente por 108 "tarjetas" que se apropian del clásico juego de `mesa de Milton Bradley. Suárez explica que "El diseño pretende dar a entender que hay un juego en proceso con cartas destapadas y otras tapadas, parejas encontradas y otras aún por descubrir". Para esta exposición, la artista y los curadores escogieron treinta y cinco cartas (p. 242–243) que presentan los temas raciales, políticos, migratorios, coloniales y ambientalistas asociados con los puertorriqueños en el archipiélago y su diáspora. En el corazón de esta obra está la pluralidad de la identidad puertorriqueña y Suárez toca cada tema a través de un giro inesperado del juego al que se refiere: las dos cartas que deberían ser una pareja nunca son idénticas. Por ejemplo, una pareja de cartas que hacen referencia a estereotipos de raza y género dentro de la comunidad puertorriqueña muestran las nalgas de dos mujeres (figs. 13–14). Sus composiciones son idénticas pero el tono de piel de las nalgas de cada una es notablemente diferente. La artista aborda el estereotipo del cuerpo voluptuoso de la latina sexy mientras resalta la diversidad racial entre los puertorriqueños. Al contemplar esta pareja de cartas, nos viene a la mente la frase "no pareces puertorriqueño" porque la artista está desmantelando activamente la noción de que los puertorriqueños deben lucir de una manera determinada.[11]

Suárez además incorpora la relación oral y escrita entre el inglés y el español. Por un lado, juega directamente con las pronunciaciones hispana y anglófona de la juez asociada

among Puerto Ricans. When considering this pair of cards, the phrase "you don't look Puerto Rican" comes to mind because the artist is actively dismantling the notion that Puerto Ricans should look a certain way.[11]

Suárez also incorporates both the written and oral relationship between Spanish and English. On the one hand, she directly plays with Hispanic and Anglophone pronunciations of Supreme Court Associate Justice Sonia Sotomayor by writing her name as "Sew toe my yore" and "Soda-mayor" on the same card (fig. 15). On the other, she recurs to irony by pairing cards with the phrases "Se habla inglés" (We speak English) and "We speak Spanish." By writing each phrase in the opposite language for which it makes a declaration, she points to how the two idioms are entangled in her everyday life in Chicago. Moreover, the graphic motif on the back of ten "unturned cards" (fig. 16) is composed of dozens of colloquial, and at times derogatory, labels given to Caribbean and Latine diasporas living in the United States. Suárez notes that "The names allude to a history of exchanges—sometimes amicable and other times confrontational—between Latinos of different origins and mainstream American culture." As the artist plays with words and images based on a suite of cards, this is not a game, but real, everyday life, memories for millions of people living in the diaspora. In this way, the serious and the ludic match one another in Suárez's work,

de la Corte Suprema Sonia Sotomayor al escribir su nombre como "Sew toe my yore" y "Soda-mayor" en la misma carta (fig. 15). Por otro lado, vuelve a la ironía al emparejar cartas con las frases "Se habla inglés" y "We speak Spanish" (Nosotros hablamos español). Al escribir cada frase en el idioma opuesto al que se usa, se refiere a los dos modismos y a cómo se entrelazan en su vida diaria en Chicago. Además, el motivo gráfico en el reverso de las diez "cartas tapadas" (fig. 16) está compuesto por docenas de etiquetas coloquiales, a veces despectivas, asociadas con las diásporas latinas y caribeñas en Estados Unidos. Suárez observa que "Los nombres hacen referencia a una historia de intercambios, a veces amigables y a veces agresivos, entre latinos de diferentes orígenes y la cultura estadounidense hegemónica". Mientras la artista juega con palabras e imágenes a partir de una baraja de cartas, no se trata de un juego sino de la vida cotidiana real, de los recuerdos de millones de personas que viven en la diáspora. De esta manera, lo serio y lo lúdico coinciden entre sí en la obra de Suárez, haciendo referencia a un mecanismo de supervivencia muy boricua y familiar: hacer chistes sobre las luchas de la vida para poder bregar con ellas de una manera menos dolorosa.

Así como fue el uso vulgar del latín lo que se convirtió en español, es el pueblo, en este caso los artistas, quienes constituyen el proyecto transnacional de lo que significa ser puertorriqueño. Si bien muchos en el

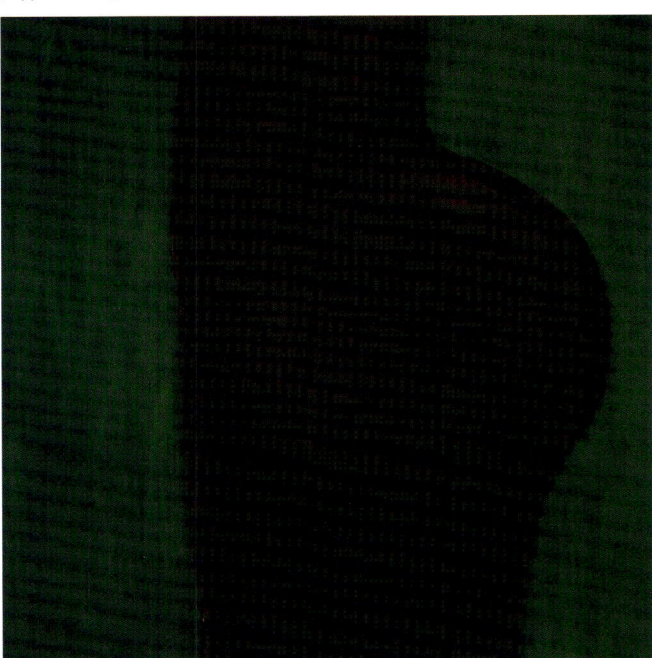

fig. 13   Bibiana Suárez, *Yei-lo / Jay-loh*, from (de) *Memoria (Memory)*, 2005–11. (→ pp. 242–243)

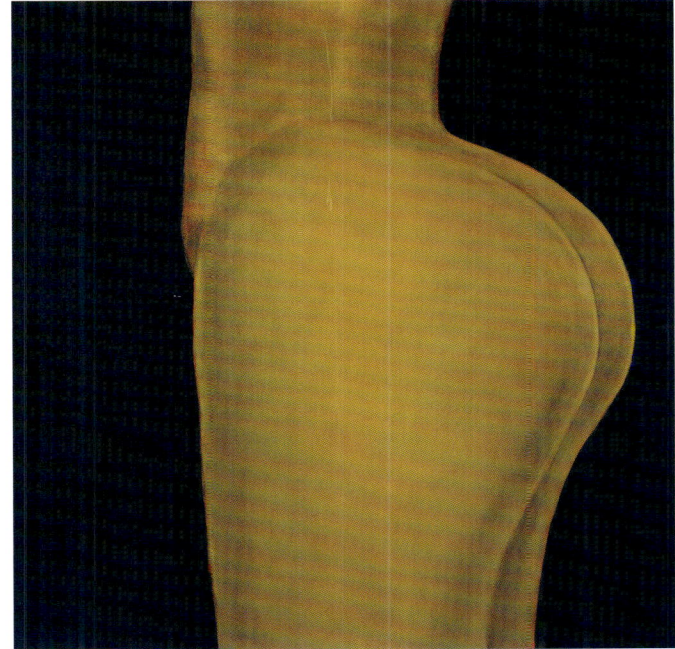

fig. 14   Bibiana Suárez, *Tembandumba de la Quimbamba (Palés Matos)*, from (de) *Memoria (Memory)*, 2005–11. (→ pp. 242–243)

alluding to a very familiar Puerto Rican coping mechanism: making jokes from the struggles of life to work them through in a less painful way.

Just as it was the vulgar use of Latin that would become Spanish, it is the people, and in this case the artists, who constitute the transnational project of what it means to be Puerto Rican. While many in the archipelago may continue to resist English as an ongoing colonial imposition, Puerto Rican contemporary art has only been nourished by these complex sociocultural relationships and has even filled the communication gaps that cannot be bridged by Spanish, English, or Spanglish.[12] This path has endowed artists with the necessary elasticity to deal with the ongoing transnational expansion of our culture. After all, images have been evidence of the existence of cultures for millennia and continue to demonstrate their importance in expressing Puerto Rican culture beyond the limits of a singular language, political status, or geography.

archipiélago pueden seguir resistiéndose al inglés como una imposición colonial permanente, el arte puertorriqueño contemporáneo sólo se ha fortalecido gracias a estas complejas relaciones socioculturales y también ha llenado los espacios de comunicación que ni el español, ni el inglés ni el spanglish pueden alcanzar.[12] Este camino ha proporcionado a los artistas la elasticidad necesaria para enfrentar la permanente expansión transnacional de nuestra cultura. Al fin y al cabo, las imágenes han evidenciado la existencia de culturas durante milenios y siguen demostrando su importancia en la expresión de la cultura puertorriqueña más allá de los límites de un idioma singular, un estatus político o una geografía.

fig. 15   Bibiana Suárez, *Sotamayor*, from (de) *Memoria (Memory)*, 2005–11. (→ pp. 242–243)

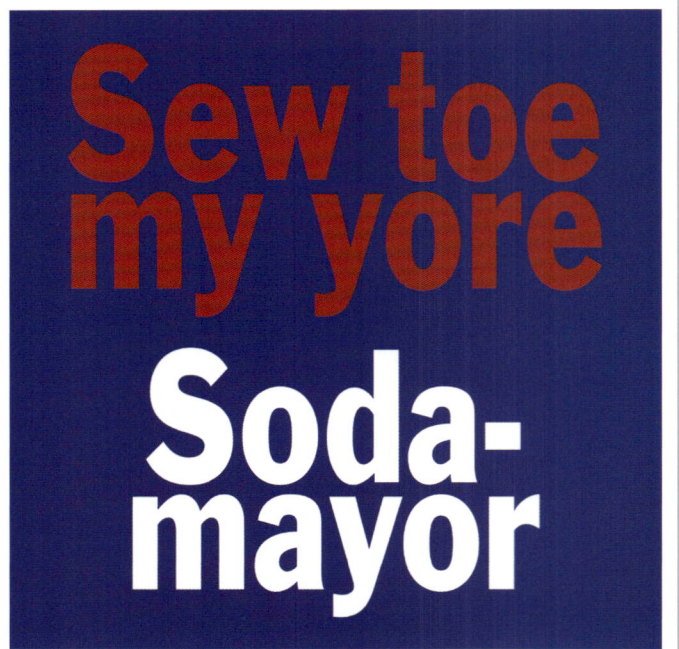

fig. 16   Bibiana Suárez, *Texto / Naming* (detail / detalle), from (de) *Memoria (Memory)*, 2005–11. (→ pp. 242–243)

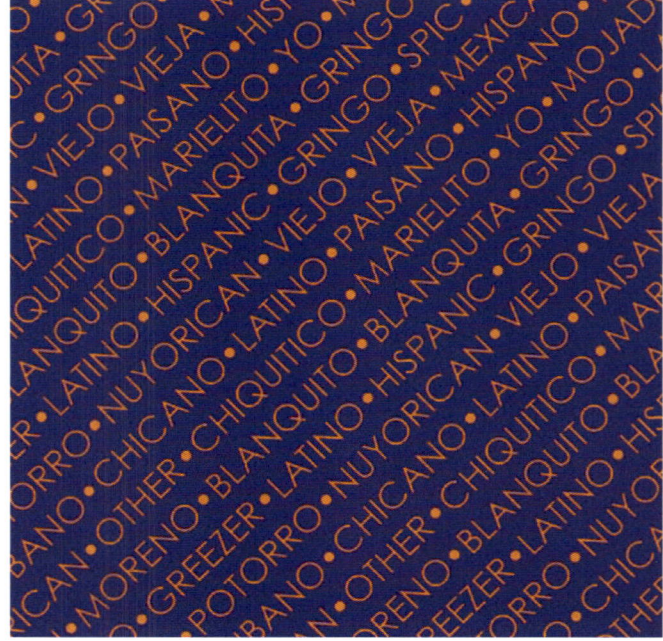

Monica Uszerowicz

(EN)

An In-Between Thing: Water, Dreams, and Swaying in Vaivén

Do you hear me? Friend?
Do you feel the power my voice proliferates?
Shoulder my pain and push it skyward.
Puerto Rico, the sea will crucify us.
Let's be incandescent. Let's set the sea on fire.
—Marigloria Palma

An Atlas to the Night & Other Electric Flowers (2021–ongoing), a short film and collaboration between Natalia Lassalle-Morillo and a group of CalArts artists, draws its title from *The Night and Other Electric Flowers*, a collection of poetry by the late Puerto Rican poet Marigloria Palma.[1] It begins with a voice reciting Palma's poem "Friend, This Is What Hurts" (1976); rising to a plaintive bellow, it is sonorous and impassioned. So is the sea, the video's reddened backdrop, rollicking like a quickened pulse (fig. 17). Palma makes demands of the heart—its immanent fortitude—and of Puerto Rico, of Puerto Ricans:

> listen, Puerto Rican. Let your brain grow
> rapacious teeth and feed your life on the pulp
> of thought, fly the fanatical flag of *I want*
> and *I demand*, the slavery of *I can*, the elemental
> devotion of *I must*, the educated instinct of *I know*.

(ES)

Una cosa entremedia: agua, sueños y balanceo en vaivén

¿Tú me oyes, amigo?
¿Tú sientes la potencia que mi
voz desparrama? Mete tu hombre y empuja mi dolor
hacíael cielo. Nos crucifica el mar, puertorriqueños...
¡Seamos incandescentes, incendiemos el mar!
—Marigloria Palma

El título de *Un atlas para la noche y otras flores eléctricas* (2021–en curso), un cortometraje y colaboración entre Natalia Lassalle-Morillo y un grupo de artistas de CalArts, proviene de *La noche y otras flores eléctricas*, un poemario de la fallecida poeta puertorriqueña Marigloria Palma.[1] Comienza con una voz recitando el poema de Palma, "Amigo, esto que duele" (1976); elevándose hasta convertirse en un rugido quejumbroso. Es sonoro y apasionado. Así es también el mar, el fondo enrojecido del video, gozándose como un pulso acelerado (fig. 17). Palma exige al corazón, su fortaleza inmanente y a Puerto Rico, a los puertorriqueños:

> oye, puertorriqueño: cría dientes voraces
> en la masa encefálica; alimenta tu vida con papilla
> de ideas; enarbola la fanática unción del yo quiero y
> demando, la esclavitud del puedo, la devoción elemental
> de debo, el impulse adiestrado del conozco ...

Carina del Valle Schorske, who translated the poem and captures in English its exquisite lyricism, once said before reciting its verses, "This could've been written tomorrow."[2]

I first saw this film in a dream. I have no memory of this, but I have no evidence that I learned of its existence in my waking life, either. Prompted to contribute to this exhibition catalogue, I could swear wholeheartedly that this particular film was included in *Vaivén: 21st-Century Art of Puerto Rico and Its Diaspora*—on a checklist, mentioned in a conversation, confirmed by one person, corroborated by another. I was wrong: Lassalle-Morillo's film *En Parábola/Conversations on Tragedy (Part 1)* is featured, but not this one. When I told her about this, I was baffled to the point of worry—how could I have imagined her other work's inclusion? Did I hallucinate an email? A discussion? The artist reassured me: "Palma is summoning people."[3] If she's right, of course Palma waded through the water—that aforesaid sea—to find me.

It's the water that leads me back to Puerto Rico, to Boriként. Like *An Atlas to the Night & Other Electric Flowers*, Lassalle-Morillo's *En Parábola/Conversations on Tragedy (Part 1)* (2024, fig. 18)—a project she describes as a "beautiful beast" of research and heart—opens with water: the Atlantic Ocean, presented in three channels, lolls between Puerto Rico and New York City, the film's primary locations. To create the film, the artist led a series of dramaturgical sessions with nonprofessional performers—three of them Nuyoricans and one Diasporican from Massachusetts now living in New York—who drew upon the tragedy of *Antigone*.

Carina del Valle Schorske, quien tradujo el poema y capturó su exquisito lirismo en inglés, dijo una vez antes de recitar sus versos, "Esto podría haber sido escrito mañana".[2]

La primera vez que vi esta película fue en un sueño. No tengo ningún recuerdo de ello, pero tampoco tengo una prueba de que me enteré de su existencia en mi vida real. Invitada a contribuir al catálogo de esta exposición, podría jurar con todo mi corazón que esta película en particular estaba incluida en *Vaivén: Arte de Puerto Rico en el siglo XXI y su diáspora*, en una lista, mencionada en una conversación, confirmada por una persona, corroborada por otra. Me equivoqué: la película de Lassalle-Morillo *En Parábola / Conversaciones sobre la tragedia (Parte 1)* se destaca, pero no en esta. Cuando le dije eso me sentí tan confundida que me preocupé. ¿Cómo podría imaginar la inclusión de su otra obra? ¿Había alucinado un correo electrónico? ¿Una conversación? La artista me aseguró: "Palma está convocando a la gente".[3] Si ella tiene razón, por supuesto Palma cruzó el agua, ese mar antes mencionado, para encontrarme.

Es el agua que me lleva de regreso a Puerto Rico, a Boriként. Al igual que *Un atlas para la noche*, *En Parábola / Conversaciones sobre la tragedia (Parte 1)* (2024, fig. 18) de Lassalle-Morillo, un proyecto que ella describe como una "bella bestia" de investigación y corazón, comienza con el agua: el mar Atlántico, reproducido en tres canales, oscila con pereza entre Puerto Rico y la ciudad de Nueva York, los lugares principales de la película. Para crear la película, la artista realizó una serie de encuentros dramatúrgicos con actores no profesionales—tres de ellas nuyorriqueñas y una

fig. 17   Natalia Lassalle-Morillo, Antonia Cruz-Kent, Gabi Girón Vives, Angela Rosado, Daniella Silva, *An Atlas to the Night & Other Electric Flowers* (Un atlas para la noche y las otras flores eléctricas) (01:08), 2021–ongoing (en curso). Digitized (Digitalizada) 16 mm, HD video (color, audio), 45:00 min. Courtesy the artist (Cortesía del artista).

fig. 18   Directed by (Dirigido por) Natalia Lassalle-Morillo in collaboration with (en colaboración con) Erica Ballester, Nina Lucía Rodríguez, Raquel Rodríguez, Emma Suárez-Báez, chorus in collaboration with (coro en colaboración con) Xenia Rubinos, *En Parábola/Conversations on Tragedy (Part 1)* (En Parábola/Conversaciones sobre la Tragedia [Parte I]), 2024. (→ pp. 144–145)

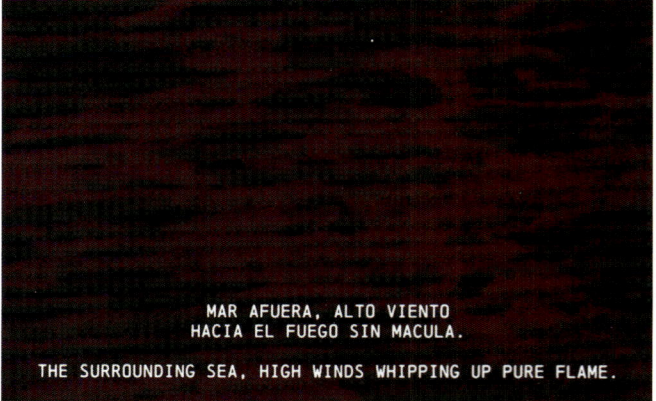

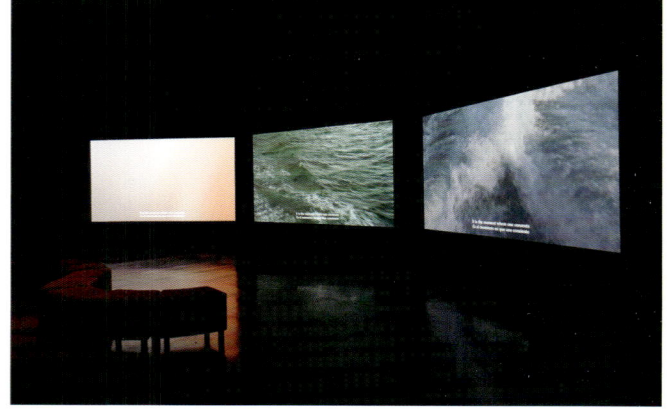

Together they explored what Lassalle-Morillo described as the "sedimentation of grief, the unrealized belonging, the feeling of belonging in many places at the same time"—that is, the environmental and political tragedies of Puerto Rico, the archipelago's resistance (like Antigone's) in the face of grief, and the nostalgic liminality of diaspora. A parabola's points are all equidistant from its focus; to be in *vaivén* is to live here, on the parabola's curve, halfway to Puerto Rico or a new place of arrival. "I'm a strange new kind of in-between thing, aren't I?" Antigone says, before taking her own life.[4]

Over auditions, rehearsals, and trips between New York City and Borikén, Lassalle-Morillo and four performers intuitively restaged the play. In some rehearsals, Lassalle-Morillo asked that performers preface their ideas or interjections with the word *agua*. "Living in Puerto Rico is conditioned by water, and New York has its own relationship to bodies of water," she explains. Examining their memories and relationships to the archipelago, the performers made *Antigone* their own. "When the fates assembled me," recites Nina Lucía Rodríguez, sitting blindfolded by the water, "they pierced my sternum with a needle, pulling an infinite thread through my center, connecting me ever-backward to the past, ever-forward to the future." They weave their own threads: Raquel Rodríguez draws a map of ideas anchored by a hoop earring. "Return?" she writes. "New. York. Rican. Two generations in. Can I—may I—return?" The film culminates in the communal catharsis of a Greek chorus (p. 143). Rightfully, "Agua!" is their refrain. The voices wail the word, discordant and trembling, the *g* elongated into a *w*. *Agua, ahh-wahh*.[5] In both films, agua, in the form of Lassalle-Morillo's frothy sea, its mercuriality, embodies the tenor of the word *vaivén*—fluctuation, sway—whose syllables can be separated into *va y ven*. Go and come, come and go. The water keeps time with primordial undulation.

In his book *The Puerto Rican Nation on the Move: Identities on the Island and in the United States*, Jorge Duany writes that vaivén "implies that some people do not stay put in one place for a long period of time but move incessantly, like the wind or the waves of

diasporriqueña de Massachusetts ahora viviendo en Nueva York—quienes se inspiraron en la tragedia de *Antígona*.

Juntas quienes se inspiraron en la tragedia de *Antígona* para explorar lo que Lassalle-Morillo describe como la "sedimentación del duelo, la pertenencia frustrada, la sensación de pertenecer a muchos lugares al mismo tiempo", es decir, las tragedias ambientales y políticas de Puerto Rico, la resistencia del archipiélago (como la de Antígona) para enfrentar el duelo y la liminalidad nostálgica de diáspora. Los puntos de una parábola son equidistantes de su enfoque; estar *en vaivén* significa vivir aquí sobre la curva de la parábola a medio camino hacia Puerto Rico o un nuevo lugar de llegada. "Soy una cosa extraña y nueva entremedia, ¿no?" dice Antígona antes de quitarse la vida.[4]

A lo largo de audiciones, ensayos y viajes entre la ciudad de Nueva York y Borikén, Lassalle-Morillo y cuatro actores pusieron en escena la obra de manera intuitiva. Durante algunos ensayos, Lassalle-Morillo instruyó de antemano a los actores a concentrar sus pensamientos o exclamaciones en la palabra *agua*. "La vida en Puerto Rico está marcada por el agua y Nueva York tiene su propia relación con los cuerpos de agua", ella explica. Al examinar sus recuerdos y relaciones con el archipiélago, los actores hicieron suya *Antígona*. "Cuando el destino me montó", recita Nina Lucía Rodríguez, con los ojos vendados, sentada por el agua, "me perforan el esternón con una aguja, jalando un hilo infinito a través de mi centro, conectándome más aún al pasado y más aún al futuro". Tejen sus propios hilos: Raquel Rodríguez dibuja un mapa de ideas anclado a un arete de aro. "¿Volver?", escribe. "New. York. Rican. Ya con dos generaciones. ¿Puedo…podría…volver?" La película culmina con la catarsis comunitaria de un coro griego (p. 143). Con razón, ¡Agua! es su estribillo. Sus voces gimen la palabra, discordante y temblorosa, la *g* estirada hasta convertirse en *w*. *Agua, ahh-wahh*.[5] En ambas películas, el agua, con forma del mar espumoso de Lassalle-Morillo, su volatilidad, expresa el tenor de la palabra vaivén, la oscilación, el balanceo, cuyas sílabas pueden separarse en va y ven. Ve y ven, ven y ve. El agua marca el ritmo con una ondulación primordial.

En su libro *The Puerto Rican Nation on the Move: Identities on the island and in the United*

the sea, in response to shifting tides … Puerto Rican migration is best visualized as a transient and pendulous flow, rather than a permanent, irrevocable, one-way relocation of people."[6] Like so many Spanish terms that stir with a liveness better enunciated by a tongue familiar with the language's contours—a tongue that can roll, like a wave—there is no direct English translation for vaivén. For someone like me, for whom Spanish is a fragmented memory, vaivén must be found in the body. The tender sway of the sea over your skin. The endless longing, the knowing and not-knowing, of the heart. The slow unraveling of time as it proves itself less linear than it is ever claimed to be.

While conducting research for *En Parábola/Conversations on Tragedy (Part 1)* Lassalle-Morillo spoke to my mother about Puerto Rico, where the latter lived until she was five or six years old. "I remember my bare feet in the soil, in the clay," my mother told her, "and then I imagine being lifted up and taken to the States." She was plucked, she means. Displaced before she knew what leaving meant. When she shares memories from the archipelago—before her Spanish name, Elena, was transmuted to Helencita, then Helen—she must stop the words from slipping into the present tense and won't declare what's simply apocryphal to be true. But these are forced mediations. It is clear what she really remembers, what she truly believes.

There's a story I have discussed before: my great-aunt Carmen passed away young, just days before my mother was born. Shortly after her birth, my mother screamed and choked in her crib, briefly turning blue. Then her breathing normalized and the color flooded back to her cheeks, the episode over in moments. Years later, she spoke about Aunt Carmen as if they had met and played together. It was determined by her family that, on her way to the heavens, Carmen's soul had momentarily passed through my mother's infant body, like a swift crossing over calm waters. They had met then, in the wake, and never lost touch. "Do you believe it?" I have asked her. She shrugs initially, then says, "But I *do* remember her. I did know her."

In Borikén, the past and present sit side by side like the rings of a spiral, and

States, Jorge Duany escribe que vaivén "implica que algunas personas no permanecen en el mismo lugar por un largo rato, sino que se desplazan sin parar, como el viento o las olas del mar, en respuesta a las mareas cambiantes … La migración puertorriqueña se entiende mejor como un flujo transitorio y pendular, en lugar de una ruta sin salida de reubicación permanente e irrevocable de personas".[6] Como sucede con muchos términos españoles que cobran vida con una vivacidad que se enuncia mejor con una lengua que conoce los contornos del idioma, una lengua que puede rodar como una ola, no existe una traducción directa al inglés para vaivén. Para alguien como yo, para quien el español es una memoria fragmentada, el vaivén hay que encontrarlo en el cuerpo. El vaivén suave del mar sobre la piel. El anhelo permanente, el saber y el no saber del corazón. El lento transcurso del tiempo, parece menos lineal de lo que alguna vez se pretendió.

Mientras investigaba para *En Parábola/ Conversaciones sobre la tragedia (Parte 1)*, Lassalle-Morillo le contó a mi madre sobre Puerto Rico, donde vivió hasta que tenía cinco o seis años. "Recuerdo mis pies descalzos en la tierra, en el barro", le dijo mi madre, "y luego me imagino levantada y llevada a los Estados Unidos". Fue desarraigada, quiere decir. Desplazada antes de comprender lo que significaba partir. Cuando comparte recuerdos del archipiélago, antes de que su nombre español, Elena, fuera transmutado a Helencita, luego a Helen, tiene que evitar que las palabras cambien de tiempo y declaren verdadero lo que es simplemente apócrifo. Pero estas son meditaciones forzadas. Está claro lo que ella realmente recuerda y lo que realmente cree.

Hay una historia que ya he contado antes: mi tía abuela Carmen falleció joven, días antes de que naciera mi madre. Poco después de su nacimiento, mi madre gritó y se asfixió en su cuna, poniéndose azul por un momento. Entonces su respiración se normalizó y el color volvió a sus mejillas. El episodio duró solo unos momentos. Años después, habló de su tía Carmen como si se hubieran conocido y jugado juntas. Su familia concluyó que el alma de Carmen había pasado por el cuerpo infantil de mi madre por un momento en su camino al cielo, como una travesía rápida sobre aguas tranquilas. Se conocieron en el velorio y nunca

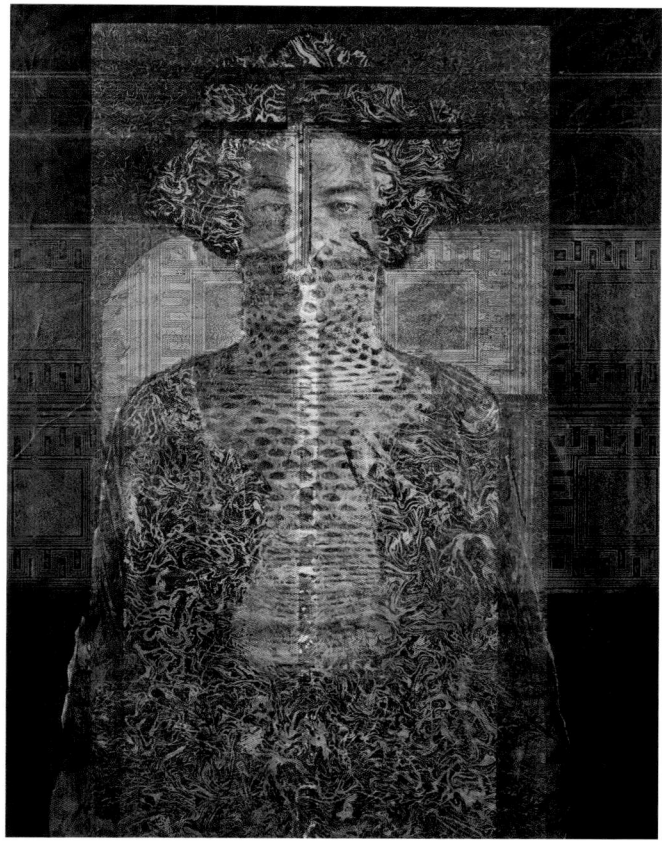

corporeality isn't required for existence, so aunties can visit from the Great Beyond to play with you. My mother relates to her Puerto Rican past in a way that might be unique to Diasporicans, or to all of us who feel untethered from and deeply in need of the places we love. I love Puerto Rico the way my mother does: as a part of myself I try to touch but can't. The first lines of "Friend, This Is What Hurts" read: "Puerto Rico is a bullet lodged in my chest. / It's what hurts me, what sucks my spring dry." As I recite Palma's words out loud, my Spanish is shameful, but my diasporic yearning cannot be translated into any language. I search beyond the lexical to understand.

"The language was not my strength, and you don't need language when it comes to creating," the artist Rodríguez Calero said in an interview for the University of Notre Dame's Institute for Latino Studies. After falling ill as a child, Calero, who wasn't fluent in Spanish, moved from New York to the archipelago and enrolled in art classes at the Instituto de Cultura, where she didn't need to speak at all. She later coined the term *acrollage* to describe her signature combination of printmaking, collage, and paint.[8] It's a dynamic approach she

perdieron el contacto. "¿Lo crees?" la he preguntado. Al principio se encoge de hombros y luego dice, "Pero yo *sí* la recuerdo. Sí, la conocía".

En Borikén, pasado y presente se corresponden como los círculos de una espiral y la corporalidad no es un requisito para la existencia, por lo que las tías pueden visitarte desde el más allá para jugar contigo. Mi madre se identifica con su origen puertorriqueño de una manera que quizás es única para los diasporriqueños, o para todos nosotros que nos sentimos desconectados y profundamente necesitados de los lugares que amamos. Amo a Puerto Rico tal como lo ama mi madre: como una parte de mí que intento tocar, pero no puedo. Los primeros versos de "Amigo, esto que duele" dice: "Puerto Rico es una bala hinchada entre mi pecho. / Es algo que me duele, que me seca el retoño". Mientras recito en voz alta las palabras de Palma, mi español es vergonzoso, pero mi anhelo diaspórico no se puede traducir a ningún idioma. Busco más allá de lo léxico para entender.

"Los idiomas no son mi fuerte, pero tampoco son necesarios a la hora de crear", dijo el artista Rodríguez Calero durante una entrevista para el Institute for Latino Studies, University of Notre Dame.[7] Tras enfermarse de niña, Calero, que no hablaba español con fluidez, se mudó de Nueva York al archipiélago y se inscribió en clases de arte en el Instituto de Cultura, donde no necesitaba hablar en absoluto. Más tarde acuñó el término *acrollage* para describir su distintiva combinación de grabado, collage y pintura.[8] Es un método dinámico que ella empleó para crear la obra inquietante *Messenger* (Mensajero) (2016, fig. 19). Si la figura central titular de Calero cobrara vida, no hablaría; su boca está cubierta por una máscara que cubre su cuello y llega hasta su corazón. El resto de su cuerpo son todo espirales: oscuros remolinos terrenales. Su mirada es profunda y perspicaz, desconcertante. Cuando Calero crea sus personajes, es, como ella misma ha descrito, una forma de "empoderamiento de lo místico y lo emocional".[9] Para mí, hay algo de mi tía Carmen en ese mensajero místico o, para tomar prestadas las palabras de Emma Suárez-Báez (y las de Antígona) en *En Parábola / Conversaciones sobre la tragedia (Parte 1)*, "incómoda con los muertos y los vivos", e potencial de no tener voz, la implicación de un cuerpo, su presunta

used to create the haunting work *Messenger* (2016, fig. 19). If Calero's central, titular figure came to life, they wouldn't talk; their mouth is covered by a mask draping down their neck, all the way to their heart. The rest of their body is all spirals—dark, terraneous swirls. Their gaze is deep and perspicacious, unnerving. When Calero creates her subjects, it is, as she has described, a kind of "empowerment of the mystical and emotional."[9] For me, there is something of Aunt Carmen in that mystical messenger, or, to borrow from Emma Suárez-Báez's words (and Antigone's) in *En Parábola/Conversations on Tragedy (Part 1)*, "not home with the dead nor with the living"—the potential voicelessness, the suggestion of a body, their presumed emergence from some spectral elsewhere. With their mouth obscured, the Messenger must find other ways to communicate.

Like Calero, the photographer Genesis Báez empowers the emotional and pronounces the unsaid. The first image of hers I saw was *Parting (Braid)* (2021, fig. 20), in which a shorter woman parts a taller woman's hair, reaching upward and stretching the strands like a parting sea. The photograph appears to be taken from behind a swath of fabric, and both subjects are silhouettes, darkened by the gold of the sun. It's my own sentimentality that ascribes to the image's title an ambiguity—parting ways, saying goodbye—that perhaps Báez herself doesn't imply. No one has left. The two figures are right here, illustrating the palpable intimacy of touch and grooming so lovingly shared among women. Still, the image is oneiric. They're not fully visible—they're the phosphene versions of themselves you would

aparición desde otro lugar espectral. Con la boca oculta, el Mensajero debe encontrar otras formas de comunicarse.

Al igual que Calero, la fotógrafa Genesis Báez potencia lo emocional y pronuncia lo no dicho. La primera imagen de ella que vi fue *Parting (Braid)* (Partida [Trenza]) (2021, fig. 20), en la que una mujer bajita le separa el cabello a una mujer más alta, con las manos en alto y estirando su cabello como una raya del mar. La foto parece haber sido tomada desde detrás de una tira de tela y los dos sujetos aparecen silueteados, oscurecidos por el sol dorado. Es mi propio sentimentalismo el que atribuye una ambigüedad al título de la imagen, la partida, la despedida, que quizás Báez no insinúe. Nadie se ha ido. Las dos figuras están ahí, ilustrando la intimidad palpable del tacto y el acicalamiento compartida amorosamente entre mujeres. Aun así, la imagen es onírica. No son completamente visibles. Son versiones fosfóricas de las mismas que verías si estuvieras allí, junto a ellas y cerraras los ojos.

"En cierto sentido, heredé Puerto Rico y una conexión con la patria a través de las mujeres de mi familia" dijo Báez a *Aperture* en 2022, describiendo su primera visita a Puerto Rico con su madre y abuela.[10] Su foto *Condensation (San Juan Airport)* (Condensación [aeropuerto de San Juan]) (2019, fig. 21) muestra un círculo de precipitación en una ventana del Aeropuerto Internacional Luis Muñoz Marín en San Juan, tomada al amanecer bajo la luz azul-rosada de la mañana. "Yo andaba por el mundo pensando en la humedad, en el choque entre el aire caliente y el frío y en los fragmentos que se unen para formar un todo" dijo Báez en una entrevista de 2020.[11]

fig. 20　Genesis Báez, *Parting (Braid)* (Partida [Trenza]), 2021. Archival pigment print (Impresión pigmentada de archivo), image (imagen): 24⅛ × 33½ in. (61.2 × 85 cm), sheet (pliego) 27½ × 37⅛ in. (69.8 × 94.2 cm). Courtesy the artist (Cortesía del artista).

fig. 21　Genesis Báez, *Condensation (San Juan Airport)* (Condensación [aeropuerto de San Juan]), 2019. (→ p. 67)

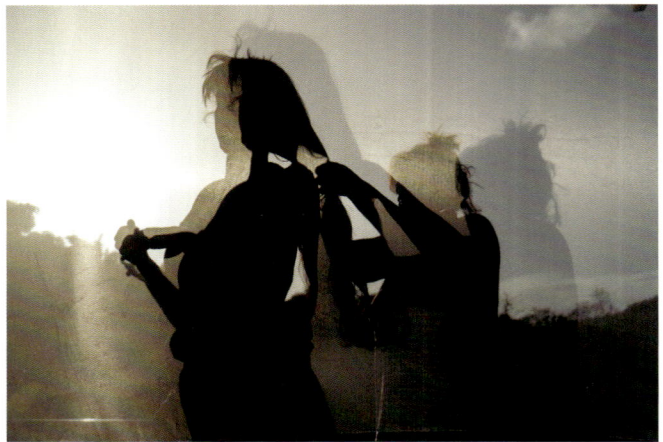

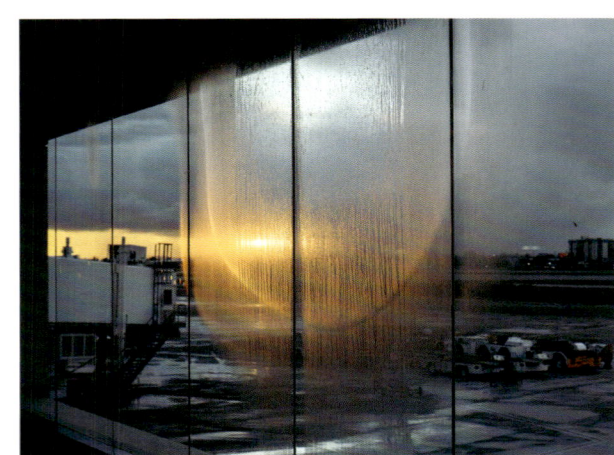

fig. 22   Larissa De Jesús Negrón. *I want what I already have* (Quiero lo que ya tengo), 2021. Acrylic, colored pencil, soft pastel, and oil on canvas (Acrílico, lápiz de color, pastel suave y óleo sobre lienzo), 30 × 24 in. (76.2 × 60.9 cm). Courtesy the artist (Cortesía del artista).

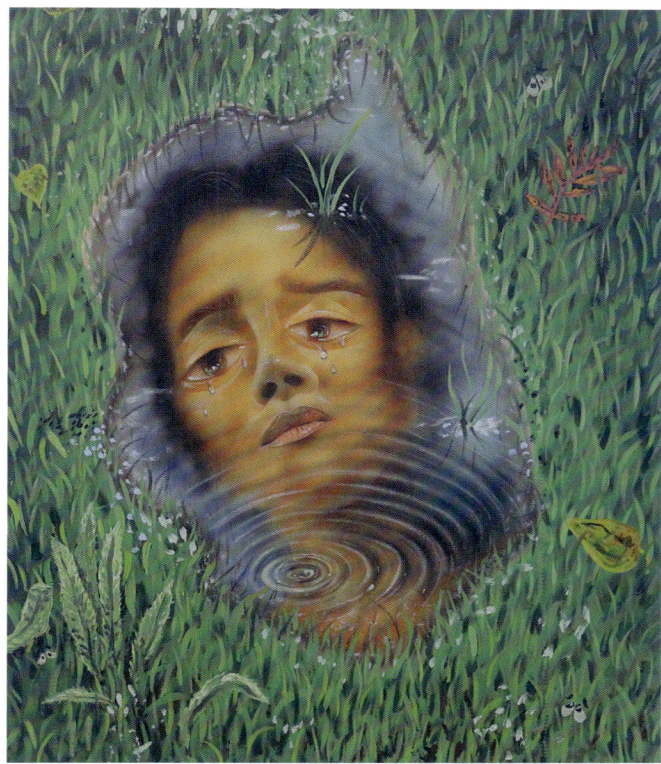

see if you were there, next to them, and then closed your eyes.

"In a sense, I inherited Puerto Rico and a connection to a homeland through the women in my family," Báez told *Aperture* in 2022, describing her first visit to Puerto Rico with her mother and grandmother.[10] Her photograph *Condensation (San Juan Airport)* (2019, fig. 21) depicts a circle of precipitation on a window at Luis Muñoz Marín International Airport in San Juan, snapped at dawn in the blue-pink light of morning. "I was moving through the world thinking about humidity, about hot and cold air clashing, and about fragments coming together to form a whole," Báez said in a 2020 interview.[11] Had Báez just landed in San Juan, or was she departing? Here is Duany's "transient and pendulous flow," the movement between Puerto Rico and anywhere else, caught at daybreak. The circle's sweat is illuminated by the unfurling of the rising sun. I imagine myself gazing through Báez's window upon arriving to Borikén, or before returning to Miami. The feeling of coming feels like going. It's an ache.

The pain is a refrain—*agua*—or its own song, iterated in other images. In Larissa De Jesús Negrón's painting *I want what I already have*, a rippled puddle, bearing the reflection of a tear-stained face, emerges from grass

¿Acababa de llegar a San Juan o se iba? Aquí está el "flujo transitorio y pendular" de Duany, el movimiento entre Puerto Rico y cualquier otro lugar, capturado al amanecer. El sudor del círculo se ilumina con el despliegue del sol naciente. Me imagino mirando fijamente por la ventana de Báez al llegar a Borikén, o antes de regresar a Miami. La sensación de visitar es como la de irse. Es un dolor.

El dolor es un refrán—agua—o su propia canción, reiterados en otras imágenes. En el cuadro de De Jesús Negrón *I want what I already have* (Quiero lo que ya tengo) (2021, fig. 22), un charco ondulado, con el reflejo de un rostro manchado de lágrimas, emerge del pasto. Los detalles más maravillosos de las pinturas de De Jesús Negrón, suaves con su opacidad aerografiada, son sus suntuosas gotitas de agua. Humedecen los pies, gotean de los pechos y en *I want what I already have* (Quiero lo que ya tengo), están a punto de caer de los lagrimales del rostro. El semblante de una niña pertenece a la tierra. Mientras la estudio, recuerdo la historia mítica de mi abuela sobre un terremoto en Guayama: "Vi la tierra tragarse a una niña" dijo.

En *Waiting to come back home* (Esperando volver a casa) (2024, fig. 23) de De Jesús Negrón, el deseo persiste: una mujer está acurrucada, con la rodilla sobre la mejilla; su habitación es de un gris azulado frío y demasiado pequeña, con pequeños relojes apilados a sus pies. Está oscuro, salvo por una ventana a través de la cual un rayo de sol envuelto en un halo llega hasta su cabeza y afuera hay una pequeña y delgada franja de playa, una ola rompiendo en la orilla, el cielo es un atardecer de arco iris. La mujer está sola y tal vez está atrapada, pero sueña con calidez, con color, con agua, con regresar. Imagino que sueña con el mar de Lassalle-Morillo, sobre el que canta el fantasma de Marigloria Palma. El balanceo del vaivén es colectivo; mis lágrimas para la tierra natal fueron derramadas por mi madre y por su madre y por la tierra y por el mar. En "Amigo, esto que duele", Palma le dice al amigo epónimo:

> Amigo, eso era antes, ahora todo me duele.
> Me duelen las costillas rojas del flamboyán,
> las palmas desahuciados, el mar con su epilepsia
> tan azul y tan mío ...

(2021, fig. 22). The dreamiest details of De Jesús Negrón's paintings—soft in their air-brushed haziness—are her lush water droplets. They dampen feet, drip from breasts, and, in *I want what I already have*, are poised to fall from the face's tear ducts. The visage, a girl's, is part of the earth. Studying her, I recall my grandmother's mythic story about an earthquake in Guayama: "I watched the earth swallow a girl," she said.

In De Jesús Negrón's *Waiting to come back home* (2024, fig. 23), the longing persists: a woman is curled up, knee to cheek; her room is cold blue-gray and too small, with tiny clocks clustered at her feet. It is dark, save for a window from which a haloed sun-ray reaches toward her head, and outside, there is a sliver of beach, a wave crashing on the shore, the sky a rainbow sunset. The woman is alone, and she might be trapped, but she dreams of warmth, of color, of water, of returning. She dreams, I imagine, of Lassalle-Morillo's ocean, over which the ghost of Marigloria Palma sings. The sway of vaivén is a collective one; my tears for the homeland have been shed by my mother, and by her mother, and by the earth, and by the sea. In "Friend, This Is What Hurts," Palma tells the eponymous friend:

> But friend, that was before, now everything aches.
> The red ribs of the flame tree bruise me,
> the evicted palms, the sea with her epilepsy
> so blue and so much mine…

Have you ever spent the day in the water, tossed by the waves, and then, at home in bed, felt the oscillating movement stirring you again—as if you were still being rocked by the ocean? When I was little, I asked my mother about it: "Why am I still swimming?" "It's your body adjusting to being back on land," she surmised, referring to the way the fluid between your ears maintains and recalibrates this equilibrium. I felt the waves in my stomach. This was not the endolymph of the inner ear, but a sea belly, a womb. The water remembers. The vaivén flows away. Then, like a baby cradled in loving arms—phantasmal or real—it sways back.

¿Alguna vez has pasado el día en el agua, sacudido por las olas y luego, en casa, en la cama, has sentido el movimiento de balanceo estimulándote de nuevo, como si todavía estuvieras siendo mecido por el mar? Cuando era pequeña, le preguntó a mi madre: "¿Por qué sigo nadando?" "Es tu cuerpo ajustándose a volver a la tierra" supuso, refiriéndose a la forma en que el líquido entre los oídos mantiene y recalibra este equilibrio. Sentí las olas en mi barriga. Esto no era la endolinfa del oído interno, sino una barriga marina, un vientre. El agua recuerda. El vaivén se escurre. Entonces, como un bebé acunado en brazos amorosos, fantasmal o real, se balancea hacia atrás.

fig. 23   Larissa De Jesús Negrón, *Waiting to come back home* (Esperando volver a casa), 2024. (→ p. 111)

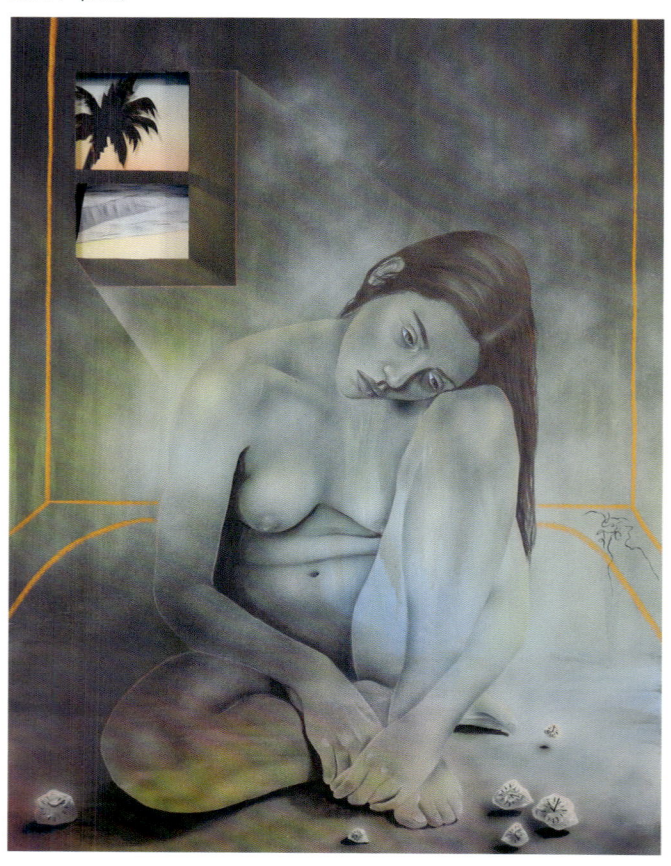

Yomaira C. Figueroa-Vásquez

(EN)

"con el recuerdo al hombro": Black Boricua aesthetics and the demand for our politico-spiritual attention

memory is slung over my shoulder,
but hey, isn't it something?
how many deep snares stop us
and how with the deep we move.
and find each other here
— Ángela María Dávila

I am consumed by the archive. My preoccupation is not with the mere idea of the archive or the heated debates around archival processing or theory. Instead, I am reckoning with the archive of Black memory, with the fact of Black survival, and with the growing forms of accounting, mending, and suturing our often-fractured histories as individuals and as a collective. More specifically, in the last two decades I have spent a considerable amount of time thinking about Black Boricuas, a people at the crossroads of history itself.[1] Famously lauded as the first Puerto Ricans, by noted writer and translator José Luis González, who declared in his foundational collection, *El pais de cuatro pisos* (The Four-Story Country), that Black peoples were the most bound to the new and violently created colony of Puerto Rico.

(ES)

"con el recuerdo al hombro": la estética negra boricua y la reivindicación de nuestra atención político-espiritual

con el recuerdo al hombro,
pero fíjense, ¿ah?
qué muchas trampas hondas nos detienen
y cómo con lo hondo nos movemos.
y nos vemos aquí
— Ángela María Dávila

Me cautivan los archivos. No me interesa sólo la idea de los archivos ni los debates apasionados sobre el procesamiento o la teoría de los archivos. En cambio, estoy bregando con los archivos de la memoria negra, con el hecho de la supervivencia negra y con nuevas formas de repensar, remendar y suturar nuestras historias a menudo incompletas como individuos y como colectivo. Más específicamente, durante las últimas dos décadas he dedicado mucho tiempo a pensar en las experiencias de los afro-boricuas, un pueblo que se encuentra en una encrucijada de la historia.[1] El reconocido escritor y traductor José Luis González los elogió como los primeros puertorriqueños y afirmó en su colección de ensayos, *El país de cuatro pisos*, que las personas negras eran las más estrechamente vinculadas a esta nueva y

Enslaved Africans were not Indigenous to Boríken, like the misnamed and dispossessed Taínos, nor were they the European settlers who could easily, and often did, return home to Europe and points beyond.[2] Instead, the enslaved Africans who were trafficked and forcibly brought to the archipelago as chattel were the first to be forced to adopt and create a home in what was to become Puerto Rico, and often commingled and co-created new communities with the Indigenous peoples of Boríken. Put another way, Indigenous Africans in their own right, they were compelled to make a home on the lands of other dispossessed Indigenous peoples in the face of brutalizing colonial, racial, and gendered violence by settlers of varying social classes. For these peoples and their Afro-Indigenous descendants, *destierro* became a constitutive part of their existence and a cornerstone for the nation that emerged in the wake of these violent encounters.[3]

At the time, González's provocations were an insult to Puerto Rico's bourgeois intelligentsia. Not only did his historical analyses question their hold on the social and political interpretation of the Puerto Rican past and future, but he also sought to empower a people that simply did not exist in the enduring fantasies of Puerto Rican racial democracy. The predominant Spanish colonial nation-building project of *mestizaje*—bolstered by anti-Blackness and anti-Indigeneity—was thought to be an alchemy of equality, meant to move Black and Indigenous peoples slowly toward whiteness through racial mixing. This racial project endured beyond the tenure of Spanish colonial rule and remains ever-present as the preeminent racial ideology throughout Latin America and parts of the Caribbean.

The persistent logic of mestizaje in Puerto Rico reasons that all Puerto Ricans are racially mixed and that our roots are bound up together as descendants of Spanish, Taíno, and African ancestry (in that descending order) and, following this logic, there is no race and, ipso facto, no racism. This logic is a snare. While the lived experiences of Black Boricuas, political and socioeconomic structures, and colloquial language itself undercut this farcical racial utopia, the permanence of anti-critical race thinking creates the conditions for

violentamente creada colonia de Puerto Rico. Los africanos esclavizados no eran autóctonos de Boríken como los mal llamados y despojados taínos. Tampoco eran colonizadores europeos, que podían regresar fácilmente (y a menudo lo hacían) a sus hogares en Europa y lugares más allá.[2] Más bien, los africanos que fueron traficados y traídos a la fuerza al archipiélago como esclavos fueron los primeros en ser obligados a adoptar y crear un hogar en lo que luego se convertiría en Puerto Rico y con frecuencia se mezclaron y cofundaron nuevas comunidades con los pueblos indígenas de Boríken. En otras palabras, al ser indígenas por derecho propio, los africanos se vieron obligados a establecerse en las tierras de otros pueblos indígenas frente a la brutal violencia colonial, racial y sexista por parte de colonizadores de diversas clases sociales. Para estos pueblos y sus descendientes afroindígenas, el destierro se convirtió en una parte esencial de sus vidas y en un fundamento de la nación que surgió de estos encuentros violentos.[3]

En ese momento, las provocaciones de González insultaron a la intelectualidad burguesa de Puerto Rico. Con su análisis político no sólo desafió la hegemonía de su interpretación política y social del pasado y el futuro de Puerto Rico, sino que también intentó empoderar a un pueblo que simplemente no existía en las fantasías todavía vigentes de la democracia racial puertorriqueña. El mestizaje, el principal proyecto colonial español de construcción de la nación y sostenido por el racismo anti-negro y anti-indígena, fue visto como un camino ideal que conduciría gradualmente a los pueblos negros e indígenas hacia el blanqueamiento racial. Este proyecto racial se extendió más allá de la era de dominio colonial español y sigue siendo la ideología racial predominante en toda América Latina y partes del Caribe.

La lógica continua del mestizaje en Puerto Rico concluye que todos los puertorriqueños somos mestizos y que compartimos las mismas raíces debido a nuestra herencia española, taína y africana (en ese orden descendente). Según esta lógica, las razas no existen y, en consecuencia, no existe el racismo. Esta es una trampa. Aunque las experiencias de los afroboricuas, las estructuras políticas y socioeconómicas e incluso el lenguaje coloquial contradicen esta ridícula utopía racial, la constancia

how Black writers, artists, thinkers, activists, and communities are treated when they demand justice and accountability for historical wrongs and contemporary forms of violence, neglect, and domination.[4]

The social contract of racial democracy decries any attempt to critically address Black Puerto Rican history or redress anti-Blackness and its pervasive harms. Puerto Rican data on race, or the lack thereof, is a weapon of contemporary Puerto Rican racial schemas: by pointing to the lack of data around race and radicalized experiences, officials can deny the proof of anti-Blackness as endemic to social, political, economic, and affective orders in Puerto Rico.[5] The demands brought forward by living Black peoples are but a nuisance, Aimé Césaire's fly, batted away by the colonizer.[6] It is in the face of this flagrant and ongoing dismissal that Black Puerto Rican artists create works that conjure the political and sacred landscapes of Puerto Rico's past and futures. Taken seriously, these works of written and visual art offer lenses through which to consider both archipelagic and diasporic Black life and to imagine a Borikén beyond the enduring vestiges of political and spiritual colonial domination.

To consider the diasporic resonance of *vaivén*, the back-and-forth movement most associated with Puerto Ricans' ability to migrate with relative ease between the US and Puerto Rico, we must remind ourselves of the double diaspora of Black Boricuas. While the Puerto Rican diaspora is often discussed as a phenomenon of the early to mid-twentieth century, to look deeper at the palimpsest of our history is to also reckon with the diaspora of Africans to the Americas through force and cooptation. Vaivén, then, has a long historical arc for how we negotiate the comings and goings, further impacting how we understand ourselves in relation to everyday practices including language, foodways, kinship practices, social and political ideologies, and cosmologies.

Thus, vaivén is not just a phenomenon of physical and geographical shifting, but something much deeper; it creates and re-creates methods, practices, and pathways of understanding ourselves, and finding each other in the transit. Like the epigraph to this

de las ideas en oposición a la teoría crítica de la raza crea las condiciones que determinan el tratamiento de los escritores, artistas, intelectuales, activistas y comunidades negros cuando exigen justicia y rendición de cuentas por los daños históricos y las formas contemporáneas de violencia, abandono y dominación.[4]

El contrato social de la democracia racial denuncia cualquier intento de abordar críticamente la historia afropuertorriqueña o de reparar el racismo anti-negro y sus daños generalizados. Los datos puertorriqueños sobre la raza, o más bien la falta de ellos, son un arma de las estructuras raciales puertorriqueñas contemporáneas porque al resaltar la falta de datos sobre la raza y las experiencias racializadas, los funcionarios pueden negar la evidencia del racismo anti-negro como endémico del orden social, económico y afectivo en Puerto Rico. Las reivindicaciones de los afrodescendientes vivos no son más que una molestia, la mosca de Aimé Césaire aplastada por el colonizador. Es frente a este rechazo evidente y permanente que los artistas afropuertorriqueños crean obras que evocan los paisajes sagrados y políticos del pasado y el futuro de Puerto Rico. Analizadas de cerca, estas obras de arte visual y escrito brindan perspectivas para pensar la vida negra tanto en el archipiélago como en la diáspora y para imaginar un Borikén más allá de los rastros duraderos de la dominación colonial, espiritual y política.

Al contemplar la resonancia diaspórica de vaivén, el movimiento de ida y vuelta más asociado con la capacidad de los puertorriqueños de migrar con relativa facilidad entre Estados Unidos y Puerto Rico, uno debe recordar la doble diáspora de los afroboricuas. Si bien se suele hablar de la diáspora puertorriqueña como un fenómeno de principios y mediados del siglo XX, investigar el palimpsesto de nuestra historia significa también reflexionar sobre la diáspora africana traída a las Américas por la fuerza y la cooptación. Vaivén, entonces, proporciona una larga trayectoria histórica de cómo navegamos las idas y vueltas, lo que impacta aún más cómo nos entendemos a nosotros mismos en relación con la vida cotidiana que incluye el lenguaje, las prácticas alimentarias, las prácticas de parentesco, las ideologías sociales y políticas y las cosmologías.

essay, pulled from the work of the preeminent late Afro-Boricua poet Ángela María Dávila, so many of the works in *Vaivén: 21st-Century Art of Puerto Rico and Its Diaspora* are works of memory and livingness that are urgent and insurgent. Poetry, like visual art, offers us an aesthetic form which is rooted in a succinct economy. Dávila's poem speaks of the memory we carry, our bodies laden with the weight of them as we traverse "lo hondo" or the "deep snares," moving ever forward. "Y nos vemos aquí," she writes, "and we find each other here," emphasizing the collectivity of the journey of undertaking both memory work and eluding the traps that ensnare us into docility, disaffection, or death. In studying the works of Maritza Dávila-Irizarry, Shellyne Rodriguez, and Amber Robles-Gordon I found Ángela María Dávila's poetry an apt anchor for linking these three revelatory politico-spiritual works by twenty-first-century Black Boricua women visual artists.

The works of Dávila-Irizarry, Rodriguez, and Robles-Gordon are likewise pedagogical, teaching us about race, gender, sex, and power, and remind us, in the words of Afro-Caribbean feminist elder M. Jacqui Alexander, that we must "cultivate a way of knowing in which we direct our social, cultural, psychic, and spiritually marked attention on each other."[7] This imperative is not a simple acknowledgment of the other, but rather a call to "mark" our attention with an ethics and intention of cultivation. To do so is an act of relationality; that is, building ethical ways to engage in each other's histories, lived experiences, and hopes for futurities beyond enclosure, across differences. Relationality is a practice that subverts the built-in hierarchy of colonial logics and instead looks to possible points of connection and accompaniment in struggle, succor, and joy.

Maritza Dávila-Irizarry's *Milagros* (Miracles) (2017, fig. 24), at first glance, shows three primary layers of images intersecting across a single plane. As a printmaker, Dávila-Irizarry joins the esteemed company of archipelagic and diasporic Puerto Rican printmaking and protest culture, but does so from a rather understudied place in the Puerto Rican diaspora: the US South. Dávila-Irizarry currently lives and works in

Por lo tanto, vaivén no es solo un fenómeno de cambios materiales y geográficos sino algo mucho más profundo; crea y recrea métodos, prácticas y caminos para entendernos y encontrarnos en el tránsito. Como el epígrafe de este ensayo, tomado de la obra de la fallecida poeta afroboricua Ángela María Dávila, muchas de las obras de *Vaivén: Arte de Puerto Rico en el siglo XXI y su diáspora* son obras de memoria y vivencia urgentes e insurgentes. La poesía, como el arte visual, nos brinda una forma estética que se basa en una economía concisa. El poema de Dávila habla de los recuerdos que llevamos consigo, nuestros cuerpos cargados con su peso mientras atravesamos "lo hondo" o las trampas profundas, siempre avanzando. "Y nos vemos aquí", escribe, "y nos encontramos aquí", resaltando la colectividad del camino de hacer el trabajo de la memoria y evitar las trampas que nos atrapan en la docilidad, el descontento o la muerte. Al estudiar las obras de Maritza Dávila-Irizarry, Shellyne Rodriguez y Amber Robles-Gordon, la poesía de Ángela María Dávila me pareció un referente apropiado para unir estas tres importantes obras político-espirituales de artistas visuales afroboricuas del siglo XXI.

También son didácticas las obras de Dávila-Irizarry, Rodriguez y Robles-Gordon. Nos enseñan sobre raza, género, sexo y poder y nos recuerdan, en palabras de la respetada feminista afrocaribeña M. Jacqui Alexander, que debemos "cultivar una forma de conocimiento en la que dirijamos nuestra atención social, cultural, psíquica y espiritual hacia los demás".[7] Este imperativo no es simplemente un reconocimiento del otro sino un llamado a "centrar" nuestra atención con una ética y una intención de cultivación. Hacerlo es un acto de relacionalidad, es decir, construir formas éticas de interactuar con las historias, experiencias y esperanzas de cada persona para un futuro más allá de las fronteras y las diferencias. La relacionalidad es una práctica que subvierte la jerarquía intrínseca de las lógicas coloniales y en cambio, busca posibles puntos de conexión y compromiso en la lucha, el socorro y la alegría.

A primera vista, *Milagros* (2017, fig. 24) de Maritza Dávila-Irizarry muestra tres capas principales de imágenes que se cruzan en un solo plano. Como grabadora, Dávila-Irizarry

Memphis, Tennessee, where she was a professor of fine arts and the head of printmaking at Memphis College of Art for over three decades. Her oeuvre is one that contends with questions of identity, racialized gender, the sacred, and ancestral and intimate archives. Dávila-Irizarry's layered print *Milagros* reveals a pair of feet firmly rooted upon a white sheet covered in letters, words, and symbols. Viewers can make out words such as *mi*, *mar*, *rio*, and *uno* (mine/myself, sea, river, and one), and symbols such as triangles and translucent rectangles along letters of the English and Spanish roman alphabet (*ch, Ñ, Dd*). The words and symbols produce and reproduce meaning: *mar* and *rio* recall both salt and sweet bodies of waters, which recollect both acts of cleansing, geographic locus (Caribbean), and, importantly, spiritual linkages to Afro-syncretic practices such as Espiritismo and Santería. For example, in the Lucumí tradition, the river and the sea are most often associated with two important and powerful orishas, Ochun and Yemaya. The words *mi* and *uno* are intimate and self-reflexive. Taken together, the codex of words, letters, and symbols is at once about the spiritual and the personal. Upon this codex there are a pair of nude feet, adorned with a single toe ring. The feet, though planted firmly,

fig. 24   Maritza Dávila-Irizarry, *Milagros* (Miracles), 2017. (→ p. 107)

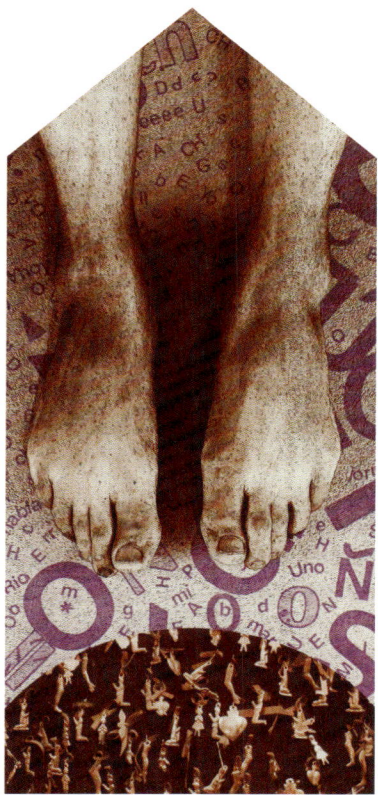

se suma a la estimada compañía de las tradiciones puertorriqueñas del grabado y la protesta en la diáspora y el archipiélago, pero se centra en una región poco estudiada de la diáspora puertorriqueña: el sur de los Estados Unidos. Dávila-Irizarry actualmente vive y trabaja en Memphis, Tennessee, donde fue profesora de artes plásticas y directora de grabado en Memphis College of Art durante más de tres décadas. Su obra brega con cuestiones de identidad, género racializado, lo sagrado y los archivos íntimos y ancestrales. *Milagros*, el grabado en capas de Dávila-Irizarry, revela un par de pies plantados firmemente sobre una sábana blanca con letras, palabras y símbolos. Los espectadores pueden descifrar palabras como *mí, mar, río* y *uno* y formas como triángulos y rectángulos translúcidos con letras del alfabeto romano del inglés y el español (*ch, ñ, Dd*). Los símbolos y las palabras generan y reproducen el contexto: *mar* y *río* recuerdan cuerpos de agua dulce y salada, que recuerdan actos de limpieza, el lugar geográfico (el Caribe) y, notablemente, vínculos espirituales con prácticas afrosincréticas como el espiritismo y la santería. Por ejemplo, en la tradición Lucumí, el río y el mar se asocian mayormente con dos orishas importantes y poderosos, Ochún y Yemayá. Las palabras *mi* y *uno* son íntimas y autorreflexivas. En conjunto, el códice de palabras, letras y símbolos trata de lo espiritual y lo personal al mismo tiempo. En este códice hay un par de pies descalzos, adornados con un solo anillo en el dedo. Los pies, aunque firmemente plantados, también parecen estar al borde de un precipicio, aparentemente a centímetros de caer o pisar la capa más oscura de la base de la imagen. La base de la imagen muestra lo que parece un mar, un abismo o una fuente celestial sobre la que se suspenden un sinfín de milagros (amuletos). Los milagros, también título de la obra, son ofrendas votivas que se dan a los santos o espíritus divinos. Estos pequeños símbolos de metal se utilizan como amuletos religiosos tradicionales en México, América Latina, España y el sur de los Estados Unidos como parte de una petición o agradecimiento por una petición cumplida. Los amuletos resaltan el elemento sagrado, religioso o espiritual de esta obra y nos recuerdan que lo sagrado es necesariamente polémico ya que vivimos bajo un sistema global moderno que favorece lo

also appear to be on a precipice, seemingly centimeters from falling or stepping below into the darkest layer of the image at its base. The base of the image (the foundation) shows what seems to be a sea, an abyss, or a celestial fount upon which are suspended an innumerable number of *milagros* or charms. Milagros, which is also the title of the piece, are votive offerings given to saints or divine presences. These small metal symbols are religious folk charms that are used throughout Mexico, Latin America, Spain, and the southern US as part of a petition or gratitude for a petition answered. The charms underscore the sacred, religious, or spiritual element of this work and remind us that the sacred is necessarily political as we inhabit a modern world-system that privileges the secular as progressive and understands the sacred and spiritual as vestibular and always premodern. The sacred reaches into the intimate lives of women across the globe, and, as Alexander reminds us, "the majority of people in the world—that is, the majority of women in the world—cannot make sense of themselves without it."[8] To take seriously the liberation and care of Black, Indigenous, and colonized people, especially women, we must take the sacred seriously. At first glance, this image appears to be a palimpsest, but with our marked attention, we can see that each of these layers are separate and do not reveal one another's materiality in translucence. Instead, Dávila-Irizarry's *Milagros* is a meeting of multiple realms, the embodied, the linguistic, and the sacred, and offers us a way to consider a woman's plea upon a codex and at the edges of the unknown.

The meeting of the politico-spiritual is at the forefront of Shellyne Rodriguez's piece *Deity (in the spirit of the Garbage offensive)* (2015, fig. 25). Rodriguez, a New York–based Black Puerto Rican artist, teacher, and organizer, works across a series of methods, mediums, and approaches. Her piece conjures the history of the New York chapter of the Young Lords Organization's (YLO) first public political action: the infamous garbage offensive of 1969. This act of protest and refusal was incited by the community's needs. Members of the YLO surveyed the elders in the community about the political changes they wanted to see in their

fig. 25   Shellyne Rodriguez, *Deity (in the spirit of the Garbage offensive)* (Deidad [en el espíritu de la ofensiva de la basura]), 2015. (→ p. 205)

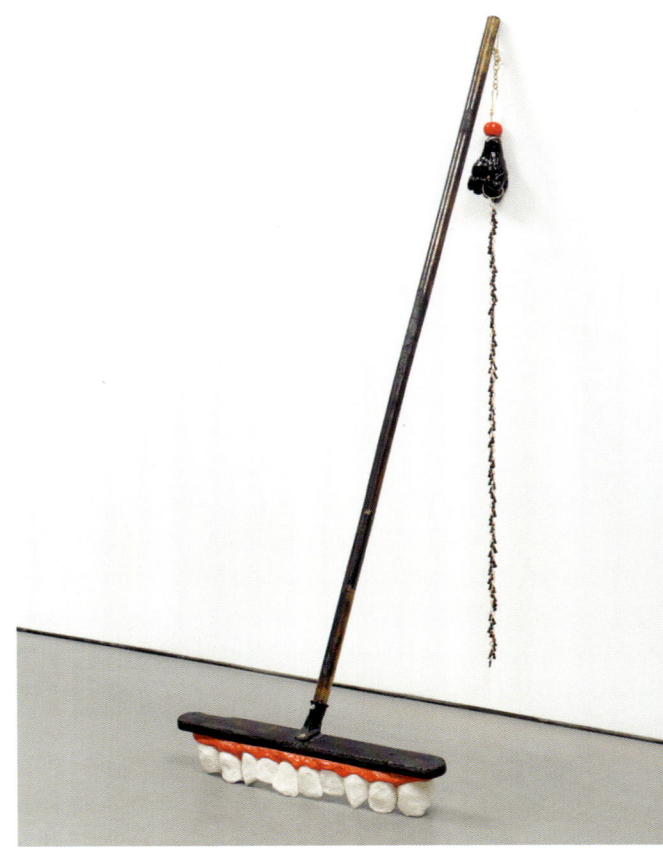

secular en términos de progreso y comprende lo sagrado y lo espiritual como vestigial y siempre arcaico. Lo sagrado se incorpora a la vida íntima de las mujeres de todo el mundo y, como nos recuerda Alexander, "la mayoría de las personas en el mundo, es decir, la mayoría de las mujeres en el mundo, no se reconocen a ellas mismas sin ello".[8] Para tomar en serio la liberación y la protección de los pueblos negros, indígenas y colonizados y de las mujeres en particular, necesitamos tratar lo sagrado con seriedad. A primera vista, esta imagen parece un palimpsesto, pero al observar más de cerca podemos ver que cada una de estas capas está separada y debido a su opacidad no revela la materialidad de la otra. En contraste, *Milagros* de Dávila-Irizarry es un encuentro de varias esferas (la corporal, la lingüística y la sagrada) y nos ofrece una manera de contemplar las súplicas de una mujer a través de un códice y al borde de lo desconocido.

El encuentro entre lo político y lo espiritual caracteriza la obra *Deity (in the spirit of the Garbage offensive)* (Deidad [en el espíritu de la ofensiva contra la basura]) (2015, fig.25) de Shellyne Rodriguez. Rodriguez, una artista, educadora y organizadora afropuertorriqueña radicada en Nueva York, trabaja con

neighborhood, and the response was that the community needed the garbage cleaned up. The city had for too long avoided picking up garbage in the Black and Puerto Rican neighborhood of Spanish Harlem, so, rather than lofty political talk, the community asked the YLO for material support: clean the streets. Refused brooms and garbage cans by the city sanitation department, YLO members took them outright and began to sweep and clean the streets each Sunday for several weeks, piling the garbage and abandoned furniture in the middle of 110th Street and Third Avenue, awaiting a pickup that would not come. After three consecutive Sundays the garbage offensive escalated with fires set to the garbage. The protest was not merely about garbage, but about the ways that Black and Puerto Rican neighborhoods were deemed disposable, ripe for neglect, and were experiencing what geographer Ruth Wilson Gilmore has called "organized abandonment."[9]

Deity (in the spirit of the Garbage offensive) reinterprets that historic moment through a literal and experimental installation that is at once sacred and profane. The blackened broom sports pink gums and a set of bright white ceramic teeth instead of bristles. A long chain of *azabache* charms, protectors against the evil eye and bad faith acts, is suspended from an oversize azabache affixed to the broomstick. Azabaches are jet-black charms in the shape of a fist and usually have a red bracelet or manilla at their base. A fixture of African diasporic cultures, they are used in the Caribbean and throughout Latin America as wards against the evil eye, and negative energies, and are often gifted to infants as bracelets, anklets, or pins. In suturing the blackened broom, the teeth, and the azabache, Rodriguez brings the spiritual to the political streets and reveals how African spirituality travels with its people in vaivén, warding off the evils of racism, dismissal, and dispossession. Through this work, Rodriguez reveals how the acts of resistance enacted by youth of the YLO, a group rapidly coming to consciousness about their lived experiences and histories and committed to radical political change, can be understood as imbued with ancestral knowledge transferred through quotidian acts of refusal,

una variedad de métodos, medios y enfoques. Su pieza hace referencia a la historia de la primera manifestación pública de los Young Lords de Nueva York (YLO por sus siglas en inglés): la famosa ofensiva contra la basura de 1969. Este acto de protesta y oposición fue instigado por las necesidades de la comunidad. Los miembros de YLO hablaron con los mayores de la comunidad sobre los cambios políticos que querían ver en su vecindario y la respuesta fue que la comunidad necesitaba que se recogiera la basura. Durante mucho tiempo la ciudad había evitado recoger la basura en el barrio negro y puertorriqueño de El Barrio (Spanish Harlem). Entonces, en lugar de hablar con altivez sobre política, la comunidad pidió a YLO apoyo material: limpiar las calles. Cuando el departamento de sanidad de la ciudad les negó escobas y zafacones, los miembros de YLO los agarraron y comenzaron a barrer y limpiar las calles todos los domingos durante varias semanas, amontonando basura y muebles abandonados en medio de la calle 110 y la tercera avenida, esperando una recolección de basura que nunca llegó. Luego de tres domingos consecutivos, la ofensiva contra la basura se intensificó al prenderle fuego a la misma. La protesta no se centró sólo en la basura, sino en las formas en que los barrios negros y puertorriqueños eran vistos como desechables, propensos al abandono y experimentando lo que la geógrafa Ruth Wilson Gilmore ha llamado "negligencia organizada".[9]

Deity (in the spirit of the Garbage offensive) (Deidad [en el espíritu de la ofensiva de la basura]) replantea ese momento histórico con una instalación literal y experimental que es a la vez sagrada y profana. La escoba ennegrecida lleva encías rosadas y dientes de cerámica blanca brillante en lugar de cerdas. Una larga cadena con dijes de azabache, amuletos contra el mal de ojo y los actos de mala fe, está suspendida de un enorme azabache atado al palo de la escoba. Los azabaches son dijes negros con forma de puño y suelen tener como base una pulsera roja o una manilla. Típico de las culturas diaspóricas africanas, el azabache se utiliza en el Caribe y en toda América Latina como escudo contra el mal de ojo y las energías negativas y a menudo se regala a los niños en forma de pulseras, tobilleras o broches. Al suturar la escoba ennegrecida,

reckoning, and reasoning. Put another way, when we learn about ourselves, we necessarily learn about how we came to be enfleshed in these diasporic spaces, and this can offer the possibility of communion with ancestral lived experiences and beliefs. The piece is likewise poetic and begs the viewer to lean in and listen to what the teeth might be saying. Entranced by this image, a poem poured out from between my own teeth and onto the page:

> I drive my teeth toward you
> haul them across the hallowed lands
> you seek to conquer
> with a Force brimming with the spirits of
> millions beyond me
> emerging from the depths of the sea,
> from the veil of the mount.
> Rooted in the tender snare of the manglar
> I face my mother, the sea
> and decry to the world/s
> your silencing.
> Regenerated by my ancestors,
> 100 azabaches shroud me in protection,
> I am not alone
> and we are not afraid.

It is in the spirit of collectivity and solidarity that Amber Robles-Gordon created *Successions: Traversing US Colonialism* (2020–21), a series of seven quilts that speak to the political and spiritual landscapes of Puerto Rico and other colonial and commonwealth subjects. The double-sided quilt from this series, *Puerto Rico Political I* and *Puerto Rico Spiritual I* (2021, figs. 26–27) is a meditation on the inseparable histories of the US territories through the lens of Puerto Rico, the world's oldest colony. Here the political and spiritual are literally back-to-back, inseparable, and in inverted colors. The quilts are imbued with symbolic meaning including sacred geometry, the Puerto Rican black-and-white flag of protest and refusal, national seals, multicolored circles, triangles, and arcs, and natural elements such as palm trees, stars, and suns.

Puerto Rico Political I and *Puerto Rico Spiritual I* are about the intertwining political and spiritual life of Puerto Rico, the US Virgin Islands, American Samoa, the Northern Mariana Islands, and Guam, all territories of

los dientes y el azabache, Rodriguez lleva lo espiritual a las calles políticas y revela cómo la espiritualidad africana acompaña a su gente en vaivén y aleja los males del racismo, el rechazo y el despojo. Con este trabajo, Rodriguez muestra cómo los actos de resistencia de los jóvenes de YLO, un grupo comprometido con el cambio político radical que rápidamente estaba tomando conciencia de sus experiencias e historias vividas, pueden verse como impregnados de una sabiduría ancestral transmitida a través de actos cotidianos de rechazo, rendición de cuentas y reflexión. Dicho de otro modo, cuando aprendemos sobre nosotros mismos, invariablemente aprendemos sobre cómo nuestros cuerpos terminaron en estos espacios diaspóricos, lo que nos ofrece la posibilidad de comunión con experiencias y creencias ancestrales. Esta pieza también es poética y pide al espectador que preste atención y escuche lo que los dientes podrían estar diciendo. Cautivado por esta imagen, surgió de mis dientes el siguiente poema:

> Dirijo mis dientes hacia ti
> los arrastro sobre las tierras sagradas
> que buscas conquistar
> con una Fuerza rebosante de los espíritus de
> millones más allá de mí
> emergiendo de las profundidades del mar,
> del velo del monte.
> Arraigada en la tierna trampa del manglar
> me enfrento a mi madre, el mar
> y le denuncio al mundo/s
> tu silenciamiento.
> Regenerada por mis muertos,
> 100 azabaches me rodean en protección,
> no estoy sola
> y no tenemos miedo.

Es en el espíritu de colectividad y solidaridad que Amber Robles-Gordon creó *Successions: Traversing U.S. Colonialism* (Sucesiones: Atravesando el colonialismo estadounidense) (2020–21), una serie de siete colchas que abordan los paisajes políticos y espirituales de Puerto Rico y otros temas de las colonias y territorios no incorporados. La colcha de doble cara de esta serie, *Puerto Rico Political I* y *Puerto Rico Spiritual I* (Puerto Rico político I y Puerto Rico espiritual I) (2021, figs. 26–27), es una meditación sobre las historias inextricables de los territorios

the US empire. The two sides of the quilt are likewise a treatise on the climate catastrophe, and each quilt references oceanic borders and the impact of colonial disaster—both political and ecological—and its impact on these sister islands. Robles-Gordon explains, "I am casting spells, criticism based on journalistic research and hard ugly truths."[10] Robles-Gordon imbues these hard political histories with spiritual energies which are needed to create complex coalitions in the face of empire and dispossession. Let us consider for one moment how the politico-spiritual refracts across each side of the quilt and how this duality is also reflected in the intimate labor of quiltmaking, the piecing, stitching, sewing, cutting, assembling, and ironing, all forms of intimate reproductive labor made for a public audience. The practice of quiltmaking requires sustained attention to the task at hand but even this does not promise protection. Consider the pricked finger and the reflexive wince against the offending needle, the microscopic droplets of blood imbued in the cloth, and the natural oils of our hands creating stains that the naked eye cannot notice. This piece, which is a treatise on the colonial condition and the political and spiritual experiences of the US territories, is also deeply intimate in its taking up of an artistic practice that holds so

estadounidenses con un enfoque en Puerto Rico, la colonia más antigua del mundo. En este caso, lo político y lo espiritual están literalmente uno detrás del otro, inseparables y con colores invertidos. Las colchas están impregnadas de un significado simbólico que incluye geometría sagrada, la bandera puertorriqueña en blanco y negro de protesta y oposición, emblemas nacionales, círculos, triángulos y arcos multicolores y elementos naturales como palmeras, estrellas y soles.

Puerto Rico Political I and *Puerto Rico Spiritual I* (Puerto Rico político I y Puerto Rico espiritual I) se tratan de la vida política y espiritual entrelazada de Puerto Rico, las Islas Vírgenes, Samoa Americana, las Islas Marianas del Norte y Guam, todos territorios del imperio estadounidense. Los dos lados de la colcha también son un tratado sobre la crisis climática y cada colcha hace referencia a las fronteras oceánicas y al impacto del desastre colonial, tanto político como ecológico y su impacto en estas tres islas hermanas, explica Robles-Gordon: "Estoy conjurando hechizos, críticas basadas en investigaciones periodísticas y verdades duras y feas".[10] Robles-Gordon da a estas difíciles historias políticas las energías espirituales necesarias para crear coaliciones complejas frente al imperio y el despojo. Pensemos un momento en cómo lo político-espiritual atraviesa ambos

fig. 26   Amber Robles-Gordon, *Puerto Rico Political I* and *Puerto Rico Spiritual I* (Puerto Rico político I y Puerto Rico espiritual I) (front), 2021. (→ pp. 193–194)

fig. 27   Amber Robles-Gordon, *Puerto Rico Political I* and *Puerto Rico Spiritual I* (Puerto Rico político I y Puerto Rico espiritual I) (verso), 2021. (→ p. 195)

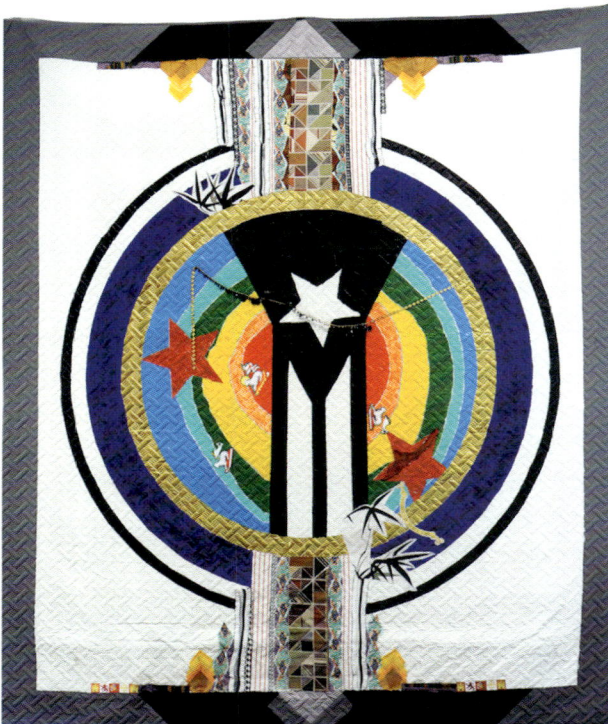

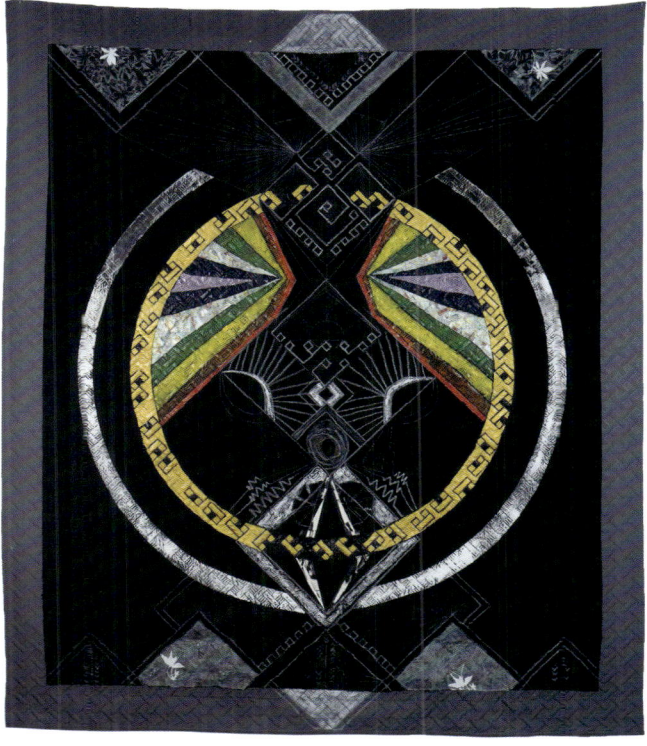

much meaning for generations of Black and Indigenous peoples and has been used as a method of creating relations and archiving histories of families and communities alike.[11] For Robles-Gordon, we are the people of "the great majority" made minority and disposable, and a salve is the potential of our collective coming to consciousness and a continual reconnection to our humanity and to one another.

The works of Dávila-Irizarry, Rodriguez, and Robles-Gordon demand attention and reckoning with the living histories of our diasporas in vaíven. Each one offers us new ways of seeing our place in the world, reinterpreting, archiving, and keeping our histories close to our body-minds, and insisting on the inextricability of the politico-spiritual. I dare to say that they, too, are consumed by the archive and through these works inspire poetic forms, enact modes of creation in the wake of destierro, and animate resistance. If we are meant to survive it is by traversing the snares of empire, together. If you are reading this essay, it is because we were meant to find each other here. You with your memories slung over your shoulder, and me, with mine—and together putting our sustaining and spiritually marked attention on the powerful works of Maritza, Shellyne, and Amber.

lados de la colcha y cómo esta dualidad también se ve en el trabajo íntimo de acolchar, pinchar, coser, cortar, ensamblar y planchar, todas formas de trabajo reproductivo íntimo realizado para un público. La práctica de hacer colchas requiere atención constante a la tarea en cuestión, pero incluso esto no garantiza la seguridad. Tengamos en cuenta el dedo pinchado y el gesto reflexivo de dolor ante la aguja culpable, las microscópicas gotitas de sangre que impregnan la tela y los aceites naturales de nuestras manos que dejan manchas invisibles a simple vista. Esta obra, que es un tratado sobre la condición colonial y las experiencias políticas y espirituales en los territorios estadounidenses, es también muy íntima por utilizar una práctica artística que contiene tanta importancia para generaciones de pueblos negros e indígenas y que ha sido utilizada como método para construir relaciones y preservar las historias de familias y comunidades por igual.[11] Para Robles-Gordon, somos el pueblo de la "gran mayoría" que se ha convertido en una minoría desechable, pero un consuelo es la posibilidad de tomar conciencia colectivamente y seguir reconectándonos con nuestra humanidad y con los demás.

En cuanto a las historias vivas de nuestras diásporas en vaivén, las obras de Dávila-Irizarry, Rodriguez y Robles-Gordon exigen atención y rendición de cuentas. Cada una nos ofrece nuevas formas de entender nuestro lugar en el mundo, repensando, preservando y manteniendo nuestras historias cerca de nuestros cuerpos-mentes e insistiendo en la conexión inextricable de lo político-espiritual. Me atrevo a decir que también les interesan los archivos y a través de estas obras inspiran formas poéticas, ejercitan modos de creación después del destierro y fomentan la resistencia. Si estamos destinados a sobrevivir, será evitando juntos las trampas del imperio. Si estás leyendo este ensayo es porque estábamos destinados a encontrarnos aquí. Tú con tus recuerdos colgados de tu hombro y yo con los míos y juntos enfocando nuestra atención espiritualmente marcada y sostenida en las poderosas obras de Maritza, Shellyne y Amber.

Candida Alvarez

After the passing of her father in 2017, followed by the devastation of Hurricane Maria to her family's home in Puerto Rico, Alvarez found solace in the creation of her *Air Paintings* (2017–19) as a palimpsest of growth and fortitude. In this series light permeates each image, as PVC mesh is suspended carefully within aluminum frames, to create the sensation of color and form existing without boundary. Alvarez pulls from materials in her immediate world and travels to build dream-like narratives existing somewhere between fact and fiction.

Tras el fallecimiento de su padre en 2017 y la devastación causada por el Huracán María en la casa de su familia en Puerto Rico, Alvarez encontró consuelo en la creación de *Air Paintings* (Pinturas al aire) (2017–19) como un palimpsesto de crecimiento y fortaleza. En esta serie, la luz permea cada imagen, mientras la malla de PVC se suspende cuidadosamente dentro de marcos de aluminio, creando la sensación de que el color y la forma existen sin límites. Alvarez toma materiales de su entorno inmediato y sus viajes para construir narrativas oníricas que se encuentran en algún lugar entre la realidad y la ficción.

Candida Alvarez, *Hopscotch* (recto detail; full image on following spread), from *Air Paintings* (2017–19), 2019. Latex ink and acrylic on PVC mesh with aluminum and wood, 81 × 71 × 26 in. (205.7 × 180.3 × 66 cm). Courtesy the artist and Monique Meloche Gallery, Chicago.

Candida Alvarez, *Hopscotch* (Rayuela) (recto detalle; obra de arte completa en el pliego siguiente), de *Air Paintings* (Pinturas al aire) (2017–19), 2019. Tinta de látex y acrílico sobre malla de PVC con aluminio y madera, 81 × 71 × 26 in. (205.7 × 180.3 × 66 cm). Cortesía del artista y Monique Meloche Gallery, Chicago.

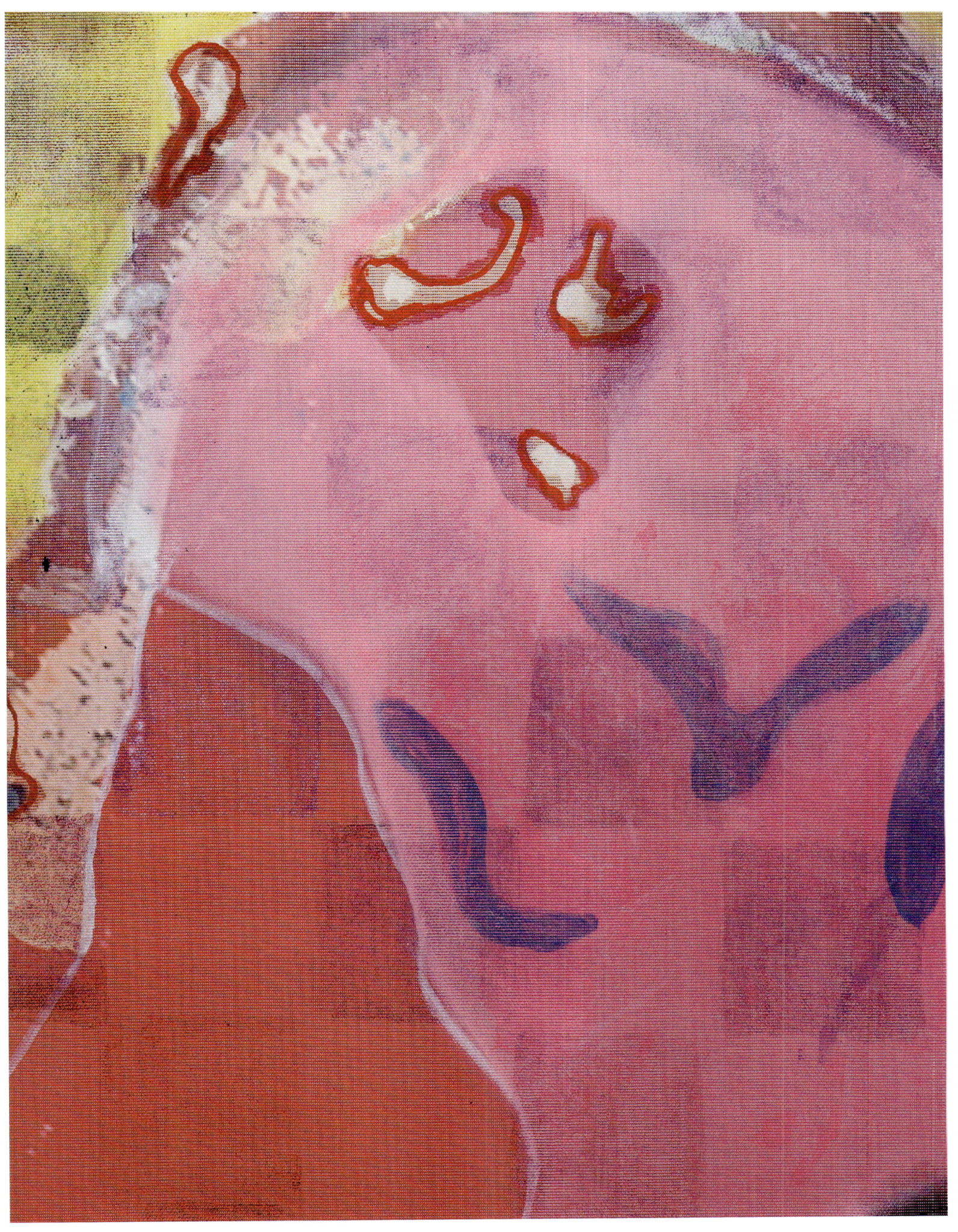

(detail / detalle)

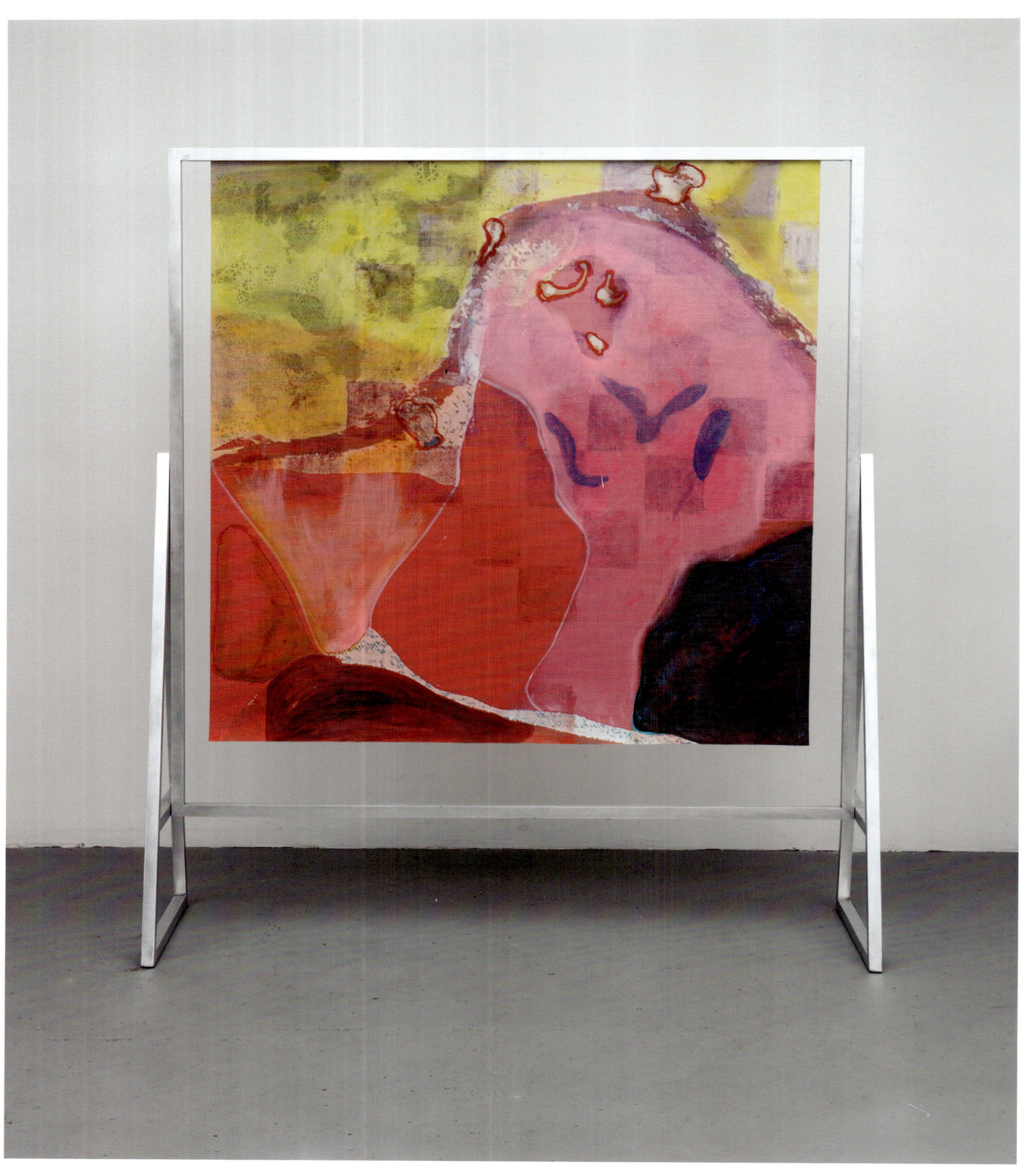

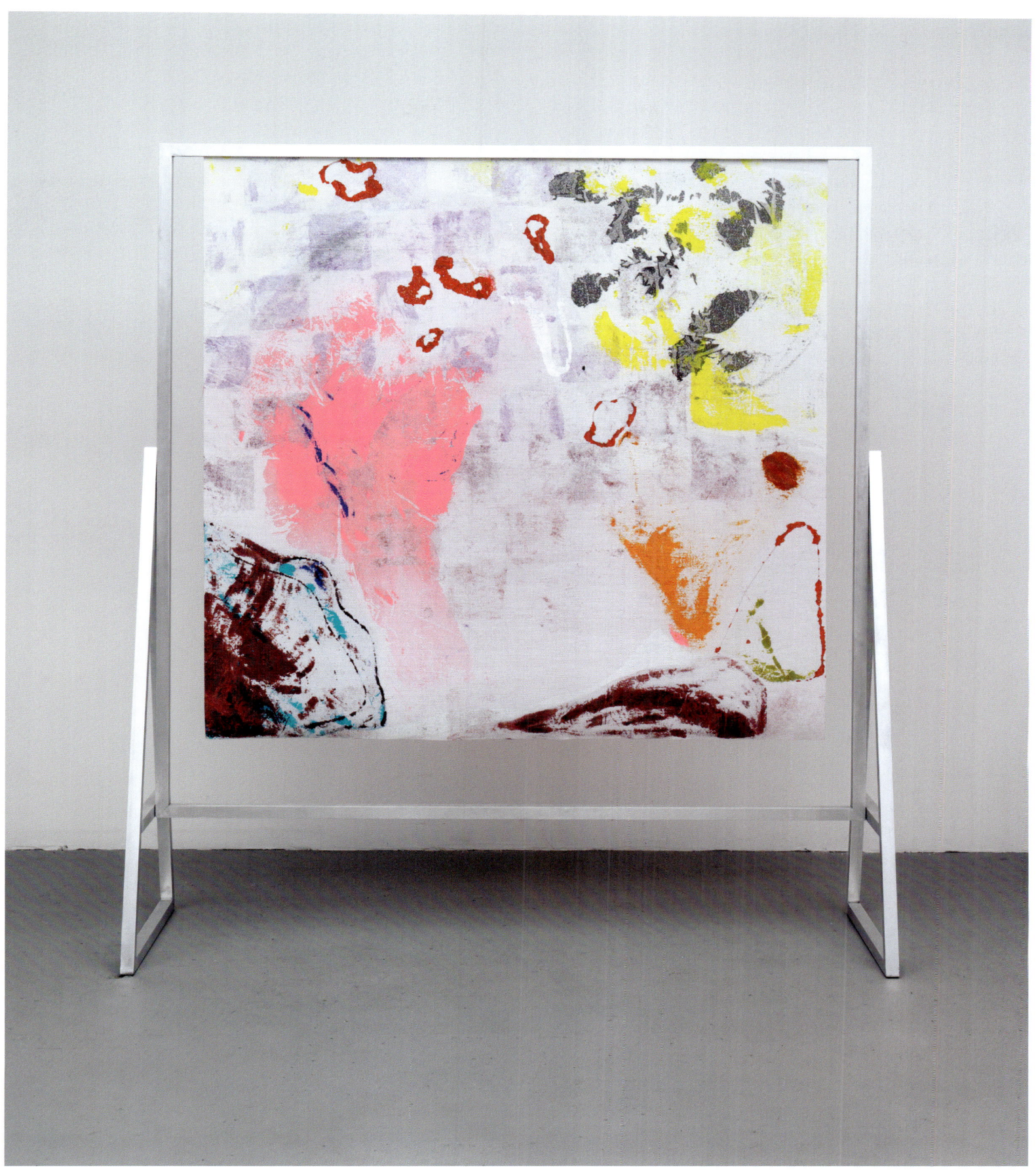

Candida Alvarez (b. 1955, Brooklyn, New York) is an artist whose works evolve through an intuitive process where color becomes the abstract pictorial architect between shape and line. She received her MFA from Yale School of Art (1997) and taught painting at the School of the Art Institute of Chicago, where she is now a professor emerita, for twenty-five years. Her works are held in numerous collections and have been exhibited across the United States, Belgium, and France. Recent accolades include a 2022 Ford Mellon Foundation Latinx Artist Fellowship and a 2022 Academy of Arts and Letters Award in Art, among others. Alvarez currently lives and works in Baroda, Michigan, and Chicago, Illinois.

Candida Alvarez (nacida en 1955, Brooklyn, Nueva York) es una artista cuyo trabajo evoluciona a través de un proceso intuitivo en el que el color se convierte en el arquitecto pictórico abstracto entre la forma y la línea. Recibió su MFA del Yale School of Art (1997) y enseñó pintura en el School of the Art Institute of Chicago, donde fue profesora emérita durante veinticinco años. Sus obras se encuentran en numerosas colecciones y se han exhibido en todo Estados Unidos, Bélgica y Francia. Entre los recientes logros de Alvarez se incluyen un Ford Mellon Foundation Latinx Artist Fellowship en 2022 y un Academy of Arts and Letters Award in Art en 2022, entre otros. Alvarez reside y trabaja actualmente en Baroda, Michigan y Chicago, Illinois.

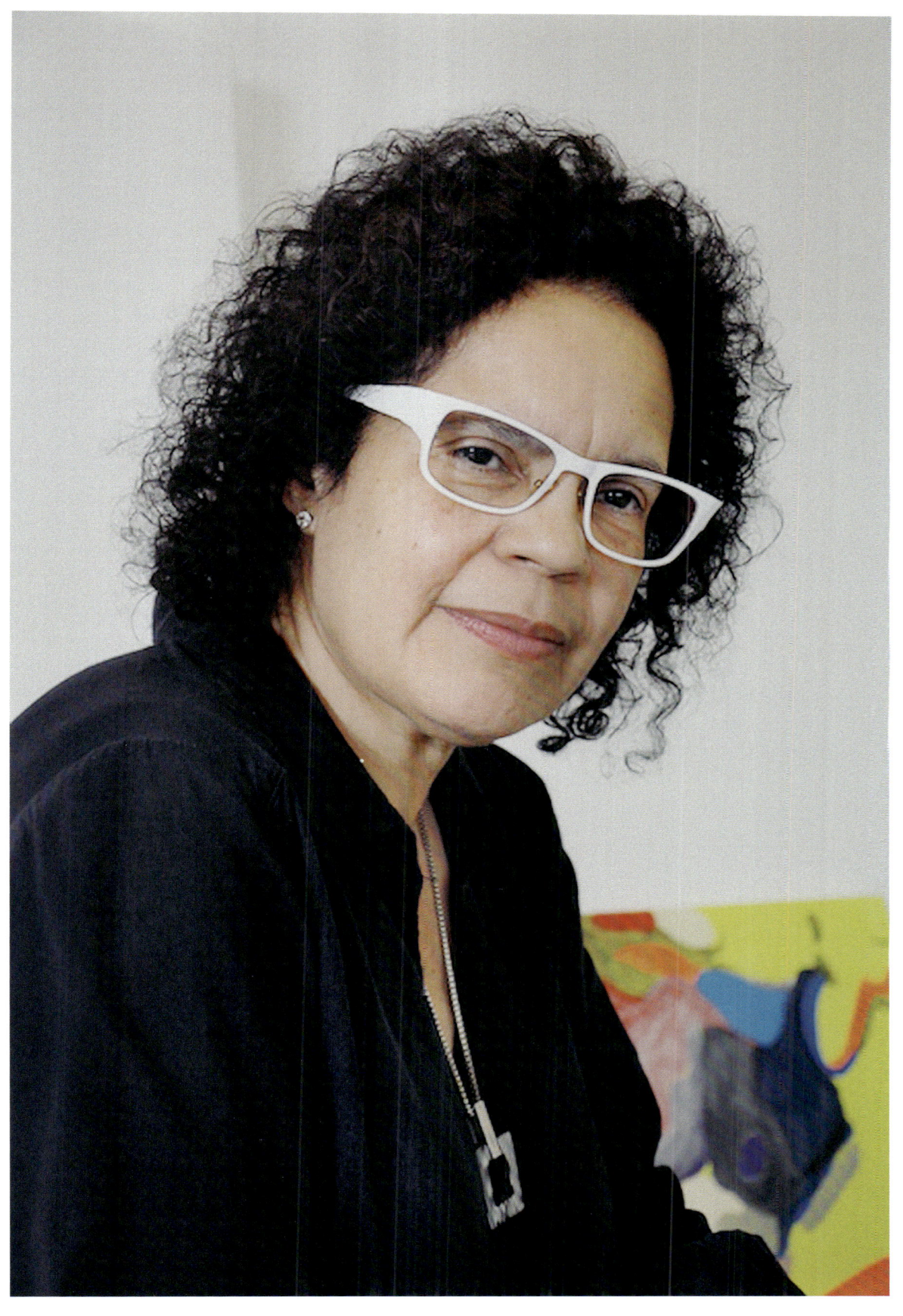

Genesis Báez

Báez's practice explores what the stasis of photography can reveal about the fluidity of place, especially in relation to diaspora, colonial histories and the present, and environmental shifts. Made in both Puerto Rico and the Northeast United States, the photographs center Puerto Rican matriarchy, and emerge from temporal and fragmented experiences of existing between worlds. Performances and engagements with various landscapes are refracted through the camera to reveal what can't always be seen but is nevertheless felt.

La práctica de Báez explora lo que la quietud de la fotografía puede revelar sobre la fluidez del lugar, especialmente en relación con la diáspora, las historias coloniales, el presente y los cambios ambientales. Realizadas tanto en Puerto Rico como en el noreste de los Estados Unidos, las fotografías se centran en el matriarcado puertorriqueño y surgen de experiencias temporales y fragmentadas de existir entre mundos. Los performances y encuentros con diversos paisajes se refractan a través de la cámara para revelar lo que no siempre se puede ver, pero que, sin embargo, se siente.

Genesis Báez, *Condensation (San Juan Airport)*, 2019. Archival pigment print, 32 × 40 in. (81.2 × 101.6 cm). Courtesy the artist.

Genesis Báez, *Condensation (San Juan Airport)* (Condensación [Aeropuerto de San Juan]), 2019. Impresión de pigmento de archivo, 32 × 40 in. (81.2 × 101.6 cm). Cortesía del artista.

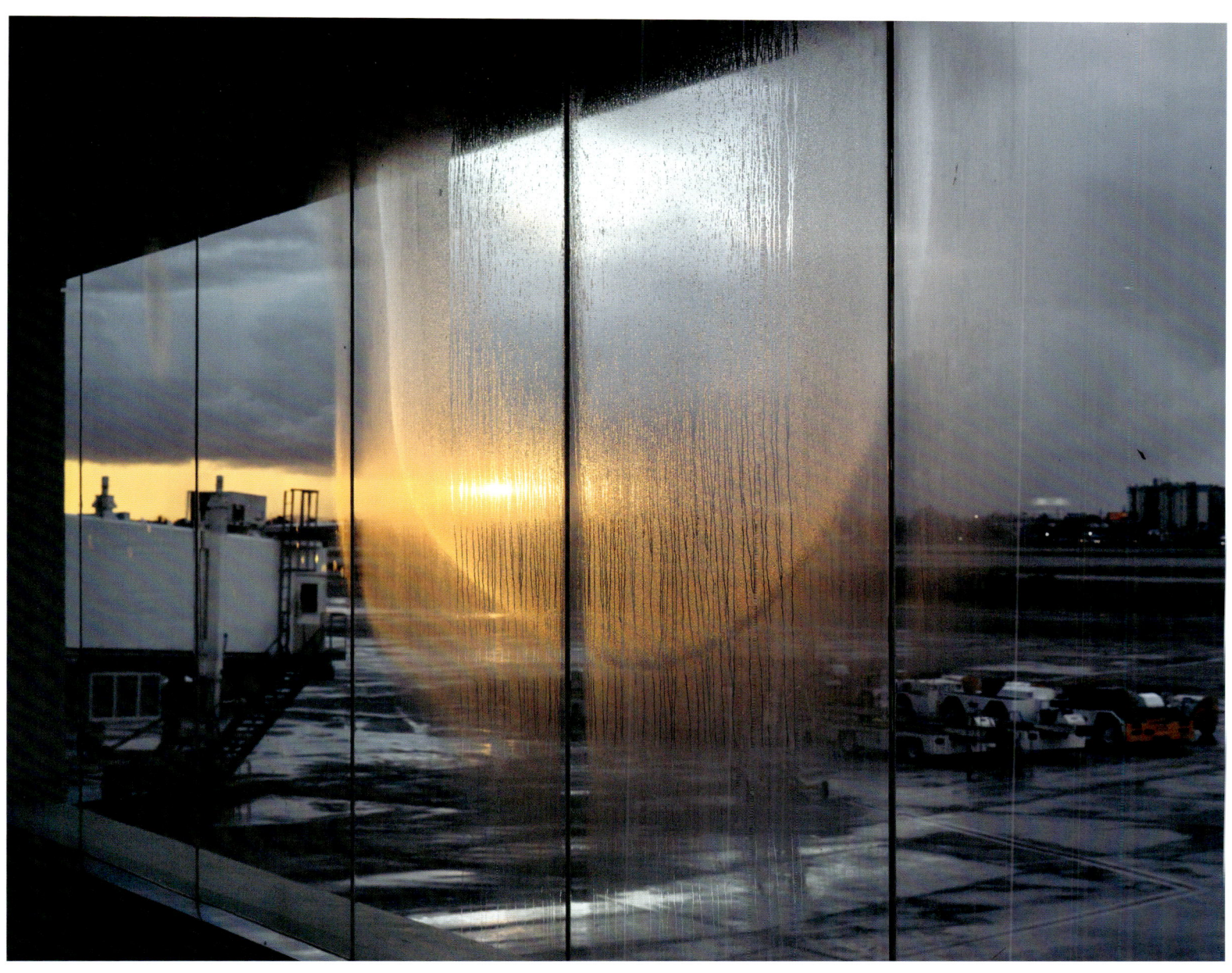

Genesis Báez (b. 1990, Attleboro, Massachusetts) is an artist living in Brooklyn, New York, who was raised in New England and Puerto Rico. Her works are held in the permanent collections of the Museum of Modern Art, the Whitney Museum of American Art, and Yale University Art Gallery, among others. Báez's works have been published and exhibited internationally, and she is the recipient of numerous awards, including the 2022 Capricious Photo Award. She received a BFA with honors from Massachusetts College of Art and Design, an MFA from Yale School of Art, and is an alumna of the Skowhegan School of Painting & Sculpture.

Genesis Báez (nacida en 1990, Attleboro, Massachusetts) es una artista que vive en Brooklyn, Nueva York, que creció en Nueva Inglaterra y Puerto Rico. Sus obras forman parte de las colecciones permanentes del Museum of Modern Art, el Whitney Museum of American Art y Yale University Art Gallery, entre otros. Las obras de Báez han sido publicadas y exhibidas a nivel internacional y ha recibido numerosos premios, incluido el 2022 Capricious Photo Award. Obtuvo un BFA con honores del Massachusetts College of Art and Design, un MFA del Yale School of Art y es alumna del Skowhegan School of Painting & Sculpture.

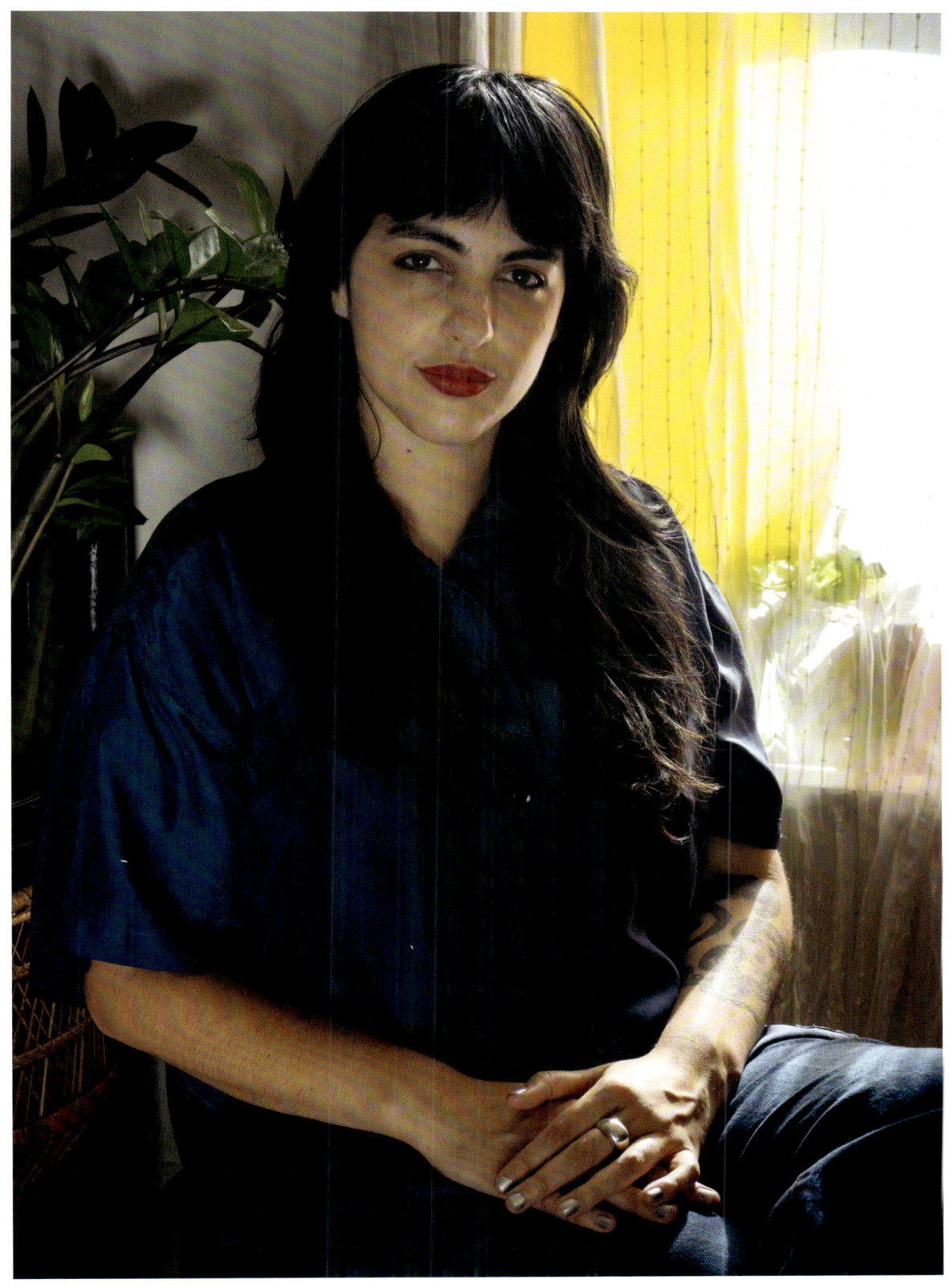

Sula Bermudez-Silverman

Bermudez-Silverman's sculptural practice is guided by the contextual origins and contemporary trajectories of her materials. With intensive research, she delves into mythological and historical narratives to examine their imprint. Materials such as sugar, salt, glass, and resin often serve as physical homonyms, altering motifs such as the "ball and claw" through color, scale, and translucency. Throughout the entirety of Bermudez-Silverman's oeuvre, objects that operate as a physical threshold—windows, saddles, staircases—are reintroduced to connect disparate epistemologies and question how history is camouflaged into the subconscious.

La práctica escultórica de Bermudez-Silverman está guiada por los orígenes contextuales y las trayectorias contemporáneas de sus materiales. Con una intense investigación, profundiza en narrativas mitológicas e históricas para examinar su huella. Materiales como el azúcar, la sal, el vidrio y la resina suelen funcionar como homónimos físicos, alterando motivos como la "bola y garra" a través del color, la escala y la translucidez. A lo largo de toda la obra de Bermudez-Silverman, objetos que funcionan como umbrales físicos—ventanas, sillas de montar, escaleras—son reintroducidos para conectar epistemologías dispares y cuestionar cómo la historia se camufla en el subconsciente.

Sula Bermudez-Silverman, *Beneath, Below, Behind*, 2024. Salt, epoxy resin, and wood, 6 ¼ × 5 ½ × 1 ¼ in. (15.9 × 14 × 3.2 cm). Courtesy the Collection of Marguerite Steed Hoffman.

Sula Bermudez-Silverman, *Beneath, Below, Behind* (Debajo, abajo, detrás), 2024. Sal, resina epoxi y madera, 6 ¼ × 5 ½ × 1 ¼ in. (15.9 × 14 ×3.2 cm). Cortesía la Colección de Marguerite Steed Hoffman.

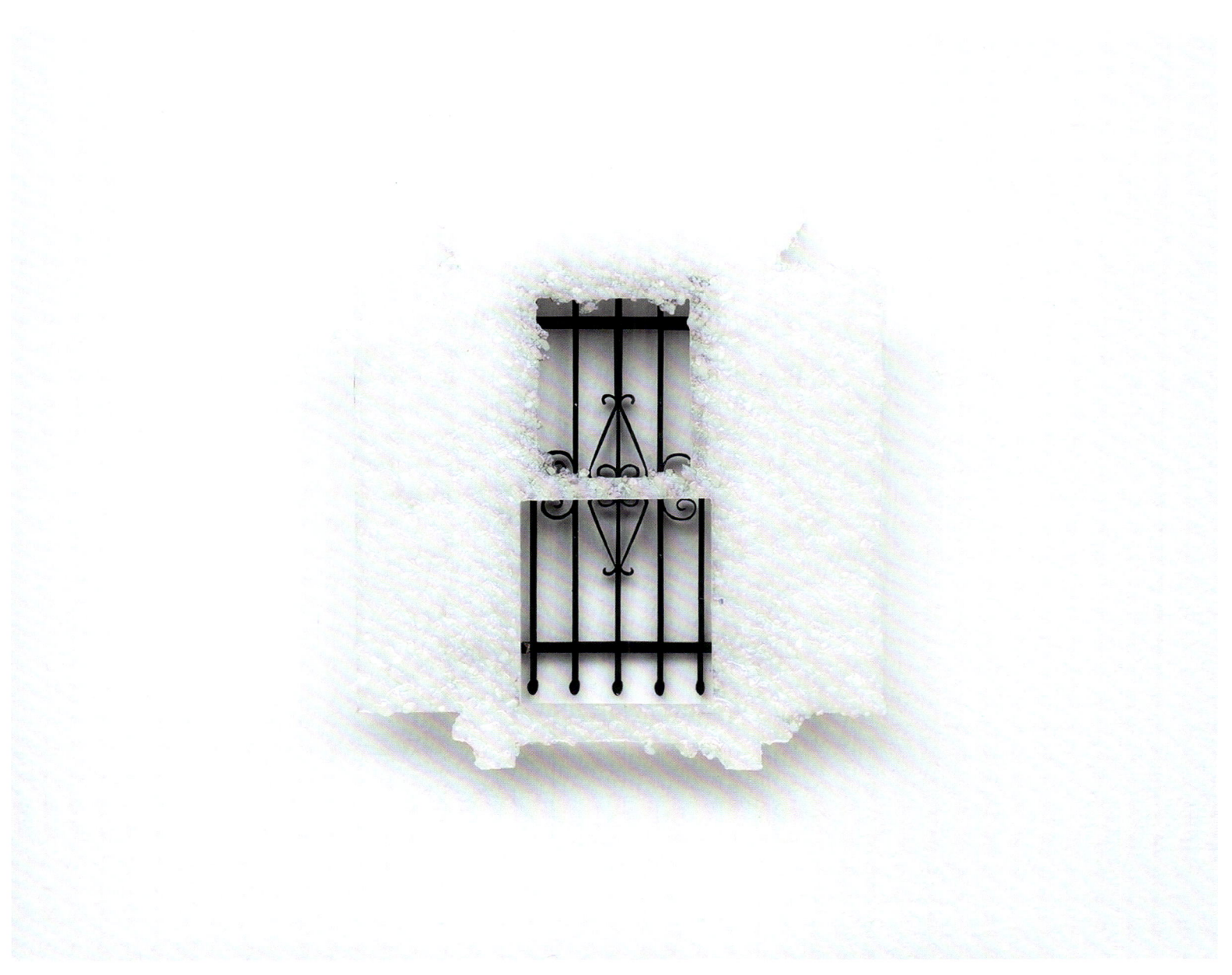

Sula Bermudez-Silverman (b. 1993, New York, New York) received her BA in studio art from Bard College and her MFA in sculpture from Yale School of Art. Solo exhibitions include *Bad Luck Rock* (2023), Josh Lilley, London; *Ichthyocentaur* (2023), Matthew Brown, Los Angeles; *Here Be Dragons* (2022), Micki Meng, San Francisco; *Sighs and Leers, and Crocodile Tears* (2021), Murmurs, Los Angeles; *Neither Fish, Flesh, nor Fowl* (2020), California African American Museum, Los Angeles; *Sutures* (2018), University of Texas at Austin; and *Reconstruction* (2015), Project Row Houses, Houston. She has also exhibited at the Hammer Museum, Los Angeles; the Jewish Museum, New York; Yale University Art Gallery, New Haven; Mendes Wood DM, São Paulo; and Galerie Maria Bernheim, Zurich.

Sula Bermudez-Silverman (nacida en 1993, Nueva York, Nueva York) obtuvo su BA en arte en Bard College y su MFA en escultura del Yale School of Art. Entre sus exposiciones individuales se incluyen *Bad Luck Rock* (2023), Josh Lilley, Londres; *Ichthyocentaur* (2023), Matthew Brown, Los Ángeles; *Here Be Dragons* (2022), Micki Meng, San Francisco; *Sighs and Leers and Crocodile Tears* (2021), Murmurs, Los Ángeles; *Neither Fish, Flesh, nor Fowl* (2020), California African American Museum, Los Ángeles; *Sutures* (2018), University of Texas at Austin y *Reconstruction* (2015), Project Row Houses, Houston. También ha exhibido en el Hammer Museum, Los Ángeles; el Jewish Museum, Nueva York; Yale University Art Gallery, New Haven; Mendes Wood DM, São Paulo y Galerie Maria Bernheim, Zúrich.

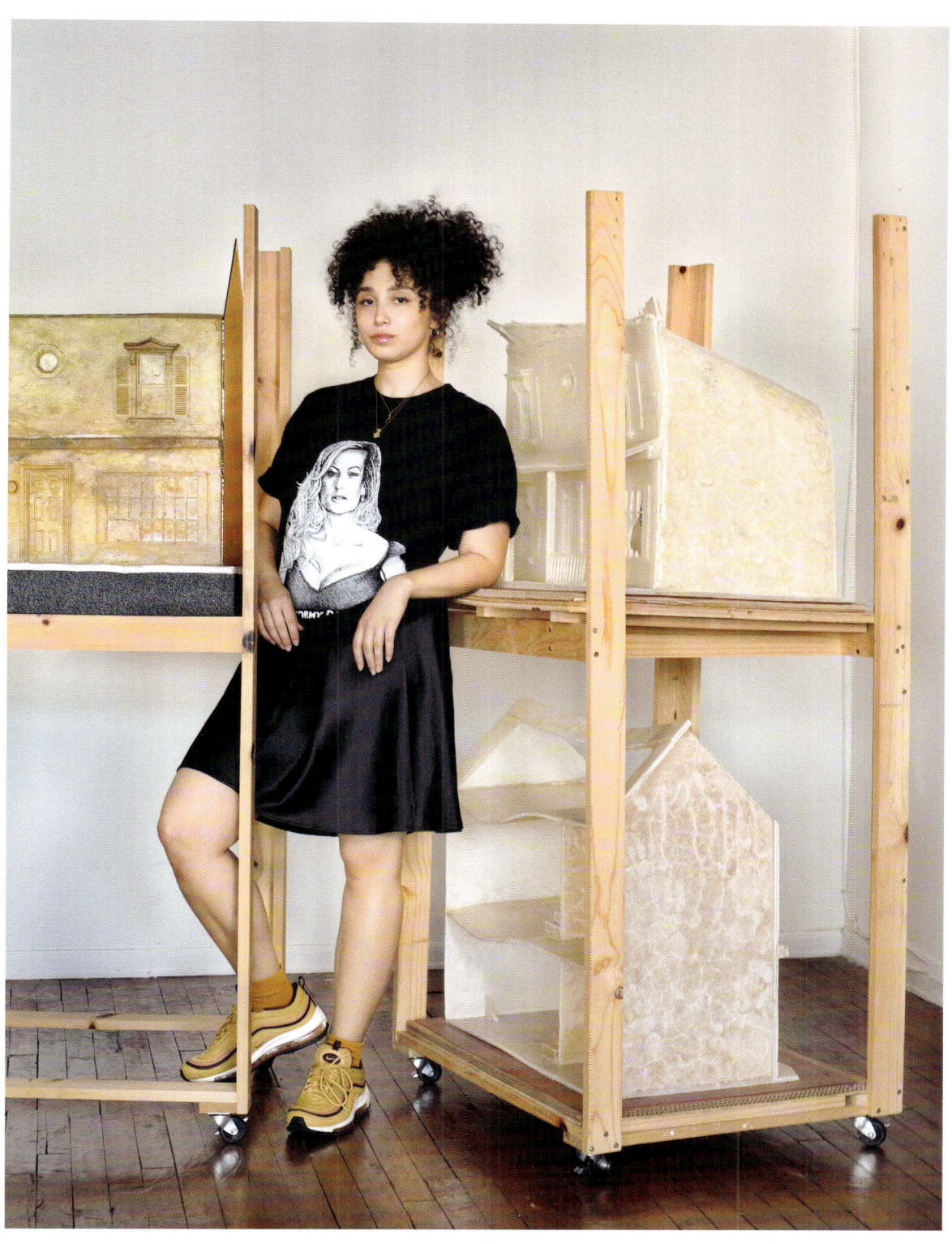

Ricardo Cabret

Cabret's practice uses painting and software to unravel the tensions between technology and humanity's relationship to landscape. His work references complex computing systems and channels memories of Puerto Rico that obscure depictions of place. Through translucent grids juxtaposed with colored abstract forms, he allows for these two spheres of practice to inform one another. Intrigued by the technological infrastructures embedded in the landscapes of Puerto Rico and, by extension, the world, Cabret's paintings archive and make visible technological structures and networks that have become blueprints for exploitative development.

La práctica de Cabret utiliza la pintura y el software para desentrañar las tensiones entre la tecnología y la relación de la humanidad con el paisaje. Su trabajo hace referencia a sistemas informáticos complejos y canaliza los recuerdos de Puerto Rico que oscurecen las representaciones del lugar. A través de rejillas translúcidas yuxtapuestas con formas abstractas de colores, permite que estas dos esferas de práctica se informen mutuamente. Intrigado por las infraestructuras tecnológicas incrustadas en los paisajes de Puerto Rico y, por extensión, del mundo, las pinturas de Cabret archivan y hacen visibles estructuras tecnológicas y redes que se han convertido en planos para un desarrollo explotador.

Ricardo Cabret, *Origen* (Origin), 2018. Single-channel HD video: color, sound, 2:14 minutes. Courtesy the artist.

Ricardo Cabret, *Origen*, 2018. Vídeo HD monocanal: color, sonido, 2:14 minutos. Cortesía del artista.

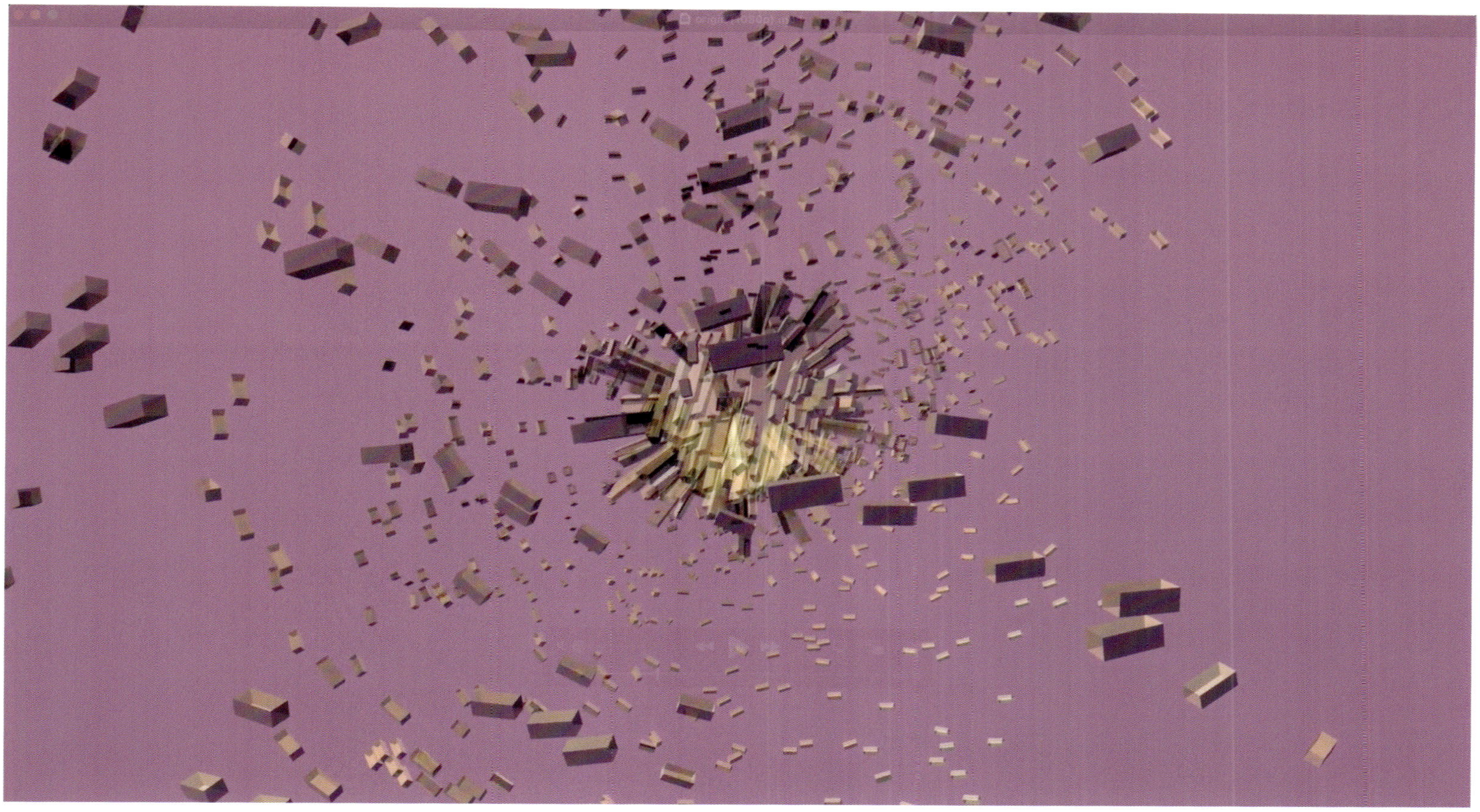

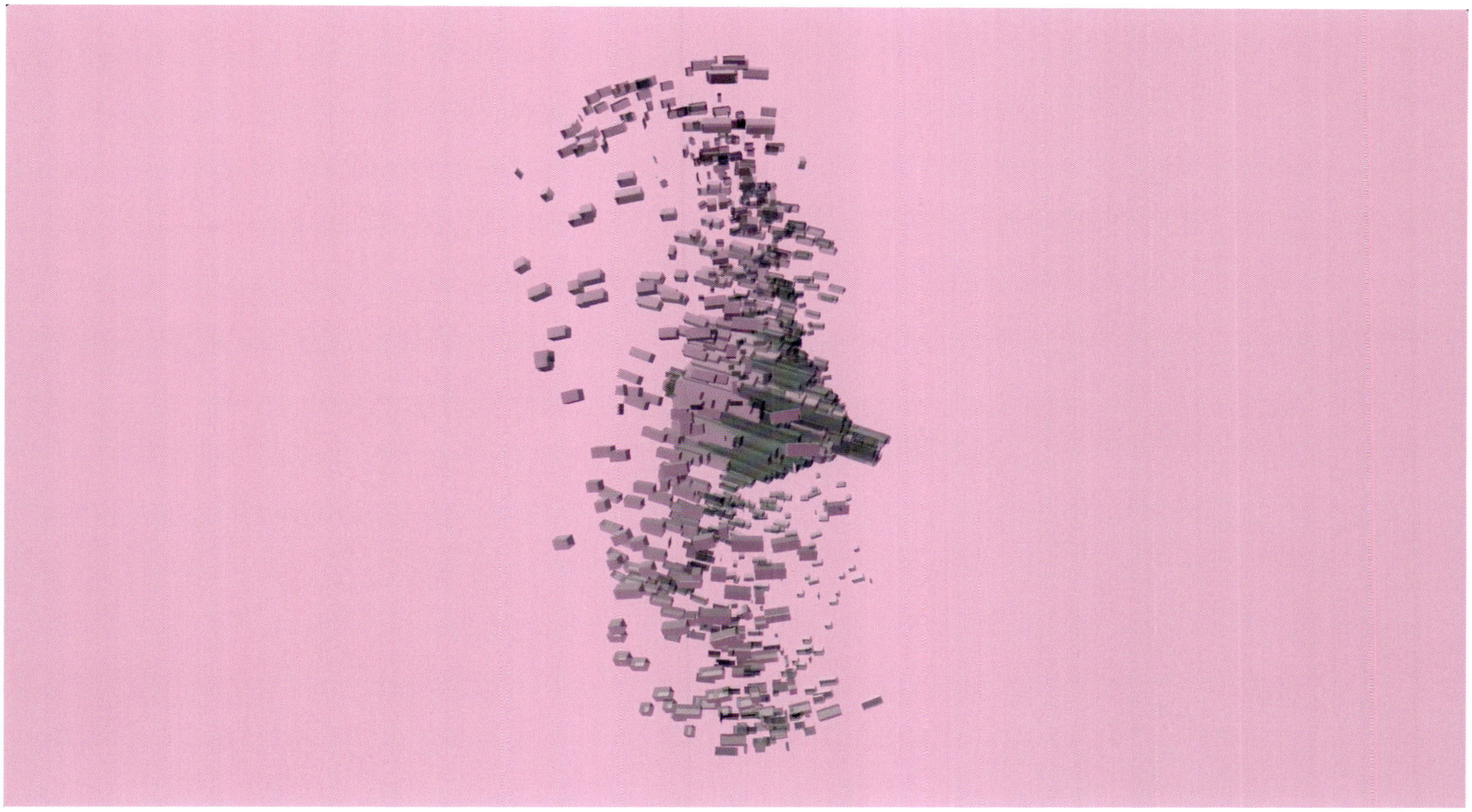

Ricardo Cabret (b. 1985, Río Piedras, Puerto Rico) received his MS in computer science from the New York Institute of Technology and a BS in electrical engineering from the University of Puerto Rico, Mayagüez. His work has been included in exhibitions across New York, Puerto Rico, Austria, and Spain. Past exhibitions include *Un Nuevo Manglar* (2023), Kohn Gallery, Los Angeles; *Tropical Is Political: Caribbean Art Under the Visitor Economy Regime*, curated by Marina Reyes Franco for Museo de Arte Contemporáneo de Puerto Rico (2023), San Juan, and Americas Society (2022), New York; *Lo Invisible, Visible* (2019), curated by Elena Ketelsen González, La Salita, New York; and *Entre Números y Pigmentos* (2016), Miscelanea, Barcelona.

Ricardo Cabret (nacido en 1985, Río Piedras, Puerto Rico) obtuvo su MS en informática en el New York Institute of Technology y su BS en ingeniería eléctrica en la Universidad de Puerto Rico, Mayagüez. Su trabajo ha sido incluido en exposiciones en Nueva York, Puerto Rico, Austria y España. Entre sus exposiciones pasadas se incluyen *Un Nuevo Manglar* (2023), Kohn Gallery, Los Ángeles; *Tropical Is Political: Caribbean Art Under the Visitor Economy Regime*, comisariada por Marina Reyes Franco para el Museo de Arte Contemporáneo de Puerto Rico (2023), San Juan y Americas Society (2022), Nueva York; *Lo Invisible, Visible* (2019), comisariada por Elena Ketelsen González, La Salita, Nueva York y *Entre Números y Pigmentos* (2016), Miscelanea, Barcelona.

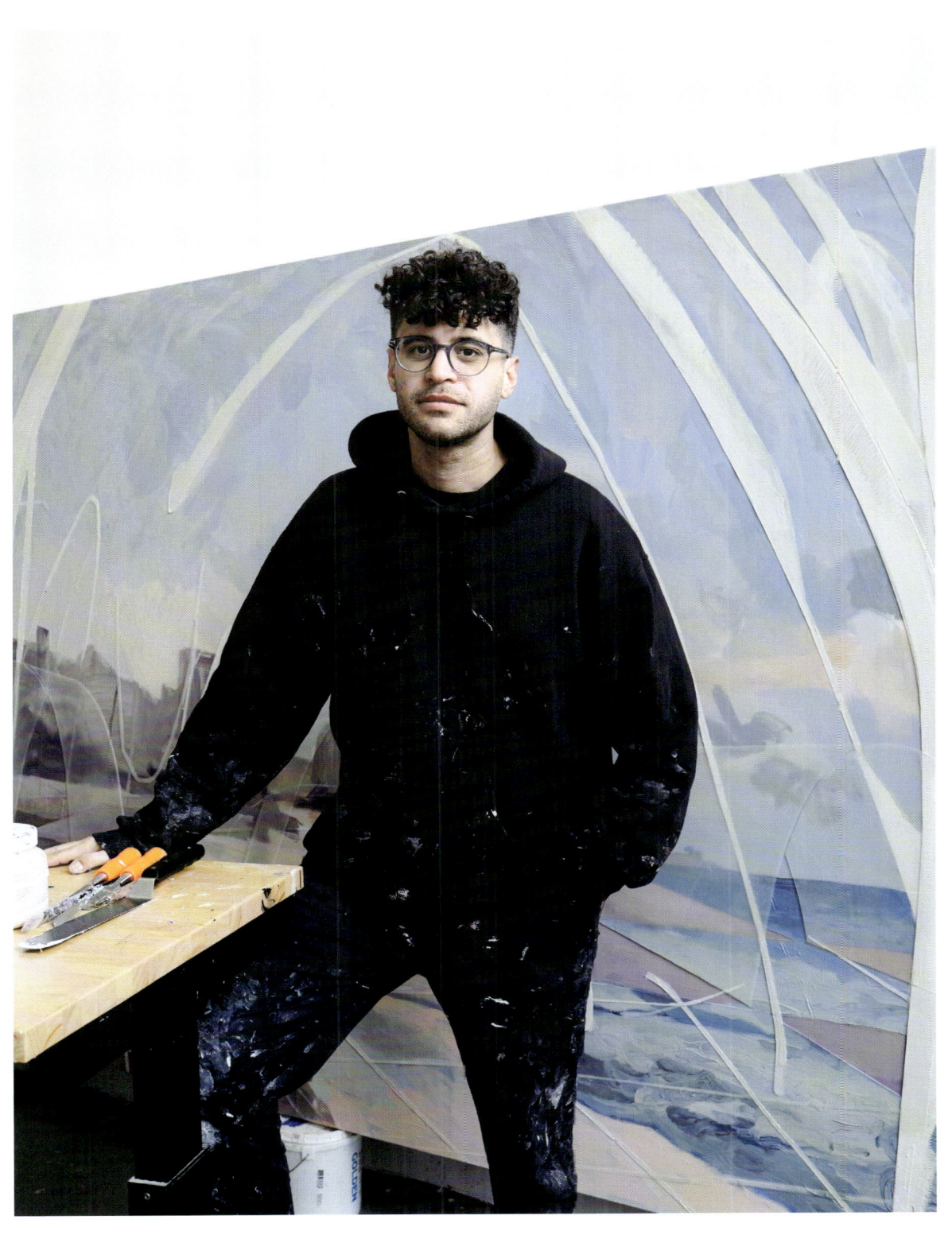

Melissa Calderón

"I create bodies of conceptual work that focus on the social and philosophical aspects of historical (re)memory, privilege, and consequence. My multimedia approach allows me to make work from various vantage points unencumbered by medium. I received my art education from what I call the 'Mott Haven Art School'—a playful reference to my many years living and working in the South Bronx. With no formal art training, I research like a historian, and question and critique like a sociologist, to weave history with memory while combining the symbolic significance of process and materiality."

"Creo cuerpos de trabajo conceptual que se centran en los aspectos sociales y filosóficos de la (re)memoria histórica, el privilegio y las consecuencias. Mi enfoque multimedia me permite crear obras desde diversas perspectivas, sin las limitaciones del medio. Recibí mi educación artística en lo que llamo la 'Escuela de Arte Mott Haven', una referencia lúdica a mis muchos años viviendo y trabajando en el sur del Bronx. Sin formación artística formal, investigo como un historiador y cuestiono y critico como un sociólogo, para entrelazar la historia con la memoria, mientras combino el significado simbólico del proceso y la materialidad".

Melissa Calderón, *Island del Encanto* (Island of Enchantment), 2008. Single-channel video: color, sound, 4:26 minutes. Courtesy the artist.

Melissa Calderón, *Island del Encanto* (Isla del Encanto), 2008. Vídeo monocanal: color, sonido, 4:26 minutos. Cortesía del artista.

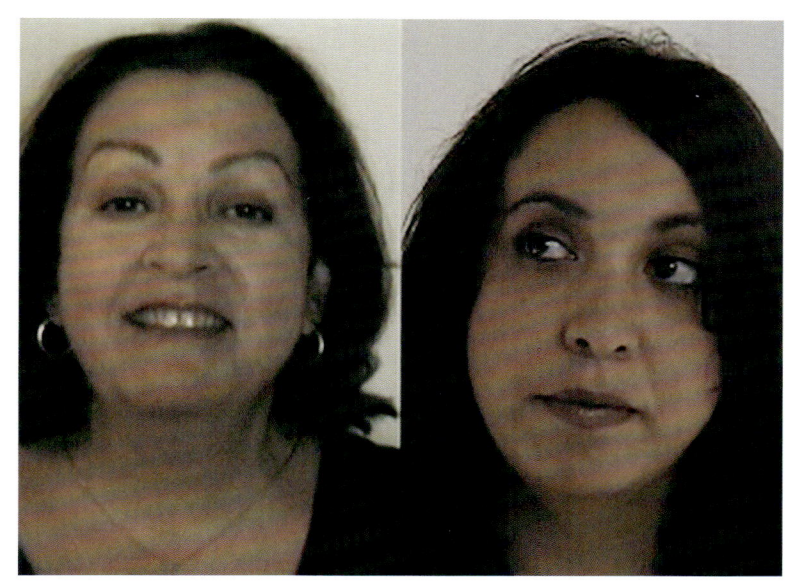 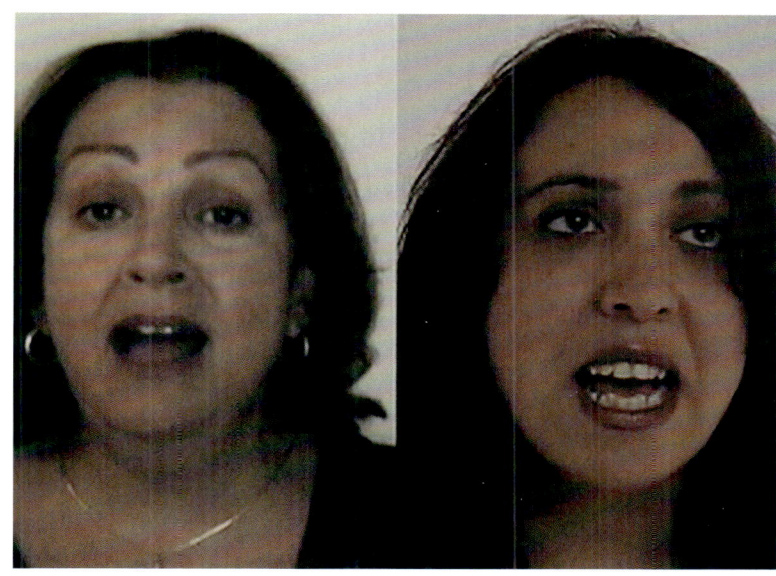

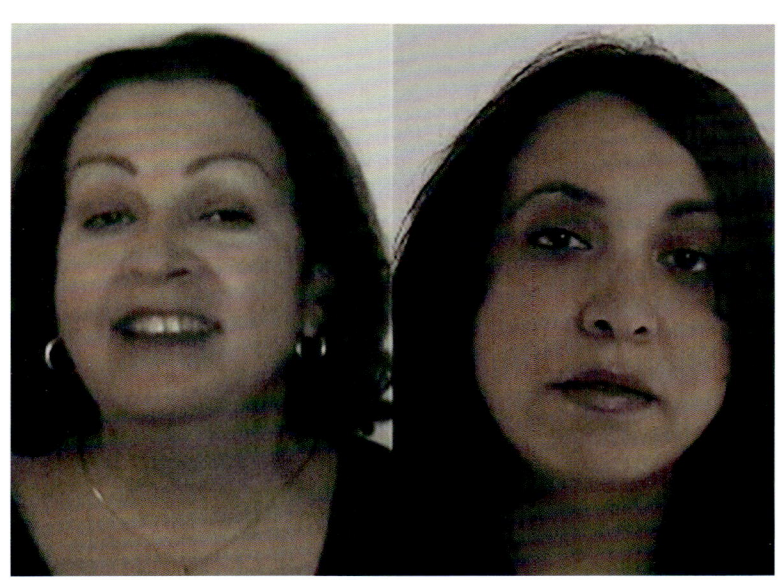 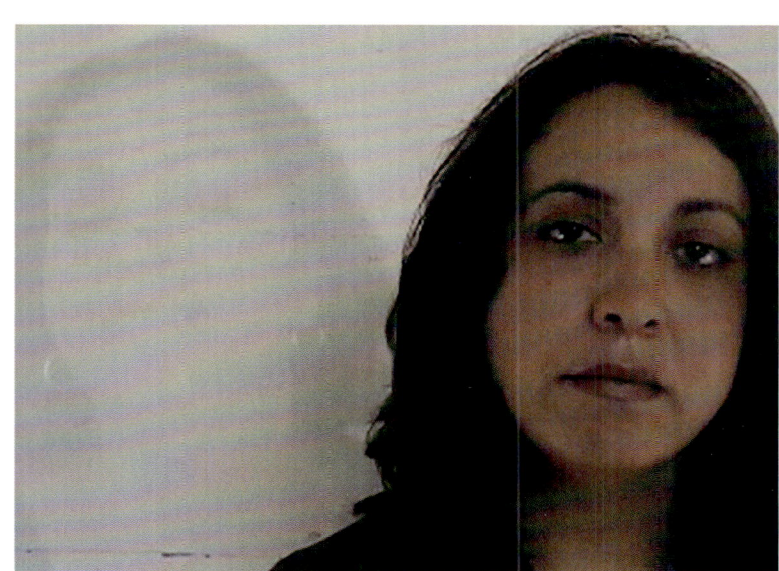

Melissa Calderón (b. 1974, Bronx, New York) is a self-taught artist who has exhibited at El Museo del Barrio, Bronx Museum of the Arts, Queens Museum, Socrates Sculpture Park, and Portland Museum of Art, among others. In 2019 she became the first female Latinx artist to create a monument for the City of New York's Percent for Art Program. *Para Roberto*, dedicated to Roberto Clemente, is permanently installed in the South Bronx and won New York City's Public Design Commission's 38th Annual Award for Excellence in Design. Her work is included in *Latinx Art: Artists, Markets, and Politics* (Duke University Press, 2020) and in 2023 she had a retrospective of her embroidery work at Espacio Reunión, San Juan.

Melissa Calderón (nacida en 1974, Bronx, Nueva York) es una artista autodidacta que ha exhibido su trabajo en El Museo del Barrio, Bronx Museum of the Arts, Queens Museum, Socrates Sculpture Park y Portland Museum of Art, entre otros. En 2019, se convirtió en la primera artista Latinx femenina en crear un monumento para el City of New York's Percent for Art Program. *Para Roberto*, dedicado a Roberto Clemente, está instalado permanentemente en el Bronx Sur y ganó el 38th Annual Award for Excellence in Design del New York City's Public Design Commission. Su obra está incluida en el libro *Latinx Art: Artists, Markets, and Politics* (Duke University Press, 2020) y en 2023 presentó una retrospectiva de su trabajo en bordado en Espacio Reunión, San Juan.

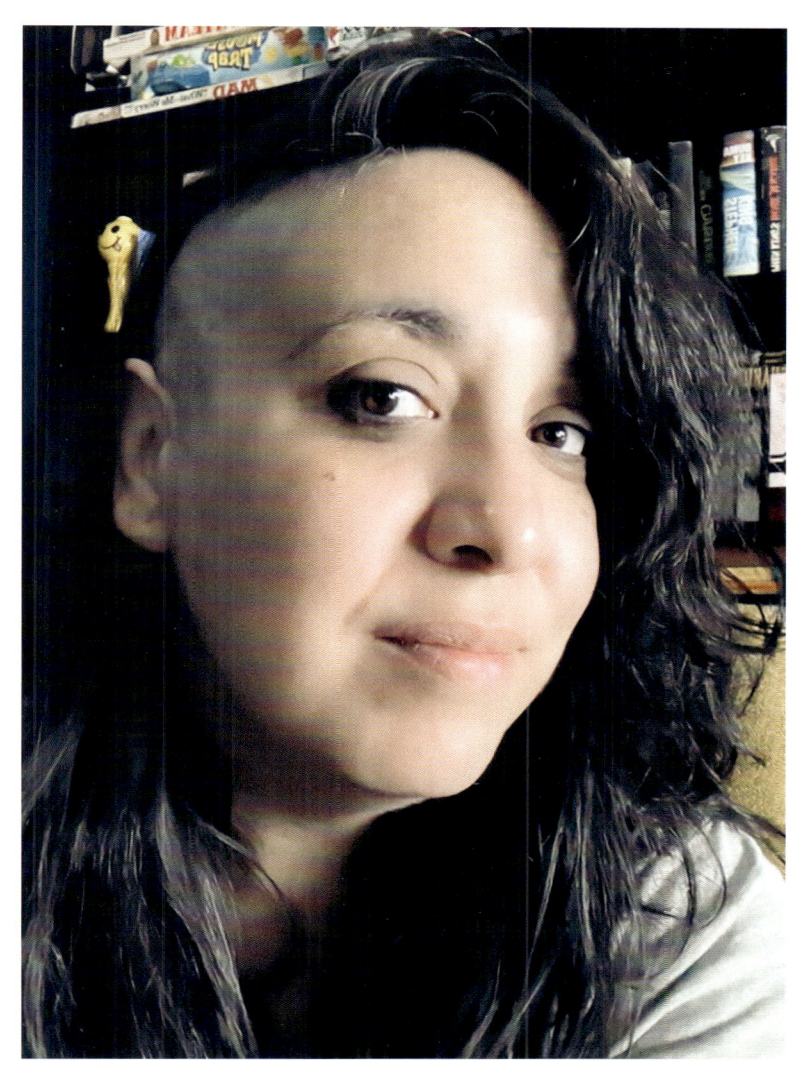

Rodríguez Calero

Coined by the artist, acrollage is a mixed-media technique of layering paper and acrylic skins of collaged images, both found or photographed, with glazes of luminous color. This hybrid process of painting and printmaking blends figurative elements and stenciled patterns to attain vibrant, texturally rich surfaces. These materials behave in unpredictable ways yet permit Calero to elevate ordinary subjects to iconic stature. She employs a vocabulary of classical and urban origin that empowers the mystical and emotional to build bridges between two worlds.

Bautizado por la artista, acrollage es una técnica de medios mixtos que consiste en superponer capas de papel y pieles acrílicas de imágenes en collage, tanto encontradas como fotografiadas, con esmaltes de color luminoso. Este proceso híbrido de pintura y grabado fusiona elementos figurativos y patrones estencilados para lograr superficies vibrantes y ricas en textura. Estos materiales se comportan de maneras impredecibles, pero permiten que Calero eleve los sujetos ordinarios a un nivel icónico. Utiliza un vocabulario de origen clásico y urbano que potencia lo místico y lo emocional para construir puentes entre dos mundos.

Rodríguez Calero, *Messenger*, 2016. Acrollage on canvas, 48 × 36 in. (121.9 × 91.4 cm). Courtesy the artist.

Rodríguez Calero, *Messenger* (Mensajero), 2016. Acrollage sobre lienzo, 48 × 36 in. (121.9 × 91.4 cm). Cortesía del artista.

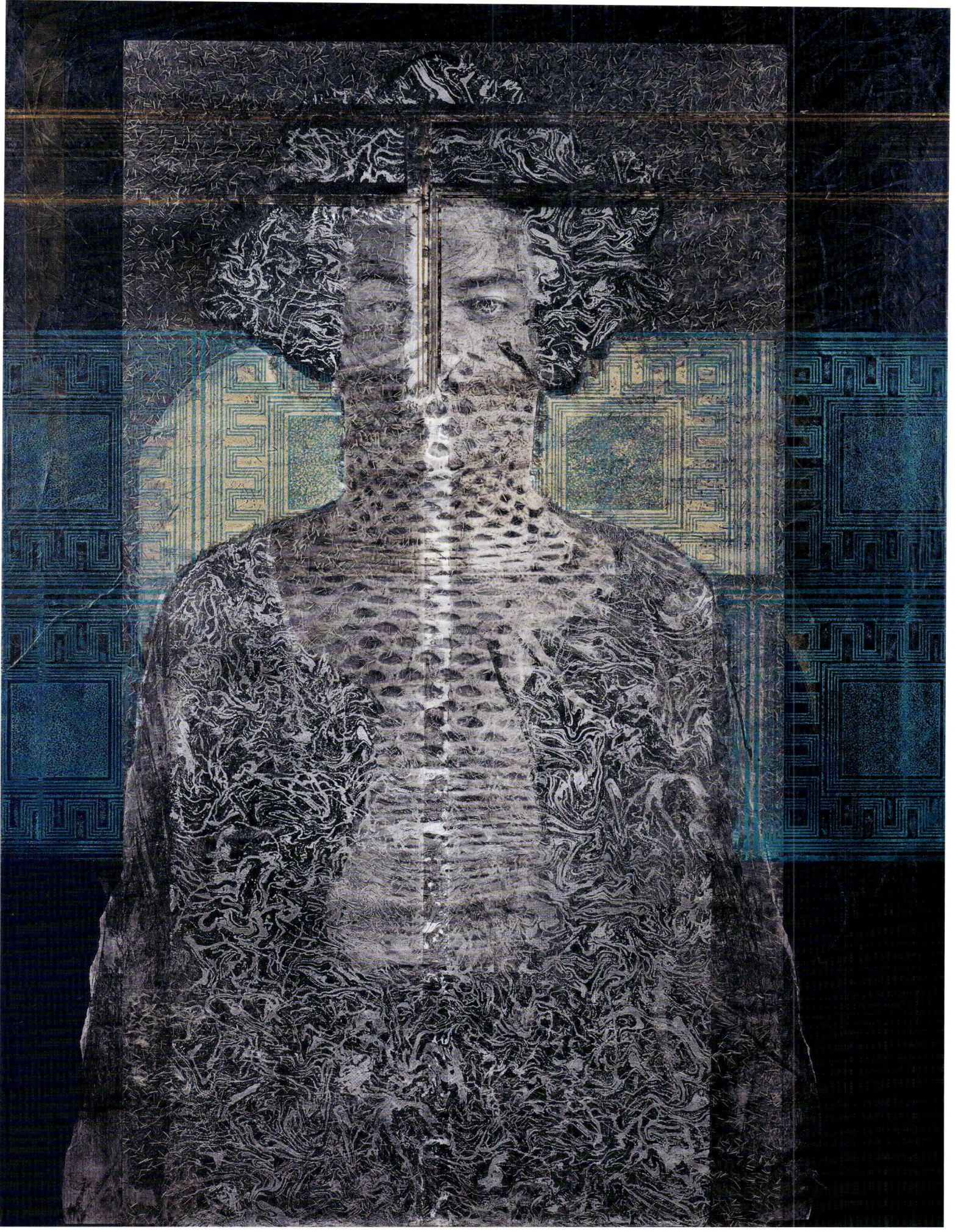

Rodríguez Calero (b. Arecibo, Puerto Rico) is a Puerto Rican–born, Nuyorican-raised artist who combines ancestral, cultural, and environmental experiences that shape over forty years of artistic practice. Calero studied at the Escuela de Artes Plásticas y Diseño de Puerto Rico with Lorenzo Homar, and upon receiving her BFA continued her studies at the Art Students League of New York under the tutelage of Leo Manso. She is the recipient of fellowships and grants from the Geraldine R. Dodge Foundation, the New York Foundation for the Arts, and the Joan Mitchell Foundation. She has held residencies at Taller Boricua, Provincetown Art Association, and Rutgers Center for Innovative Print and Paper, among others. Their works are held in many private and public collections and have been exhibited across the United States, the Caribbean, and China.

Rodríguez Calero (nacida en Arecibo, Puerto Rico) es una artista nacida en Puerto Rico y criada en Nueva York que combina experiencias ancestrales, culturales y ambientales que han dado forma a más de cuarenta años de práctica artística. Calero estudió en la Escuela de Artes Plásticas y Diseño de Puerto Rico con Lorenzo Homar y al recibir su BFA continuó sus estudios en el Art Students League of New York bajo la tutela de Leo Manso. Ha recibido becas y subvenciones del Geraldine R. Dodge Foundation, el New York Foundation for the Arts y el Joan Mitchell Foundation. Ella ha realizado residencias en Taller Boricua, Provincetown Art Association y el Rutgers Center for Innovative Print and Paper, entre otros. Sus obras están presentes en numerosas colecciones privadas y públicas y han sido exhibidas en Estados Unidos, el Caribe y China.

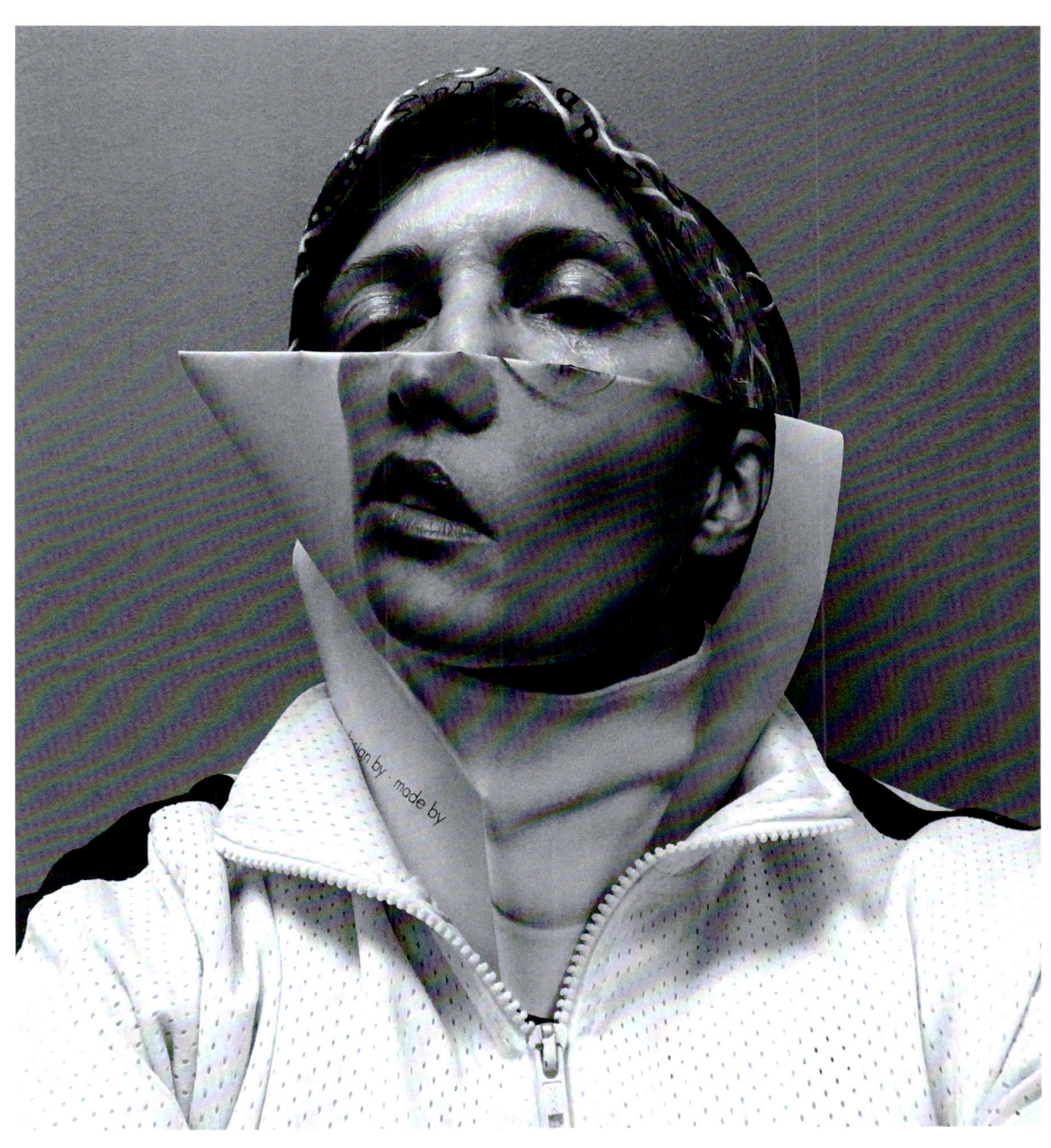

Nayda Collazo-Llorens

"I explore concepts of navigation and dislocation using a variety of mediums, including works on paper, video, installations, and site-specific projects. Abstraction serves as language and method through which I process concepts and sentiments that I find otherwise hard to articulate. I often work with mapping as a strategy to examine connections, territories, and the concept of distance while considering alternative geographies. The use of found and sampled text serves to explore shifts in perception, memory, and code-switching. Through my work, I aim to offer viewers multilayered experiences that fluctuate from the retinal to the conceptual and serve as a space for contemplation."

"Exploro conceptos de navegación y desubicación utilizando una variedad de medios, incluidos trabajos en papel, video, instalaciones y proyectos in situ. La abstracción sirve como lenguaje y método a través del cual proceso conceptos y sentimientos que de otro modo me resultarían difíciles de articular. A menudo trabajo con el mapeo como estrategia para examinar conexiones, territorios y el concepto de distancia, mientras considero geografías alternas. El uso de textos encontrados y muestreados sirve para explorar cambios en la percepción, la memoria y el cambio de códigos. A través de mi obra, busco ofrecer a los espectadores experiencias de múltiples capas que fluctúan entre lo retinal y lo conceptual y que sirven como un espacio para la contemplación".

Nayda Collazo-Llorens, *GeoDis/connect 5* (detail; full image on following spread), 2020. Wall installation with printed maps and color paper. 360 framed images, each 4 × 6 in. (10.2 × 15.2 cm), 60 × 180 in. (152.4 × 457.2 cm) (approx.) overall. Courtesy the artist.

Nayda Collazo-Llorens, *GeoDis/connect 5* (GeoDis/conectar 5) (detalle; obra de arte completa en el pliego siguiente), 2020. Instalación de pared con mapas impresos y papel de colores. 360 imágenes enmarcadas, cada una de 4 × 6 in. (10.2 × 15.2 cm), 60 × 180 in. (152.4 × 457.2 cm) (aprox.) en total. Cortesía del artista.

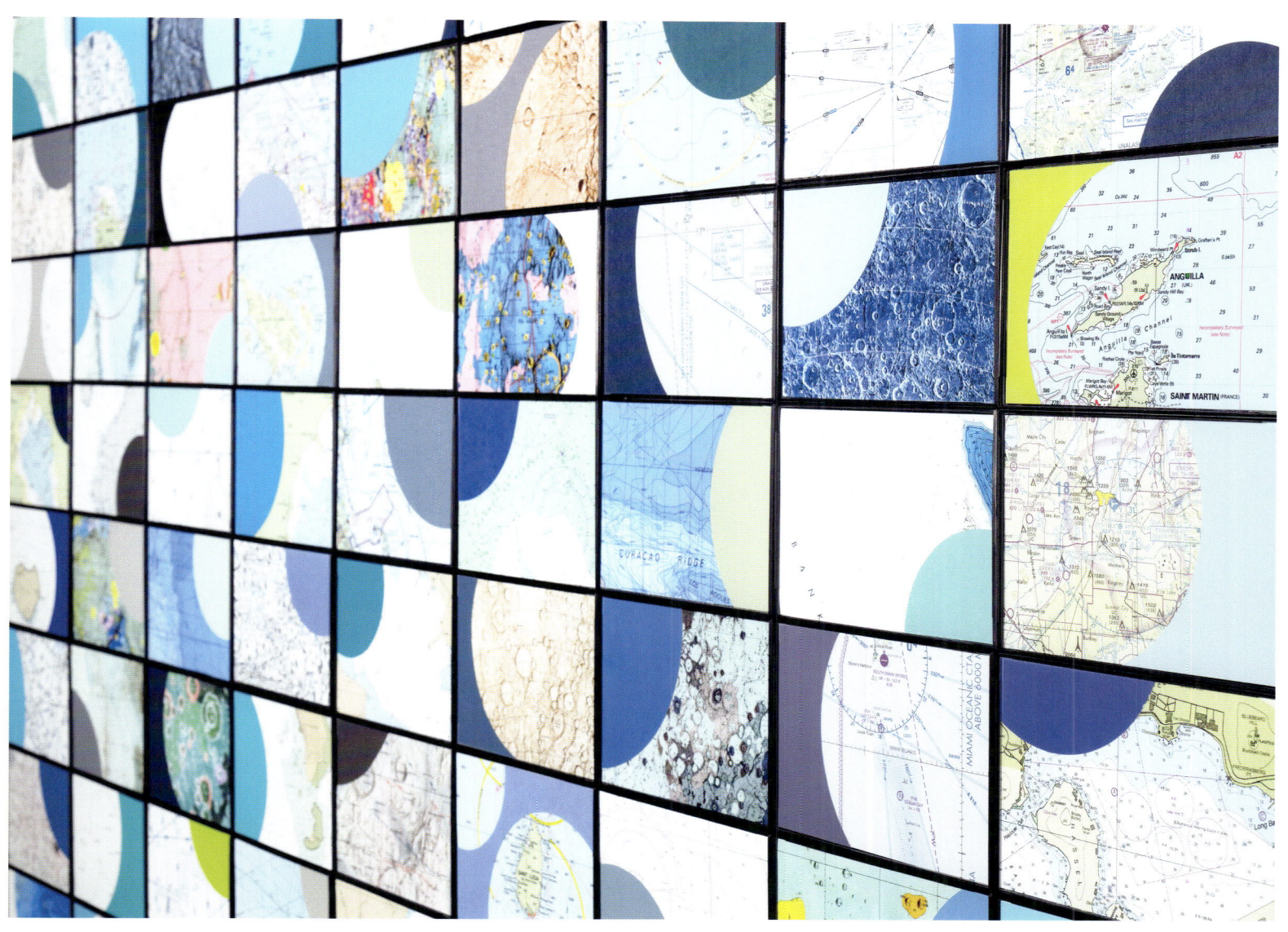

(detail / detalle)

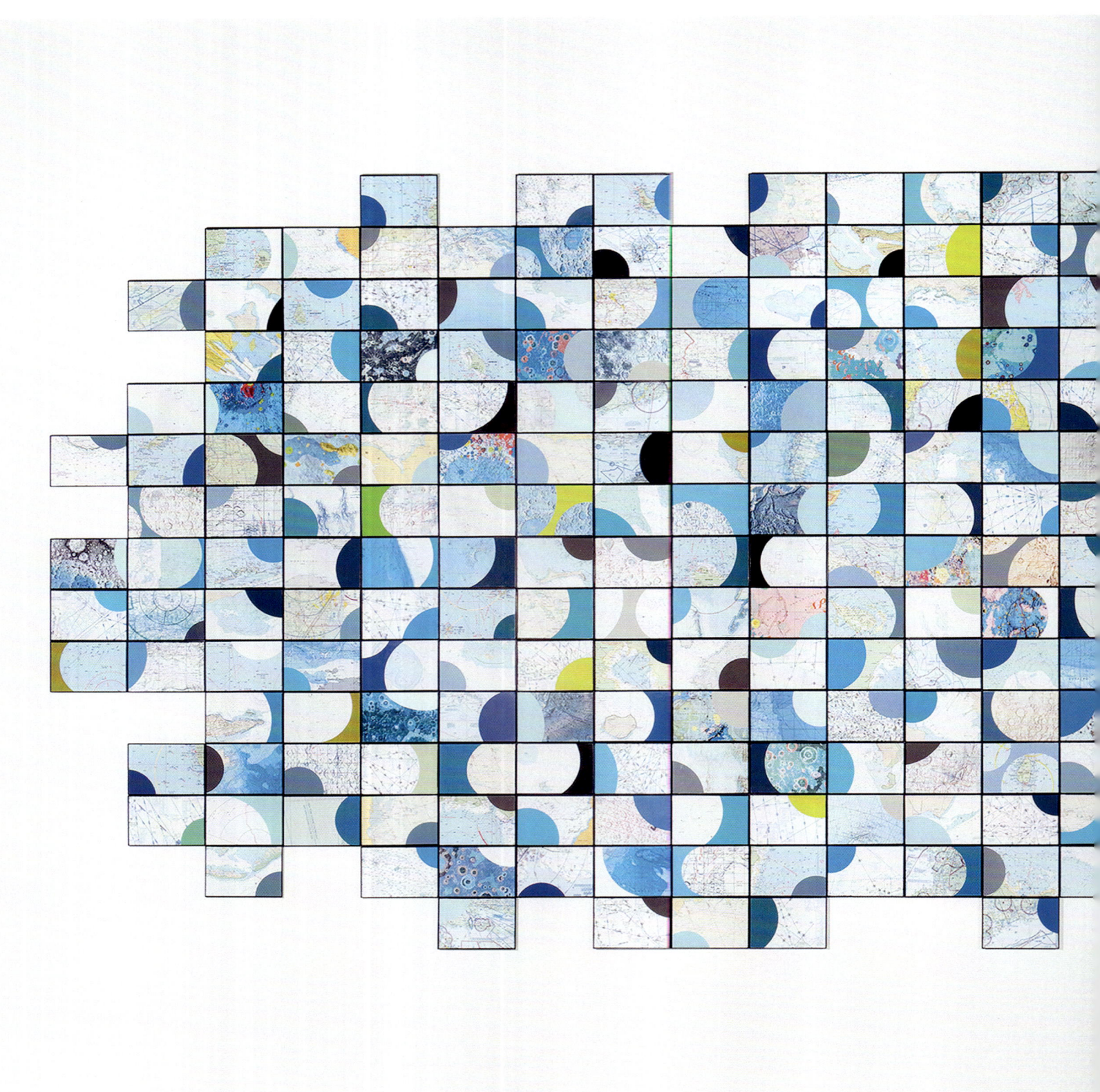

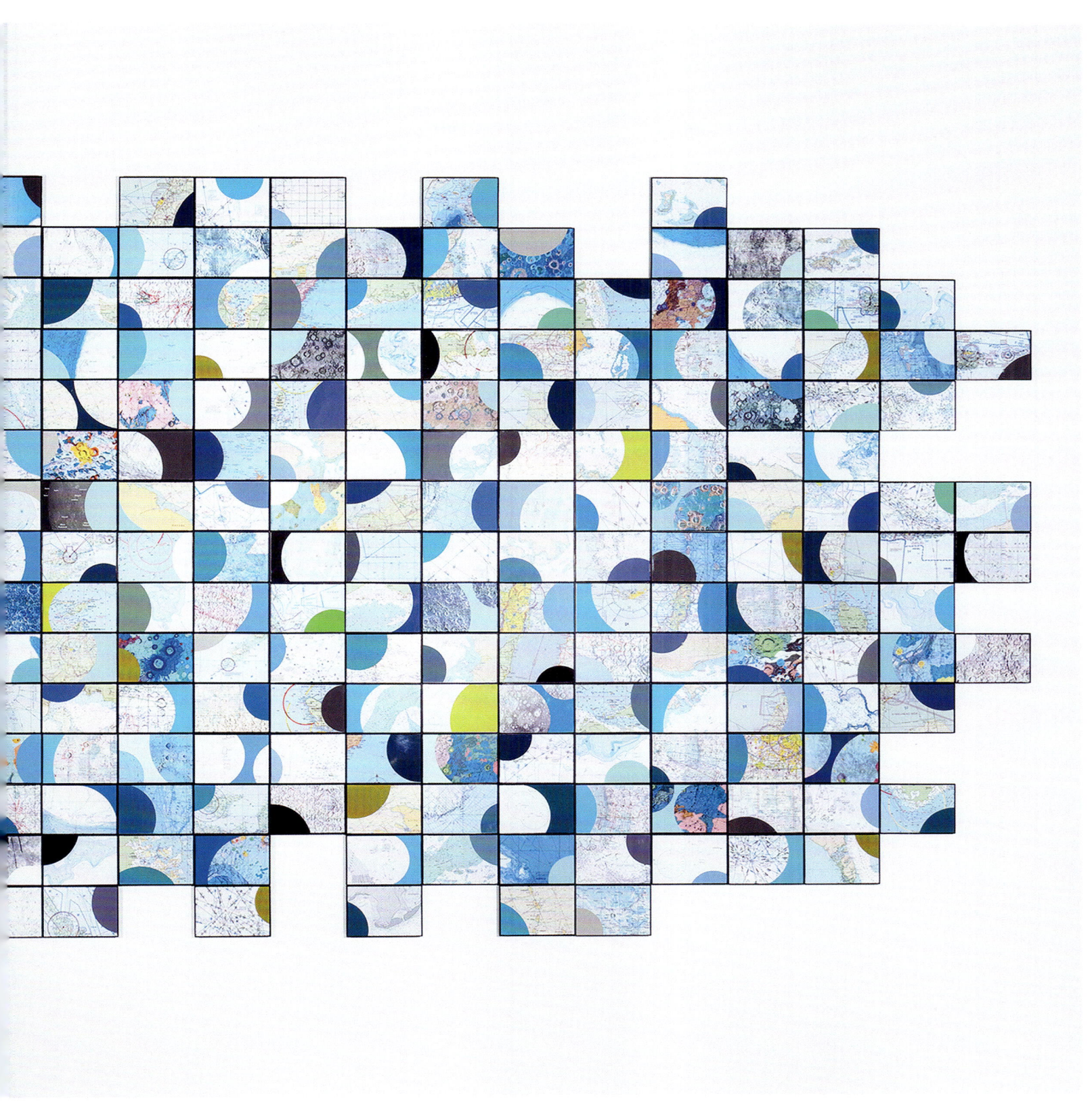

Nayda Collazo-Llorens (b. 1968, San Juan, Puerto Rico) holds an MFA from New York University and a BFA from Massachusetts College of Art and Design. She has received grants from the Pollock-Krasner Foundation, Beta-Local's El Serrucho, and was a visiting fellow at the Arcus Center for Social Justice Leadership. Her work has been exhibited in Mexico, the United States, Puerto Rico, and New Zealand, and is featured in *Relational Undercurrents: Contemporary Art of the Caribbean Archipelago* (Duke University Press, 2017); *A to Z of Caribbean Art* (Robert & Christopher, 2019); and *The Dark Would: Language Art Anthology* (Apple Pie Editions, 2013).

Nayda Collazo-Llorens (nacida en 1968, San Juan, Puerto Rico) posee un MFA de New York University y un BFA del Massachusetts College of Art and Design. Ha recibido becas del Pollock-Krasner Foundation, El Serrucho de Beta-Local y fue becaria visitante en el Arcus Center for Social Justice Leadership. Su trabajo ha sido exhibido en México, Estados Unidos, Puerto Rico y Nueva Zelanda y está presente en *Relational Undercurrents: Contemporary Art of the Caribbean Archipelago* (Duke University Press, 2017); *A to Z of Caribbean Art* (Robert & Christopher, 2019) y *The Dark Would: Language Art Anthology* (Apple Pie Editions, 2013).

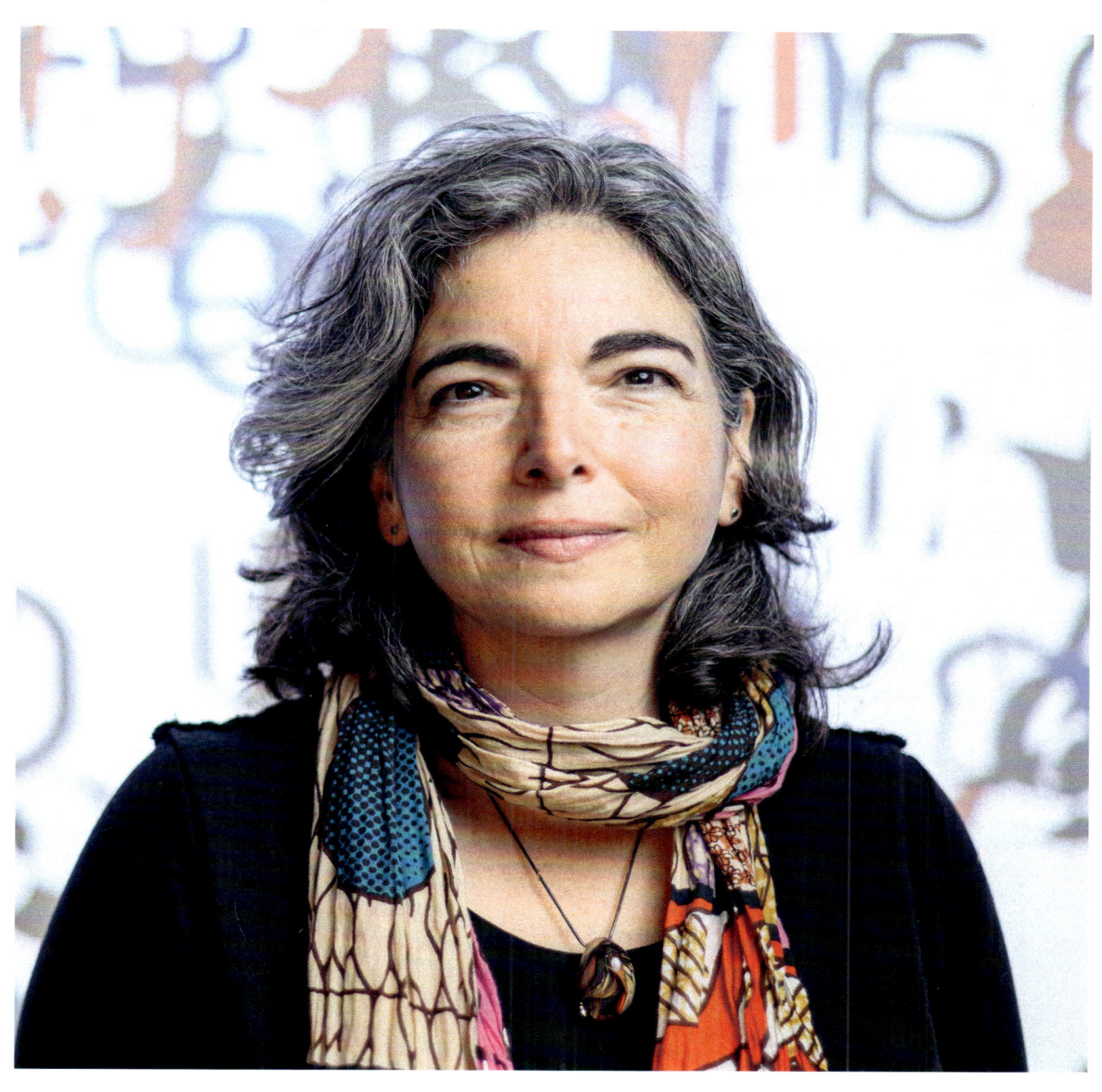

Gisela Colón

"Bullets are inside me. Mountains are inside me. My process of layering and stacking twenty-first-century materials such as optical acrylics, carbon fiber, and matter harvested from the geographical sites of my life, narrates my complex history as a diasporic Puerto Rican artist. *Estructura Totémica (Piedras Contra Balas, Aguas del Yunque)* is an autobiographical time capsule containing four strata of matter: pulverized bullets, representing the gun violence of my youth; red Puerto Rican earth (*fango Borinqueño*), my original source of life force; desert sand from the American West, a contested terrain of immigration; and cosmic dust, a substance with simultaneously prehistoric and futuristic qualities. The layers of natural minerals and man-made debris echo the geological strata of the earth, bringing my Land art practice indoors."

"Llevo balas por dentro. Llevo montañas por dentro. Mi proceso de superposición y apilamiento de materiales del siglo XXI, como acrílicos ópticos, fibra de carbono y materia recolectada de los sitios geográficos de mi vida, narra mi historia compleja como artista puertorriqueña de la diáspora. *Estructura Totémica* es una cápsula del tiempo autobiográfica que contienen cuatro estratos de la materia: balas pulverizadas, que representan la violencia armada de mi juventuc; tierra roja puertorriqueña (fango Borinqueñc), mi fuente original de fuerza vital; arena del desierto del oeste norteamericano, un terreno disputado por la inmigración y polvo cósmico, una sustancia con cualidades tanto prehistóricas como futuristas. Los estratos de minerales naturales y escombros hechos por el hombre hacen eco de los estratos geológicos de la tierra, trayendo mi práctica del Arte de la Tierra hacia el interior".

Gisela Colón, *Estructura Totémica (Piedras Contra Balas, Aguas del Yunque)* (*Totemic Structure [Stones Against Bullets, Waters of El Yunque]*), (2022–present), 2022. Monolith form composed of aurora particles, stardust, cosmic radiation, intergalactic matter, ionic waves, organic carbamate, earth matter, energy, gravity, and time, stacked upon bullet-resistant Lucite base containing layered matter, from bottom to top: pulverized bullets, Puerto Rico red earth (*fango Borinqueño*), Western desert sands, and cosmic dust, 87½ × 7 × 8 in. (222.2 × 17.7 × 20.3 cm). Courtesy the artist and Efraín López, New York.

Gisela Colón, *Estructura Totémica (Piedras Contra Balas, Aguas del Yunque)*, (2022–presente), 2022. Forma monolítica compuesta por partículas de aurora, polvo estelar, radiación cósmica, materia intergaláctica, ondas iónicas, carbamato orgánico, gravedad y tiempo, apilados sobre una base de lucita a prueba de balas que contiene materia en capas, de abajo hacia arriba: balas pulverizadas, tierra roja de Puerto Rico (fango Borinqueño), arenas del desierto del oeste norteamericano y polvo cósmico, 87½ × 7 × 8 in. (222.2 × 17.7 × 20.3 cm). Cortesía del artista y Efraín López, Nueva York.

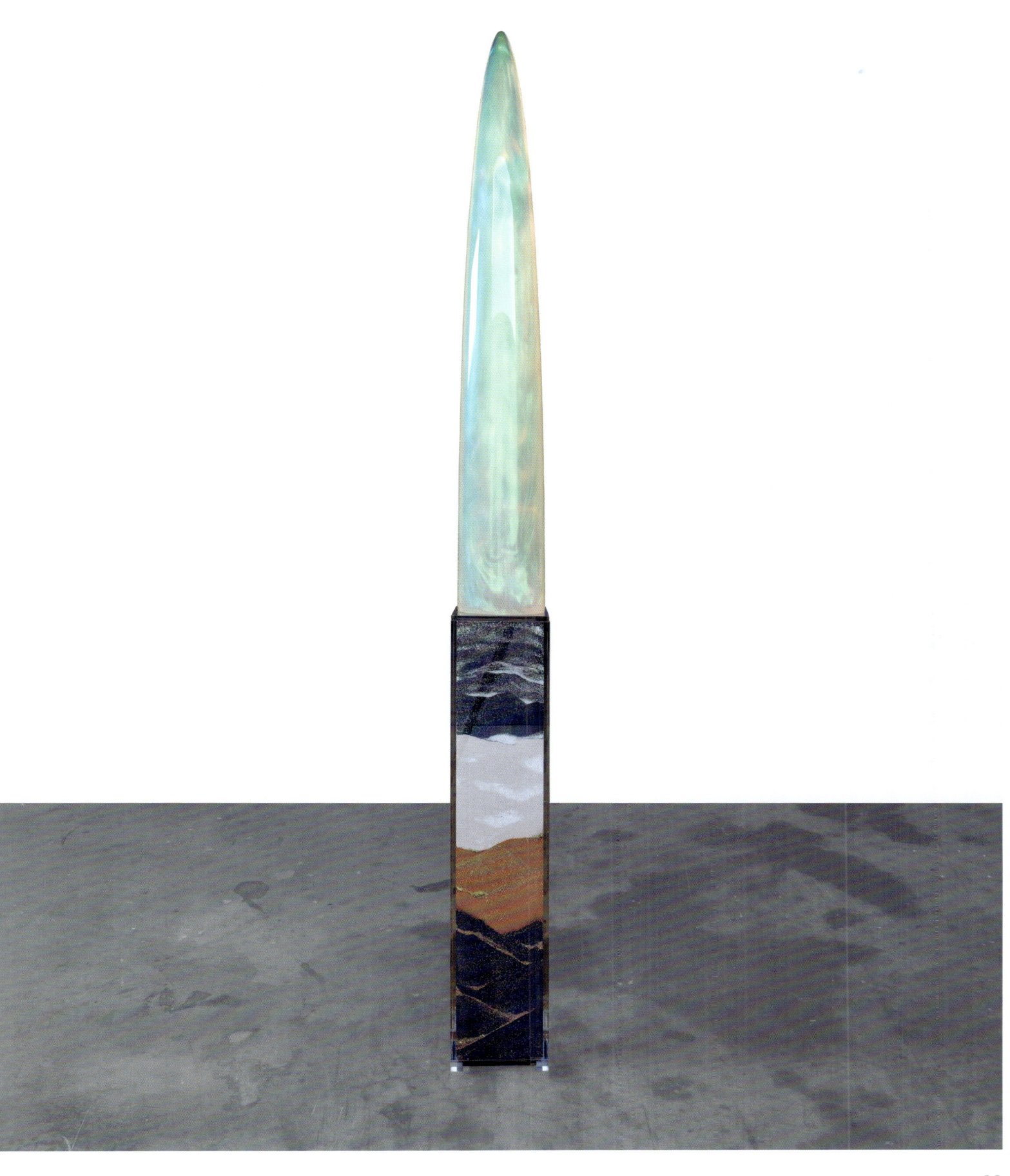

Gisela Colón (b. 1966, Vancouver, Canada) is a Puerto Rican American contemporary artist whose ecofeminist work addresses ecological and universal concerns. Colón's process of layering materials and matter harvested from the geographical and liminal sites of her life embodies her nuanced exploration of the intersections between landscape, materiality, and identity. By blending aspects of the luminous expanses of the Western United States with the geological richness of Puerto Rico, her work creates a symbiotic relationship between light, mineral, and body, subverting traditional notions of place and belonging. Employing decolonial strategies, she reconfigures these entangled histories into a universal language, transmuting forms of violence, displacement, and death into vessels of healing, light, and life. Colón's polymathic practice has engaged the fields of Minimalism, Light and Space, Environmental art, and Land art, through global projects in countries such as France, The Netherlands, Egypt, Saudi Arabia, Brazil, and Cuba, activating three UNESCO World Heritage Sites.

Gisela Colón (nacida en 1966, Vancouver, Canadá) es una artista contemporánea puertorriqueña estadounidense cuya obra ecofeminista aborda preocupaciones ecológicas y universales. Su proceso de superposición materiales y materia extraída de los lugares geográficos y liminales de su vida encarna su sutil exploración de las intersecciones entre paisaje, materialidad e identidad. Al fusionar aspectos de los paisajes luminosos del oeste de Estados Unidos con la riqueza geológica de Puerto Rico, su obra crea una relación simbiótica entre la luz, los minerales y el cuerpo, subvirtiendo las nociones tradicionales de lugar y pertenencia. Empleando estrategias decoloniales, ella reconfigure estas historias entrelazadas en un lenguaje universal, transformando formas de violencia, desplazamiento y muerte en vehículos de sanación, luz y vida. La práctica polifacética de Colón ha involucrado los campos del Minimalismo, Luz y Espacio, Arte ambiental y Arte de la tierra, a través de proyectos globales en países como Francia, los Países Bajos, Egipto, Arabia Saudita, Brasil y Cuba, activando sitios del Patrimonio Mundial de la UNESCO.

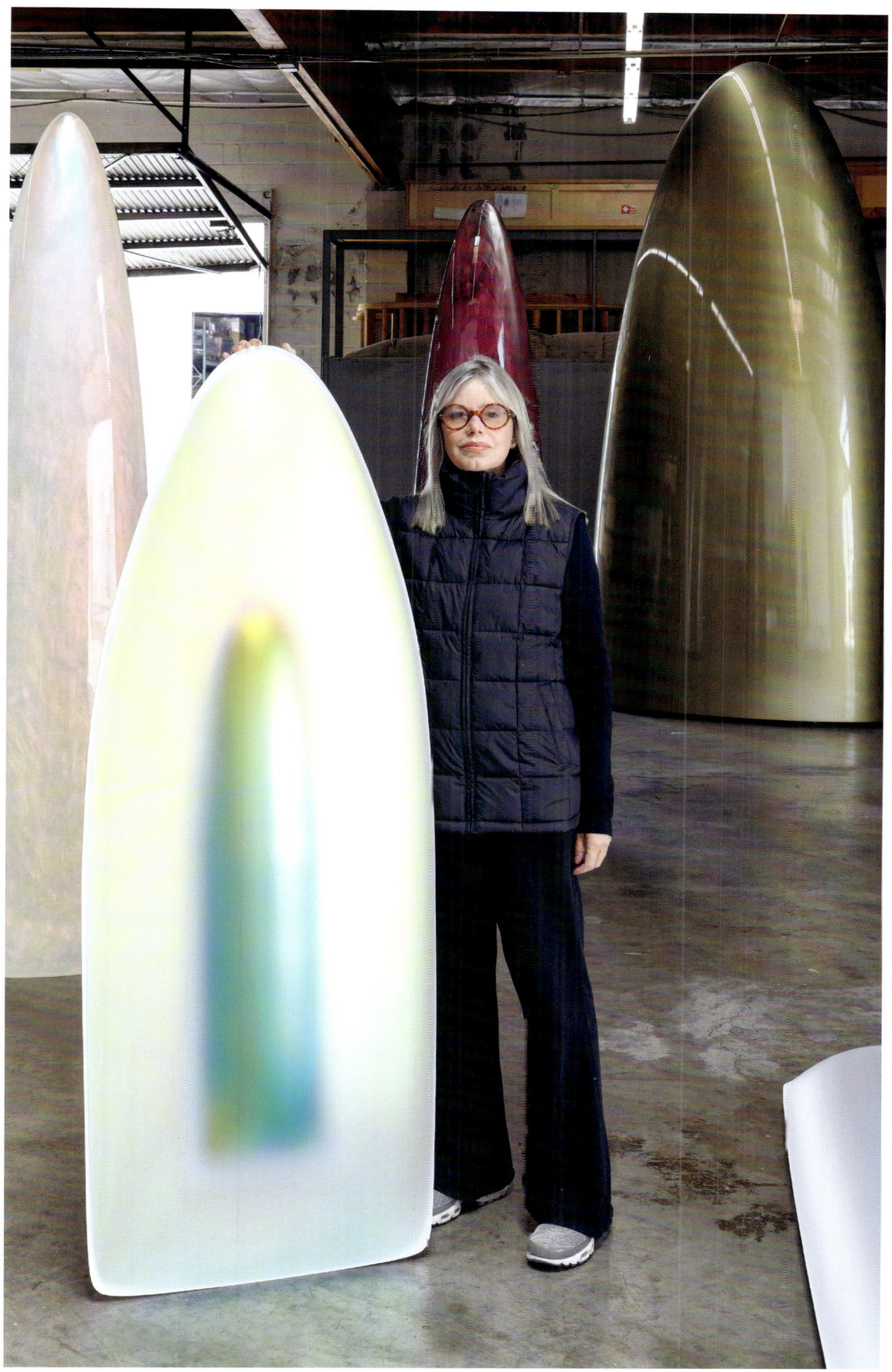

Cristina Córdova

"Growing up in Puerto Rico, I was immersed in a culture of contradictions. The island is a place where beauty and struggle live side by side, where the rhythm of tradition beats against the undercurrent of its colonial history. My work reflects this tension through the body. Each curve and crease in clay carries the weight of my own culture, connecting what is specific and personal to what is shared and enduring."

"Creciendo en Puerto Rico, estuve inmersa en una cultura de contradicciones. La isla es un lugar donde la belleza y la lucha coexisten, donde el ritmo de la tradición late contra la corriente de su historia colonial. Mi trabajo refleja esta tensión a través del cuerpo. Cada curva y pliegue en el barro lleva el peso de mi propia cultura, conectando lo específico y personal con lo compartido y perdurable".

Cristina Córdova, *Dame flores III* (Give me flowers III), 2022. Ceramic, 9½ × 13 × 8 in. (24.1 × 33 × 20.3 cm). Courtsey the artist, Ferrin Contemporary, and the Collection of Jerry Jackson.

Cristina Córdova, *Dame flores III*, 2022. Cerámica, 9½ × 13 × 8 in. (24.1 × 33 × 20.3 cm). Cortesía del artista, Ferrin Contemporary y la Colección de Jerry Jackson.

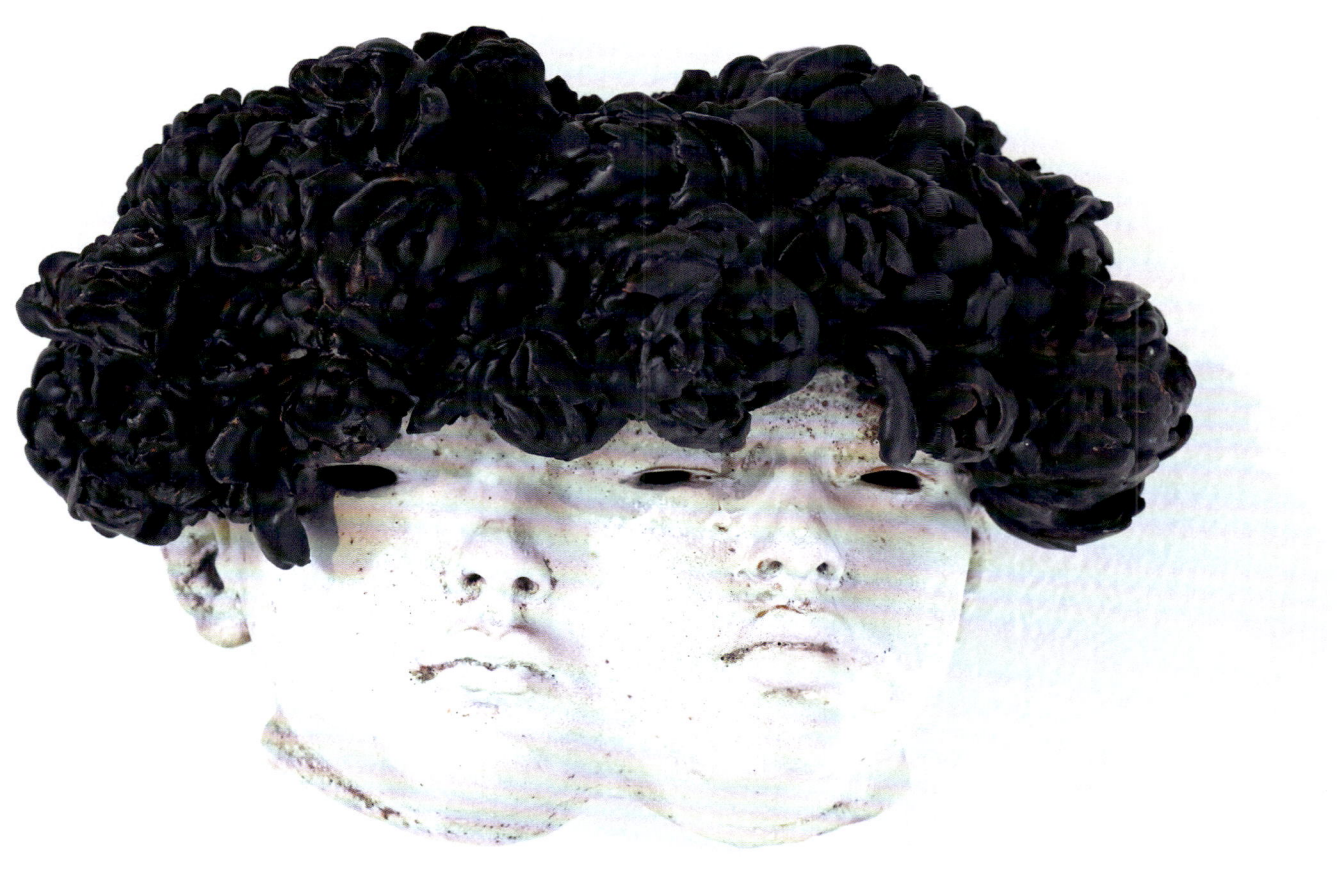

Cristina Córdova (b. 1976, Boston, Massachusetts) is an artist and teacher native to Puerto Rico. Her work is featured in the collections of the Smithsonian American Art Museum, Figge Art Museum, Everson Museum of Art, Museo de Arte Contemporáneo de Puerto Rico, and the Mobile Museum of Art, among others. She is the recipient of a Maxwell/Hanrahan Award in Craft, the Herbert Adams Memorial Medal from the National Sculpture Society, several International Association of Art Critics of Puerto Rico awards, and a United States Artists Fellowship. Córdova is the author of *Mastering Sculpture: The Figure in Clay* (Quarry Books, 2021) and was featured in PBS's *Craft in America* series. She has participated in residencies, conducted workshops, and taught classes across Australia, Chile, Indonesia, and the United States. Córdova lives and works in Penland, North Carolina.

Cristina Córdova (nacida en 1976, Boston, Massachusetts) es una artista y profesora originaria de Puerto Rico. Su obra forma parte de las colecciones del Smithsonian American Art Museum, Figge Art Museum, Everson Museum of Art, el Museo de Arte Contemporáneo de Puerto Rico y el Mobile Museum of Art, entre otros. Es receptora del Premio Maxwell/Hanrahan en Artesanía, la Medalla Conmemorativa Herbert Adams de la Sociedad Nacional de Escultura, varios premios de la Asociación Internacional de Críticos de Arte de Puerto Rico y una beca de United States Artists. Córdova es autora del libro *Mastering Sculpture: The Figure in Clay* (Quarry Books, 2021) y fue presentada en la serie *Craft in America* de PBS. Ha participado en residencias, impartido talleres y enseñado clases en Australia, Chile, Indonesia y Estados Unidos. Córdova vive y trabaja en Penland, Carolina del Norte.

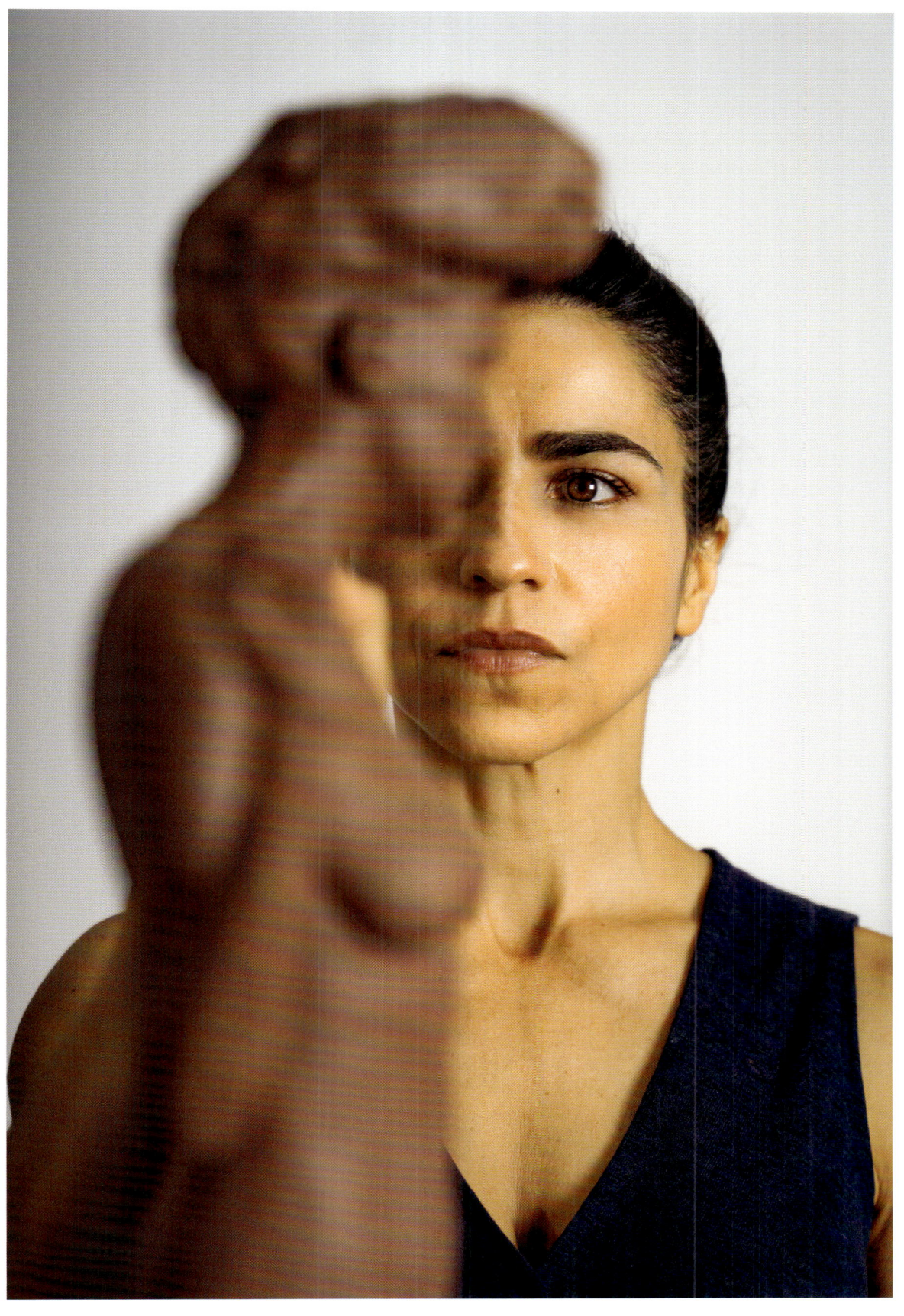

David Antonio Cruz

andtheywillwaittoseethefireandseasintheir eyes.greenwind,greenbranches.theshipupon theseandthehorseonthemountain, whose title is a play on words from the poem "Romance Sonámbulo" by the queer Spanish poet Federico García Lorca, portrays the artist and lifelong friend Archel. The painting is part of Cruz's *chosenfamily* (2021–present) series, which explores the nonbiological bonds formed between queer people and celebrates family structures based on mutual love and support to build hope and resilience. Drawing from John Singer Sargent's high society portraits and Francis Bacon's paintings in warped environments, the sitters are invited to pose in opposition to social norms as a form of resistance, play, and queering the act of posing.

andtheywillwaittoseethefireandseasintheir eyes.greenwind,greenbranches.theshipupon theseandthehorseonthemountain (yesperará naverelfuegoyelmarensusojos.vientoverde, ramasverdes,elbarcosobreelmaryelcaballoen lamontaña), cuyo título es un juego de palabras del poema "Romance Sonámbulo" del poeta cuir español Federico García Lorca, retrata al artista y su amigo de toda la vida, Archel. La pintura forma parte de la serie *chosenfamily (familiaescogida)* (2021–presente) de Cruz, que explora los lazos no biológicos formados entre personas cuir y celebra estructuras familiares basadas en el amor y el apoyo mutuos para construir esperanza y resiliencia. Inspirado en los retratos de alta sociedad de John Singer Sargent y las pinturas de Francis Bacon en entornos distorsionados, los retratados son invitados a posar en oposición a las normas sociales como una forma de resistencia, juego y cuirizando el acto de posar.

David Antonio Cruz, *andtheywillwaittosee thefireandseasintheireyes.greenwind,green branches,theshipupontheseaandthehorseon themountain* (installation view; detail on following spread), 2023. Oil, Flashe, ink, and wax pencil on wood panels with aluminum backing, each 72 × 60 × 2 in. (182.9 × 152.4 × 5.1 cm); 72 × 123½ × 2 in. (182.9 × 313.7 × 5.1 cm) overall. Courtesy the artist and Monique Meloche Gallery, Chicago.

David Antonio Cruz, *andtheywillwaittoseethe fireandseasintheireyes.greenwind,green branches.theshipupontheseandthehorseon themountain* (yesperaránaverelfuegoyelmar ensusojos.vientoverde,ramasverdes,elbarco sobreelmaryelcaballoenlamontaña) (vista de la instalación; detalle en el pliego siguiente), 2023. Óleo, Flashe, tinta y lápiz de cera sobre paneles de madera con respaldo de aluminio, cada panel 72 × 60 × 2 in. (182.9 × 152.4 × 5.1 cm); Dimensiones totales: 72 × 123½ × 2 in. (182.9 × 313.7 × 5.1 cm) en total. Cortesía del artista y Monique Meloche Gallery, Chicago.

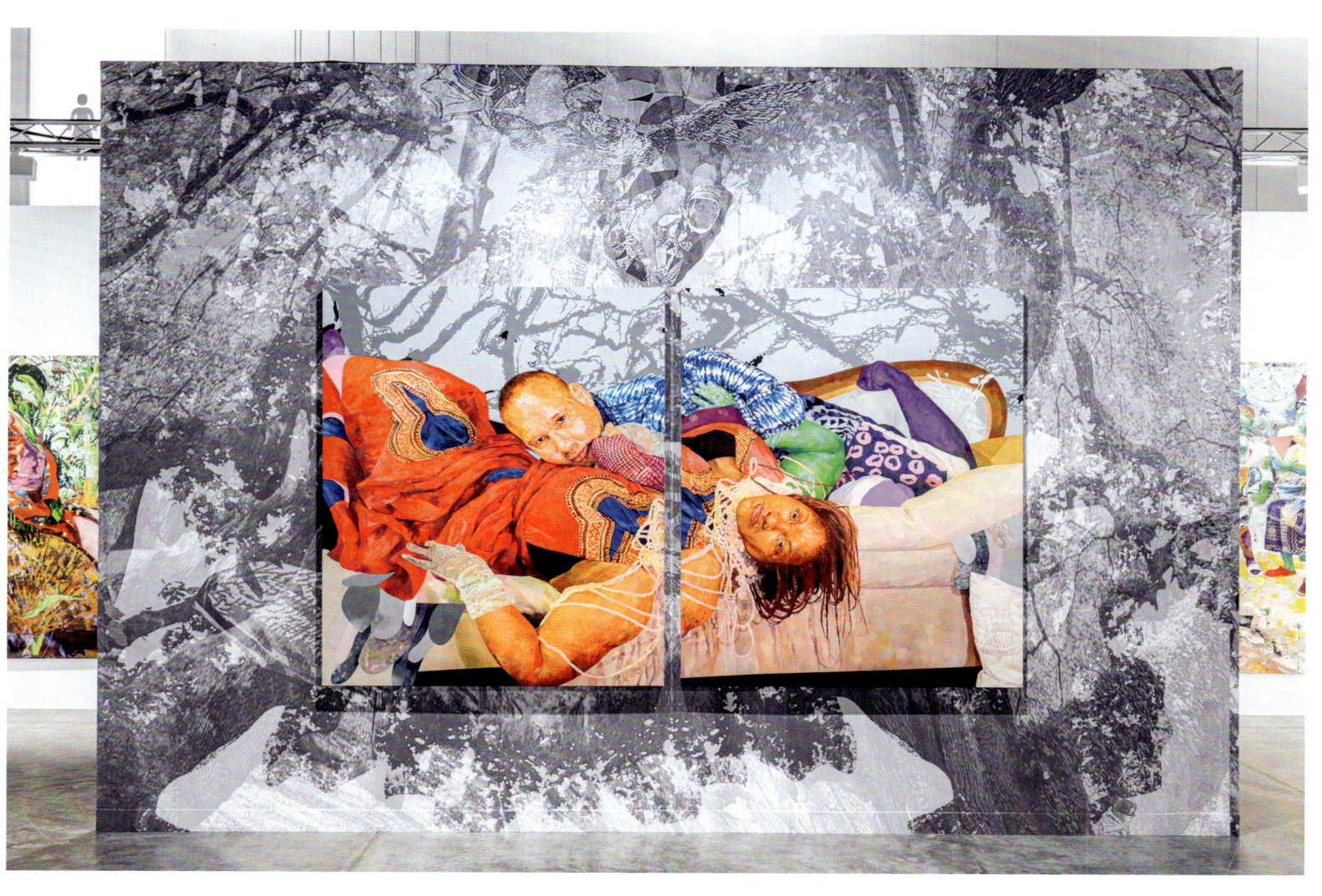

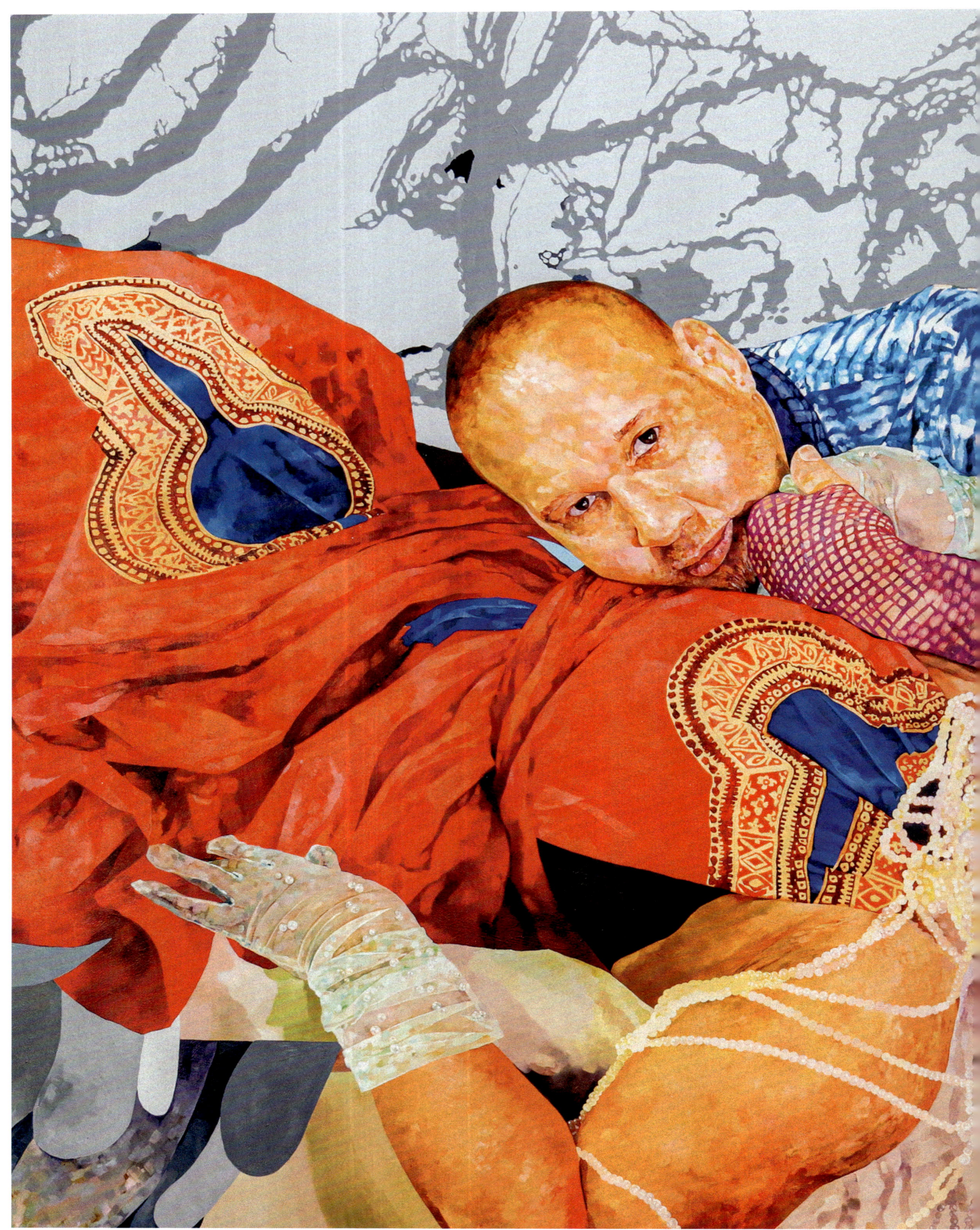

(detail / detalle)

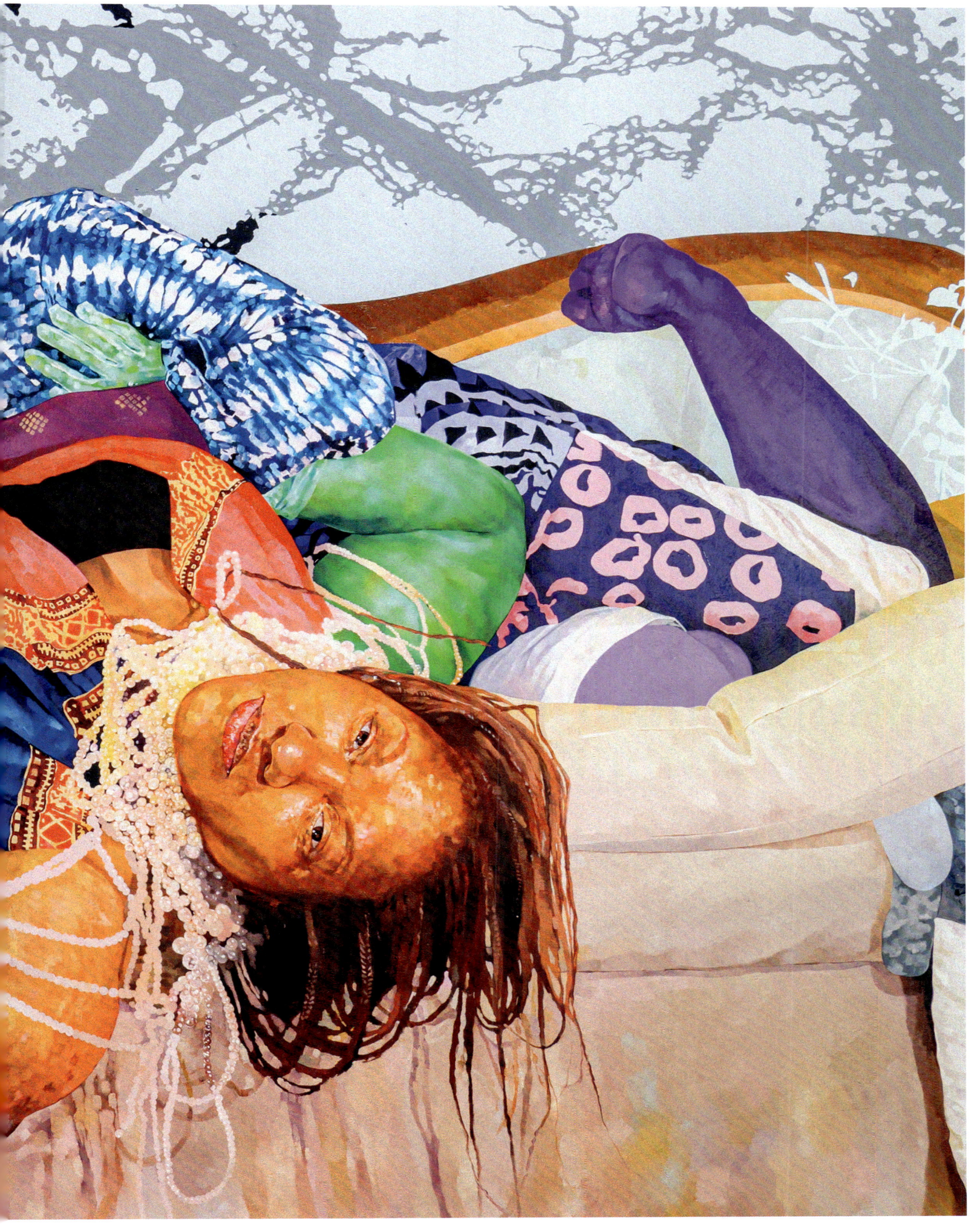

David Antonio Cruz (b. 1974, Philadelphia, Pennsylvania) explores the intersection of queerness and race through painting, sculpture, and performance, focusing on queer, trans, and gender-fluid communities of color. He received his BFA from Pratt Institute, his MFA from Yale University, and attended Skowhegan School of Painting & Sculpture. His work is held in such collections as the Newark Museum of Art, ICA Boston, and El Museo del Barrio, among others. Cruz is a 2024 Outwin Boochever National Portrait Competition prize winner. He lives and works in New York City, where he is an assistant professor of visual arts at Columbia University.

David Antonio Cruz (nacido en 1974, Filadelfia, Pensilvania) explora la intersección entre la cuiridad y la raza a través de la pintura, la escultura y la performance, enfocándose en las comunidades cuir, trans y de género fluido de color. Obtuvo su BFA del Pratt Institute, su MFA de Yale University y asistió al Skowhegan School of Painting & Sculpture. Su trabajo está presente en colecciones como el Newark Museum of Art, ICA Boston y El Museo del Barrio, entre otros. Cruz es ganador del premio Outwin Boochever National Portrait Competition en el 2024. Vive y trabaja en la ciudad de Nueva York, donde es profesor asistente de artes visuales en la Columbia University.

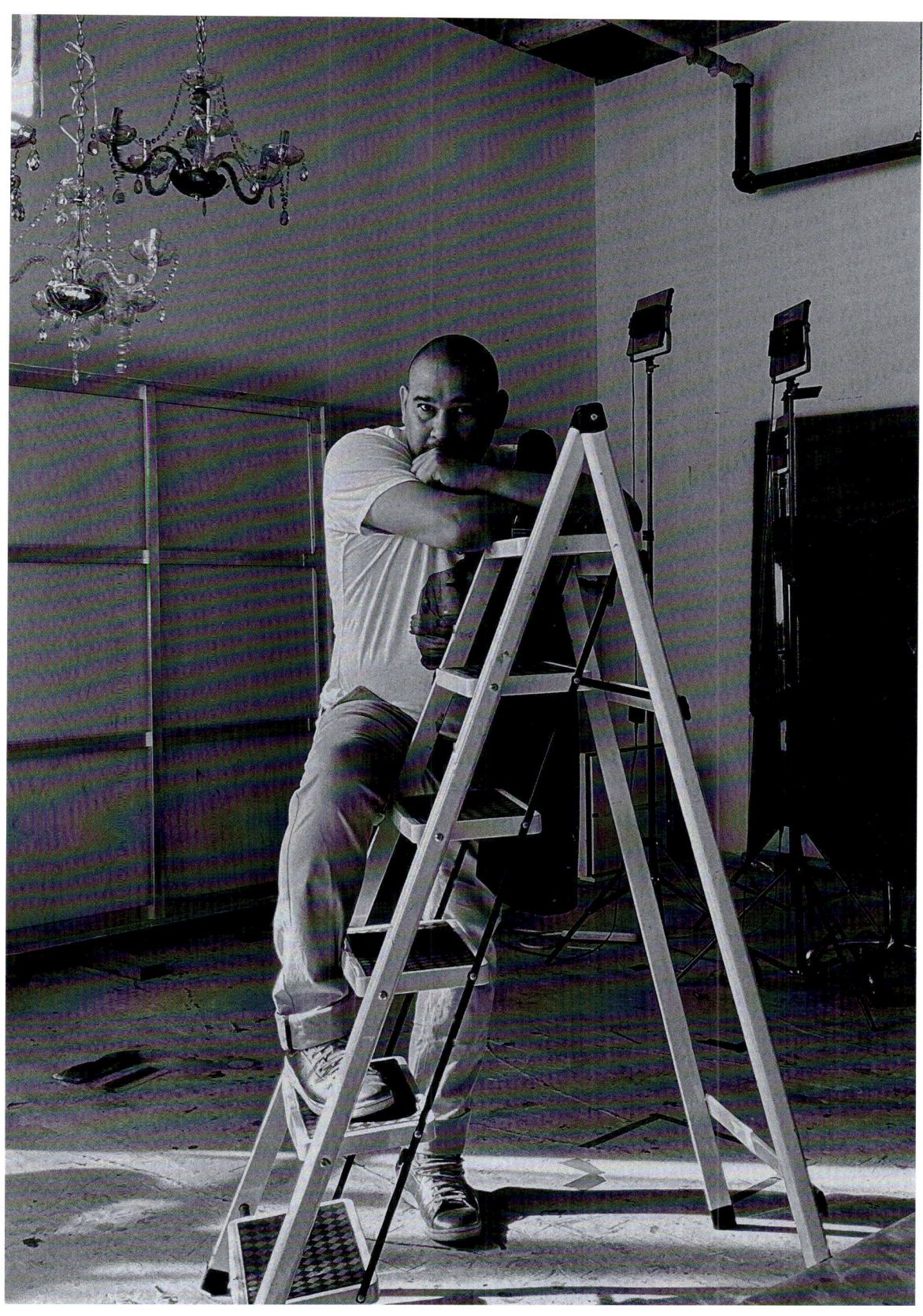

Maritza Dávila-Irizarry

"The thread through all my work is ancestry—the qualities that, through blood and culture, define us. Familial and collective memories are woven through symbols of passage: windows, arches, doorways, text, the body. These symbols reveal family, culture, and religion, intertwined with race, class, and gender, all of which inform our identities. My work reflects these experiences using painting and printmaking techniques to blend exteriors with interiors and contrast geometric and organic shapes. These images reveal shadings of womanhood, home, and environment, while color and texture suggest emotional and spiritual evolution."

"El hilo conductor de toda mi obra es la ascendencia—las cualidades que, a través de la sangre y la cultura, nos definen. Las memorias familiares y colectivas se tejen a través de símbolos de tránsito: ventanas, arcos, umbrales, texto, el cuerpo. Estos símbolos revelan familia, cultura y religión, entrelazados con raza, clase y género, todos los cuales informan nuestras identidades. Mi obra refleja estas experiencias utilizando técnicas de pintura y grabado para fusionar exteriores con interiores y contrastar formas geométricas y orgánicas. Estas imágenes revelan matices de feminidad, hogar y entorno, mientras que el color y la textura sugieren una evolución emocional y espiritual".

Maritza Dávila-Irizarry, *Milagros* (Miracles), 2017. Three-color lithograph, 29¾ × 13½ in. (75.6 × 34.3 cm). Edition: 40. Courtesy the artist.

Maritza Dávila-Irizarry, *Milagros*, 2017. Litografía a tres colores, 29¾ × 13½ in. (75.6 × 34.3 cm). Edición: 40. Cortesía del artista.

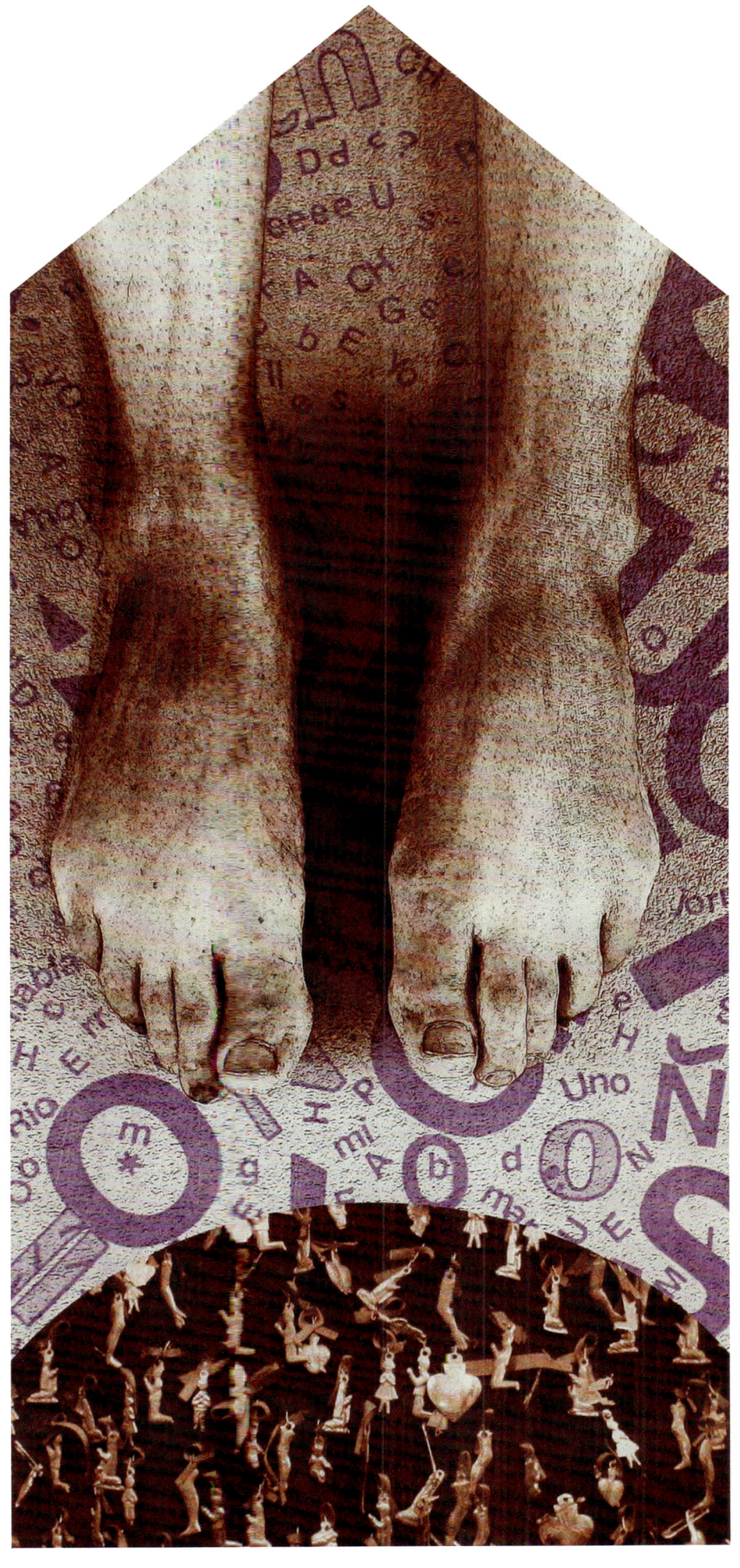

Maritza Dávila-Irizarry (b. 1952, Santurce, Puerto Rico) is the owner of Atabeira Press based in Memphis, Tennessee. She is a professor emerita of the Memphis College of Art (1982–2018), an adjunct professor at the University of Memphis, and teaches workshops for various organizations. Dávila-Irizarry has exhibited worldwide, and her work is held in collections at Biblioteca Nacional de España, Madrid; Bibliothèque nationale de France, Paris; Proyecto´ace, Buenos Aires; Museo de Historia, Antropología y Arte de la Universidad de Puerto Rico, San Juan; and the National Library of Congress, Washington, DC, among others. She has received numerous awards for her work in the United States, Puerto Rico, and France.

Maritza Dávila-Irizarry (nacida en 1952, Santurce, Puerto Rico) es la propietaria de Atabeira Press, con sede en Memphis, Tennessee. Fue profesora emérita del Memphis College of Art (1982–2018), profesora adjunta en la University of Memphis y ofrece talleres para diversas organizaciones. Dávila-Irizarry ha exhibido su trabajo a nivel mundial y sus obras se encuentran en colecciones como la Biblioteca Nacional de España, Madrid; la Bibliothèque nationale, France en París; Proyecto´ace, Buenos Aires; Museo de Historia, Antropología y Arte de la Universidad de Puerto Rico, San Juan y el National Library of Congress, Washington, DC, entre otros. Ha recibido numerosos premios por su trabajo en Estados Unidos, Puerto Rico y Francia.

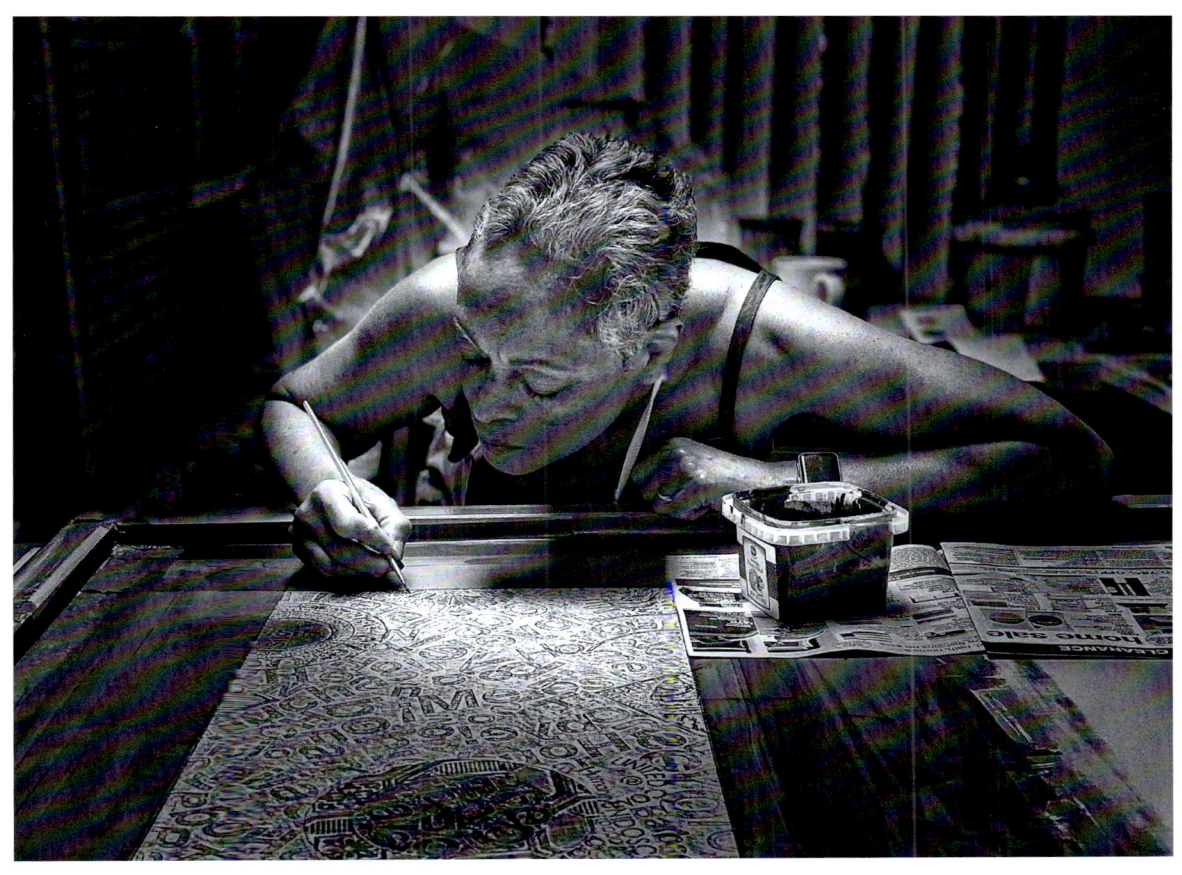

Larissa De Jesús Negrón

Larissa De Jesús Negrón is a versatile artist who uses the transformative power of storytelling to navigate and interpret her personal experiences. Her commitment to continual self-improvement is the driving force behind her artistic practice and her eclectic visual vocabulary reflects an insatiable curiosity and playful approach. Drawing on Surrealist techniques of automatism, De Jesús Negrón embraces spontaneity and allows her subconscious to guide her creative output, resulting in intimate narratives that touch on themes of vulnerability, identity, and emotional introspection. Her work serves as a conduit for personal catharsis and a means to connect with others on a deeply resonant level.

Larissa De Jesús Negrón es una artista versátil que utiliza el poder transformador de la narración para navegar e interpretar sus experiencias personales. Su compromiso con la mejora continua es la fuerza motriz detrás de su práctica artística y su vocabulario visual ecléctico refleja una curiosidad insaciable y un enfoque lúdico. Basándose en las técnicas surrealistas del automatismo, De Jesús Negrón abraza la espontaneidad y permite que su subconsciente guíe su producción creativa, resultando en narrativas íntimas que abordan temas como la vulnerabilidad, la identidad y la introspección emocional. Su obra sirve como un conducto para la catarsis personal y un medio para conectar con otros en un nivel profundamente resonante.

Larissa De Jesús Negrón, *Waiting to come back home*, 2024. Spray paint, acrylic, color pencil, paper, and soft pastels on canvas, 40 × 30 in. (101.6 × 76.2 cm). Courtesy the artist.

Larissa De Jesús Negrón, *Waiting to come back home* (Esperando volver a casa), 2024. Pintura en aerosol, acrílico, lápiz de color, papel y pasteles suaves sobre lienzo, 40 × 30 in. (101.6 × 76.2 cm). Cortesía del artista.

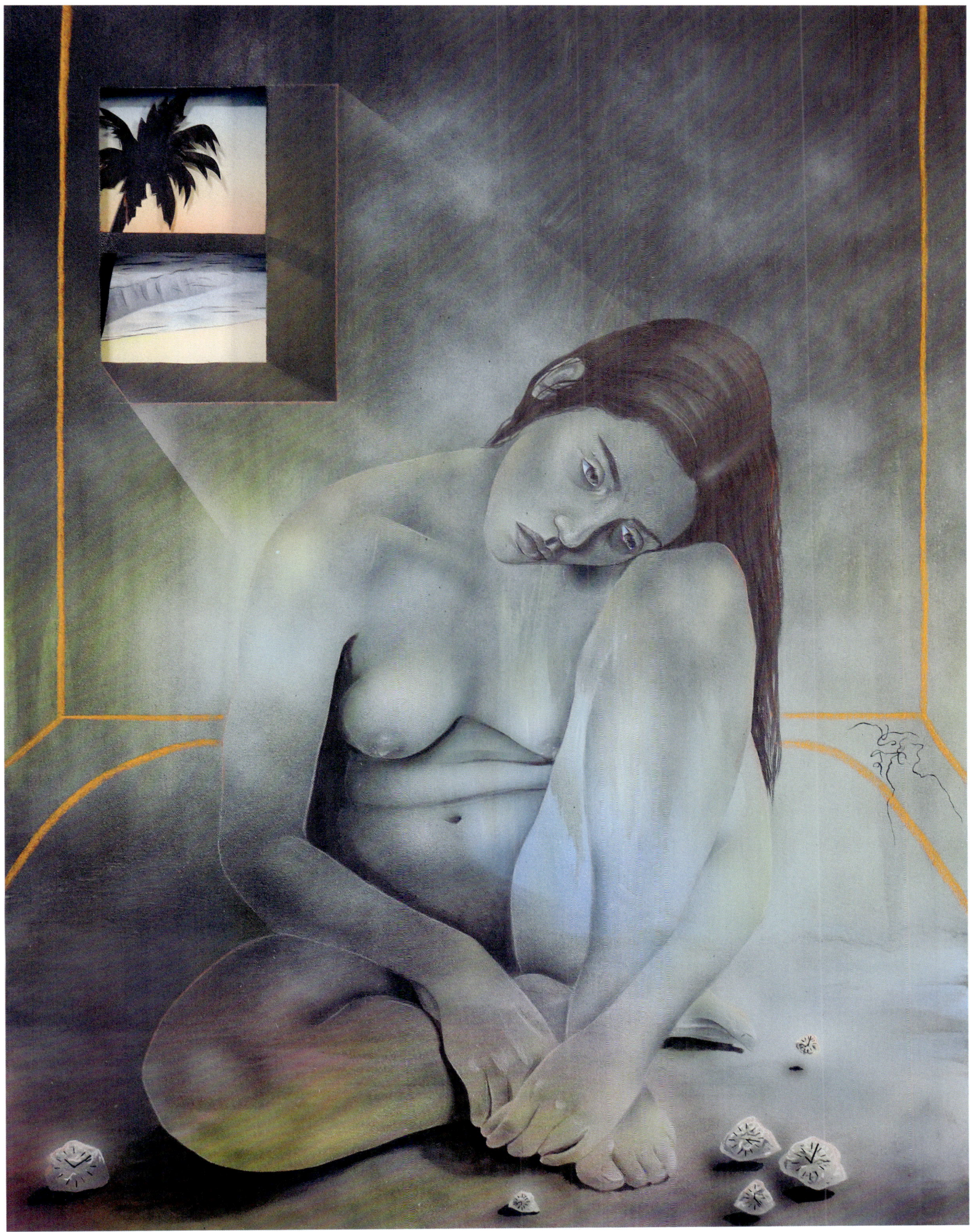

Larissa De Jesús Negrón (b. 1994, San Juan, Puerto Rico) pursued her secondary education at San Juan's prestigious arts-focused institution Escuela Central Especializada de Bellas Artes, which culminated in her graduation with the school's highest accolade. Subsequently, she studied at the Escuela de Artes Plásticas y Diseño de Puerto Rico, specializing in drawing and painting. She then transitioned to Hunter College, New York, where she earned a BFA with distinction. De Jesús Negrón is currently based in Puerto Rico, where she continues to hone her craft and get back in touch with her roots.

Larissa De Jesús Negrón (nacida en 1994, San Juan, Puerto Rico) cursó su educación secundaria en la prestigiosa institución artística la Escuela Central Especializada de Bellas Artes, San Juan, donde se graduó con el más alto honor. Posteriormente, estudió en la Escuela de Artes Plásticas y Diseño de Puerto Rico, especializándose en dibujo y pintura. Luego, continuó su formación en Hunter College, Nueva York, donde obtuvo un BFA con distinción. De Jesús Negrón actualmente reside en Puerto Rico, donde sigue perfeccionando su oficio y reconectando con sus raíces.

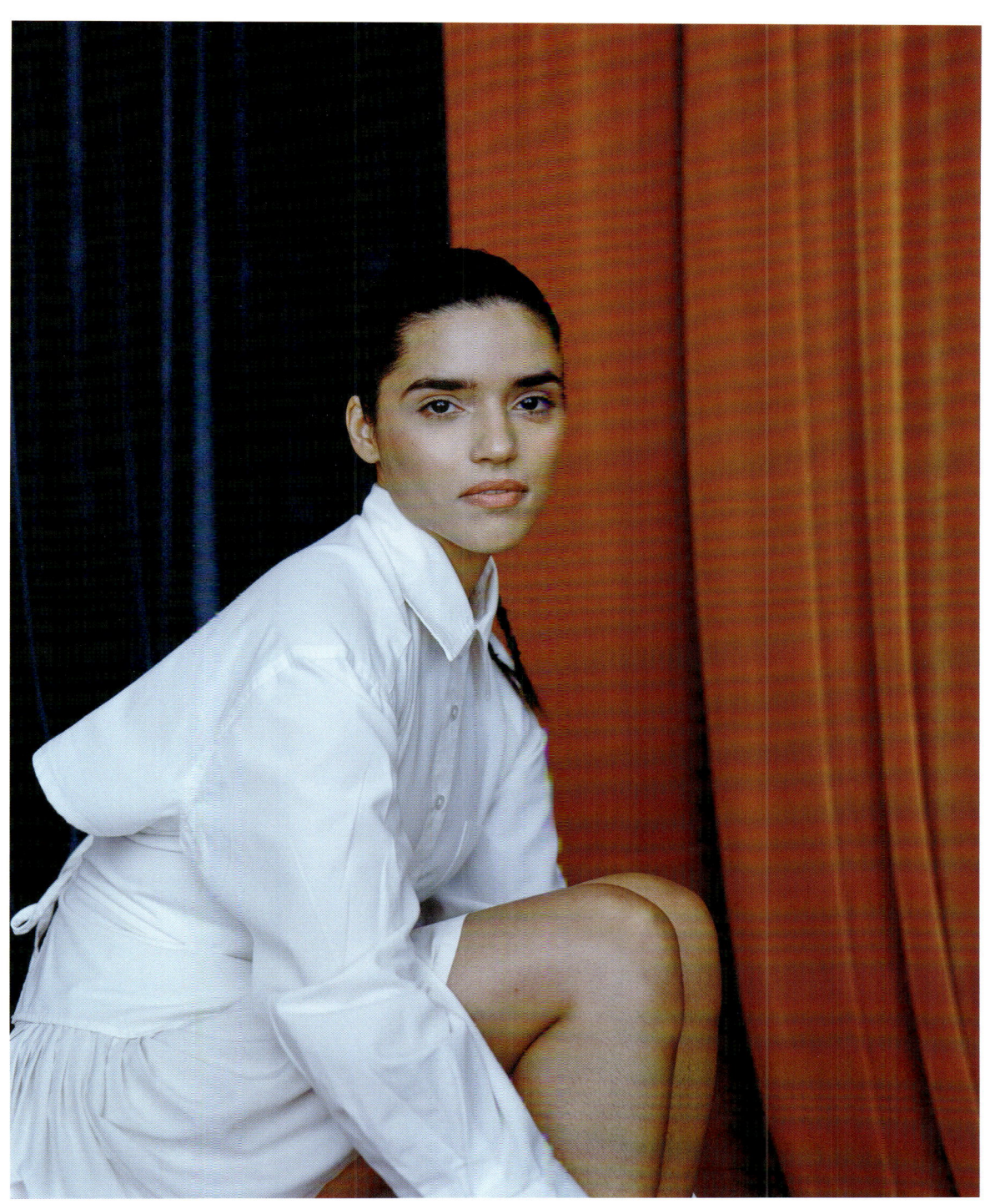

Ada del Pilar Ortiz

Ada del Pilar Ortiz uses multiple mediums to explore issues surrounding the architectural condition, the meaning of home, the remnants of built space, and their relationship to memory. She approaches processes that allow her to "rematerialize" the experiences of place by engaging with the built environment and the objects that bear witness to the historical narratives woven into their facades. Particularly drawn to structures reflecting Puerto Rico and the Caribbean colonial heritage, she reimagines architectural elements using alternative materials, imbuing her works with a tactility that resonates with the corporeal nature of dwelling and its ties to memory.

Ada del Pilar Ortiz utiliza múltiples medios para explorar temas relacionados con la condición arquitectónica, el significado del hogar, los vestigios del espacio construido y su relación con la memoria. Aborda procesos que le permiten "rematerializar" las experiencias del lugar, involucrándose con el entorno construido y los objetos que dan testimonio de las narrativas históricas tejidas en sus fachadas. Particularmente atraída por las estructuras que reflejan la herencia colonial de Puerto Rico y el Caribe, reimagina elementos arquitectónicos utilizando materiales alternativos, imbuyendo sus obras con una tactilidad que resuena con la naturaleza corpórea de habitar y sus vínculos con la memoria.

Ada del Pilar Ortiz, *Obrero I* (Worker I), from *Aguirre* (2017–18), 2017. Flaked exterior house paint on aliphatic resin mounted on fabric, 72 × 96 in. (182.8 × 243.8 cm). Courtesy the artist and the Collection of Osvaldo Santiago.

Ada del Pilar Ortiz, *Obrero I*, de *Aguirre* (2017–18), 2017. Pintura de exterior en escamas sobre resina alifática montada sobre tela, 72 × 96 in. (182.8 × 243.8 cm). Cortesía del artista y la Coleccíon de Osvaldo Santiago.

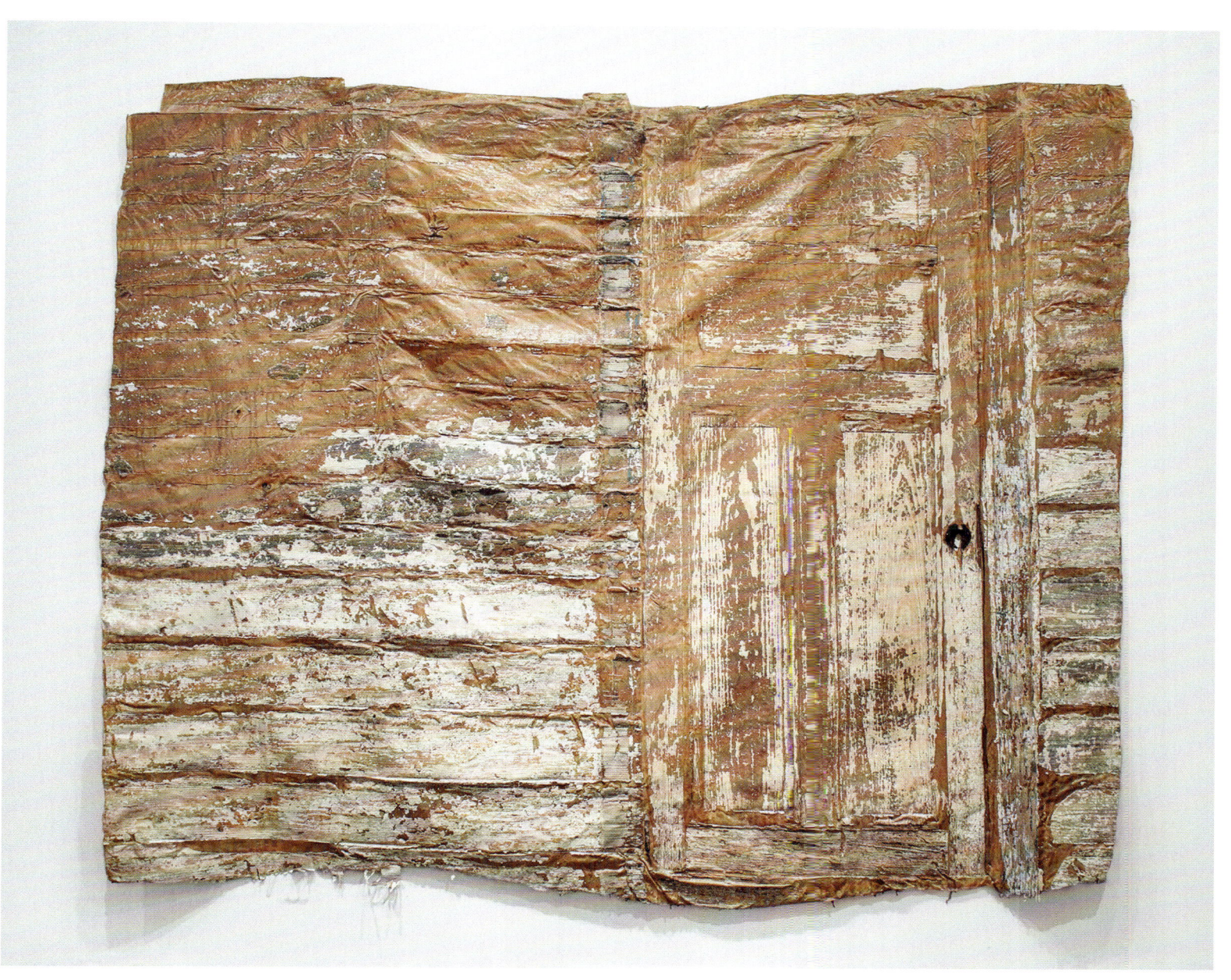

Ada del Pilar Ortiz (b. 1995, Barranquitas, Puerto Rico) holds a BFA from Escuela de Artes Plásticas y Diseño de Puerto Rico. Her work has been shown at Casa Quién, Santo Domingo; El Kilómetro, San Juan; Embajada, San Juan; Museo de Arte Contemporáneo de Puerto Rico, San Juan; Penland Gallery, North Carolina; and The Clemente, New York, among others, and has been supported by the Foundation for Contemporary Arts and CATAPULT. Residencies include La Práctica at Beta-Local, San Juan; The Studios at MASS MoCA, North Adams, Massachusetts; Penland School of Crafts, North Carolina; and the David Rockefeller Creative Arts Center at The Pocantico Center, Tarrytown, New York. She currently lives and works in Bayamón, Puerto Rico, as part of the city's Casitas Artistas Residentes program.

Ada del Pilar Ortiz (nacida en 1995, Barranquitas, Puerto Rico) posee un BFA de la Escuela de Artes Plásticas y Diseño de Puerto Rico. Su trabajo ha sido exhibido en Casa Quién, Santo Domingo; El Kilómetro, San Juan; Embajada, San Juan; Museo de Arte Contemporáneo de Puerto Rico, San Juan; Penland Gallery, Carolina del Norte y El Clemente, Nueva York, entre otros y ha recibido el apoyo de la Foundation for Contemporary Arts y CATAPULT. Entre sus residencias se incluyen La Práctica en Beta-Local, San Juan; The Studios at MASS MoCA, North Adams, Massachusetts; Penland School of Crafts, Carolina del Norte y el David Rockefeller Creative Arts Center at The Pocantico Center, Tarrytown, Nueva York. Actualmente vive y trabaja en Bayamón, Puerto Rico, como parte del programa Casitas Artistas Residentes de la ciudad.

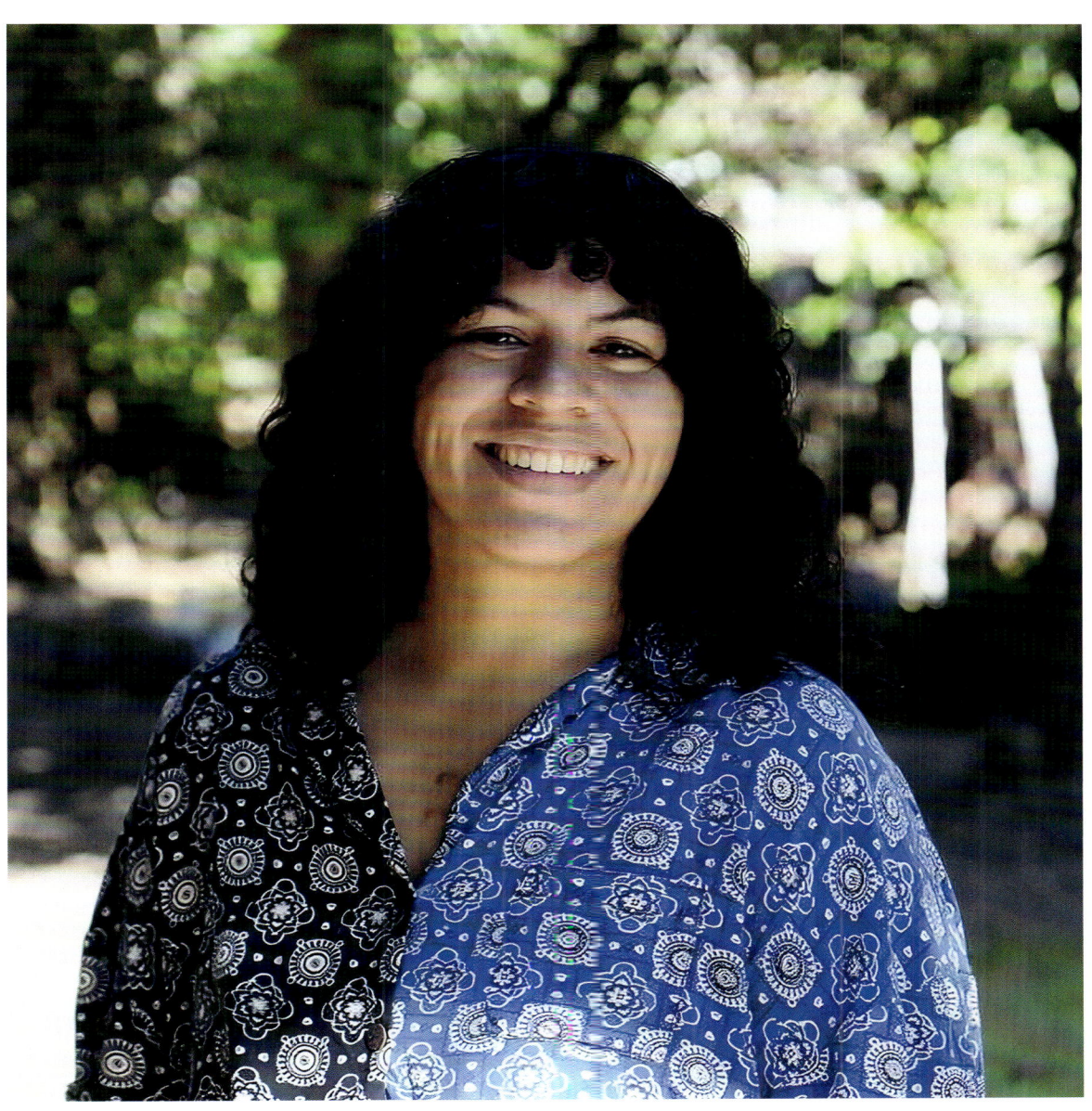

Estrella Esquilín

Between and among cultures, ethnicities, and geographies that influence how she moves and thrives in the world, Estrella Esquilín creates work related to land, sea, architecture, and the body. Moving to the desert felt so far from the sea, salt, and influence of the tropics, until she started hiking the southwest landscape. The variegated stone layers that make this landscape so colorful are due to ancient tropical seas rising and falling over a million years. Connecting with the landscape helped Esquilín understand that she is also connected to her ancestors and the African diaspora that makes up her Caribbean heritage—layer by layer.

Enmedio y entre culturas, etnias y geografías que influyen en cómo se mueve y prospera en el mundo, Estrella Esquilín crea obras relacionadas con la tierra, el mar, la arquitectura y el cuerpo. Mudarse al desierto le pareció tan lejano del mar, la sal y la influencia de los trópicos, hasta que comenzó a recorrer el paisaje del suroeste. Las capas de piedra de colores que hacen este paisaje tan vibrante se deben a los antiguos mares tropicales que se elevaron y descendieron durante más de un millón de años. Conectar con el paisaje ayudó a Esquilín a comprender que también está conectada con sus ancestros y con la diáspora africana que conforma su herencia caribeña, capa por capa.

Estrella Esquilín, *Between You and Me*, 2012. Photogravure on Hahnemühle Ingres paper, image 4 × 6 in. (15.2 × 10.2 cm), sheet 11 × 8 in. (27.9 × 20.3 cm). Edition: 5. Courtesy the artist.

Estrella Esquilín, *Between You and Me* (Entre tú y yo), 2012. Fotograbado sobre papel Hahnemühle Ingres, imagen 4 × 6 in. (15.2 × 10.2 cm), pliego 11 × 8 in. (27.9 × 20.3 cm). Edición: 5. Cortesía del artista.

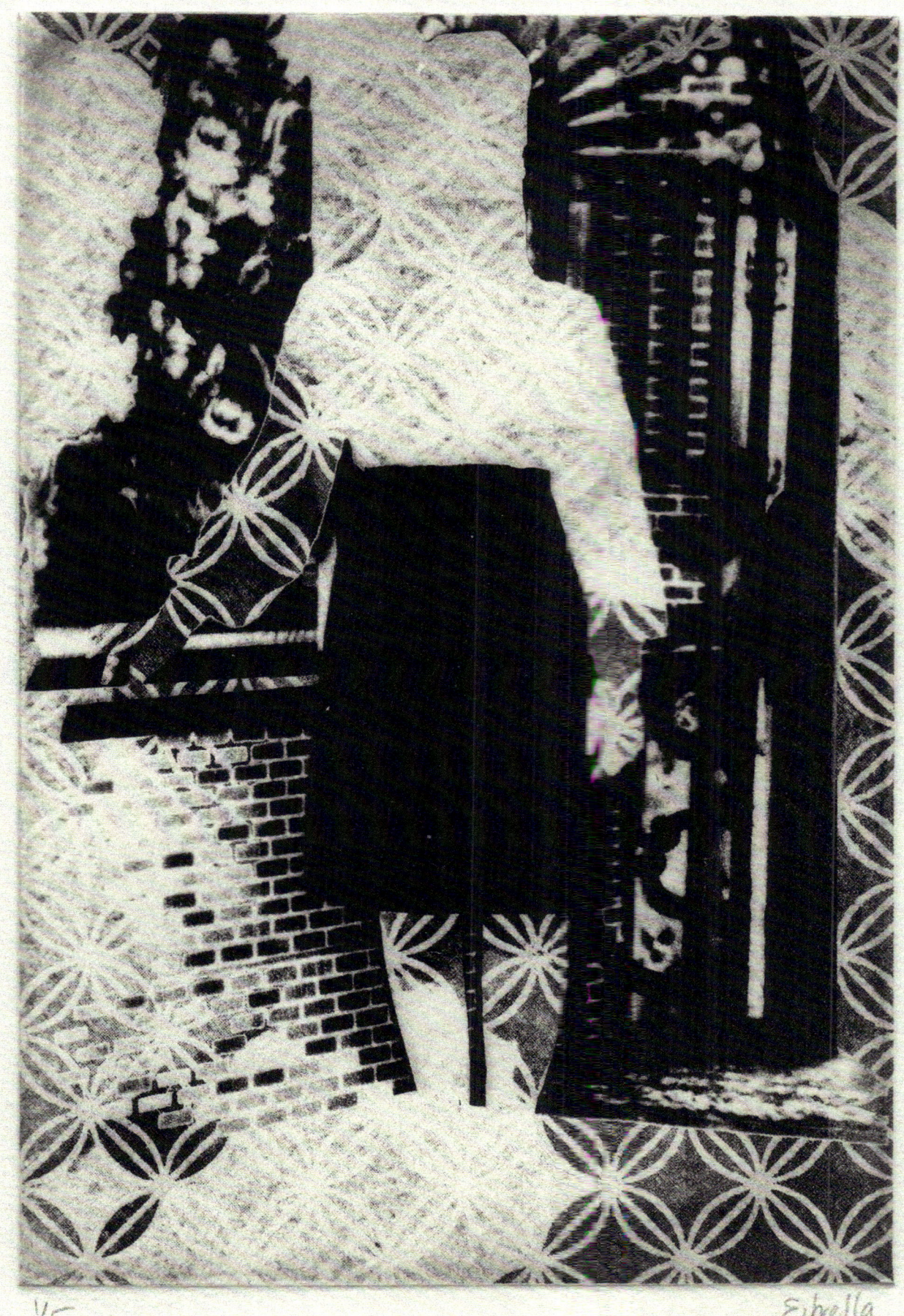

1/5   Estrella

Estrella Esquilín (b. 1985, Santurce, Puerto Rico) is a space-curious artist with ancestral roots in the Caribbean and has been blooming in the Sonoran Desert since 2012. She is interested in how people relate to and impact each other in built and natural environments. Formally trained as a printmaker, she also explores building human-scale installations and composing movement scores for somatic experiences. Esquilín holds an MFA in interdisciplinary studio art from Arizona State University and a BFA in printmaking from Kansas City Art Institute, but her greatest teachers have been those connected to their lands, generous enough to share their experiences with her.

Estrella Esquilín (nacida en 1985, Santurce, Puerto Rico) es una artista curiosa del espacio con raíces ancestrales en el Caribe y establecida en el Desierto Sonorense desde 2012. Le interesa cómo las personas se relacionan e impactan mutuamente en los entornos construidos y naturales. Formada como grabadora, también explora la construcción de instalaciones a escala humana y la composición de partituras de movimiento para experiencias somáticas. Esquilín tiene un MFA en arte interdisciplinario de la Arizona State University y un BFA en grabado del Kansas City Art Institute, pero sus mayores maestros han sido aquellos conectados a sus tierras, lo suficientemente generosos como para compartir sus experiencias con ella.

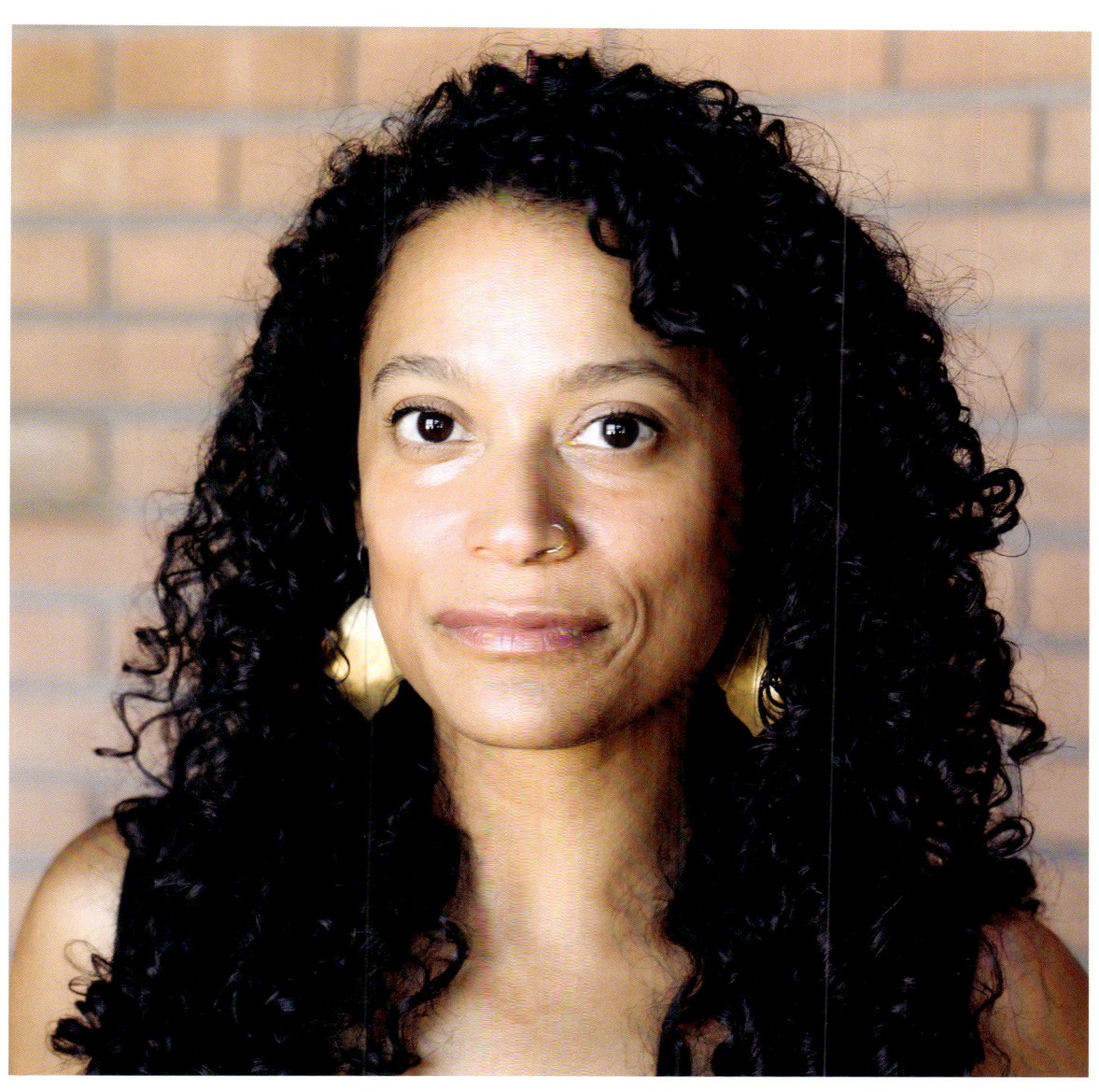

Mónica Félix

Mónica Félix works with photography, moving images, and projection, which exists within ephemeral sculpture and site-specific installation. Her work explores identity through a deeply personal story that represents the migratory experience and spirituality of a queer femme body in connection with world events.

Mónica Félix trabaja con fotografía, imágenes en movimiento y proyección, elementos que existen dentro de una escultura efímera e instalación específica para el sitio. Su obra explora la identidad a través de una historia profundamente personal que representa la experiencia migratoria y la espiritualidad de un cuerpo femme cuir en conexión con los eventos mundiales.

Mónica Félix, *Vaivén*, 2019. Two-channel HD video: color, sound, 14:46 minutes. Courtesy the artist.

Mónica Félix, *Vaivén*, 2019. Vídeo HD de dos canales: color, sonido, 14:46 minutos. Cortesía del artista.

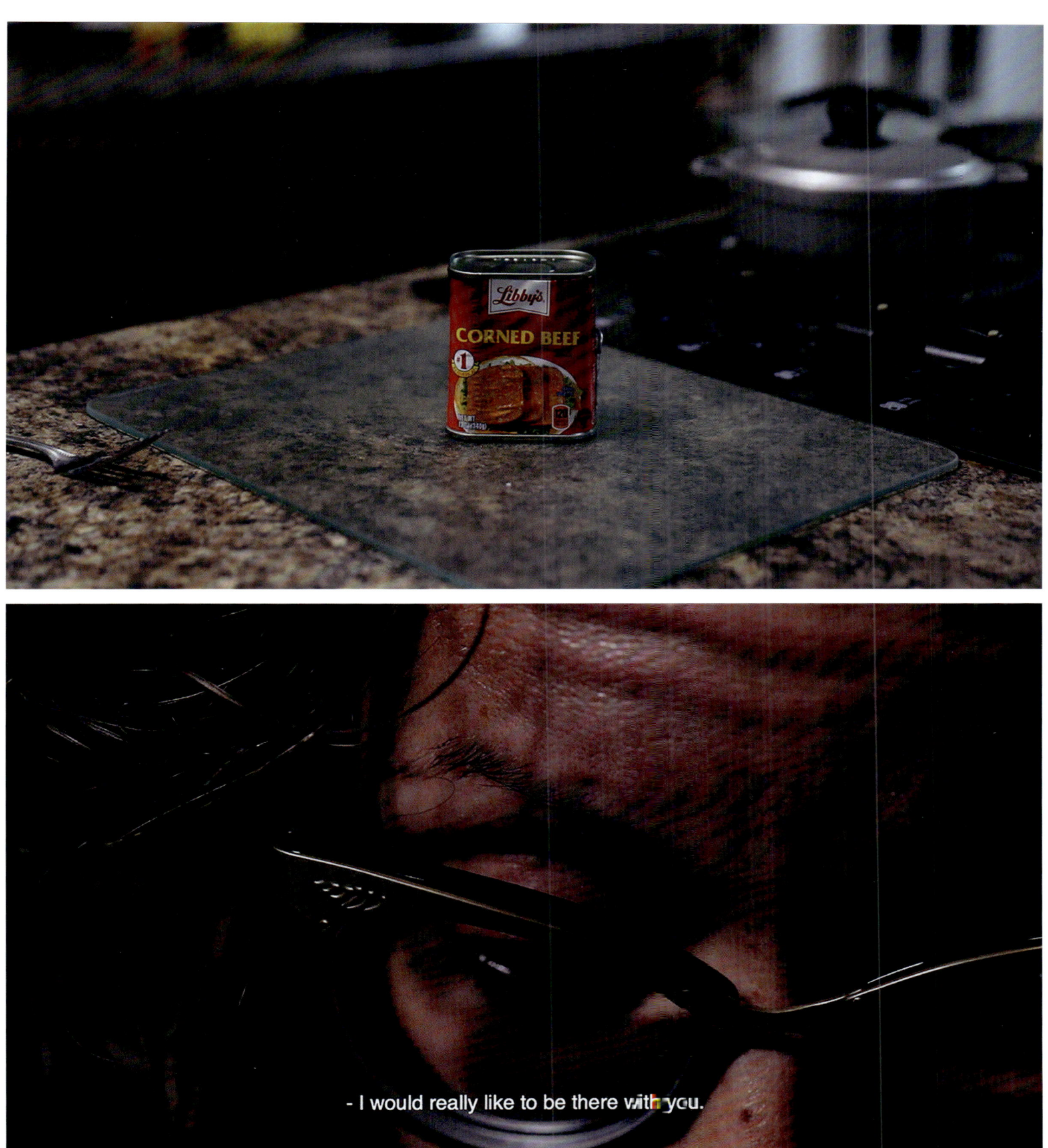

- I would really like to be there with you.

Mónica Félix (b. 1984, Cayey, Puerto Rico) is a visual artist, professional photographer, and yoga teacher from Puerto Rico, based in New York City. She holds a BA in communications from the University of Puerto Rico, Río Piedras, a photography certificate from Pratt Institute, and an MFA in visual arts from Columbia University. She has exhibited in the United States, Puerto Rico, and Spain at such institutions as the Whitney Museum of American Art, Brooklyn Museum, The Jewish Museum, Museo de Arte de Puerto Rico, and the Universidad de Salamanca, Spain. Félix was granted the 2013 Lexus Scholarship for Artists and was the 2023 featured artist of the Great Hall Exhibition at the Institute of Fine Arts at New York University. She has participated in art residencies such as Jiwar, Barcelona; SOMA, Mexico; and LMCC's Art Center's Residency at Governors Island, New York.

Mónica Félix (nacida en 1984, Cayey, Puerto Rico) es una artista visual, fotógrafa profesional y profesora de yoga de Puerto Rico, actualmente radicada en la ciudad de Nueva York. Posee un BA en comunicaciones de la Universidad de Puerto Rico, Río Piedras, un certificado en fotografía del Pratt Institute y un MFA en artes visuales de Columbia University. Ha exhibido su trabajo en Estados Unidos, Puerto Rico y España en instituciones como el Whitney Museum of American Art, Brooklyn Museum, The Jewish Museum, Museo de Arte de Puerto Rico y de la Universidad de Salamanca, España. Félix recibió la Lexus Scholarship for Artists en 2013 y fue la artista destacada del Great Hall Exhibition en el Institute of Fine Arts at New York University en 2023. Ha participado en residencias artísticas como Jiwar, Barcelona; SOMA, México y LMCC's Art Center's Residency at Governors Island, Nueva York.

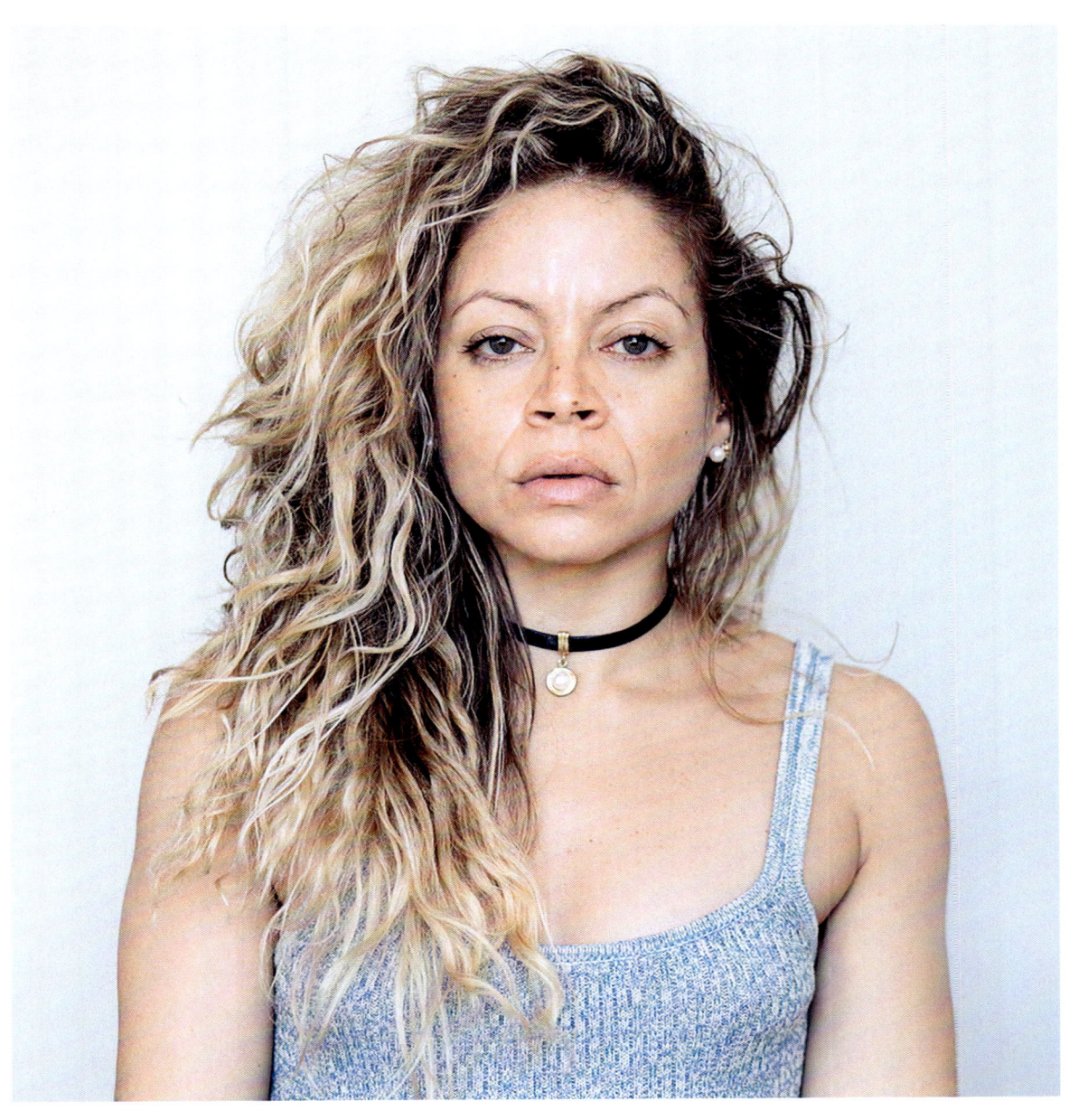

Cándida González

"Using a variety of mediums—collage, photography, everyday objects, and audio—I rupture the representation of the altar (typically following religion or ritual), focusing instead on the intuitive while still creating spells that honor ancestors and homelands. *I Wear Gold to Talk to My Ancestors* explores how we use our bodies and adornment to be in relationship with our ancestors and the things that were important to them. When we wear our gold now, we are reclaiming what was stolen from us. Every time we put on our gold hoops, every time we arrange our jewelry boxes, we are declaring ourselves sacred and calling upon our ancestors."

"Usando una variedad de medios—collage, fotografía, objetos cotidianos y audio—rompo con la representación del altar (que típicamente sigue la religión o el ritual), enfocándome en cambio en lo intuitivo, mientras sigo creando conjuros que honran a les ancestres y a las tierras de origen. *I Wear Gold to Talk to My Ancestors* (Me pongo oro para hablarle a mis ancestres) explora cómo usamos nuestres cuerpes y adornos para establecer una relación con nuestres ancestres y las cosas que fueron importantes para elles. Cuando usamos nuestro oro hoy en día, estamos reclamando lo que nos fue robado. Cada vez que nos ponemos nuestros aros de oro, cada vez que organizamos nuestras cajas de joyas, nos declaramos sagrades y llamamos a nuestres ancestres".

Cándida González, *I Wear Gold to Talk to My Ancestors*, 2024. Variable installation of found and handmade objects, digital prints, 84 × 72 × 24 in. (213.3 × 182.8 × 60.9 cm) (approx.). Courtesy the artist.

Cándida González, *I Wear Gold to Talk to My Ancestors* (Me pongo oro para hablarle a mis ancestres), 2024. Instalación compuesta de objetos encontrados y hechos a mano, impresiones digitales, 84 × 72 × 24 in. (213.3 × 182.8 × 60.9 cm) (aprox.). Cortesía del artiste.

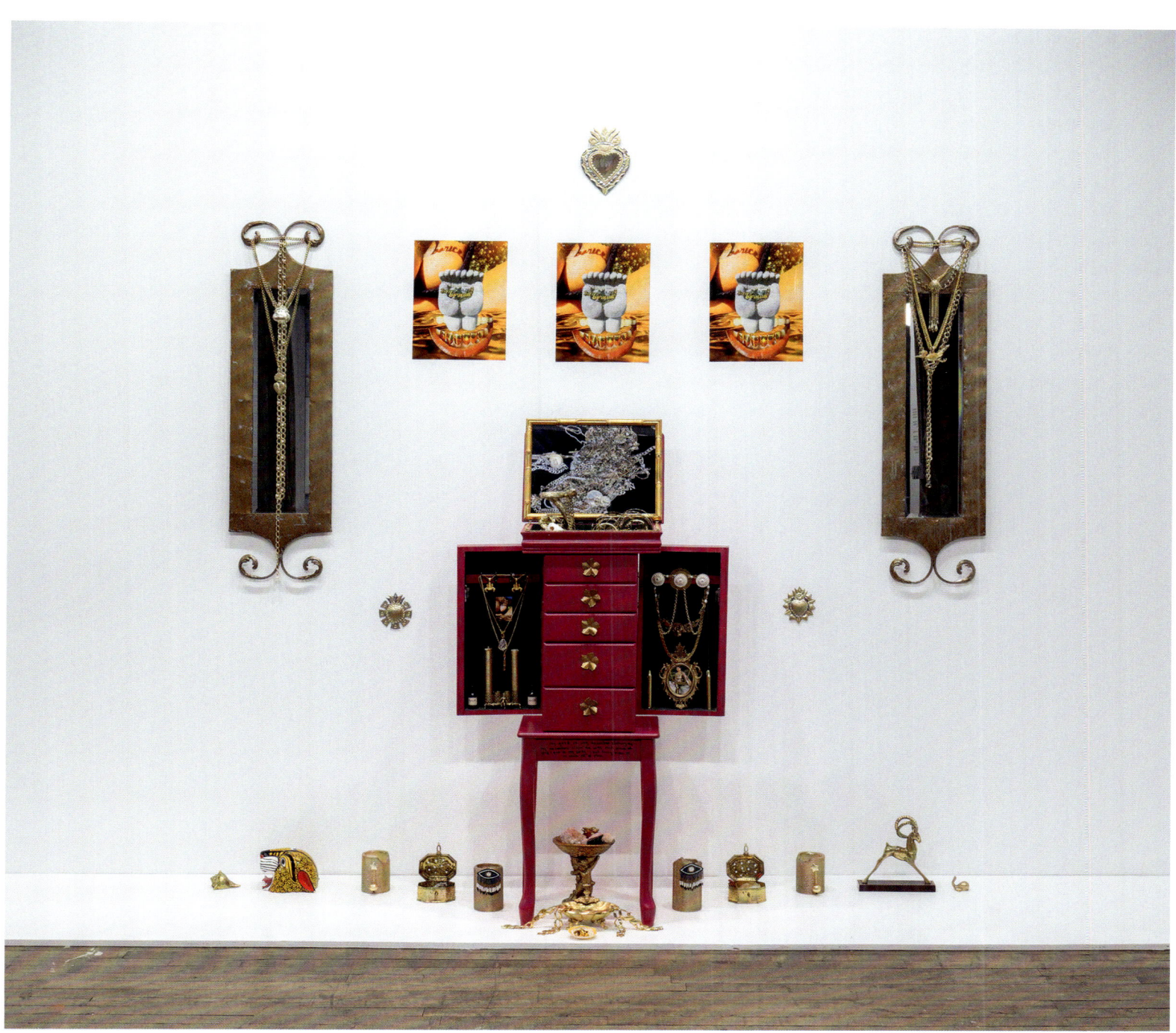

Cándida González (b. 1978, Minneapolis, Minnesota) is a queer, trans, non-binary mixed Puerto Rican multimedia artist most often working in temporary altar installations using found objects, words, and elements of the natural world. Their projects explore how the manipulation of basic elements into different configurations produces distinct energies/spells. They studied Latin American art and history at the Evergreen State College and hold a M.Ed. from the University of Minnesota. They work nationwide as a public art consultant, curriculum developer, and workshop facilitator, as well as create talismanic jewelry under the name Las Ranas Jewelry.

Cándida González (nacide en 1978, Minneapolis, Minnesota) es une persone cuir, trans, no binarie, mestize puertorriqueñe y artiste multidisciplinarie que trabaja principalmente en instalaciones de altares temporales utilizando objetos encontrados, palabras y elementos del mundo natural. Sus proyectos exploran cómo la manipulación de elementos básicos en diferentes configuraciones produce energías y hechizos distintos. Estudió arte e historia de América Latina en Evergreen State College y posee un M.Ed. de la University of Minnesota. Trabaja a nivel nacional como consultore de arte público, desarrolladore de currículos y facilitadore de talleres, además de crear joyería talismánica bajo el nombre Las Ranas Jewelry.

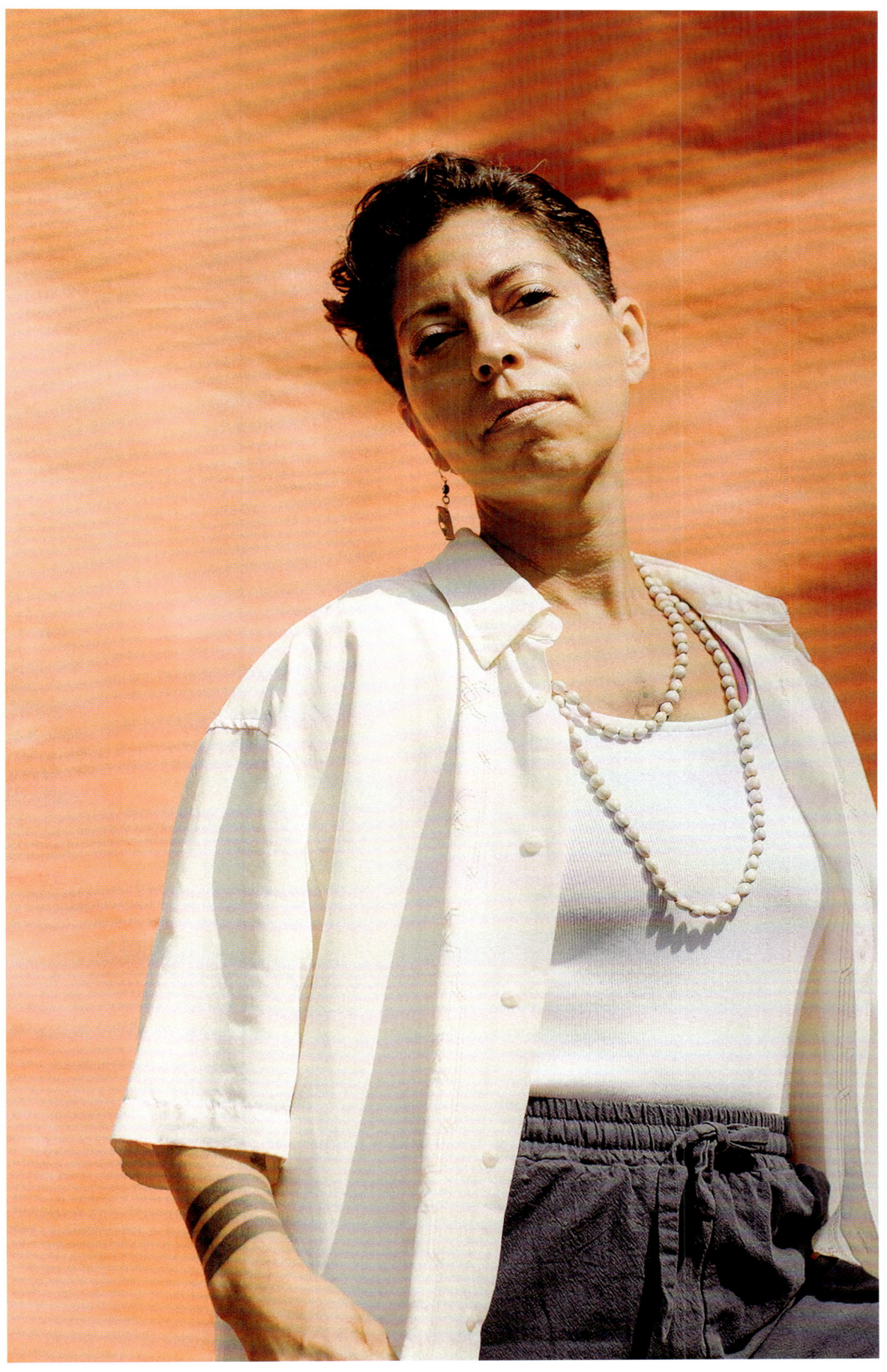

GeoVanna Gonzalez

GeoVanna Gonzalez engages with a multifaceted practice encompassing performance, installation, sculpture, and moving image to cultivate an approach centered around the interplay between the live body, spatial dynamics, and sculptural elements. Her artistic endeavors are driven by a desire to forge connections between private and public realms, achieved through interventionist and participatory art that places an emphasis on collaboration and collectivity. A thematic underpinning of Gonzalez's work revolves around exploring the fluid landscapes of gender and identity, as well as delving into the realms of intimacy and proximity.

GeoVanna Gonzalez emplea una práctica multifacética que abarca performance, instalación, escultura e imagen en movimiento para cultivar un enfoque centrado en la interacción entre el cuerpo en vivo, la dinámica espacial y los elementos escultóricos. Sus esfuerzos artísticos están impulsados por el deseo de forjar conexiones entre los ámbitos privados y públicos, logradas a través del arte intervencionista y participativo que pone énfasis en la colaboración y la colectividad. Un eje temático en el trabajo de Gonzalez gira en torno a explorar los paisajes fluidos del género y la identidad, así como adentrarse en los ámbitos de la intimidad y la proximidad.

GeoVanna Gonzalez, *PLAY, LAY, AYE: Act 4*, 2020. Painted steel, expanded metal, and plexiglass, installation for the 2020 South Florida Cultural Consortium, NSU Art Museum, Fort Lauderdale, 60 × 36 × 36 in. (152.4 × 91.4 × 91.4 cm) each unit, 60 × 72 × 36 in. (152.4 × 182.8 × 91.4 cm) and 144 × 120 × 36 in. (365.7 × 304.8 × 91.4 cm) overall. Courtesy the artist.

GeoVanna Gonzalez, *PLAY, LAY, AYE: Act 4* (JUGAR, YACER, SÍ: Acto 4), 2020. Acero pintado, metal expandido y plexiglás, instalación para el 2020 South Florida Cultural Consortium, NSU Art Museum, Fort Lauderdale, 60 × 36 × 36 in. (152.4 × 91.4 × 91.4 cm) cada unidad, 60 × 72 × 36 in. (152.4 × 182.8 × 91.4 cm) y 144 × 120 × 36 in. (365.7 × 304.8 × 91.4 cm) en total. Cortesía del artista.

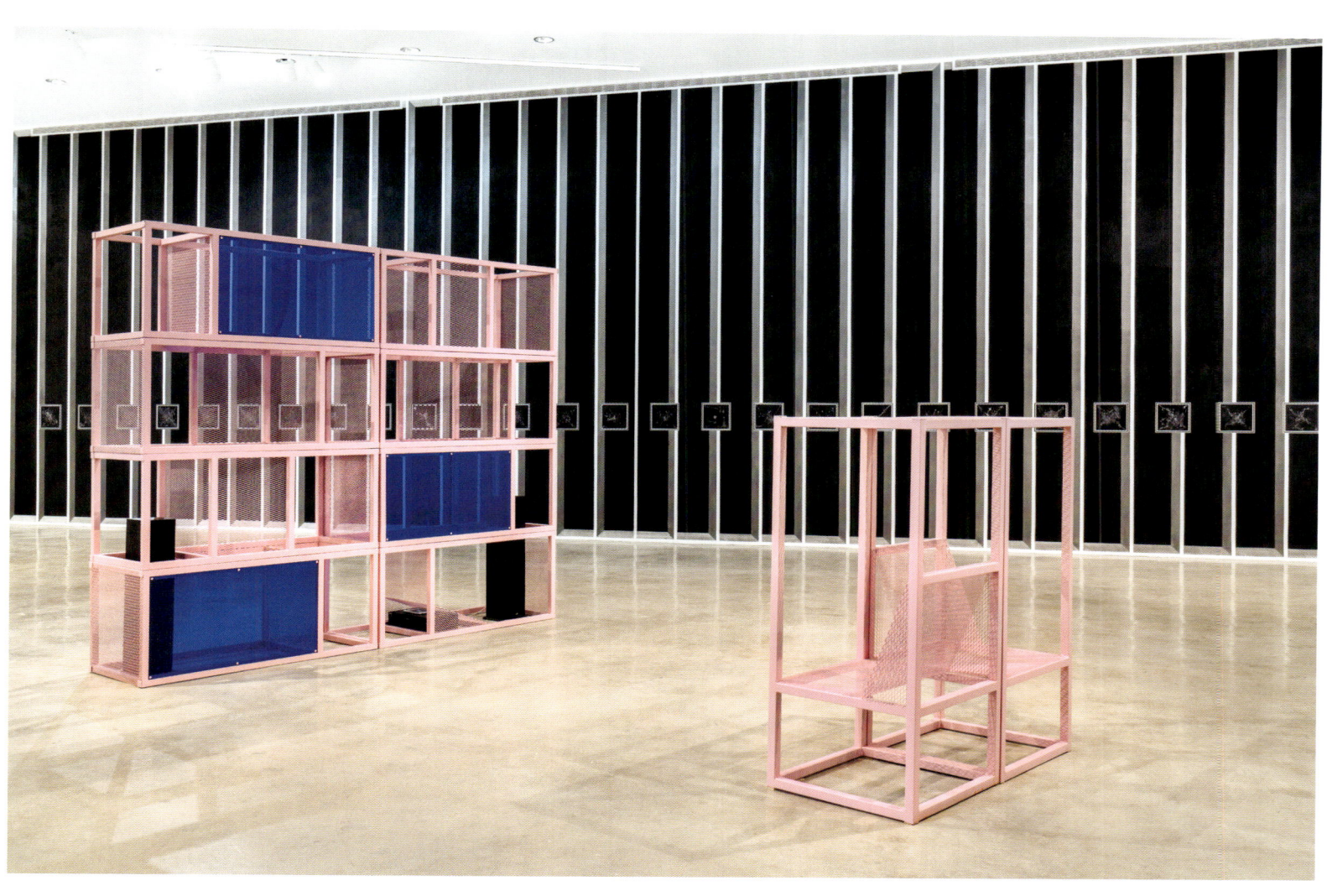

GeoVanna Gonzalez (b. 1989, Los Angeles, California) is a Miami-based artist who was raised in Los Angeles, where she received her BFA from Otis College of Art and Design. Her work has been shown nationally and is part of the permanent collections of Miami-Dade County Art in Public Places and the University of Maryland Art Gallery. Her awards include a Southern Prize and State Fellowship for the Visual Arts, a WaveMaker Grant, an Ellies Visual Arts Award, and a South Florida Cultural Consortium Grant. She has held residencies at Santa Fe Art Institute, New Mexico; Franconia Sculpture Park, Shafer, Minnesota; Bemis Center for Contemporary Arts, Omaha, Nebraska; and CAMPO, Pueblo Garzón, Uruguay.

GeoVanna Gonzalez (nacida en 1989, Los Ángeles, California) es una artista radicada en Miami y criada en Los Ángeles, donde obtuvo su BFA del Otis College of Art and Design. Su trabajo ha sido exhibido a nivel nacional y forma parte de las colecciones permanentes de Miami-Dade County Art in Public Places y la University of Maryland Art Gallery. Entre sus premios se incluyen el Southern Prize and State Fellowship for the Visual Arts, un WaveMaker Grant, un Ellies Visual Arts Award y un South Florida Cultural Consortium Grant. Ha sido residente en el Santa Fe Art Institute, New Mexico; Franconia Sculpture Park, Shafer, Minnesota; Bemis Center for Contemporary Arts, Omaha, Nebraska y CAMPO, Pueblo Garzón, Uruguay.

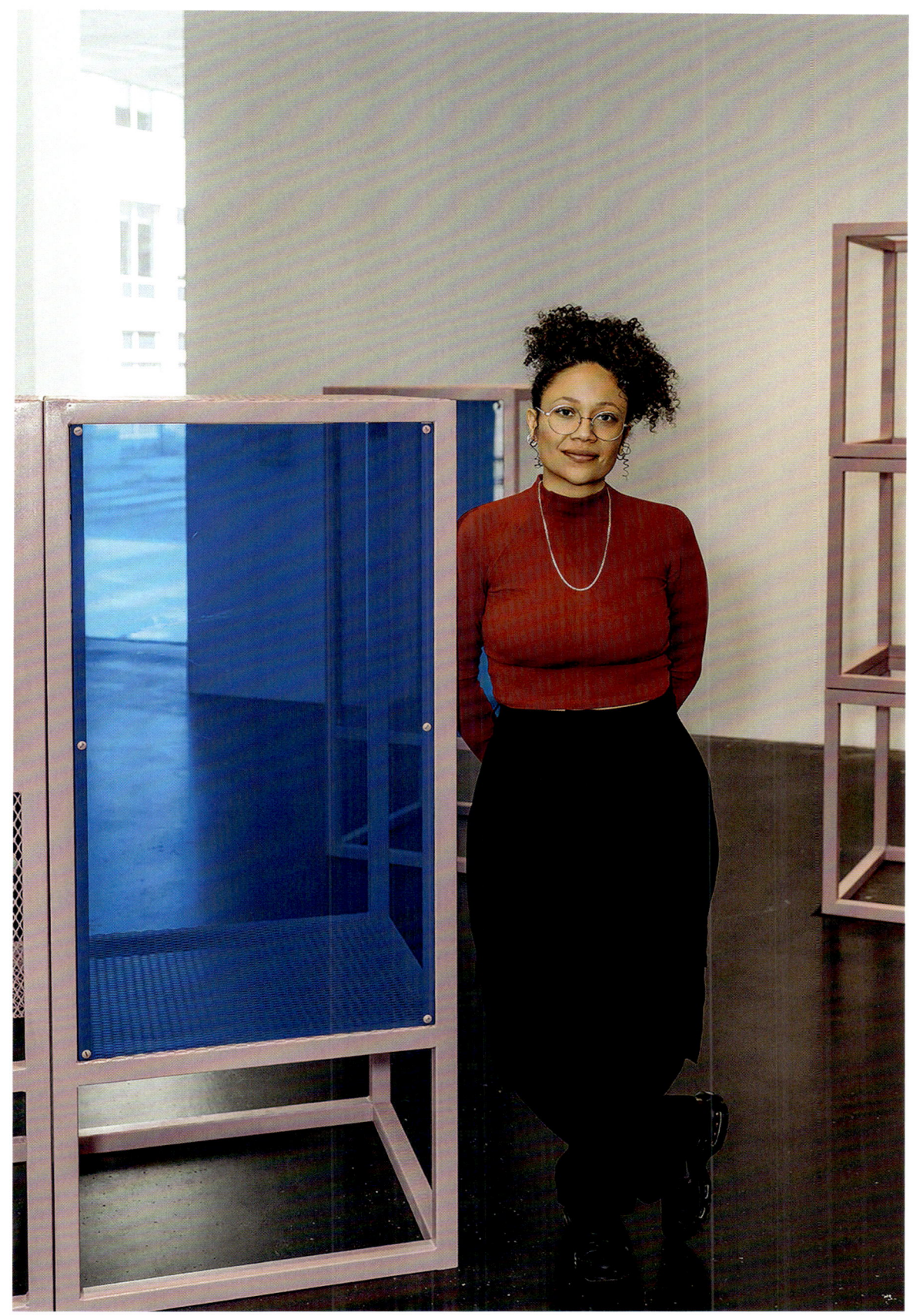

Ivelisse Jiménez

"My work explores the intersection of perception, language, and meaning through abstraction—a space to process uncertainties, pluralities, and never-ending debates. I build each piece from fragments, unified by veils of color, to resist the limitations of language by which we come to objectify and conceptualize our lives. By using plastics like vinyl and plexiglass, combined with organic forms, I allow for opaque interpretations and lateral perspectives, uncovering what can be inferred from the traces of what is felt, sensed, and observed."

"Mi obra explora la intersección de la percepción, el lenguaje y el significado a través de la abstracción—un espacio para procesar incertidumbres, pluralidades y debates interminables. Construyo cada pieza a partir de fragmentos, unificados por velos de color, para resistir las limitaciones del lenguaje con el que objetivamos y conceptualizamos nuestras vidas. Al utilizar plásticos como el vinilo y el plexiglás, combinados con formas orgánicas, permito interpretaciones opacas y perspectivas laterales, desvelando lo que se puede inferir de los rastros de lo que se siente, se percibe y se observa".

Ivelisse Jiménez, *Detour #21*, from *Detour* (2010–21), 2013/2021. Enamel paint on vinyl, plexiglass, acrylic on canvas, polystyrene, wire, paper, ceramic, and powdered pigment, 80 × 100 × 25 in. (203.2 × 254 × 63.5 cm). Courtesy the artist.

Ivelisse Jiménez, *Detour #21* (Desvío #21), de *Detour* (Desvío) (2010–21), 2013/2021. Pintura de esmalte sobre vinilo, plexiglás, acrílico sobre lienzo, poliestireno, alambre, papel, cerámica y pigmento en polvo, 80 × 100 × 25 in. (203.2 × 254 × 63.5 cm). Cortesía del artista.

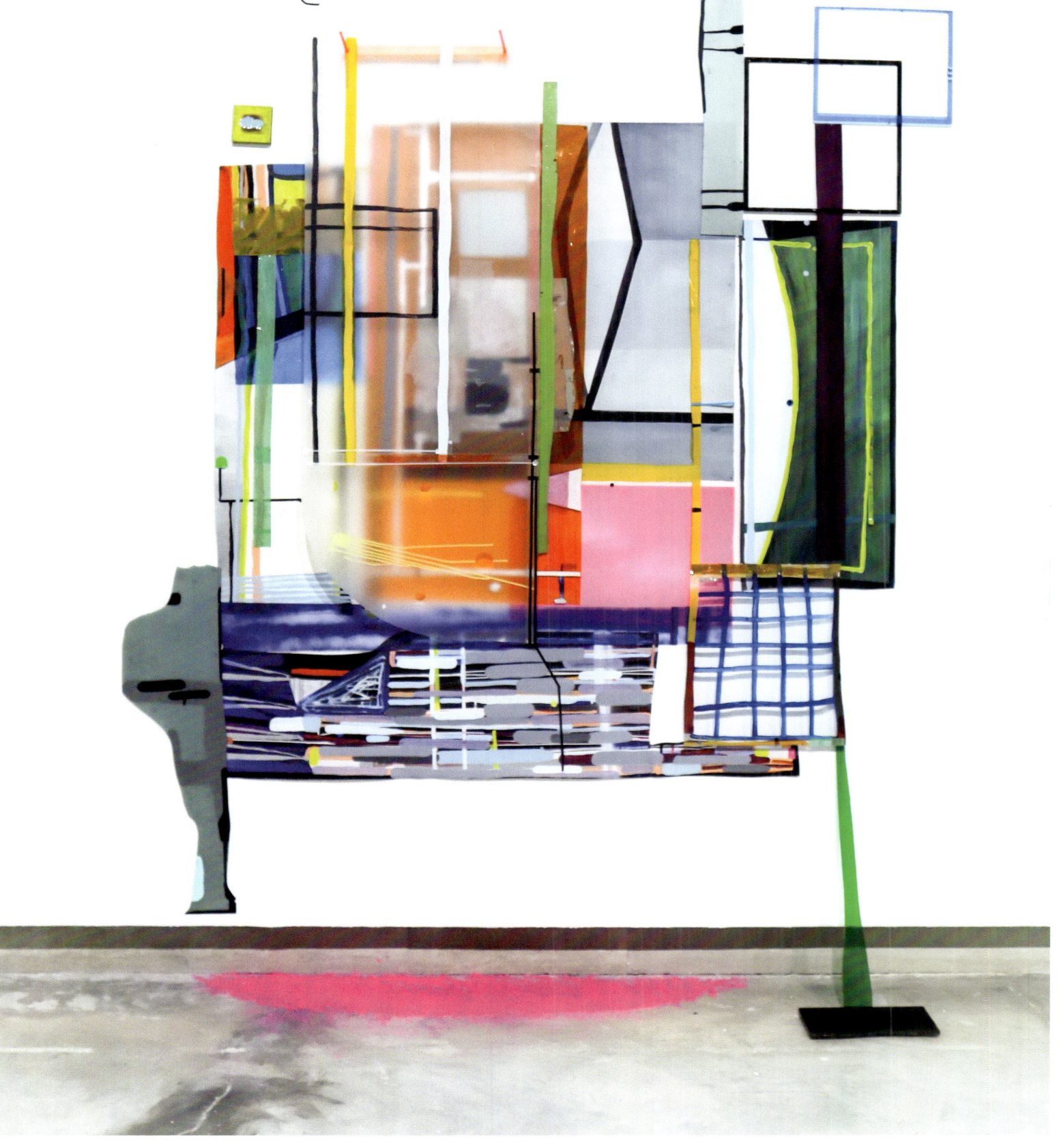

Ivelisse Jiménez (b. 1966, Ciales, Puerto Rico) is an artist whose practice presents visual propositions concerning the construction of meaning in dialogue with inhabited space. Her work has been exhibited in the United States, Europe, Latin America, and Puerto Rico, including Prague's Matter of Art Biennale, Ecuador's Cuenca Biennale, and ARCO Madrid. She is the recipient of a Joan Mitchell Painters & Sculptors Grant, an Adolph and Esther Gottlieb Foundation Grant, and the Arte Laguna Prize in Painting. Jiménez holds a BA in humanities from the University of Puerto Rico, Río Piedras, and an MFA from New York University. After living and working in New York City for twenty years, she now lives and works in Puerto Rico.

Ivelisse Jiménez (nacida en 1966, Ciales, Puerto Rico) es una artista cuya práctica presenta propuestas visuales sobre la construcción del significado en diálogo con el espacio habitado. Su trabajo ha sido exhibido en Estados Unidos, Europa, América Latina y Puerto Rico, incluyendo la Matter of Art Biennale de Praga, la Cuenca Biennale de Ecuador y ARCO Madrid. Ha recibido el Joan Mitchell Painters & Sculptors Grant, un Adolph and Esther Gottlieb Foundation Grant y el Arte Laguna Prize en Pintura. Jiménez posee un BA en humanidades de la Universidad de Puerto Rico, Río Piedras y un MFA de la New York University. Después de vivir y trabajar en la ciudad de Nueva York durante veinte años, actualmente vive y trabaja en Puerto Rico.

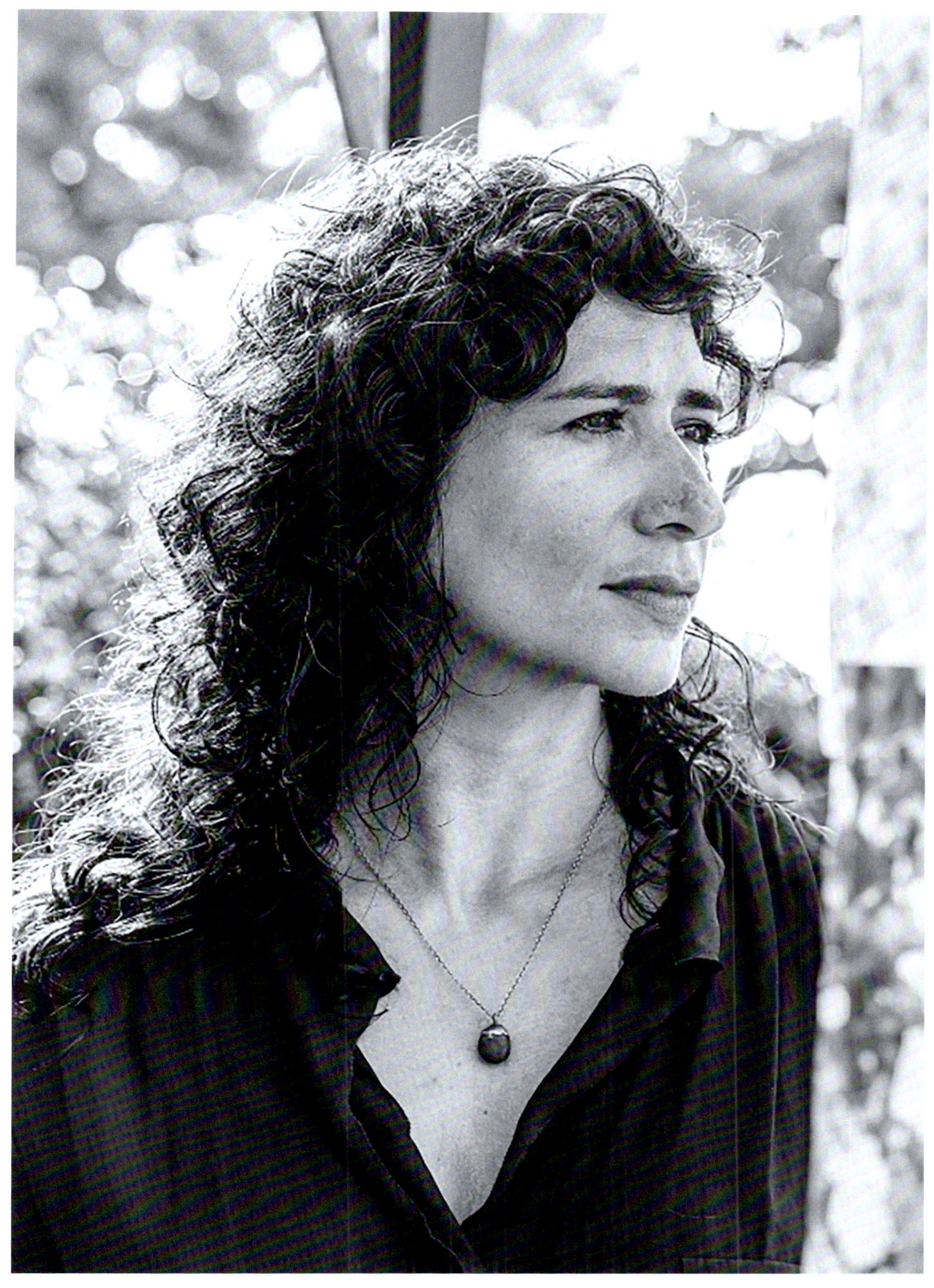

Juanita Lanzo

Juanita Lanzo uses line, shape, and color to allude to basic life cycles, the body, and the natural world. She invents biomorphic forms that resemble violent or more affectionate interactions, growth and sexual reproduction, disease or the decaying state of living organisms. Lanzo's work evokes layers of tissue or anatomy that appeal to memory or subjective emotions ranging from the pleasurable to the abject. Through painting, collage, and drawing, she captures remnants of organic matter that suggest infinite mutation.

Juanita Lanzo emplea la línea, la forma y el color para aludir a los ciclos básicos de la vida, el cuerpo y el mundo natural. Inventa formas biomórficas que semejan interacciones violentas o más afectuosas, el crecimiento y la reproducción sexual, la enfermedad o el estado de descomposición de los organismos vivos. La obra de Lanzo evoca capas de tejido o anatomía que apelan a la memoria o emociones subjetivas, que van desde lo placentero hasta lo abyecto. A través de la pintura, el collage y el dibujo, captura los restos de materia orgánica que sugieren una mutación infinita.

Juanita Lanzo, *Remains*, 2003–4. Collage on Reeves BFK paper, 15 × 22¼ in. (38.1 × 56.5 cm). Courtesy the artist and Hidrante, San Juan.

Juanita Lanzo, *Remains* (Restos), 2003–4. Collage sobre papel Reeves BFK, 15 × 22¼ in. (38.1 × 56.5 cm). Cortesía del artista e Hidrante, San Juan.

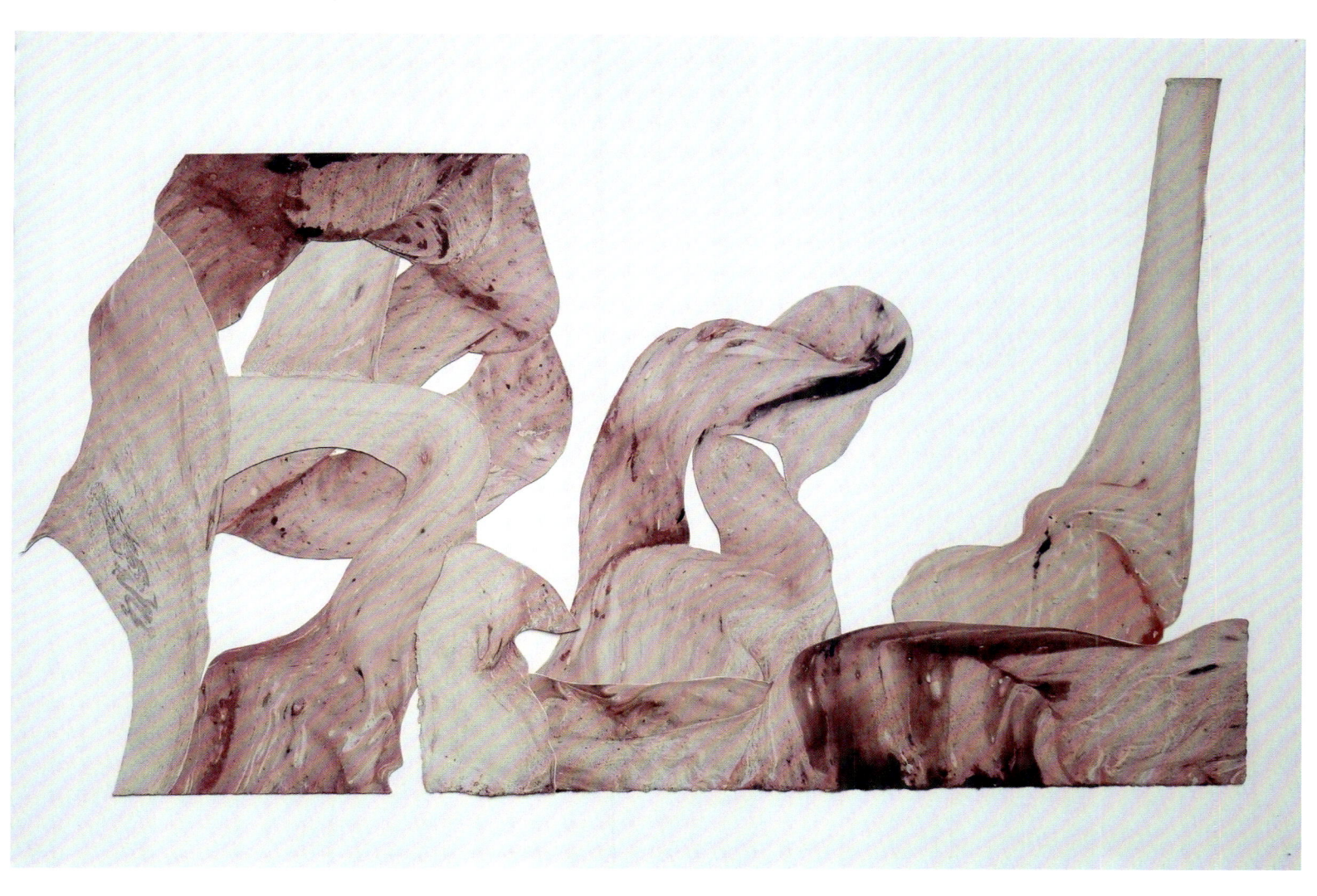

Juanita Lanzo (b. 1973, San Juan, Puerto Rico) is an Afro–Puerto Rican visual artist based in New York City since 1999, working in the Bronx and living in East Harlem. She holds an MFA from City College of New York (2004) and a BFA from the University of Puerto Rico, Río Piedras (1996). Her work has been included in group exhibitions centered around feminism, sex and gender identity, intimacy, bodily issues, antiracism, colonialism, and the African and Caribbean diasporas. Her work has been shown at The Clemente, New York; Hidrante, San Juan; the Museo de Arte Contemporáneo de Puerto Rico, San Juan; the Museo de Arte de Caguas; Charlie James Gallery, Los Angeles; and WallWorks New York.

Juanita Lanzo (nacida en 1973, San Juan, Puerto Rico) es una artista visual afropuertorriqueña radicada en Nueva York desde 1999, trabajando en el Bronx y viviendo en East Harlem. Posee un MFA del City College of New York (2004) y un BFA de la Universidad de Puerto Rico, Río Piedras (1996). Su trabajo ha sido incluido en exposiciones colectivas centradas en el feminismo, la identidad de sexo y género, la intimidad, los problemas corporales, el antirracismo, el colonialismo y las diásporas africanas y caribeñas. Su obra se ha exhibido en The Clemente, Nueva York; Hidrante, San Juan; el Museo de Arte Contemporáneo de Puerto Rico, San Juan; el Museo de Arte de Caguas; Puerto Rico; Charlie James Gallery, Los Ángeles y WallWorks Nueva York.

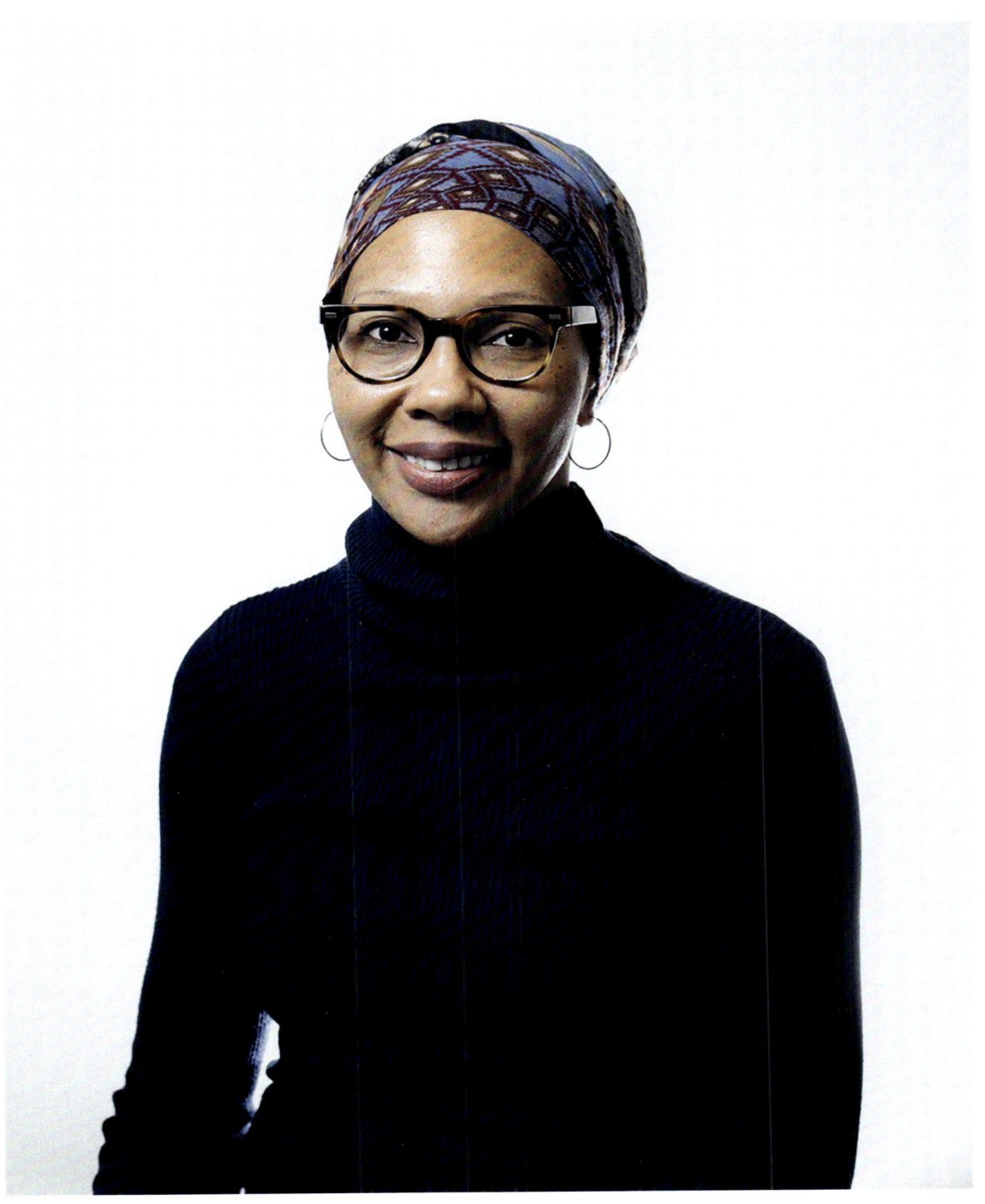

Natalia Lassalle-Morillo

"Merging theatrical performance, experimental film, and installation, my work decentralizes canonical and colonial narratives through collaborations with nonprofessional performers, artists, and researchers. The construction of Caribbean history through the gaze of colonial regimes led me to understand history not as truth-telling, but as a form of theater, where every person plays a part in the staging of a fiction. Rehearsing together becomes an exercise in collaborative revision, unlearning, and refusal, where folks who are usually witnesses and spectators can become performers, historians, and myth-makers. Bringing theater-based methodologies into the camera, we co-create an alternative historiography that revises collective relationships to the past and simultaneously foregrounds the creation of new mythologies."

"Fusionando el rendimiento teatral, el cine experimental y la instalación, mi trabajo descentraliza las narrativas canónicas y coloniales a través de colaboraciones con ejecutantes no profesionales, artistas e investigadores. La construcción de la historia del Caribe a través de la mirada de los regímenes coloniales me llevó a entender la historia no como una narración de la verdad, sino como una forma de teatro, donde cada persona desempeña un papel en la puesta en escena de una ficción. Ensayar juntos se convierte en un ejercicio de revisión colaborativa, desaprendizaje y rechazo, donde las personas que suelen ser testigos y espectadores pueden convertirse en performers, historiadores y creadores de mitos. Al incorporar metodologías teatrales en la cámara, creamos una historiografía alternativa que revisa las relaciones colectivas con el pasado y simultáneamente destaca la creación de nuevas mitologías".

Directed by Natalia Lassalle-Morillo in collaboration with Erica Ballester, Nina Lucía Rodríguez, Raquel Rodríguez, Emma Suárez-Báez, chorus in collaboration with Xenia Rubinos, *En Parábola/Conversations on Tragedy (Part I)* (installation view adjacent and on following spread), 2024. Three-channel 4k video, digitized 16 mm and 8 mm film: color, sound, 60 minutes. Courtesy the artist.

Dirigida por Natalia Lassalle-Morillo en colaboración con Erica Ballester, Nina Lucía Rodríguez, Raquel Rodríguez, Emma Suárez-Báez, coro en colaboración con Xenia Rubinos, *En Parábola/Conversaciones sobre la Tragedia (Parte I)* (vistas de la instalación en página adyacente y en el pliego siguiente), 2024. Vídeo 4k de tres canales, película digitalizada de 16 mm y de 8 mm: color, sonido, 60 minutos. Cortesía del artista.

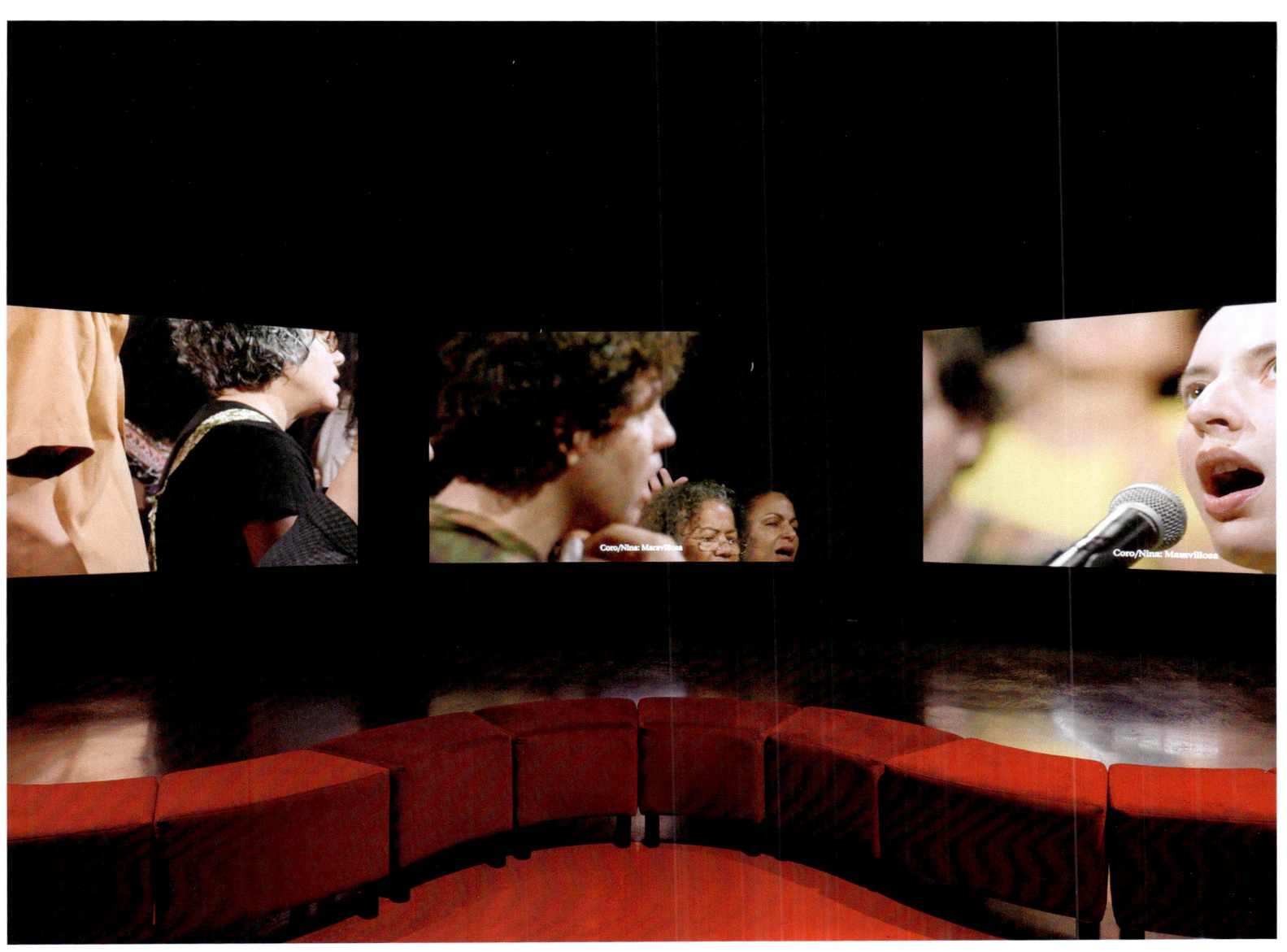

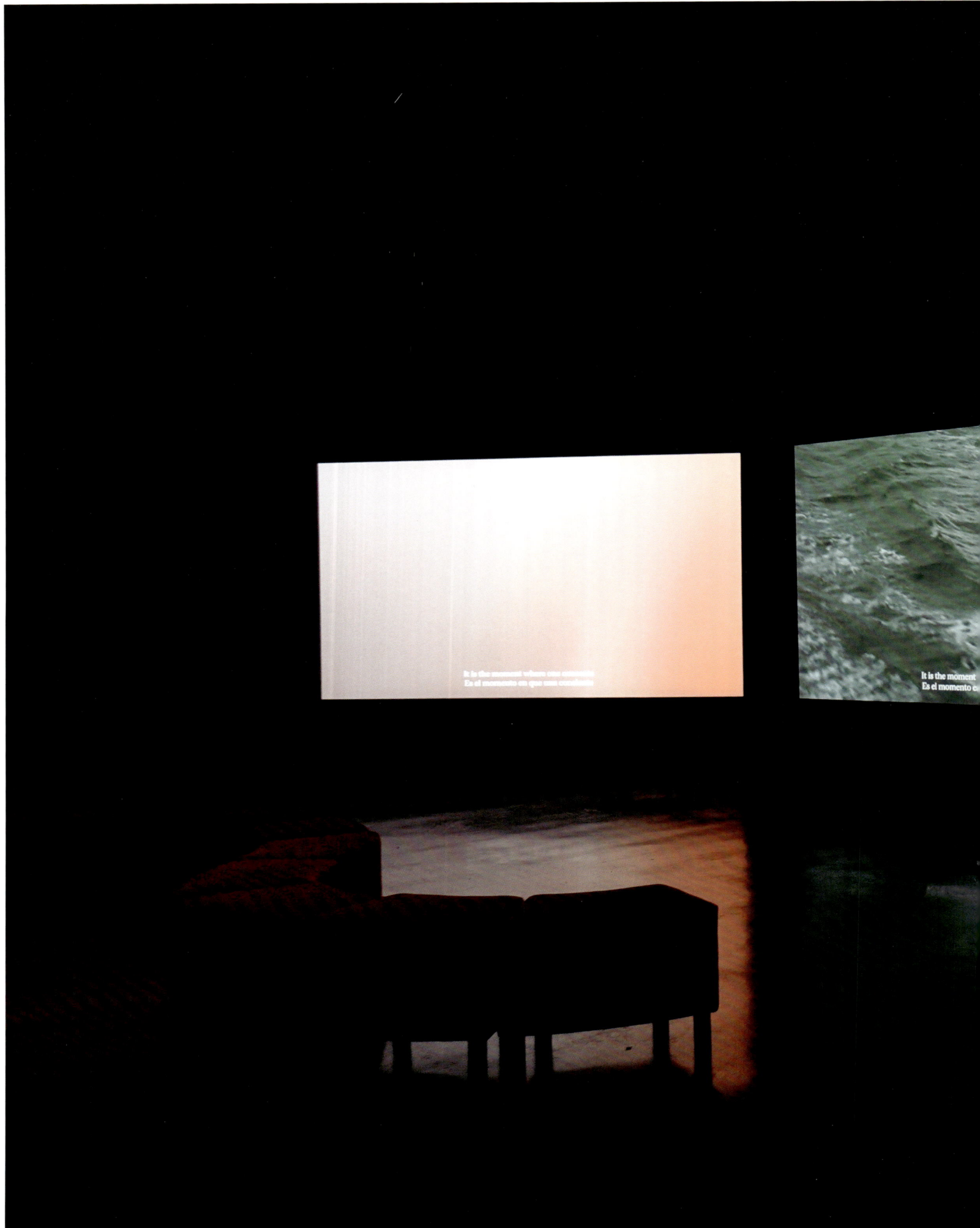

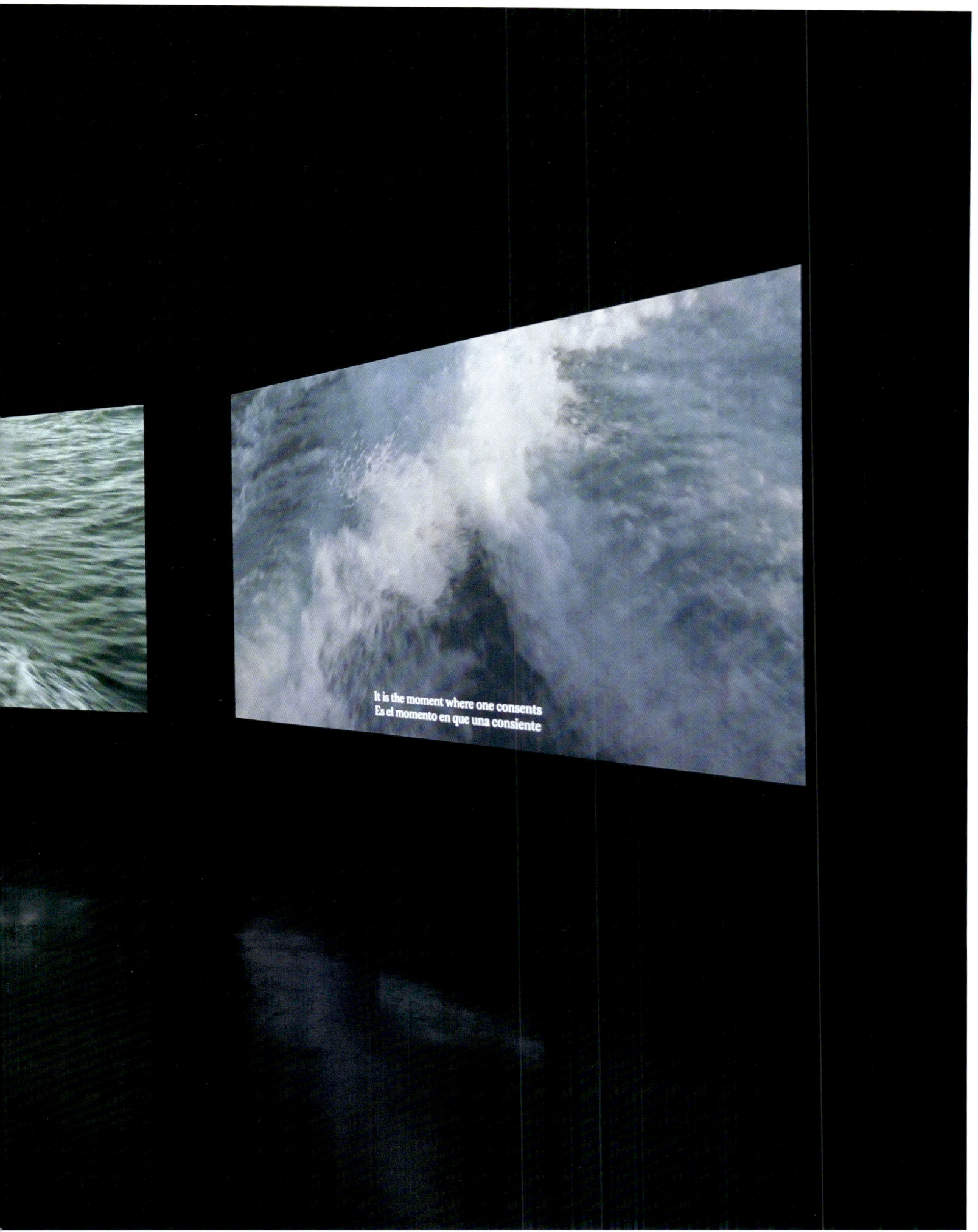

It is the moment where one consents
Es el momento en que una consiente

Natalia Lassalle-Morillo (b. 1991, Bayamón, Puerto Rico) is a Puerto Rico–based artist whose research-based practice reconstructs memory and history through a transdisciplinary and participatory approach. Her work has been exhibited at RedCat, Los Angeles; Amant, New York; Cooper Hewitt, Smithsonian Design Museum, New York; Dazibao, Montréal; 22nd Biennial Sesc_Videobrasil, São Paulo; and the Museo de Arte Contemporáneo de Puerto Rico, San Juan, among other venues. Select residencies include Pioneer Works, New York; The Studios at MASS MoCA, North Adams, Massachusetts; and Fonderie Darling, Montréal. She was a 2023 Mellon Foundation Bridging the Divides Fellow and a 2021 Artist Research Fellow at the Smithsonian.

Natalia Lassalle-Morillo (nacida en 1991, Bayamón, Puerto Rico) es una artista con base en Puerto Rico, cuya práctica basada en la investigación reconstruye la memoria y la historia a través de un enfoque transdisciplinario y participativo. Su obra ha sido exhibida en lugares como RedCat, Los Ángeles; Amant, Nueva York; Cooper Hewitt, Smithsonian Design Museum, Nueva York; Dazibao, Montréal; la 22ª Bienal Sesc_Videobrasil, São Paulo y el Museo de Arte Contemporáneo de Puerto Rico, San Juan, entre otros. Entre sus residencias destacadas se incluyen Pioneer Works, Nueva York; The Studios at MASS MoCA, North Adams, Massachusetts y Fonderie Darling, Montréal. Fue becaria del Mellon Foundation Bridging the Divides Fellowship en el 2023 y del Artist Research Fellowship del Smithsonian en el 2021.

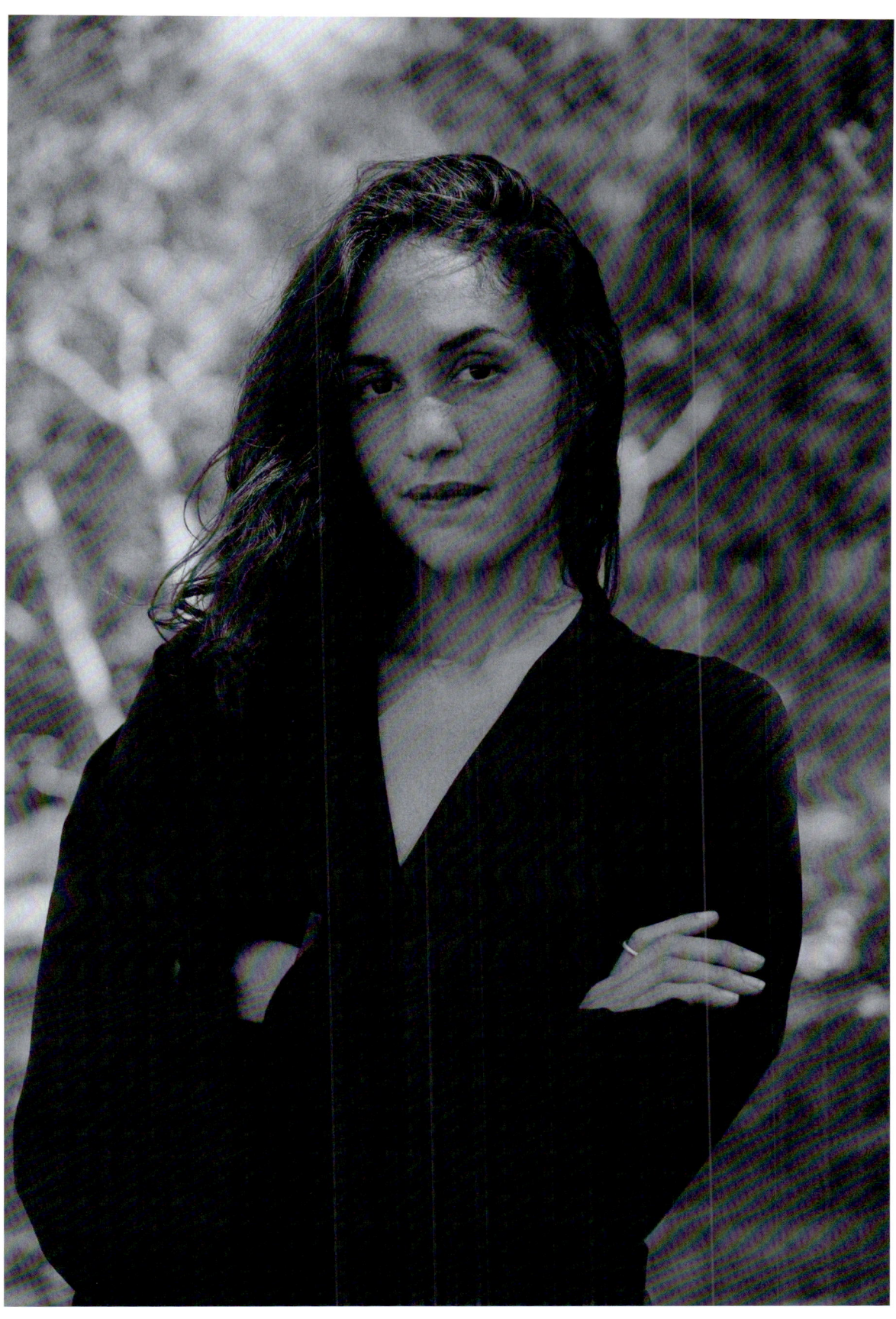

Olivia Levins Holden

"My practice centers art as transformative storytelling to create connections and combat toxic narratives. I work with themes of diaspora and ecology in support of social justice and truth-telling, across painting, mosaic, and printmaking. Through my public art, I bring together collective design processes, community conversations, and personal narratives to tell the people's history."

"Mi práctica centra el arte como una narración transformadora para crear conexiones y combatir las narrativas tóxicas. Trabajo con temas de diáspora y ecología en apoyo a la justicia social y la verdad, utilizando pintura, mosaico y grabado. Por medio de mi arte público, reúno procesos de diseño colectivo, conversaciones comunitarias y narrativas personales para contar la historia del pueblo".

Olivia Levins Holden in collaboration with James Autio, Samie Johnson, Magdalena Kaluza, Katrina Knutson, Camila Leiva, Chaka Mkali, Juliette Myers, Nell Pierce, Crystal Price, Simone Rendon, Claudia Valentino, Mattie Weiss, and Missy Whiteman, *Defend, Grow, Nurture Phillips* (detail), 2019. Acrylic on Polytab and stucco, 36 × 100 ft. (10.9 × 30.4 m) (approx.). Located at 1035 East Franklin Avenue, Minneapolis, Minnesota. A project of Hope Community's Power of Vision Mural Project with Project for Pride in Living and Minneapolis Institute of Art.

Olivia Levins Holden en colaboración con James Autio, Samie Johnson, Camila Leiva, Magdalena Kaluza, Katrina Knutson, Chaka Mkali, Juliette Myers, Nell Pierce, Crystal Price, Simone Rendon, Claudia Valentino, Mattie Weiss y Missy Whiteman. *Defend, Grow, Nurture Phillips* (Defiende, Crece, Nutre Phillips) (detalle), 2019. Acrílico sobre Polytab y estuco. 36 × 100 pies (10.9 × 30.4 m) (aprox.). Ubicada en 1035 East Franklin Avenue, Minneapolis, Minnesota. Un proyecto de Hope Community's Power of Vision Mural Project con Project for Pride in Living y Minneapolis Institute of Art.

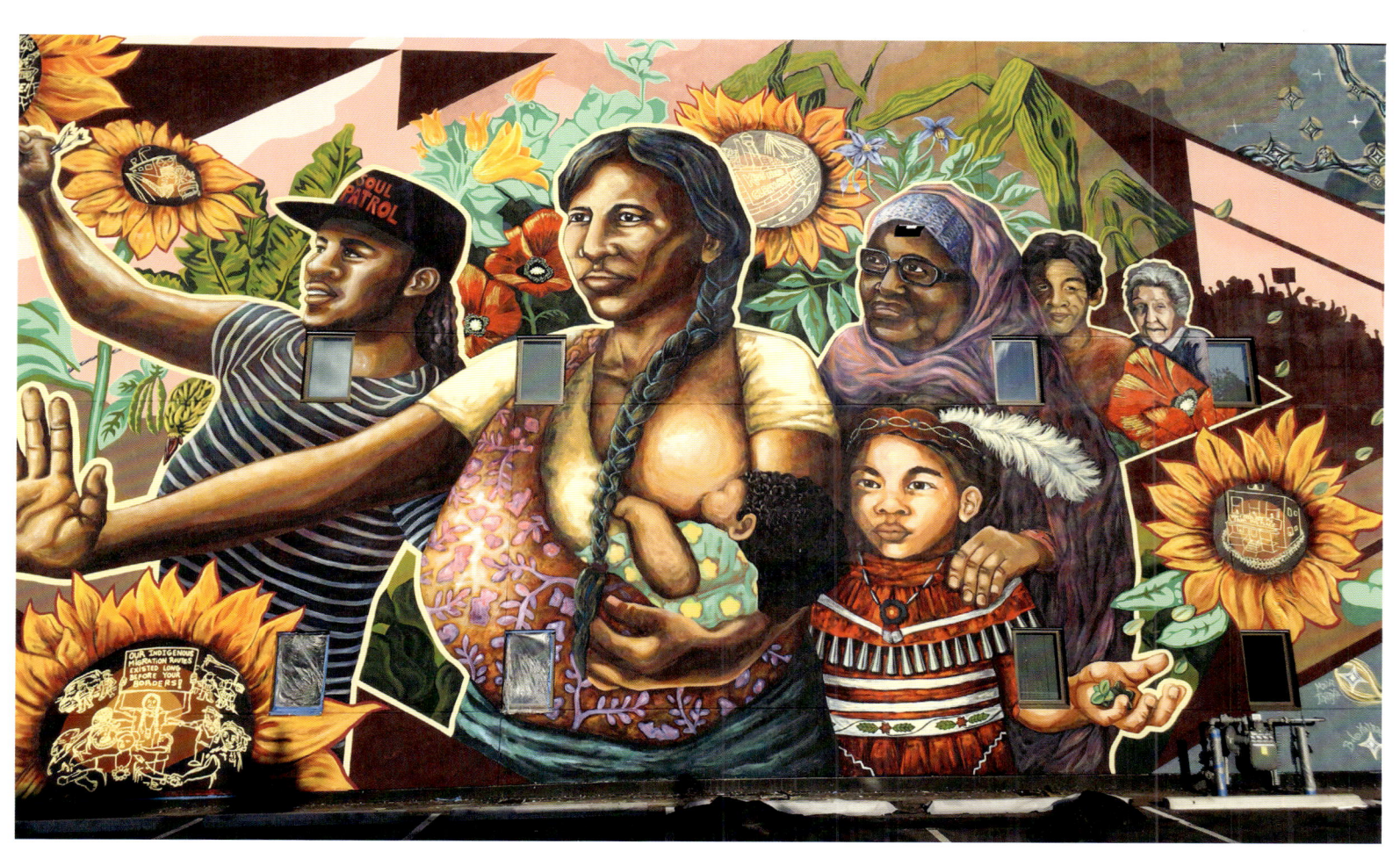

(detail / detalle)

Olivia Levins Holden (b. 1986, Minneapolis, Minnesota) is a queer, mixed Boricua muralist, organizer, artist, and educator living in Miní Sóta Makhóčhe, Minneapolis. Since 2009 she has created and led murals in Minneapolis, California, and Puerto Rico, including *Waves of Change/Oleadas de Cambio* (2015), *Defend, Nurture, Grow Phillips* (2019), and *Ritmos y Raíces de Resistencia* (2021). Since 2017 they have directed the Power of Vision mural program, where she trains artists and oversees community-painted murals. She co-leads Transformational Creative Strategies Training (TRCSTR), a program for public artists intersecting art and social change, centering queer and BIPOC voices. She is a founding member of Studio Thalo, an artist collective that creates live murals and graphic recordings of community events and gatherings. Levins Holden received a 2022 McKnight Fellowship for Community Engaged Artists.

Olivia Levins Holden (nacida en 1986, Minneapolis, Minnesota) es una muralista cuir y mestiza boricua, organizadora, artista y educadora radicada en Miní Sóta Makhóčhe, Minneapolis. Desde 2009 ha creado y liderado murales en Minneapolis, California y Puerto Rico, incluyendo *Waves of Change/Oleadas de Cambio* (2015), *Defend, Nurture, Grow Phillips* (2019) y *Ritmos y Raíces de Resistencia* (2021). Desde 2017, ha dirigido el programa de murales Power of Vision, donde capacita a artistas y supervisa murales pintados por la comunidad. Co-lidera Transformational Creative Strategies Training (TRCSTR), un programa para artistas públicos que intersecta el arte y el cambio social, centrado en las voces cuir y BIPOC. Es miembro fundadore de Studio Thalo, un colectivo artístico que crea murales en vivo y registros gráficos de eventos y reuniones comunitarias. Levins Holden recibió un McKnight Fellowship for Community Engaged Artists en 2022.

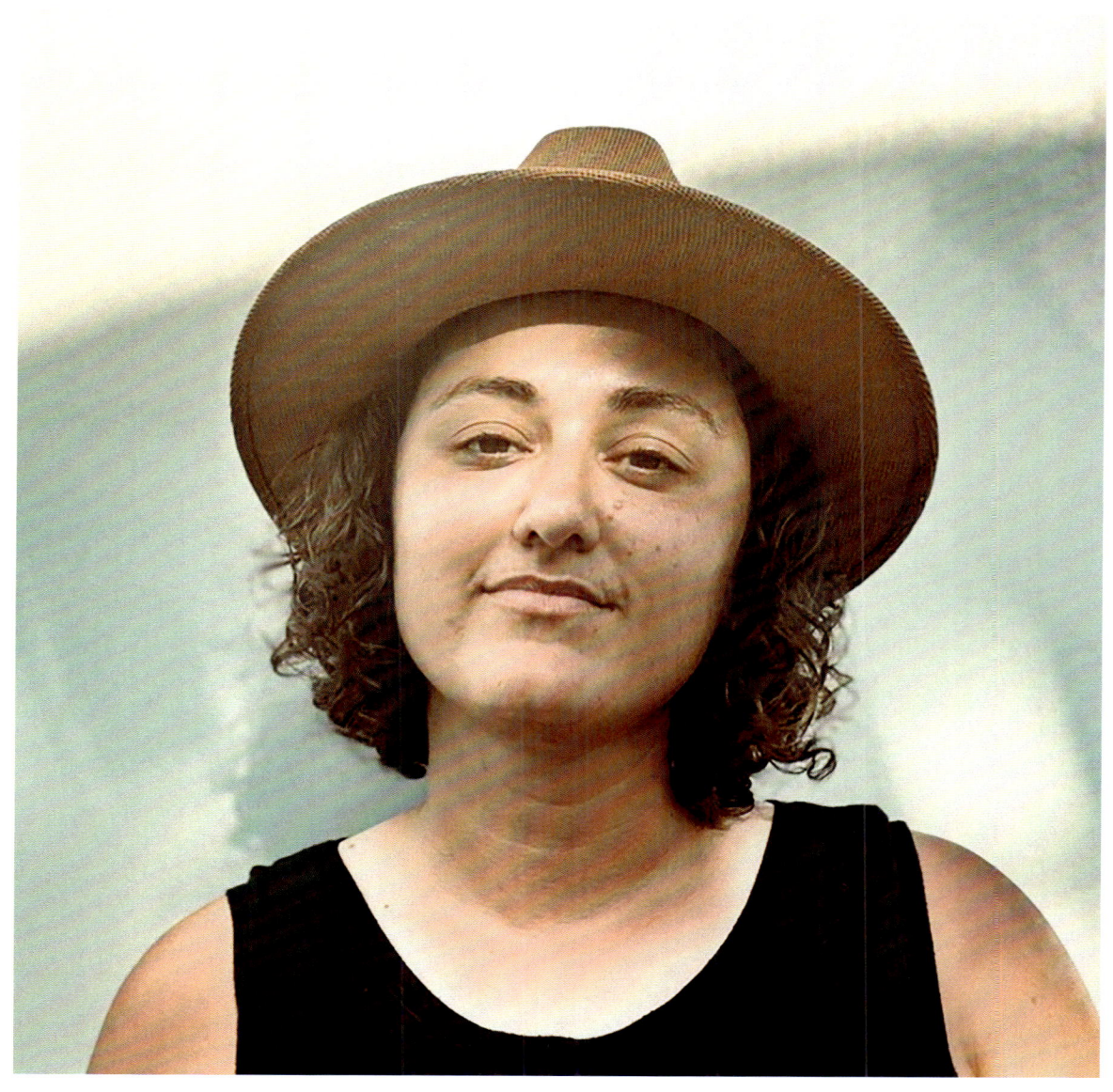

Ricardo Levins Morales

"The way I approach political organization and art has its roots in the way I grew up playing in the forest. I had no on or off button, no screen, no blinking light. Games I played were invented versions of tag, climbing trees, and making things up. A lot of the things that are basic to an ecosystem are what I had to figure out if I was going to play. The same basics apply to organizing."

"La forma en que abordo la organización política y el arte tiene sus raíces en la manera en que crecí jugando en el bosque. No tenía un botón de encendido o apagado, ni pantalla, ni luz parpadeante. Los juegos que jugaba eran versiones inventadas de tocaito, trepar árboles e inventando cosas. Muchas de las cosas que son básicas en un ecosistema son las que tuve que entender si quería jugar. Esos mismos principios aplican a la organización".

Ricardo Levins Morales, *Soy Boricua* (I Am Puerto Rican), 2010. Digital print, image 15 × 9⅛ in. (38.1 × 23.1 cm), sheet 17 × 11 in. (43.1 × 27.9 cm). Courtesy the artist.

Ricardo Levins Morales, *Soy Boricua*, 2010. Impresión digital, imagen, 15 × 9⅛ in. (38.1 × 23.1 cm), pliego: 17 × 11 in. (43.1 × 27.9 cm). Cortesía del artista.

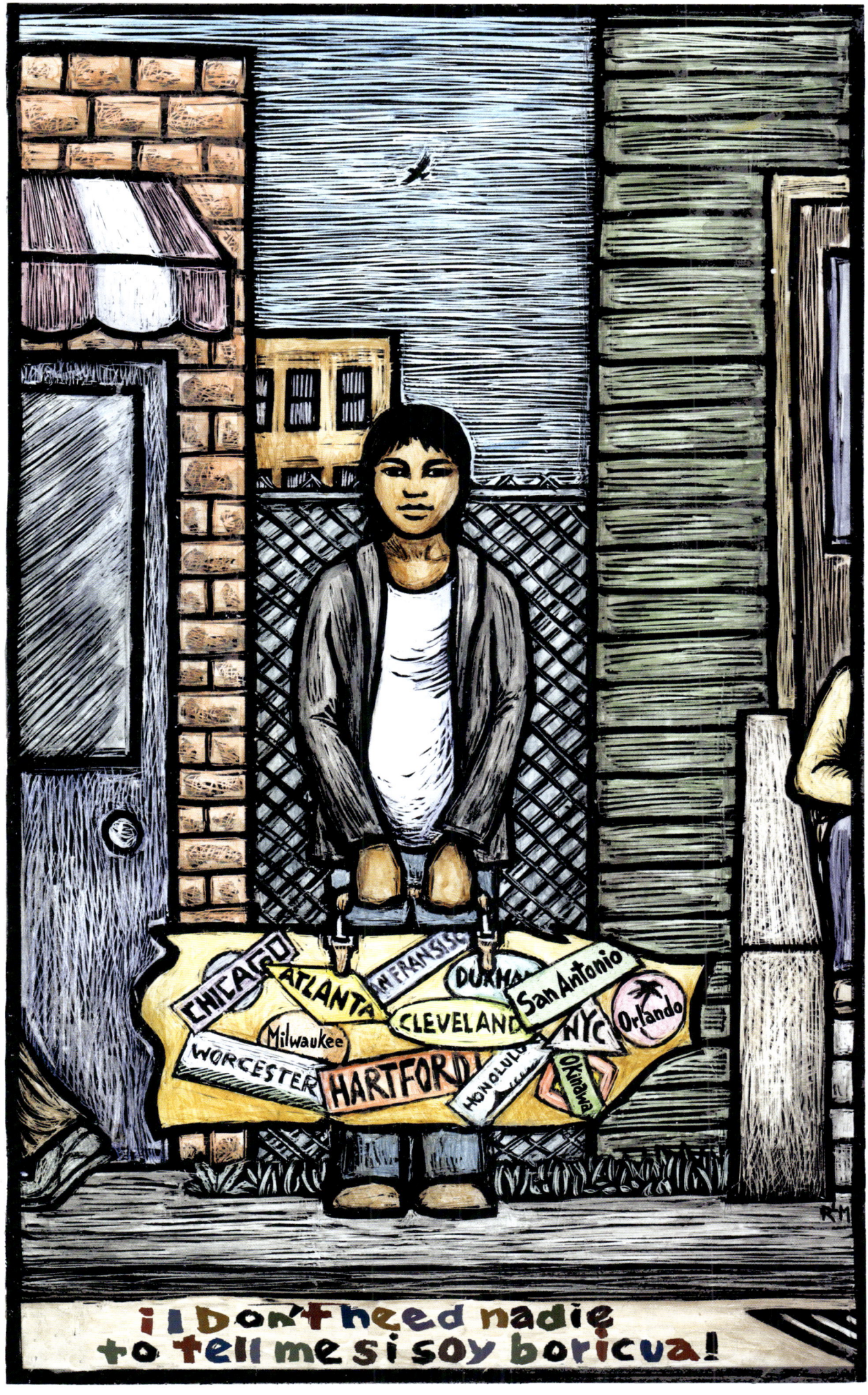

Ricardo Levins Morales (b. 1956, Castañer, Puerto Rico) is an artist and organizer based in Minneapolis, Minnesota. He uses art as a form of political medicine to support healing from the injuries and ongoing reality of oppression. Born into the anti-colonial movement in Puerto Rico, Levins Morales was later drawn to activism in Chicago, where his family relocated in 1967. There, he integrated art with his movement work, which included support work for the Black Panthers and Young Lords. He is a founding member of Northland Poster Collective (1979–2009) and founder of Ricardo Levins Morales Art Studio, where worker members are represented by the Minnesota Newspaper and Communications Guild, TNG-CWA Local 37002. He continues to mentor other activists and leads workshops on creative organizing, social justice strategy, and sustainable activism.

Ricardo Levins Morales (nacido en 1956, Castañer, Puerto Rico) es un artista y organizador radicado en Minneapolis, Minnesota. Utiliza el arte como una forma de medicina política para apoyar la sanación de las heridas y la realidad continua de la opresión. Nacido en el movimiento anticolonial en Puerto Rico, Levins Morales se sintió atraído por el activismo en Chicago, donde su familia se mudó en 1967. Allí, integró el arte con su trabajo de movimiento, que incluyó apoyo al Partido de los Black Panthers y los Young Lords. Es miembro fundador de Northland Poster Collective (1979–2009) y fundador de Ricardo Levins Morales Art Studio, donde los miembros trabajadores están representados por el Minnesota Newspaper and Communications Guild, TNG-CWA Local 37002. Continúa siendo mentor de otros activistas y dirige talleres sobre organización creativa, estrategia de justicia social y activismo sostenible.

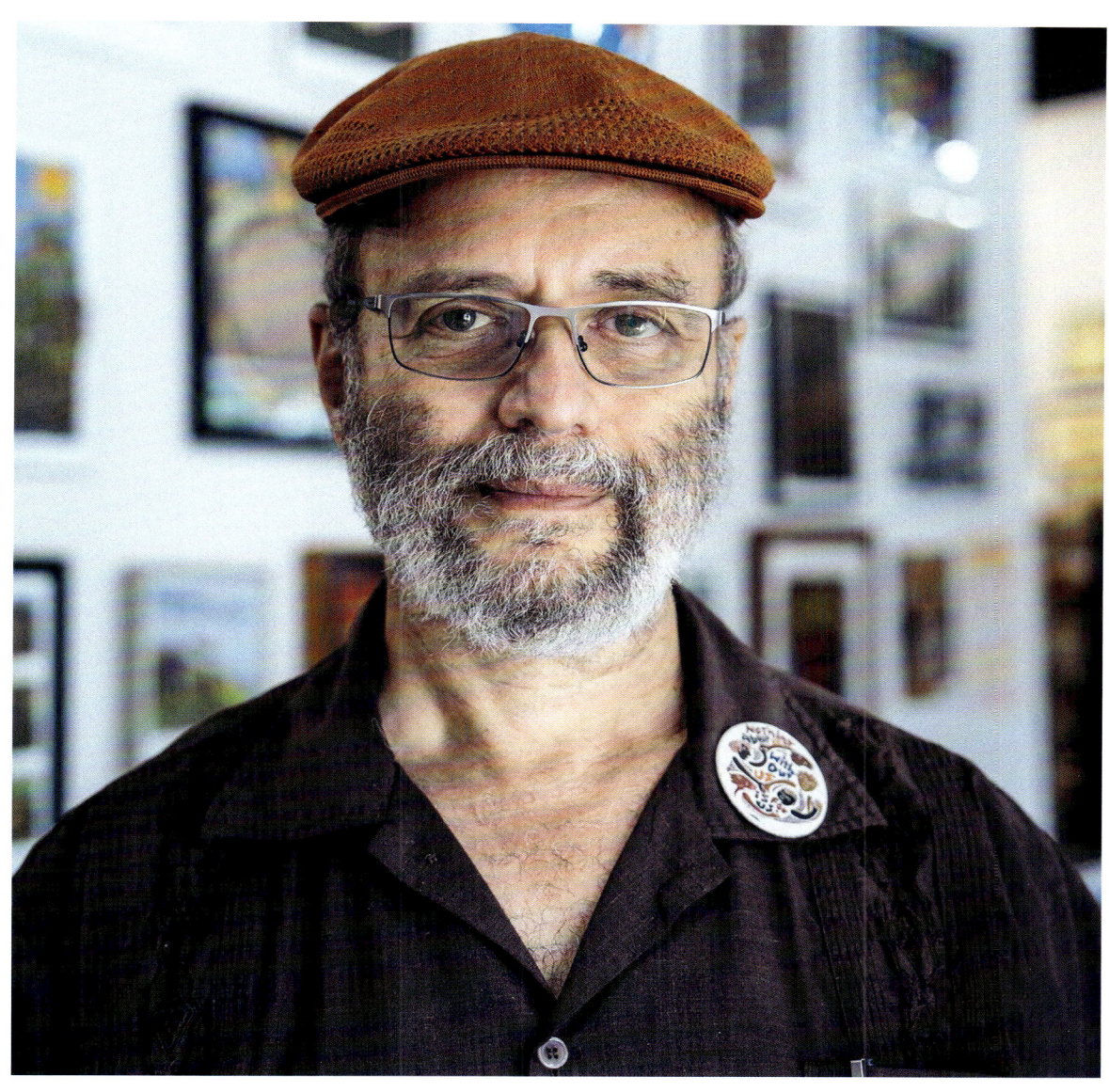

Nora Maité Nieves

"Inspired by memories of my place of origin, my work draws from abstracted visual motifs found in my Caribbean roots. I explore themes of identity and belonging—primal and fundamental representations of being human. Over the years, I have created a zof painting that references ornamental breeze-blocks, floor plans, architectural details, tiles, grids, botanicals, mosaics, and geometric symbols. These subjects are autobiographical representations of my environment that invite the viewer to engage and reflect on our complex relationship with our surroundings."

"Inspirada en los recuerdos de mi lugar de origen, mi obra se nutre de motivos visuales abstractos encontrados en mis raíces caribeñas. Exploro temas de identidad y pertenencia—representaciones primarias y fundamentales del ser humano. A lo largo de los años, he creado un lenguaje nacido del campo expandido de la pintura que hace referencia a bloques ornamentales, planos de planta, detalles arquitectónicos, azulejos, rejillas, elementos botánicos, mosaicos y símbolos geométricos. Estos temas son representaciones autobiográficas de mi entorno que invitan al espectador a involucrarse y reflexionar sobre nuestra relación compleja con nuestro entorno".

Nora Maité Nieves, *Places I've lived in…*, 2009–11. Graphite and color pencil on Mylar, 24 drawings, each 9 × 11 in. (22.9 × 27.9 cm). Courtesy the artist.

Nora Maité Nieves, *Places I've lived in…* (Lugares en los que he vivido…), 2009–11. Grafito y lápiz de color sobre Mylar, 24 dibujos, cada uno de 9 × 11 in. (22.9 × 27.9 cm). Cortesía del artista.

1	2	3	4	5	6
7	8	9	10	11	12
13	14	15	16	17	18
19	20	21	22	23	24

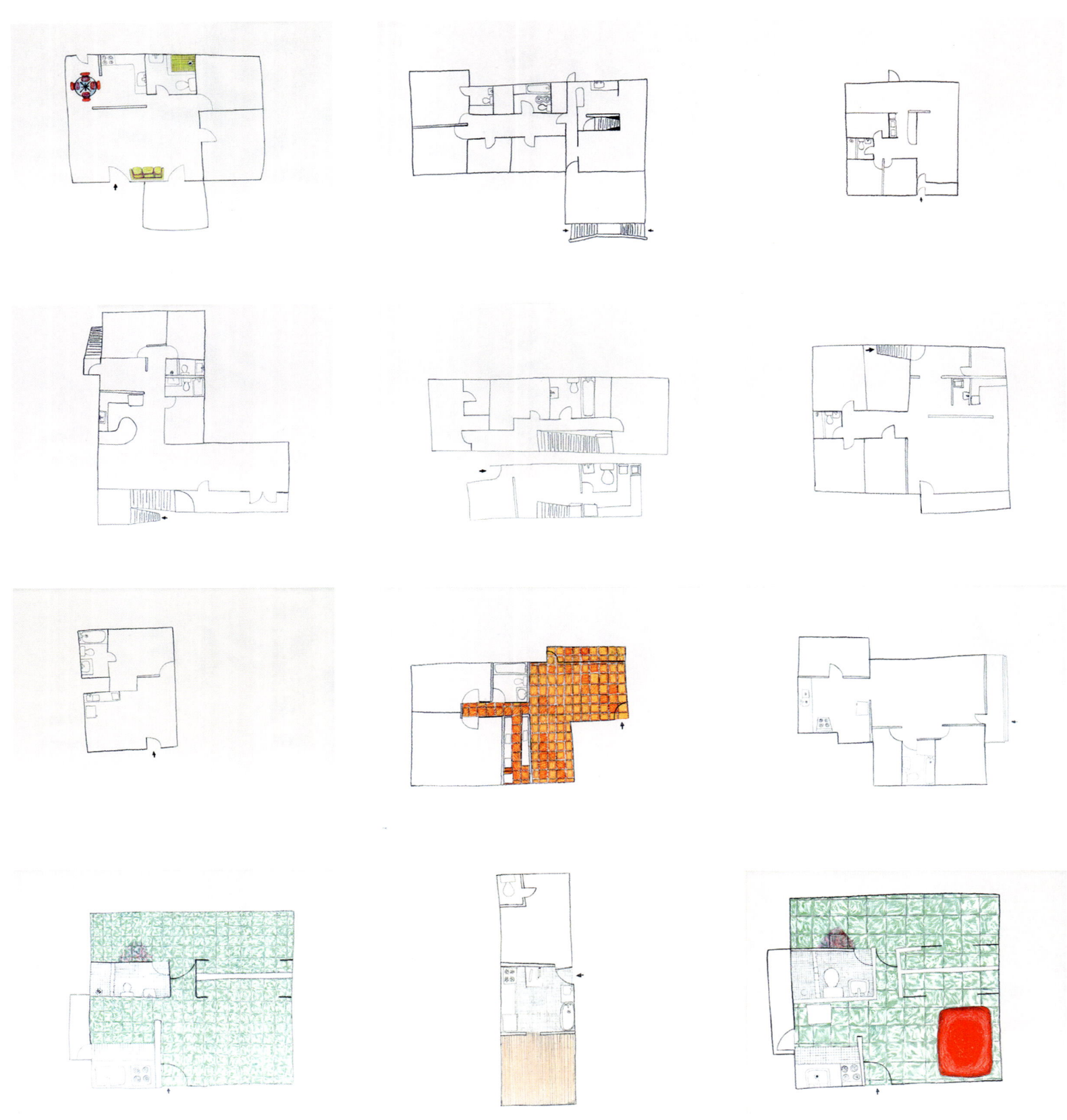

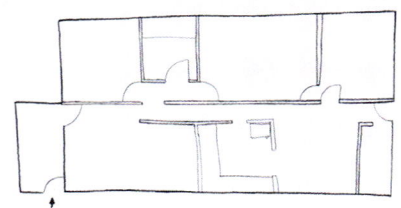
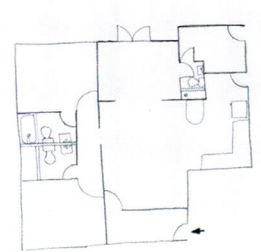
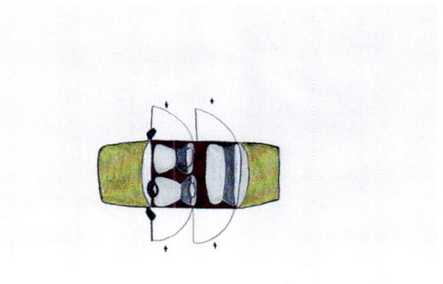
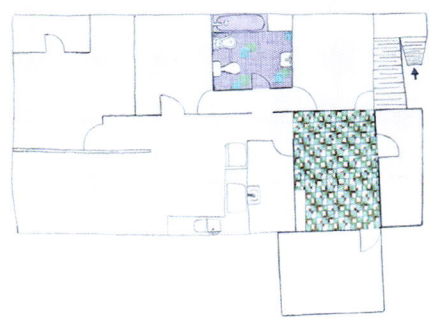
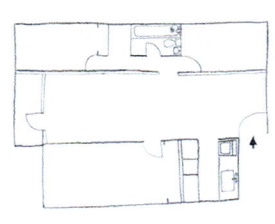
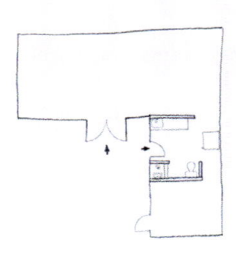
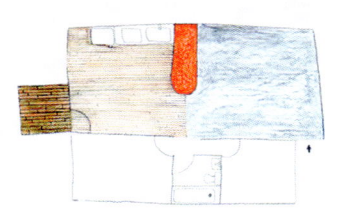
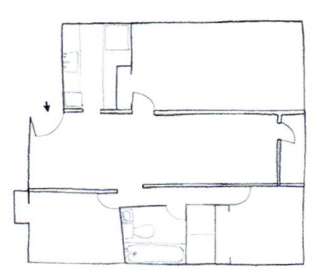
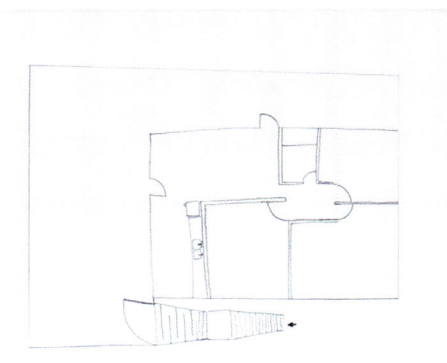
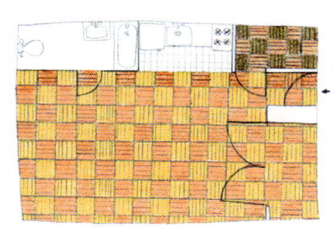
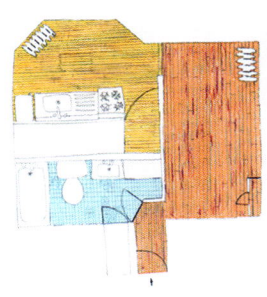
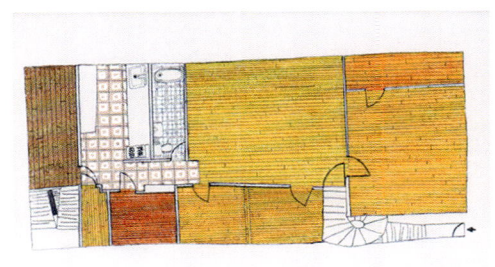

Nora Maité Nieves (b. 1980, San Juan, Puerto Rico) lives and works in New York City. She received her MFA from the School of the Art Institute of Chicago and her BFA from the Escuela de Artes Plásticas y Diseño de Puerto Rico. Her work has been shown in recent solo exhibitions at New York's Times Square; Norton Museum of Art, West Palm Beach, Florida; Jason Haam, Seoul, Korea; and Fresh Window Gallery, Brooklyn, New York, among others. Recent group exhibitions include venues such as Embajada, San Juan; Proxyco Gallery, New York; the National Academy of Design, New York; and the Museum of Contemporary Art Chicago.

Nora Maité Nieves (nacida en 1980, San Juan, Puerto Rico) vive y trabaja en la ciudad de Nueva York. Obtuvo su MFA de la School of the Art Institute of Chicago y su BFA de la Escuela de Artes Plásticas y Diseño de Puerto Rico. Su obra ha sido presentada en exposiciones individuales recientes en lugares como Times Square, Nueva York; Norton Museum of Art, West Palm Beach, Florida; Jason Haam, Seúl, Corea y la Galería Fresh Window en Brooklyn, Nueva York, entre otros. Las exposiciones colectivas más recientes incluyen espacios como Embajada, San Juan; Proxyco Gallery, Nueva York; el National Academy of Design, Nueva York y Museum of Contemporary Art Chicago.

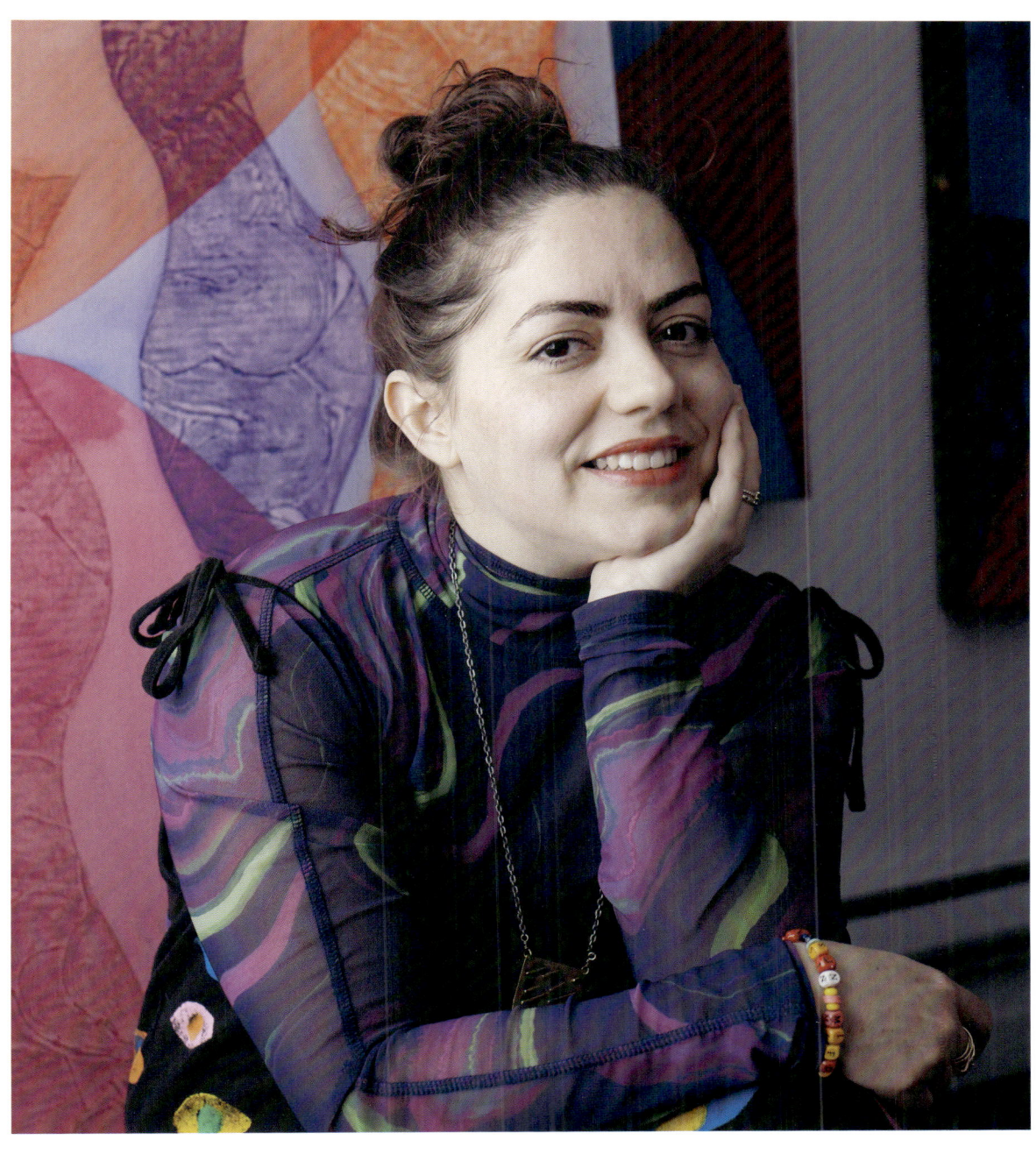

Héctor Méndez Caratini

"The macrocosm of the ongoing global crisis is reflected in the microcosm of Vieques, where sixty years of continuous bombing by the United States Navy egregiously violated human rights. Today the nexus between toxic ammunition waste and various types of cancer and other chronic diseases found in Vieques is abhorrent. Facing this reality, I created a series of collages that reimagine the traditional structure of a photo-essay through the visual pilgrimage of the Stations of the Cross. Just as Christ carried His Cross, the people of Vieques carry the cross of neocolonial abandonment."

"El macrocosmos de la crisis global en curso se refleja en el microcosmos de Vieques, donde sesenta años de bombardeos continuos por parte de la Marina de los Estados Unidos violaron gravemente los derechos humanos. Hoy el nexo entre los residuos de munición tóxica y los diversos tipos de cáncer y otras enfermedades crónicas en Vieques es aborrecible. Frente a esta realidad, creé una serie de collages que reimaginan la estructura tradicional de un fotoperiodismo a través del peregrinaje visual de las Estaciones de la Cruz. Así como Cristo cargó Su Cruz, el pueblo de Vieques carga la cruz del abandono neocolonial".

Héctor Méndez Caratini, *Vía Crucis III* (Stations of the Cross III), from *Vieques: Crónicas del Calvario* (Vieques: Chronicles of Calvary), 2000. Mixed media, photograph, and acrylic on canvas, 48 × 36 in. (121.9 × 91.4 cm). Courtesy the artist.

Héctor Méndez Caratini, *Vía Crucis III*, de *Vieques: Crónicas del Calvario*, 2000. Medios mixtos, fotografía y acrílico sobre lienzo, 48 × 36 in. (121.9 × 91.4 cm). Cortesía del artista.

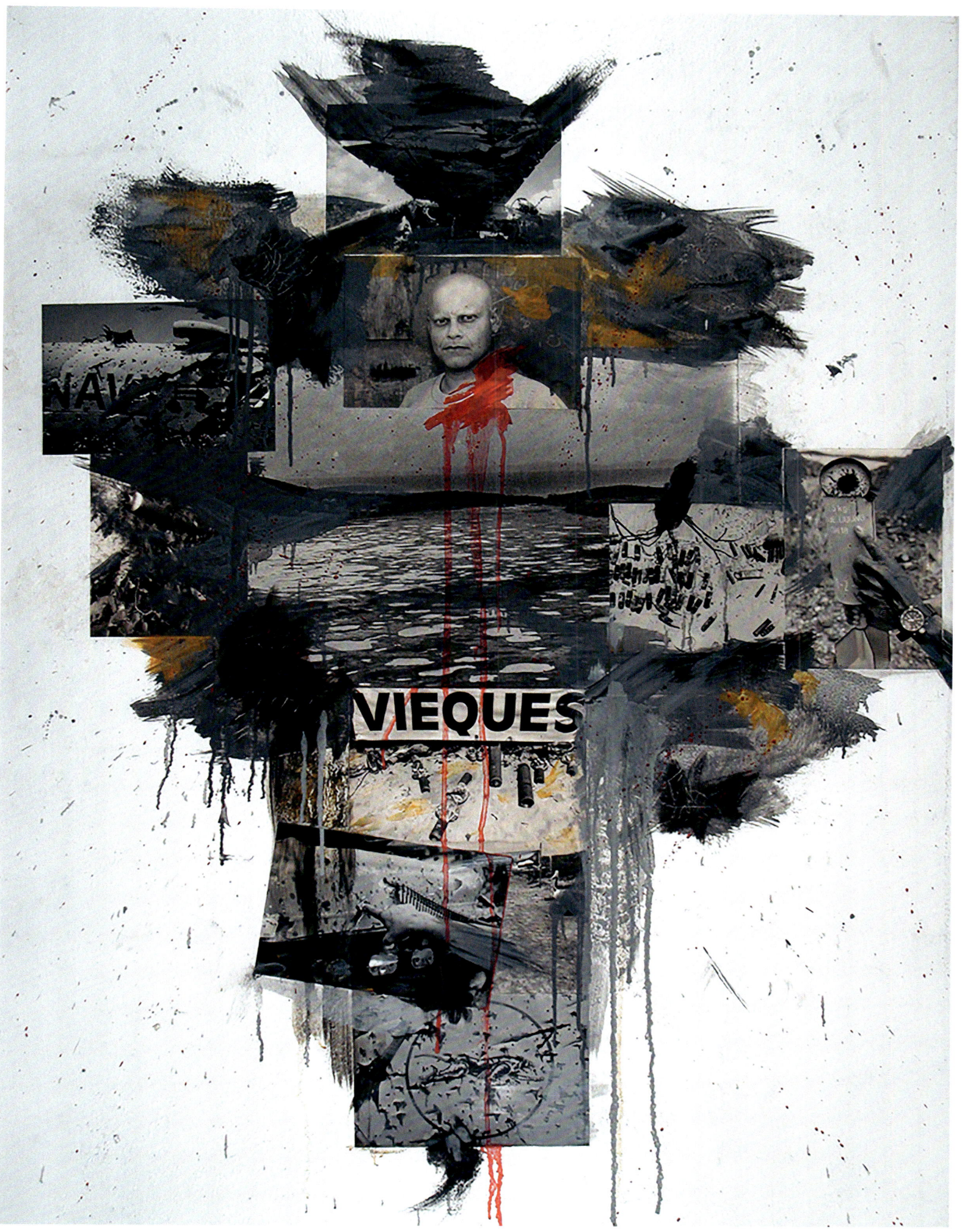

Héctor Méndez Caratini (b. 1949, San Juan, Puerto Rico) holds a BA from the University of Puerto Rico, Río Piedras, and studied toward a master's degree at the Center for Advanced Studies of Puerto Rico and the Caribbean. Select awards include eight National Endowment for the Arts grants (cosponsored by the Instituto de Cultura Puertorriqueña); two National Endowment for the Humanities grants (cosponsored by the Fundación Puertorriqueña de las Humanidades); First Prize Documentary Video Category at the QuickTime Film Festival; the Kodachrome Award of Excellence; and the Leopold Godowsky, Jr. Color Photography Award. His work is held in the permanent collections of the Metropolitan Museum of Art, the International Center of Photography, and the Smithsonian, among others.

Héctor Méndez Caratini (nacido en 1949, San Juan, Puerto Rico) posee un BA de la Universidad de Puerto Rico, Río Piedras y estudió para una maestría en el Center for Advanced Studies of Puerto Rico and the Caribbean. Entre los premios seleccionados se incluyen ocho becas del National Endowment for the Arts (cofauspiciadas por el Instituto de Cultura Puertorriqueña), dos becas del National Endowment for the Humanities (coauspiciadas por la Fundación Puertorriqueña de las Humanidades), el Primer Premio en la categoría de Video Documental en el QuickTime Film Festival, el Kodachrome Award of Excellence y el Leopold Godowsky, Jr. Color Photography Award. Su obra se encuentra en las colecciones permanentes de instituciones como el Metropolitan Museum of Art, el International Center of Photography y el Smithsonian, entre otros.

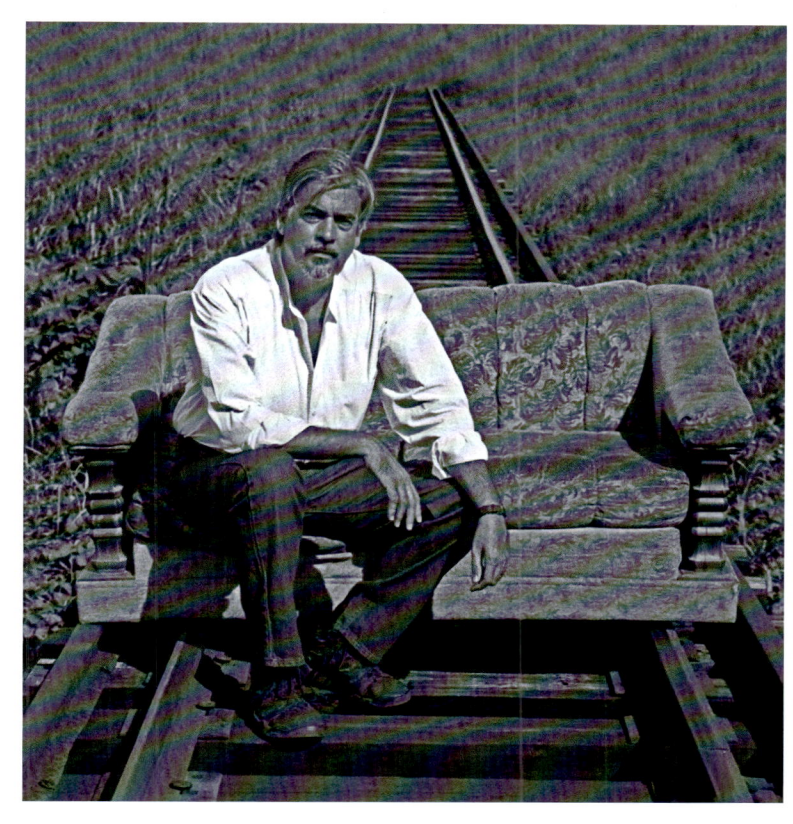

Colectivo Morivoví

Before the "Verano Combativo" (combative summer) of 2019, Puerto Rico experienced a decade of budget cuts and fiscal crises. After two years of austerity measures imposed by the Fiscal Control Board under the PROMESA Act, and the post-hurricane damage to public systems, May 1, 2018, marked the largest police presence in years at a protest held in San Juan. Borrowed from journalistic photographs of that day, the mural documents where the line of protesters met the line of police. Raised fists in the foreground reference José Rosa Castellanos's *Centenario de la Abolición de la Esclavitud* (Centennial of the Abolition of Slavery), made in 1973, while a quote in the sky reads, "There is no intermediate state between slavery and freedom," from abolitionist and Puerto Rican independence activist Segundo Ruiz Belvis.

Antes del "Verano Combativo" del 2019, Puerto Rico vivió una década de recortes presupuestarios y crisis fiscales. Después de dos años de medidas de austeridad impuestas por la Junta de Supervisión Fiscal bajo la Ley PROMESA y los daños post-huracán a los sistemas públicos, el 1 de mayo de 2018 marcó la mayor presencia policial en años durante una protesta celebrada en San Juan. Tomado de fotografías periodísticas de ese día, el mural documenta dónde se cruzaron las líneas de los manifestantes con las de la policía. Los puños levantados en primer plano hacen referencia a *Centenario de la Abolición de la Esclavitud* de José Rosa Castellanos, realizado en 1973, mientras que una cita en el cielo dice: "No hay estado intermedio entre la esclavitud y la libertad", de Segundo Ruiz Belvis, abolicionista y activista por la independencia de Puerto Rico.

Colectivo Morivoví, *1ro de mayo de 2018* (May Day 2018) (detail), 2018. Latex and acrylic on wood panel, 8 × 40 ft. (2.4 × 12.1 m). Commissioned by Borinken ¡Me Llama! Public Art Festival and Segundo Ruiz Belvis Cultural Center, Chicago. Located at Segundo Ruiz Belvis Cultural Center, 4046 W Armitage Ave, Chicago, Illinois.

Colectivo Morivoví, *1ro de mayo de 2018* (detalle), 2018. Látex y acrílico sobre panel de madera, 8 × 40 ft. (2.4 × 12.1 m). Comisión por el Borinken ¡Me Llama! Public Art Festival y el Segundo Ruiz Belvis Cultural Center, Chicago. Ubicada en el Segundo Ruiz Belvis Cultural Center, 4046 W Armitage Ave, Chicago, Illinois.

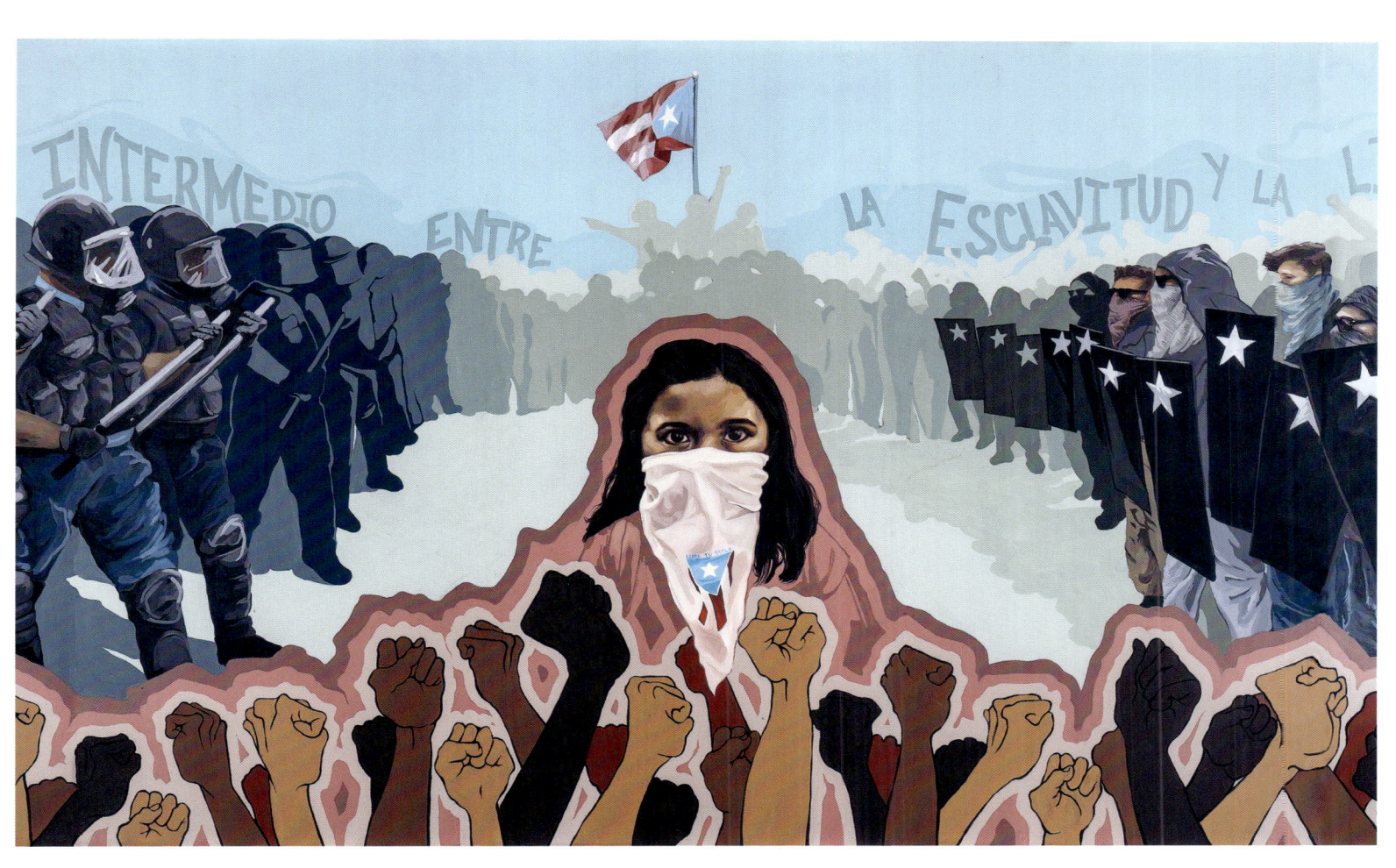

(detail / detalle)

Colectivo Moriviví is a women-led collective producing public art and artivism since 2013. Centering social issues, their work reflects the diverse narratives of Puerto Ricans in the archipelago and the diaspora. While studying at the Central Specialized School of Visual Arts in Santurce, Puerto Rico, the collective began as eight high school students. Over a decade later, they have completed over forty murals across Puerto Rico, the United States, and abroad in Australia and China.

Current members, back row, from left to right: Patricia Victoria Rivera Vega, project assistant (b. 1996, Humacao, Puerto Rico); Ana Carolina Rivera Arroyo, project assistant (b. 1998, San Juan, Puerto Rico); Gabriela Díaz Ortíz, project assistant (b. 1997, Dorado, Puerto Rico). Current members, front row, from left to right: Valeria A. Méndez Rosado, project assistant (b. 1999, Cayey, Puerto Rico); Raysa Raquel Rodríguez García, codirector/founder (b. 1995, Carolina, Puerto Rico); Sharon "Chachi" González Colón, codirector/founder (b. 1995, Santurce, Puerto Rico); Alondra Coral Martínez Ortíz, project assistant (b. 2003, Humacao, Puerto Rico); Zack López Ortiz, intern (b. 2000, Humacao, Puerto Rico).

Colectivo Moriviví es un colectivo liderado por mujeres que produce arte público y arte-activismo desde 2013. Centrando los problemas sociales, su trabajo refleja las diversas narrativas de las personas puertorriqueñas en el archipiélago y la diáspora. Mientras estudiaban en la Escuela Central Especializada de Bellas Artes en Santurce, Puerto Rico, el colectivo comenzó como ocho estudiantes de secundaria. Más de una década después, han completado más de cuarenta murales en Puerto Rico, los Estados Unidos y en el extranjero, en Australia y China.

Miembros actuales, fila trasera, de izquierda a derecha: Patricia Victoria Rivera Vega, asistente de proyecto (nacida en 1996, Humacao, Puerto Rico); Ana Carolina Rivera Arroyo, asistente de proyecto (nacida en 1998, San Juan, Puerto Rico); Gabriela Díaz Ortíz, asistente de proyecto (nacida en 1997, Dorado, Puerto Rico). Miembros actuales, fila delantera, de izquierda a derecha: Valeria A. Méndez Rosado, asistente de proyecto (nacida en 1999, Cayey, Puerto Rico); Raysa Raquel Rodríguez García, codirectora/fundadora (nacida en 1995, Carolina, Puerto Rico); Sharon "Chachi" González Colón, codirectora/fundadora (nacida en 1995, Santurce, Puerto Rico); Alondra Coral Martínez Ortíz, asistente de proyecto (nacida en 2003, Humacao, Puerto Rico); Zack López Ortiz, pasante (nacido en 2000, Humacao, Puerto Rico).

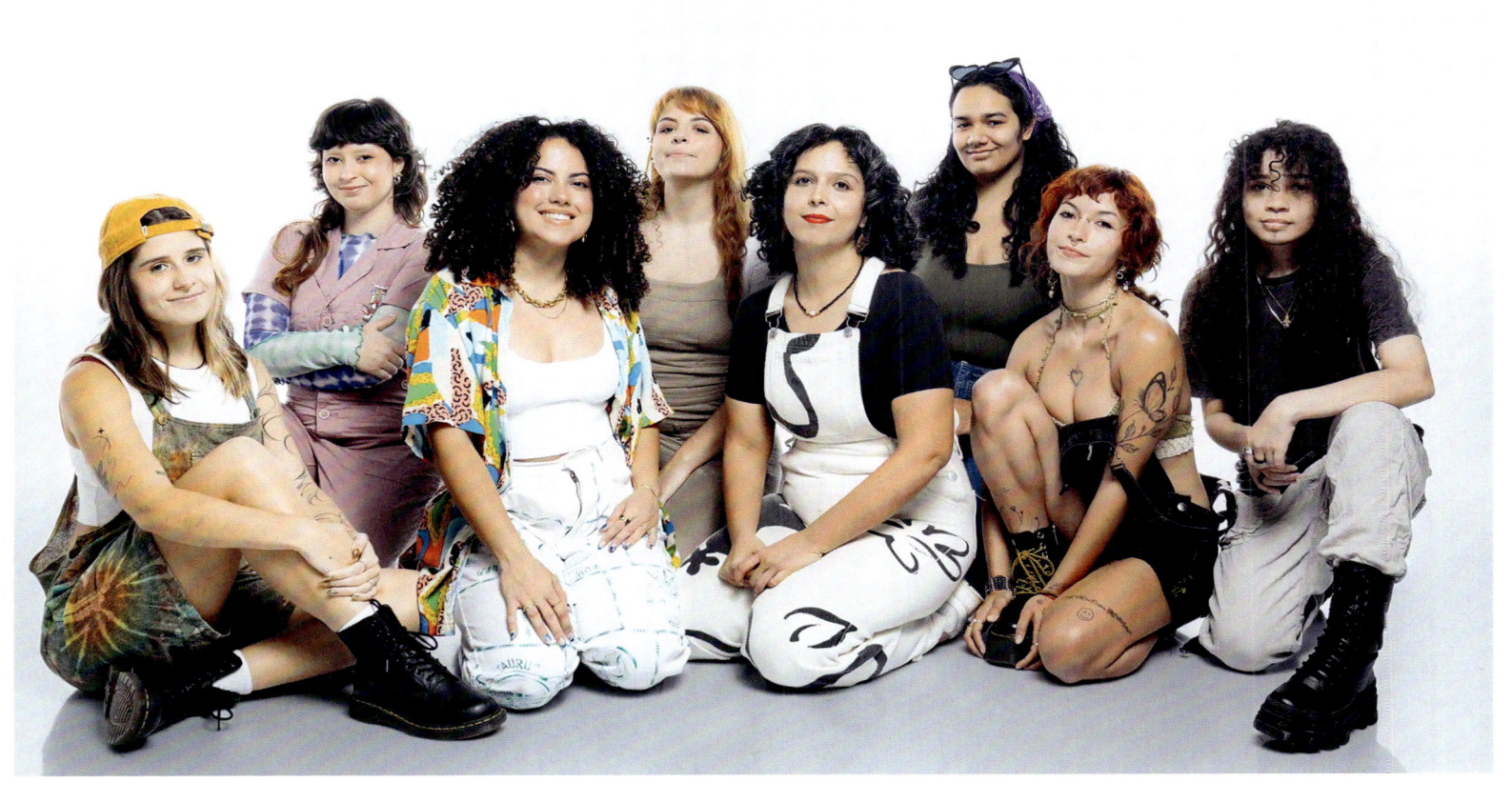

Javier Orfón

"My work is informed by topophilia, a strong sense of place that encompasses the sensations and aesthetic experiences bound to a particular space. For me, this space is where I grew up in the central east, as well as different corners, of the Puerto Rican archipelago. My knowledge and connection to a site guides my multidisciplinary research across ecological, geographical, anthropological, architectural, and oral histories. I employ different materials and references to create an atemporal archaeological action about the site under study. Through my work, I further explore the human condition, nature, the anthropogenic impact, memory, otherness, landscape, and globalization."

"Mi obra está informada por la topofilia, un fuerte sentido del lugar que abarca las sensaciones y experiencias estéticas vinculadas a un espacio particular. Para mí, este espacio es donde crecí en el centro este, así como diferentes rincones del archipiélago puertorriqueño. Mi conocimiento y conexión con un sitio guía mi investigación multidisciplinaria en torno a historias ecológicas, geográficas, antropológicas, arquitectónicas y orales. Empleo diferentes materiales y referencias para crear una acción arqueológica atemporal sobre el sitio en estudio. A través de mi trabajo, exploro más a fondo la condición humana, la naturaleza, el impacto antropogénico, la memoria, el otro, el paisaje y la globalización".

Javier Orfón, *Tratado de muchas cuevas* (Treatise of Many Caves) (detail of *Retrato de* [Portrait of] *Alice, Evarista, Nydia, and Esther*; full image on following spread), 2018–19. Antillean pottery, found objects, artist made table, dimensions variable, table: 16 × 79½ × 31 in. (40.6 × 201.9 × 78.7 cm). Courtesy the artist and Hidrante, San Juan.

Javier Orfón, *Tratado de muchas cuevas* (detalle de *Retrato de Alice, Evarista, Nydia y Esther*; obra de arte completa en el pliego siguiente), 2018–19. Alfarería antillana, objetos encontrados, mesa de artista, dimensiones variables, mesa: 16 × 79½ × 31 in. (40.6 × 201.9 × 78.7 cm). Cortesía del artista e Hidrante, San Juan.

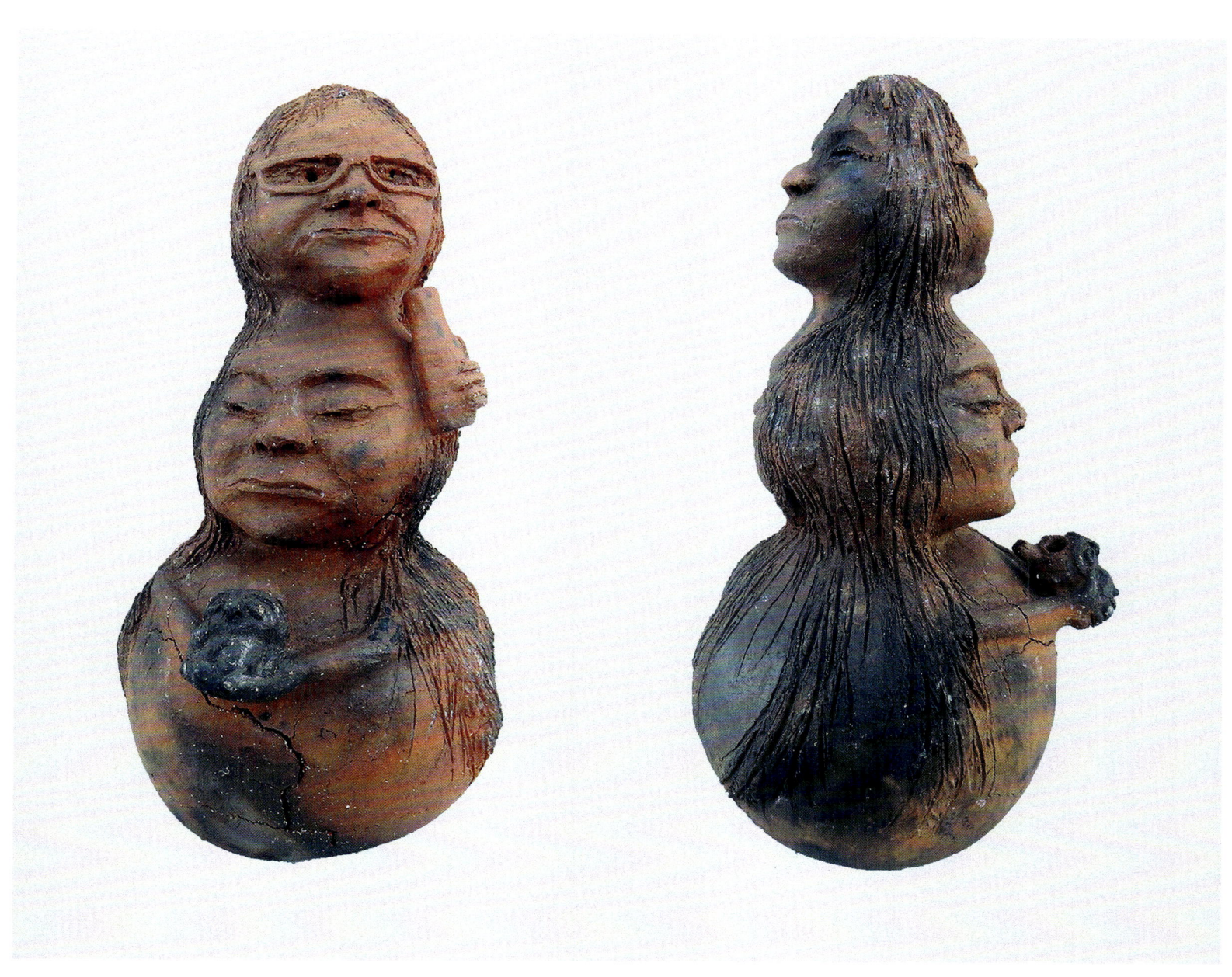

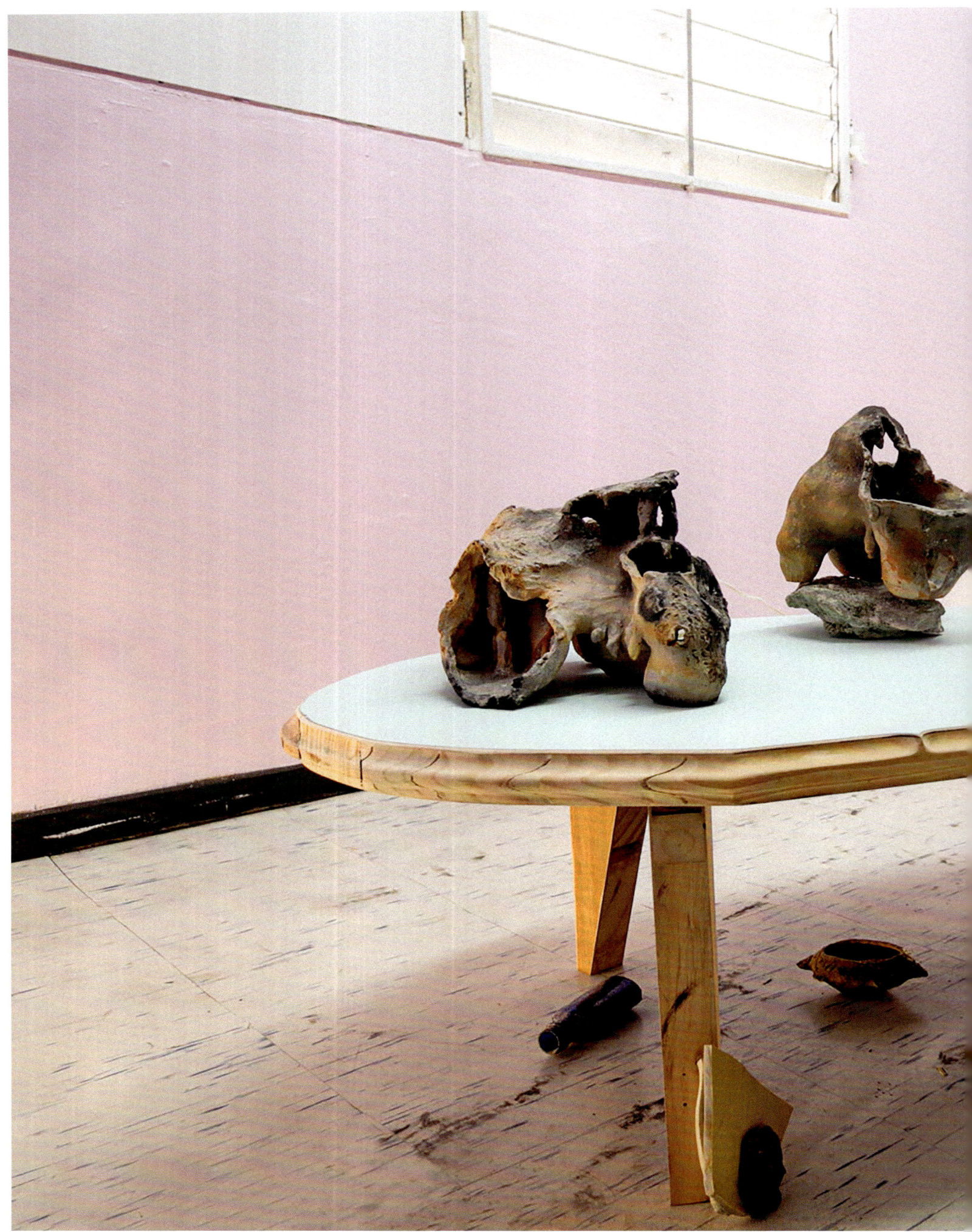

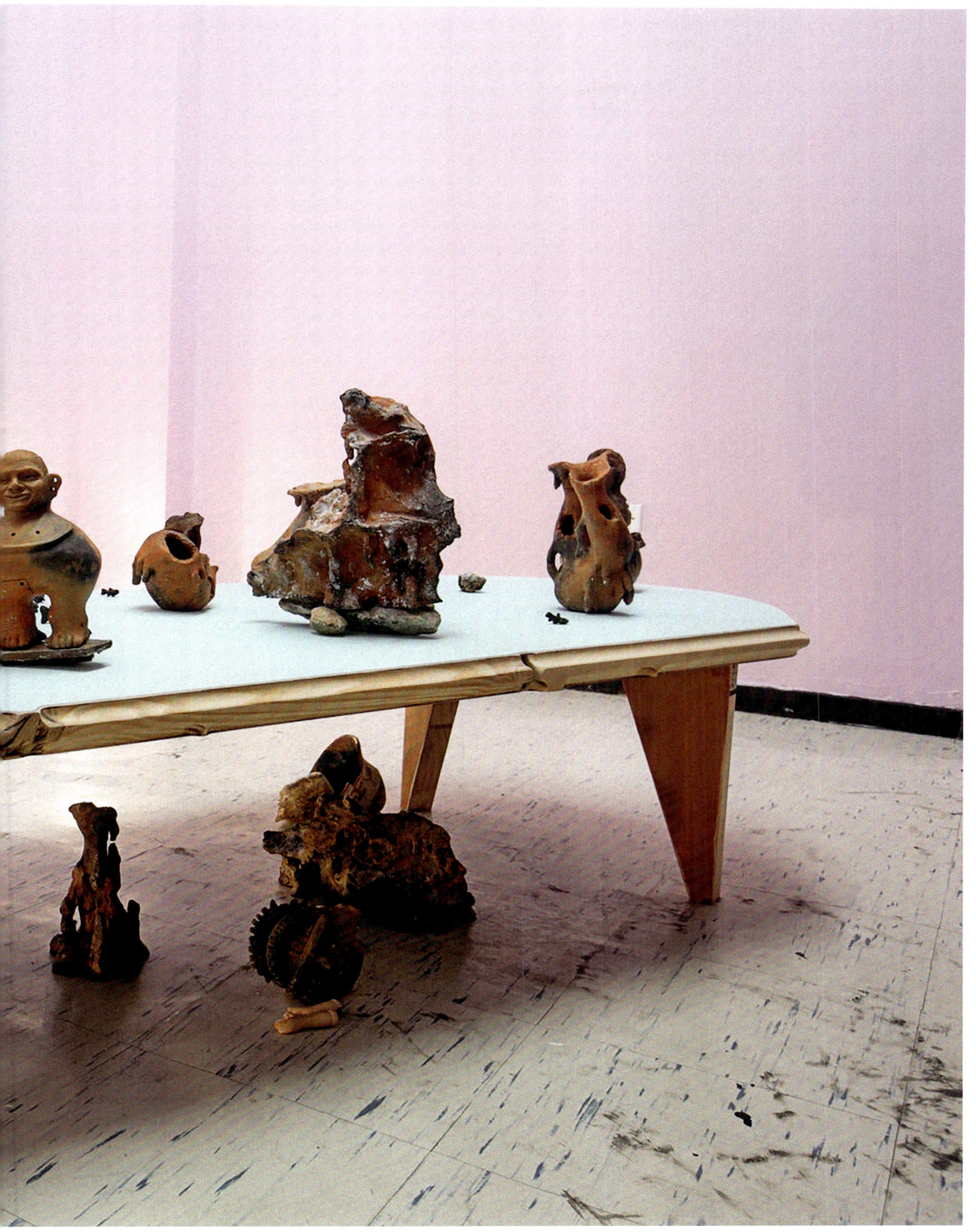

Javier Orfón (b. 1989, Caguas, Puerto Rico) earned a BFA in sculpture from the University of Puerto Rico, Río Piedras, in 2013. His work has been exhibited at ARCO Madrid; Colorado Springs Fine Arts Center; Ana Mas Projects, Barcelona; Hidrante, San Juan; Museo de Arte Contemporáneo de Puerto Rico, San Juan; and the Whitney Museum of American Art, New York, among others. He participated in the Skowhegan School of Painting & Sculpture in 2022 and was a 2023 recipient of a Joan Mitchell Fellowship.

Javier Orfón (nacido en 1989, Caguas, Puerto Rico) obtuvo un BFA en escultura de la Universidad de Puerto Rico, Río Piedras, en 2013. Su obra ha sido exhibida en ARCO Madrid; Colorado Springs Fine Arts Center; Ana Mas Projects, Barcelona; Hidrante, San Juan; Museo de Arte Contemporáneo de Puerto Rico, San Juan y el Whitney Museum of American Art, Nueva York, entre otros. Participó en la Skowhegan School of Painting & Sculpture en 2022 y fue galardonado con un Joan Mitchell Fellowship en 2023.

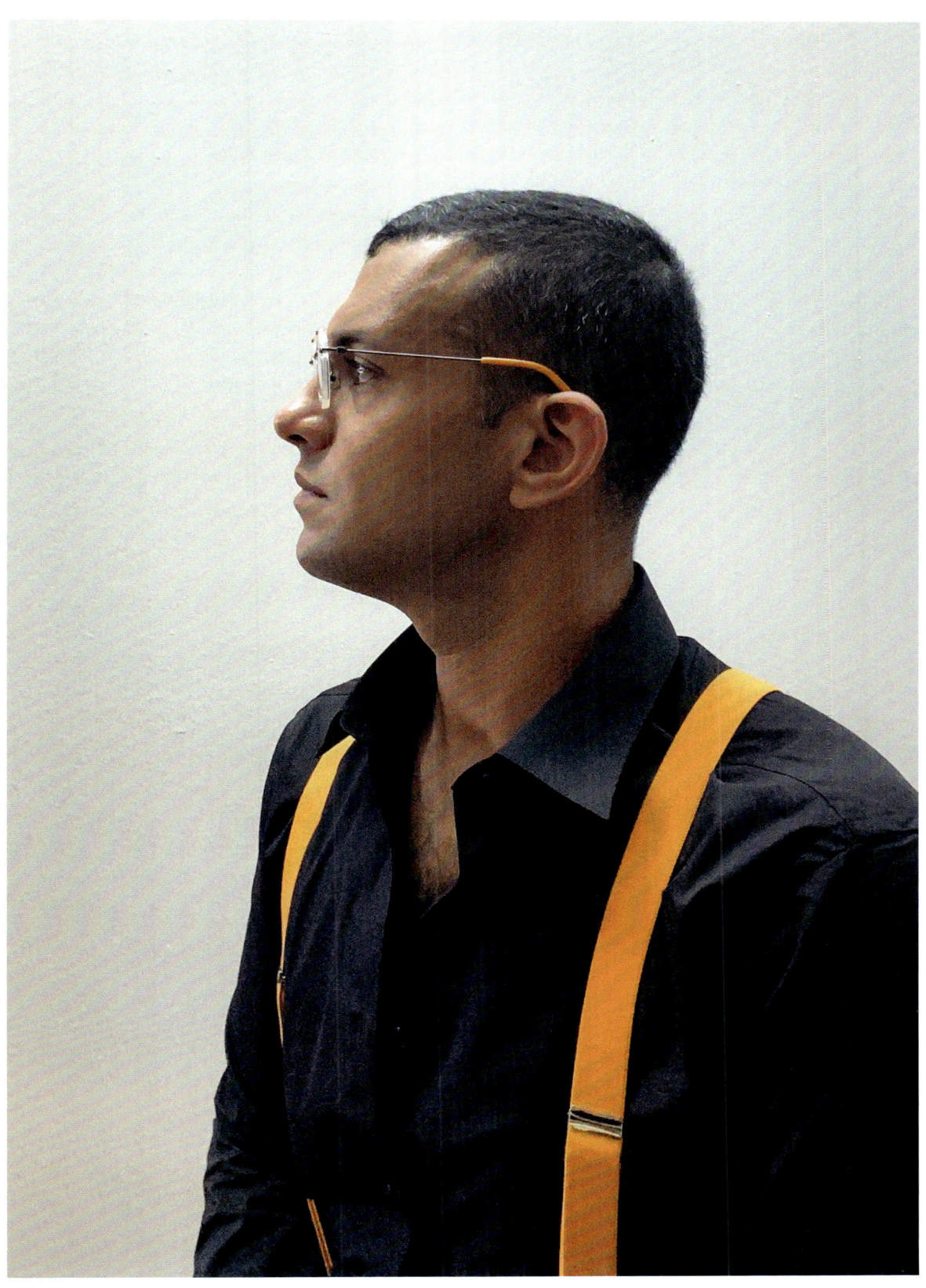

Josué Pellot

Temporary Allegiance reexamines the evolving relationship between Puerto Rico and the United States, reflecting on colonialism, nationalism, and shifting identities. Originally installed in 2007 in Puerto Rico, this edition—a smaller-scale replica—takes on new significance in 2024 and 2025 as Puerto Rico faces an accelerating wave of gentrification, reminiscent of Hawai`i's transformation.

As an installation, every aspect of *Temporary Allegiance*—from scale to site—shapes its impact. This edition, removed from its original context, offers a nuanced reading, inviting reflection on how history repeats and reconfigures itself. The fifty-one-star flag, once a speculative symbol of Puerto Rico's political paradox, now resonates differently in an era where cultural and economic forces continue to redefine sovereignty, belonging, and displacement.

Temporary Allegiance (Lealtad temporal) reexamina la relación evolutiva entre Puerto Rico y los Estados Unidos, reflexionando sobre el colonialismo, el nacionalismo y las identidades en cambio. Originalmente instalada en 2007 en Puerto Rico, esta edición—una réplica a escala más pequeña—adquiere un nuevo significado en 2024 y 2025, mientras Puerto Rico enfrenta una ola acelerada de gentrificación, reminiscentes de la transformación de Hawai`i.

Como instalación, cada aspecto de *Temporary Allegiance* (Lealtad temporal)—desde la escala hasta el sitio—moldea su impacto. Esta edición, alejada de su contexto original, ofrece una lectura matizada, invitando a la reflexión sobre cómo la historia se repite y se reconfigura. La bandera de cincuenta y una estrellas, una vez un símbolo especulativo de la paradoja política de Puerto Rico, ahora resuena de manera diferente en una era donde las fuerzas culturales y económicas siguen redefiniendo la soberanía, la pertenencia y el desplazamiento.

Josué Pellot, *Temporary Allegiance*, 2007. Nylon, 116 × 69 in. (294.6 × 175.2 cm). Courtesy the artist.

Josué Pellot, *Temporary Allegiance* (Lealtad temporal), 2007. Nilón, 116 × 69 in. (294.6 × 175.2 cm). Cortesía del artista.

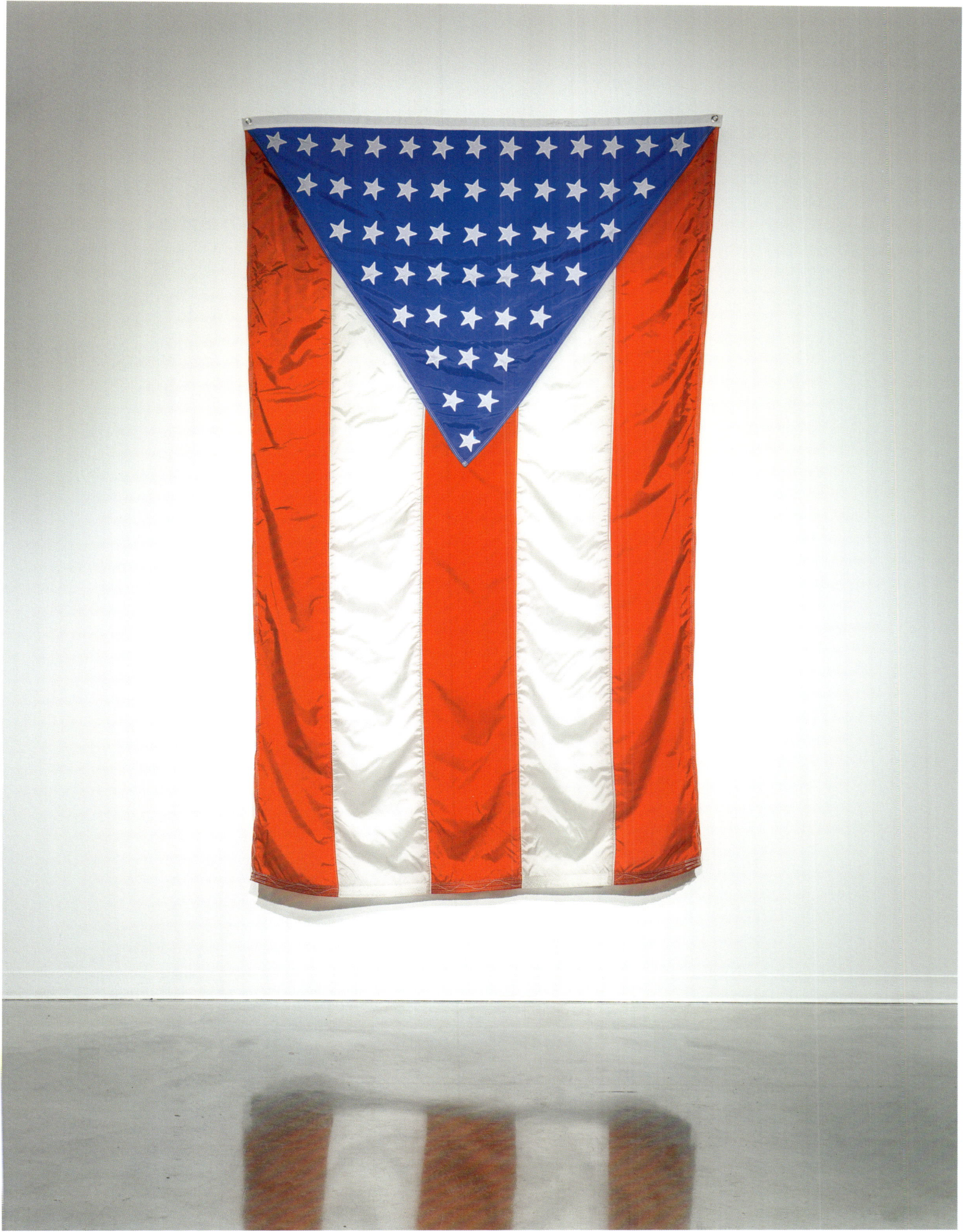

Josué Pellot (b. 1979, Mayagüez, Puerto Rico) is a Chicago-based conceptual artist, originally from Aguadilla, Puerto Rico, who engages social critique, politics, and humor through painting, sculpture, and video. He received his BFA from the University of Illinois Chicago and his MFA from Northwestern University. His work has been exhibited at the Chicago Cultural Center; the Contemporary Art Society, London; and the Museo de Arte de Caguas, Puerto Rico, among others.

Josué Pellot (nacido en 1979, Mayagüez, Puerto Rico) es un artista conceptual radicado en Chicago, originario de Aguadilla, Puerto Rico, que aborda la crítica social, la política y el humor a través de la pintura, la escultura y el video. Obtuvo su BFA de la University of Illinois Chicago y su MFA de la Northwestern University. Su trabajo ha sido exhibido en el Chicago Cultural Center; el Contemporary Art Society, Londres y el Museo de Arte de Caguas, Puerto Rico, entre otros.

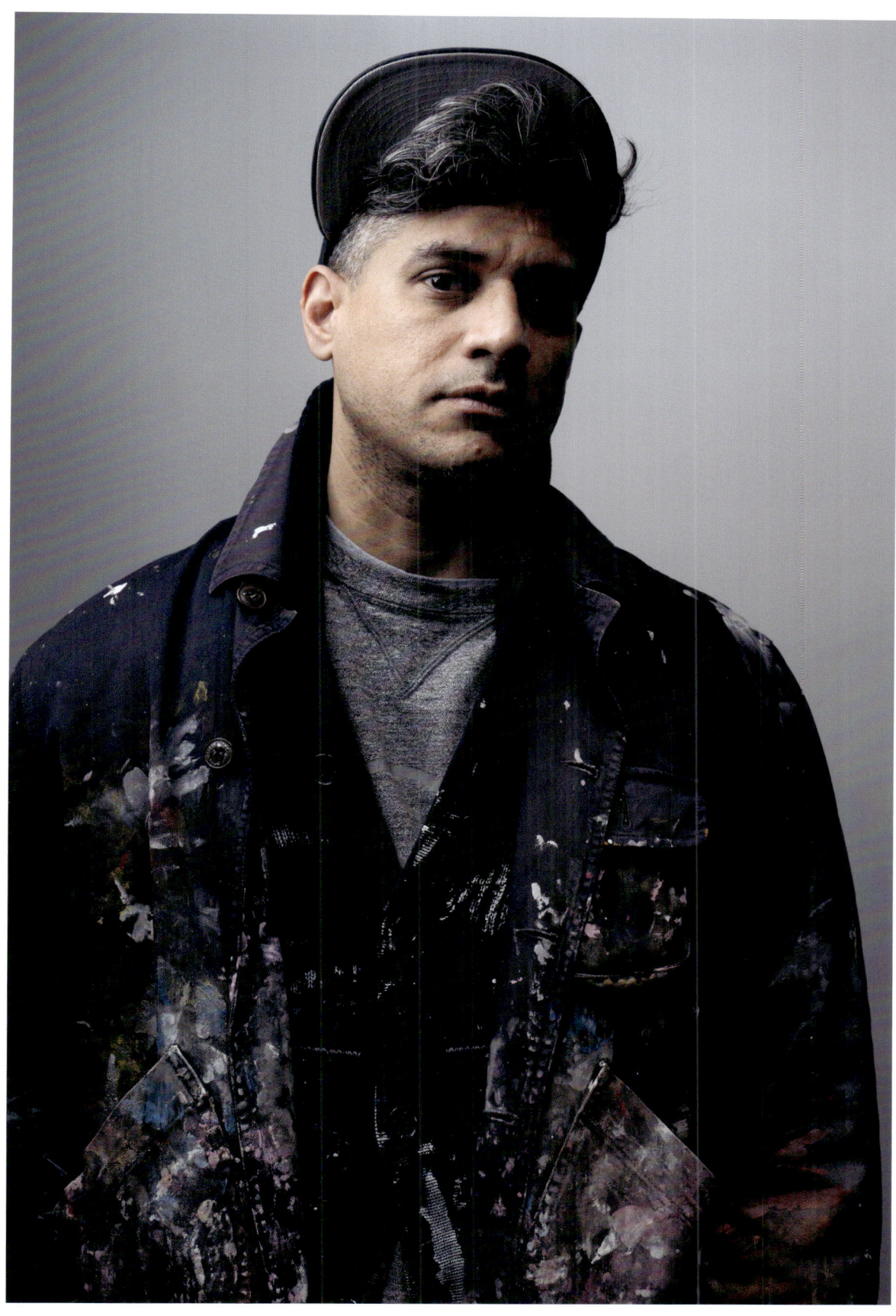

Joey Quiñones

"*De Colores (Blanca, Morena, India, Trigueña, Prieta, Negra)* (Of Colors [White, Brown, Indian, Tan-Skinned, Dark-Skinned, Black]) is an autobiographical work using the cast form of the *Topsy Turvy* doll to explore what it means to be placed in a racial hierarchy. Depending on where I stand, I can be seen as both and neither—Black and Puerto Rican, a woman and queer. In response, my work often engages with domestic objects to consider how narratives of family and womanhood are complicated by a legacy of slavery and racism in the United States and the Caribbean. I use mold-making as a metaphor for filling in the blanks of history. Much like an ancestral lineage, a mold creates a copy from an original. When liquid is poured into a cavity and left to harden, it results in an object that is solid on the surface and hollow on the inside—an apt metaphor for the impossible pursuit of charting identity."

"*De Colores (Blanca, Morena, India, Trigueña, Prieta, Negra)* es una obra autobiográfica que utiliza la forma de la muñeca *Topsy Turvy* para explorar lo que significa ser colocado en una jerarquía racial. Dependiendo de dónde me encuentre, puedo ser vista como ambas cosas y como ninguna—negra y puertorriqueña, mujer y cuir. En respuesta, mi obra a menudo interactúa con objetos domésticos para considerar cómo las narrativas de familia y feminidad se complican por el legado de la esclavitud y el racismo en los Estados Unidos y el Caribe. Utilizo la fabricación de moldes como una metáfora para llenar los vacíos de la historia. Al igual que una línea ancestral, un molde crea una copia a partir de un original. Cuando el líquido se vierte en un vacío y se deja endurecer, el resultado es un objeto sólido por fuera y hueco por dentro—una metáfora apropiada para la búsqueda imposible de trazar una identidad".

Joey Quiñones, *De Colores (Blanca, Morena, India, Trigueña, Prieta, Negra)* (Of Colors [White, Brown, Indian, Tan-Skinned, Dark-Skinned, Black]), 2018/2021. Porcelain, tile, wood, and acrylic, 11 × 55 × 15 in. (38.1 × 139.7 × 27.9 cm). Courtesy the artist.

Joey Quiñones, *De Colores (Blanca, Morena, India, Trigueña, Prieta, Negra)*, 2018/2021. Porcelana, azulejos, madera y acrílico, 11 × 55 × 15 in. (38.1 × 139.7 × 27.9 cm). Cortesía del artista.

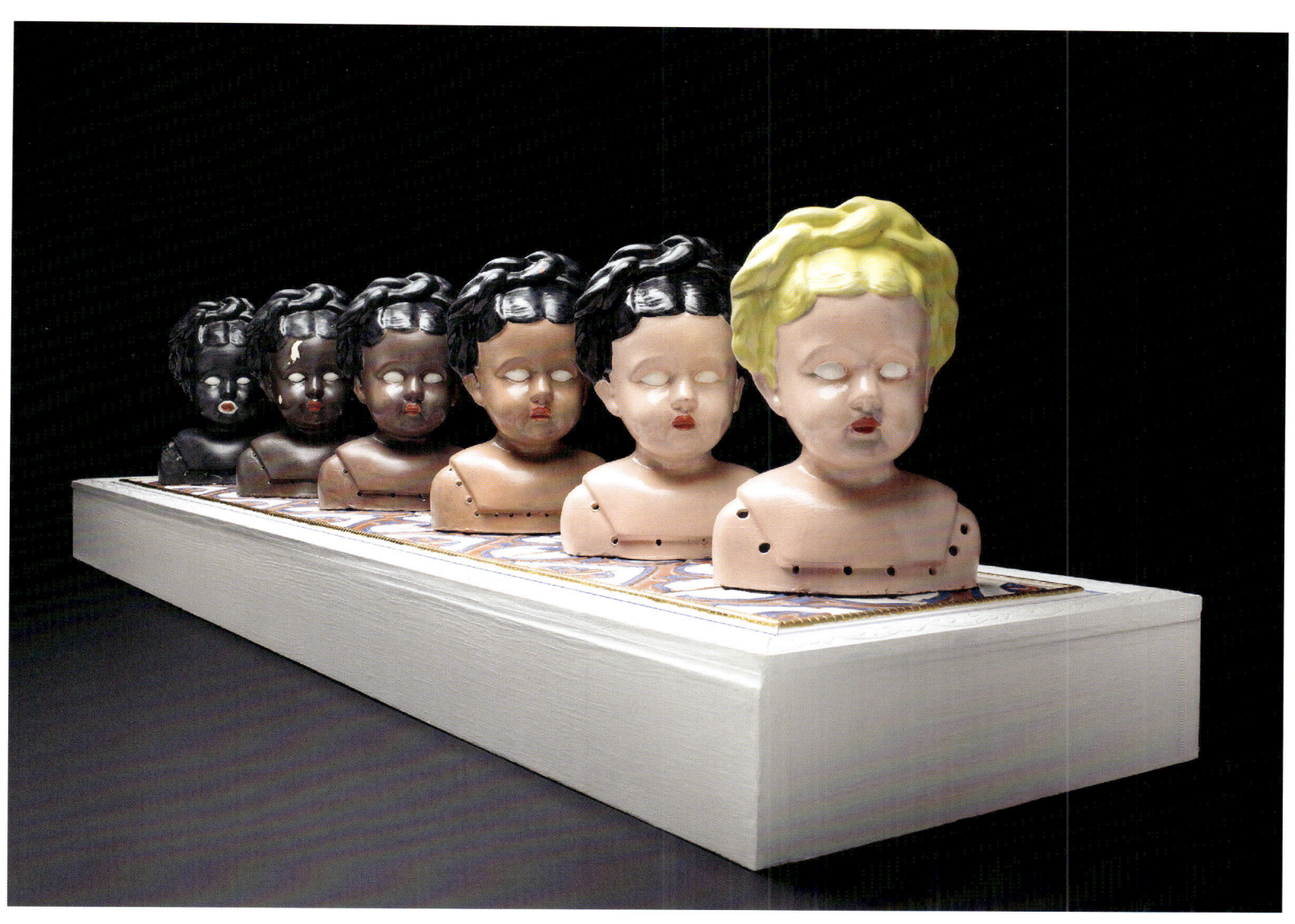

Joey Quiñones (b. 1973, New York, New York) is a sculptor who uses fiber and ceramics to explore queer Afro–Puerto Rican identity. They have an MFA in studio art from Indiana University, Bloomington, and a PhD in English from the University of Iowa. They are currently an artist-in-residence and head of the Fiber Department at Cranbrook Academy of Art.

Joey Quiñones (nacida en 1973, Nueva York, Nueva York) es une escultore que utiliza fibras y cerámica para explorar la identidad cuir y afro-puertorriqueñe. Obtuvo su MFA en arte de estudio en Indiana University, Bloomington y un PhD en inglés de la University of Iowa. Actualmente, es artiste en residencia y jefe del Departamento de Fibra en Cranbrook Academy of Art.

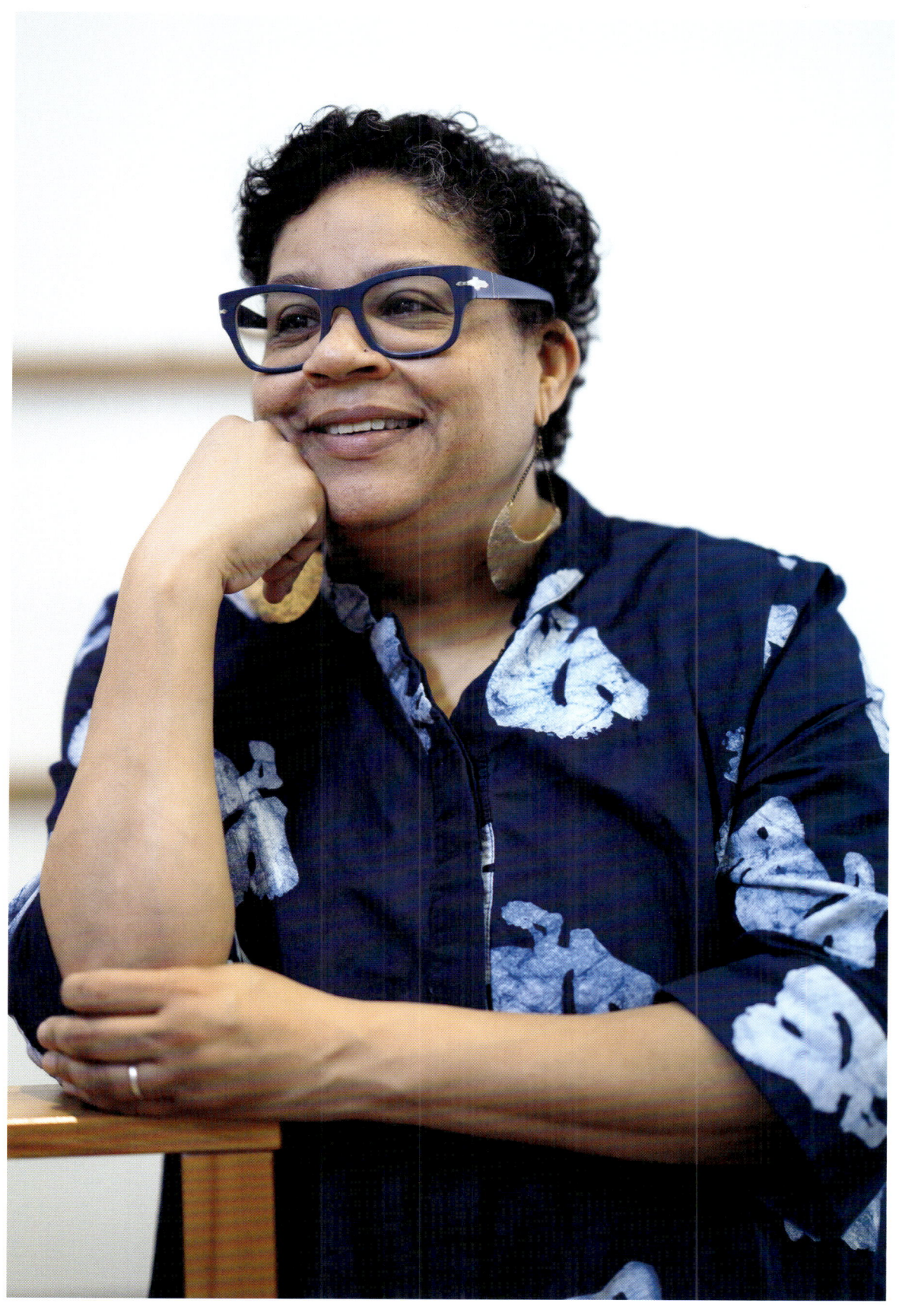

Wanda Raimundi-Ortiz

"My performance portraits were created to combat the dread I felt amid a global pandemic, George Floyd's murder, and the 2020 presidency, all while residing in Florida. The volatility and uncertainty of the times created deep concern for my artistic future in performance, my personal safety, and that of my young Black child. I began to imagine how the wigs from my previous performances could evolve and exist as an extension of myself. Grown from disparate and unstable materials, I reacted to their contorted shapes, adorning them as I would my own body. After several years of unrelenting communal shock and grief, these images address my intense need to take my place among the flora and fauna for sanctuary and reprieve."

"Mis retratos performáticos fueron creados para combatir el temor que sentí en medio de una pandemia global, el asesinato de George Floyd y la presidencia de 2020, todo mientras residía en Florida. La volatilidad e incertidumbre de esos tiempos generaron una profunda preocupación por mi futuro artístico en el performance, mi seguridad personal y la de mi hijo negro pequeño. Comencé a imaginar cómo las pelucas de mis performances anteriores podrían evolucionar y existir como una extensión de mí misma. Crecidas a partir de materiales dispares e inestables, reaccioné a sus formas retorcidas, adornándolas como adornaría mi propio cuerpo. Después de varios años de un *shock* y dolor comunales implacables, estas imágenes abordan mi intenso deseo de tomar mi lugar entre la flora y fauna, en busca de santuario y alivio".

Wanda Raimundi-Ortiz, *Wig Variant #6: Sanctuary series, Nested #1* (performance portrait), 2021. Archival pigment print (wig: hair extensions, spray foam, gold and copper leaf, beads, and Spanish moss), 40 × 30 in. (101.6 × 76.2 cm). Courtesy the artist.

Wanda Raimundi-Ortiz, *Wig Variant #6: Sanctuary series, Nested #1* (performance portrait) [Variante de peluca #6: serie Santuario, Anidado #1 (retrato de performance)], 2021. Impresión de pigmento de archivo (peluca: extensiones de cabello, espuma en spray, pan de oro y cobre, cuentas y musgo), 40 × 30 in. (101.6 × 76.2 cm). Cortesía del artista.

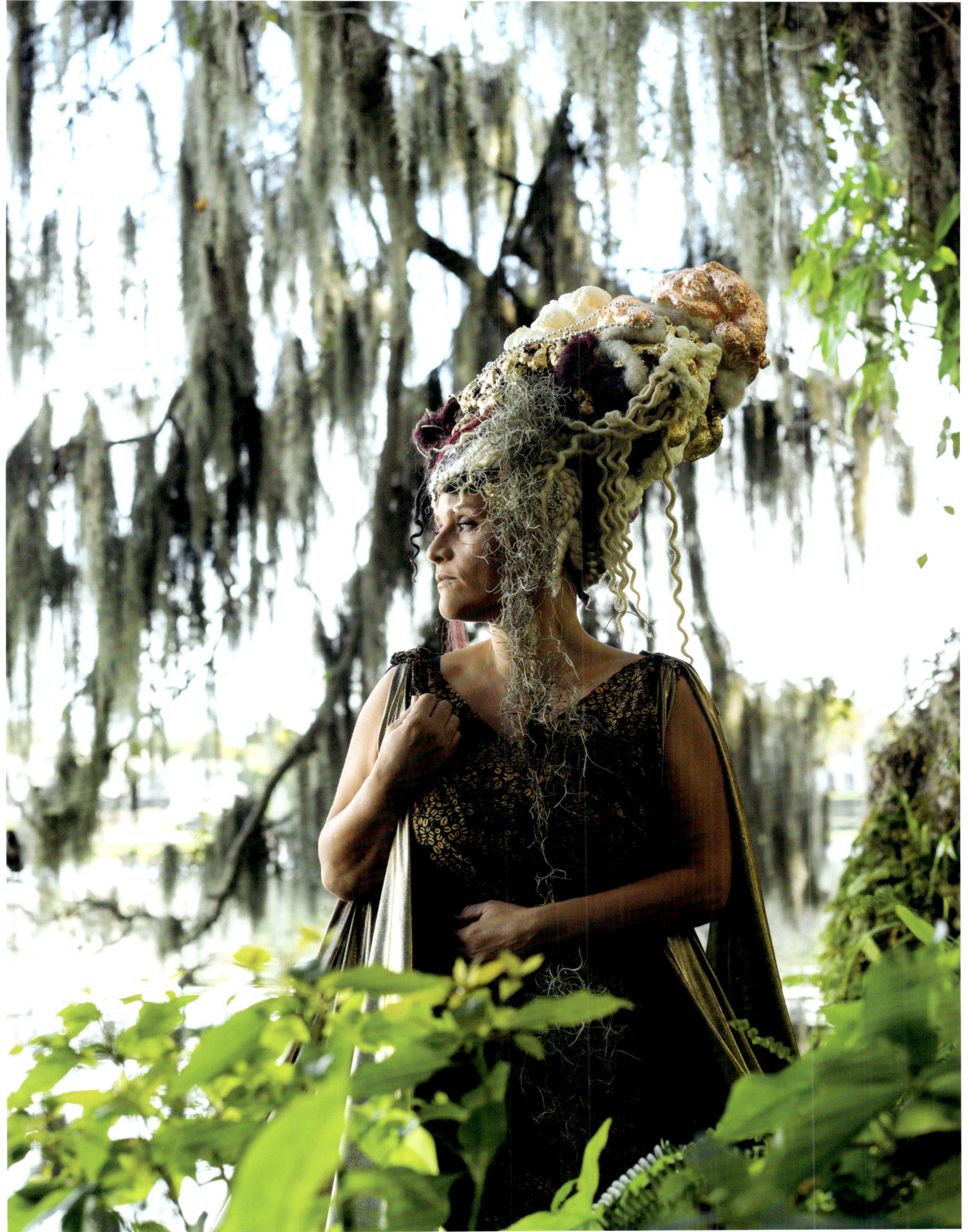

Wanda Raimundi-Ortiz (b. 1973, Bronx, New York) is an artist who addresses bias, trauma, and healing. Her work has been shown at the Smithsonian National Portrait Gallery, National Museum of Women in the Arts, Museum of Arts and Design, Garage Museum Moscow, Museo de Arte de Puerto Rico, San Juan, and the Manifesta and Performa biennials. Raimundi-Ortiz, in collaboration with Mural Arts Philadelphia, is a 2024 recipient of a Pew Center for Arts and Heritage grant in support of *Vamonos pa'l monte* (Let's go to the mountains). Her work has been reviewed by *Art in America*, *The New York Times*, and *The Washington Post*. She holds an MFA from Rutgers University and is a professor at George Mason University.

Wanda Raimundi-Ortiz (nacida en 1973, Bronx, Nueva York) es una artista que aborda temas como el prejuicio, el trauma y la sanación. Su obra ha sido exhibida en el Smithsonian National Portrait Gallery, National Museum of Women in the Arts, Museum of Arts and Design, Garage Museum Moscow, Museo de Arte de Puerto Rico, San Juan y las bienales Manifesta y Performa. Raimundi-Ortiz, en colaboración con Mural Arts Philadelphia, recibió en 2024 una subvención del Pew Center for Arts and Heritage en apoyo de *Vamonos pa'l monte*. Su trabajo ha sido reseñado por *Art in America*, *The New York Times* y *The Washington Post*. Obtuvo su MFA en Rutgers University y actualmente es profesora en George Mason University.

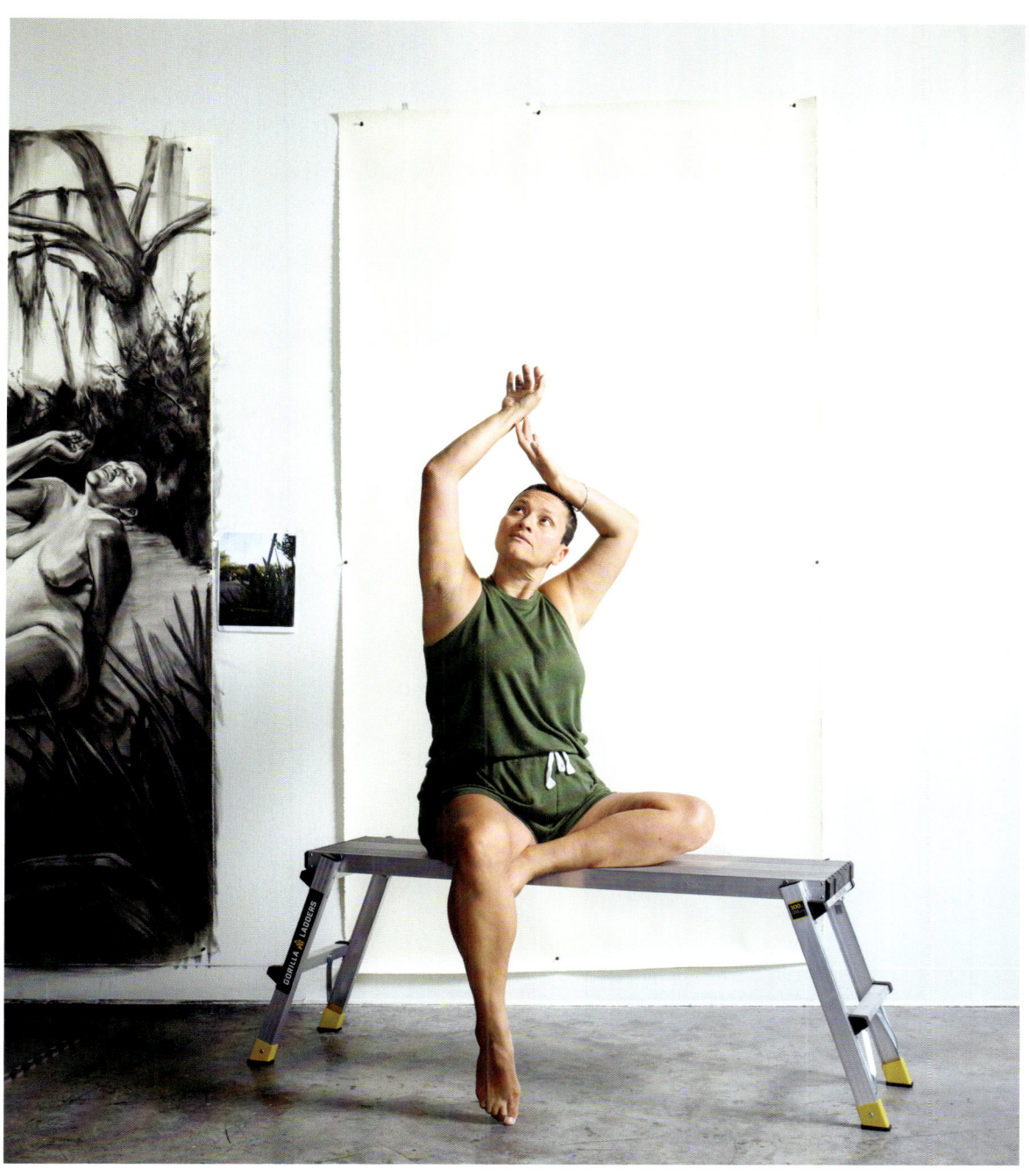

Elizabeth Robles

"For the past four decades my multidisciplinary practice has been based on my intimate relationship with natural and urban environments in Puerto Rico. My work investigates interactions and coexistence between objects, materialities, architecture, and the urban and rural fabric. Migration, displacement, vulnerability, possibilities of transformation, the potential that exists as a constant in movement and change, persistently appear in my art."

"Durante las últimas cuatro décadas, mi práctica multidisciplinaria se ha basado en mi relación íntima con los entornos naturales y urbanos de Puerto Rico. Mi obra investiga las interacciones y la coexistencia entre objetos, materialidades, arquitectura y el tejido urbano y rural. La migración, el desplazamiento, la vulnerabilidad, las posibilidades de transformación, el potencial que existe como constante en el movimiento y el cambio, aparecen persistentemente en mi arte".

Elizabeth Robles, *Fermentación de la lengua* (Fermentation of the Tongue), 2007. Pigmented encaustic on linen, stainless steel fitting, 7½ × 16¾ × 7⅛ in. (19.1 × 42.5 × 18.1 cm). Courtesy the artist.

Elizabeth Robles, *Fermentación de la lengua*, 2007. Encáustica pigmentada sobre lino, accesorios de acero inoxidable, 7½ × 16¾ × 7⅛ in. (19.1 × 42.5 × 18.1 cm). Cortesía del artista.

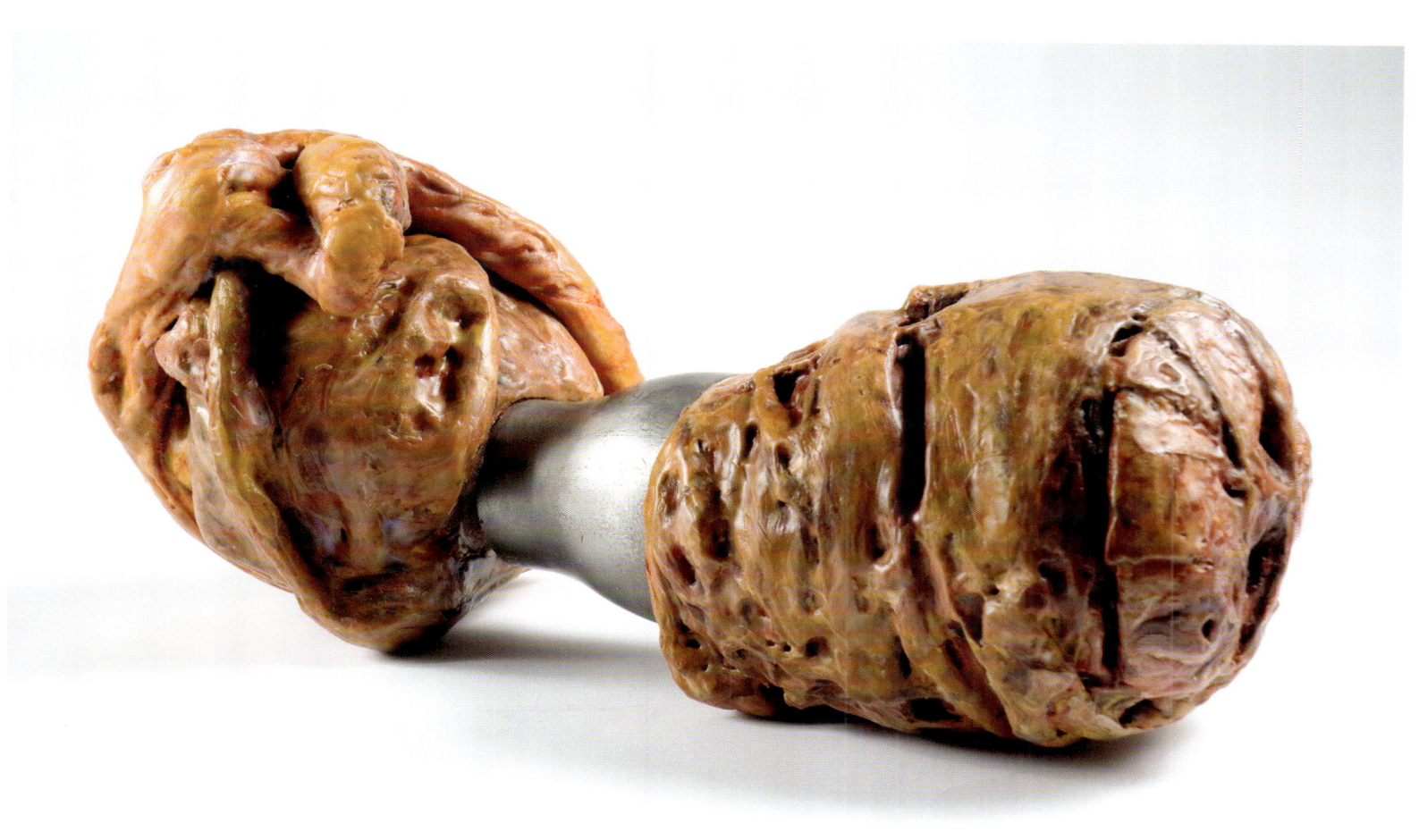

Elizabeth Robles (b. 1960, Camuy, Puerto Rico) was born and raised on the Atlantic coast of Puerto Rico—an environment that grounded her artistic development. Her work has been exhibited in Puerto Rico at the Museo Francisco Oller; El Lobi, San Juan; Hidrante, San Juan; Instituto de Cultura Puertorriqueña; Museo de las Américas; Museo de Arte de Puerto Rico; Museo de Arte Contemporáneo de Puerto Rico; and the San Juan Art League, among others. She is the recipient of Beta-Local's El Serrucho grant, a Pollock-Krasner Foundation grant, and a Lexus Grant for Artists. Select residencies include Marquette University, Milwaukee, Wisconsin; Mana Contemporary, Miami; and The Studios at MASS MoCA, North Adams, Massachusetts. Robles makes her home and studio in the Hato Rey neighborhood of San Juan, Puerto Rico.

Elizabeth Robles (nacida en 1960, Camuy, Puerto Rico) nació y creció en la costa atlántica de Puerto Rico, un entorno que fundamentó su desarrollo artístico. Su trabajo ha sido exhibido en Puerto Rico, en lugares como el Museo Francisco Oller, El Lobi, Hidrante, el Instituto de Cultura Puertorriqueña, el Museo de las Américas, el Museo de Arte de Puerto Rico, el Museo de Arte Contemporáneo de Puerto Rico y la Liga de Arte de San Juan entre otros. Ha recibido becas del programa El Serrucho de Beta-Local, el Pollock-Krasner Foundation y el Lexus Grant for Artists. Entre sus residencias selectas se encuentran Marquette University, Milwaukee, Wisconsin; Mana Contemporary, Miami y The Studios at MASS MoCA, North Adams, Massachusetts. Robles reside y tiene su estudio en el vecindario Hato Rey de San Juan, Puerto Rico.

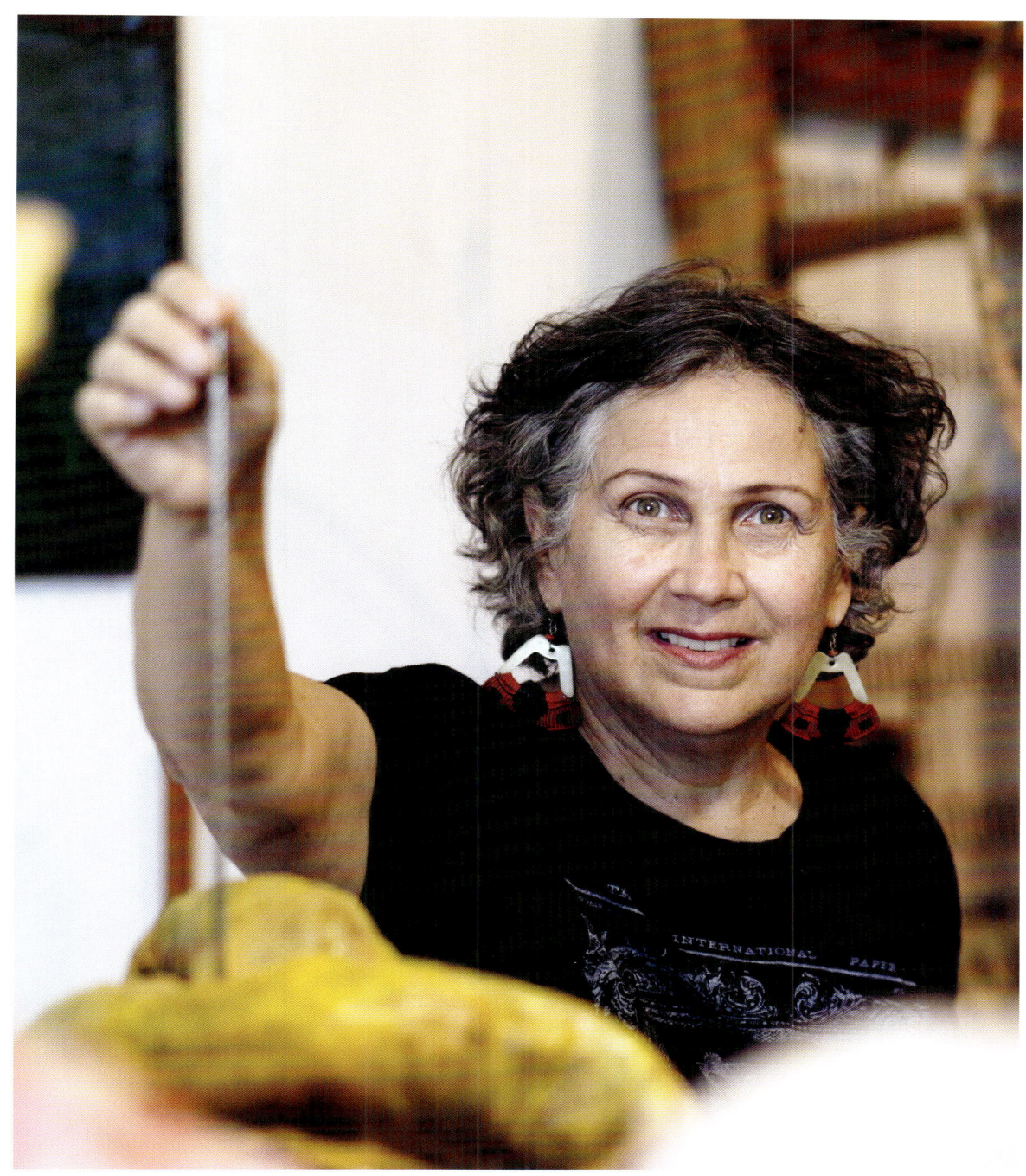

Amber Robles-Gordon

"I began this journey to heal and fight for my five-year-old self and her language. Observing the treatment of Puerto Rico after the severe hurricanes of 2017, and Trump's subsequent presidential term, led me to further contemplate being born in Puerto Rico, living in Washington, DC, for over twenty years, and the historical treatment of the citizens residing in US territories. This series is an abstracted exploration of the historical underpinnings of US colonialism—the intersections of language, culture, institutional racism, and anti-Blackness—and its immeasurable impact within the five inhabited and unincorporated territories."

"Comencé este viaje para sanar y luchar por mi yo de cinco años y su lenguaje. Observar el trato de Puerto Rico tras los severos huracanes de 2017 y el posterior mandato presidencial de Trump, me llevó a reflexionar aún más sobre haber nacido en Puerto Rico, vivir en Washington, DC, durante más de veinte años y el tratamiento histórico de los ciudadanos que residen en los territorios de los Estados Unidos. Esta serie es una exploración abstracta de los cimientos históricos del colonialismo estadounidense—las intersecciones del lenguaje, la cultura, el racismo institucional y la anti-negritud—y su impacto inconmensurable en los cinco territorios habitados y no incorporados".

Amber Robles-Gordon, *Puerto Rico Political I* (recto) and *Puerto Rico Spiritual I* (verso) (recto detail; full image on following spread), from *Successions: Traversing US Colonialism* (2020–21), 2021. Mixed media on quilt, 90 × 104 in. (228.6 × 264.1 cm). 1 of 7 quilts. Courtesy the artist.

Amber Robles-Gordon, *Puerto Rico Political I* (Puerto Rico político I [recto]), *Puerto Rico Spiritual I* (Puerto Rico espiritual I [verso]) (recto detalle; obra de arte completa en el pliego siguiente), de *Successions: Traversing US Colonialism* (Sucesiones: Atravesando el colonialismo estadounidense) (2020–21), 2021. Medios mixtos sobre colcha, 90 × 104 in. (228.6 × 264.1 cm). 1 de 7 colchas. Cortesía del artista.

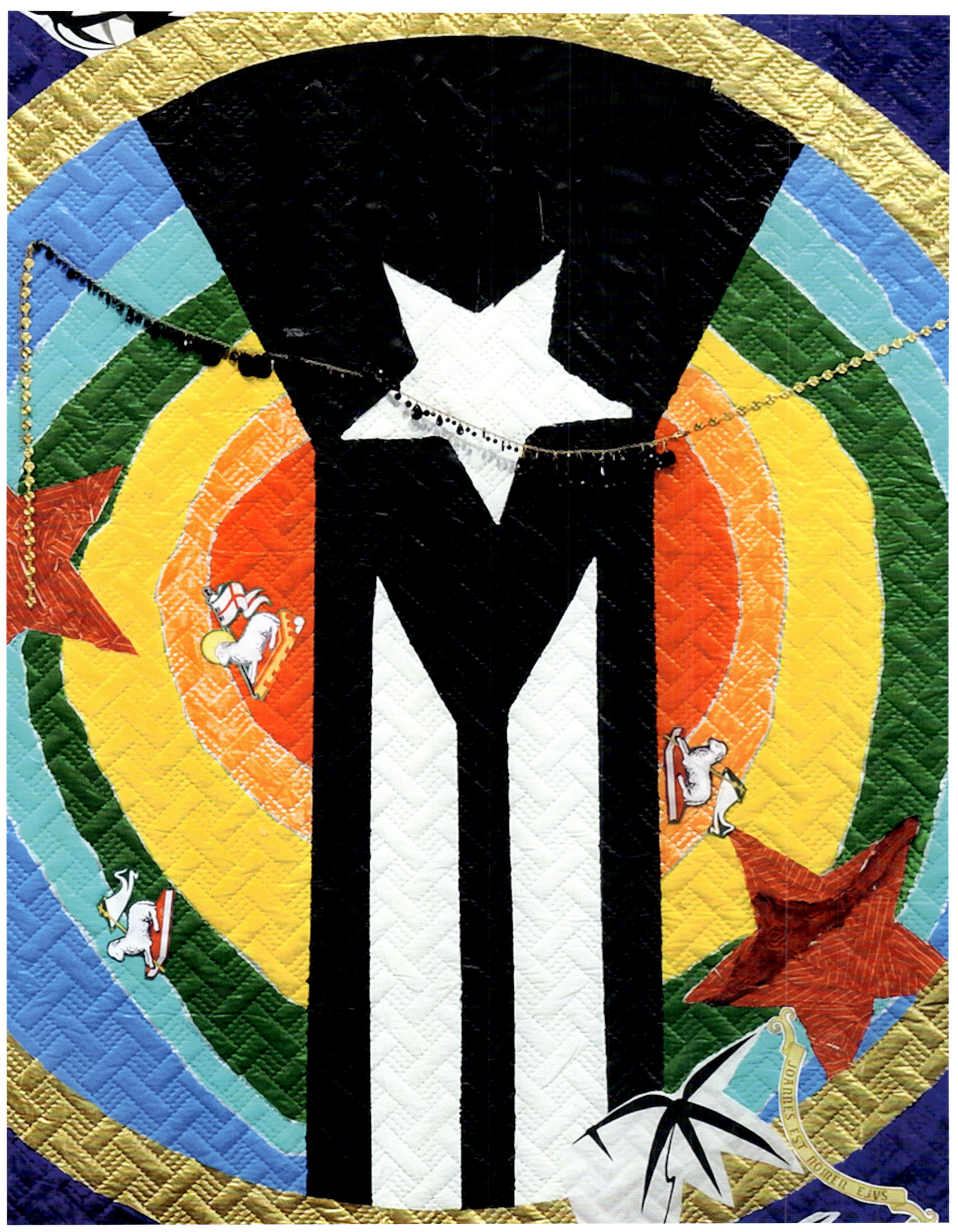

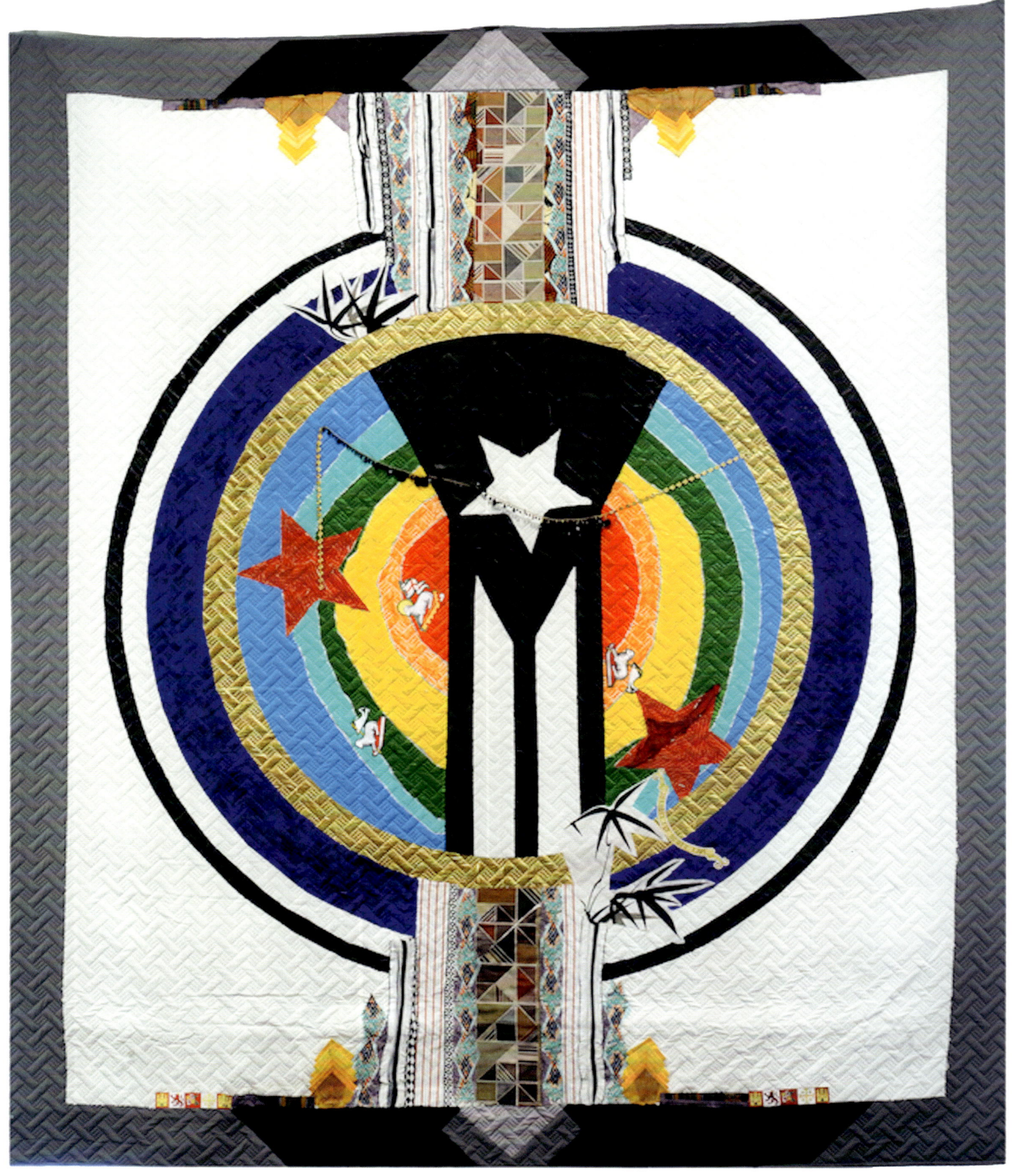

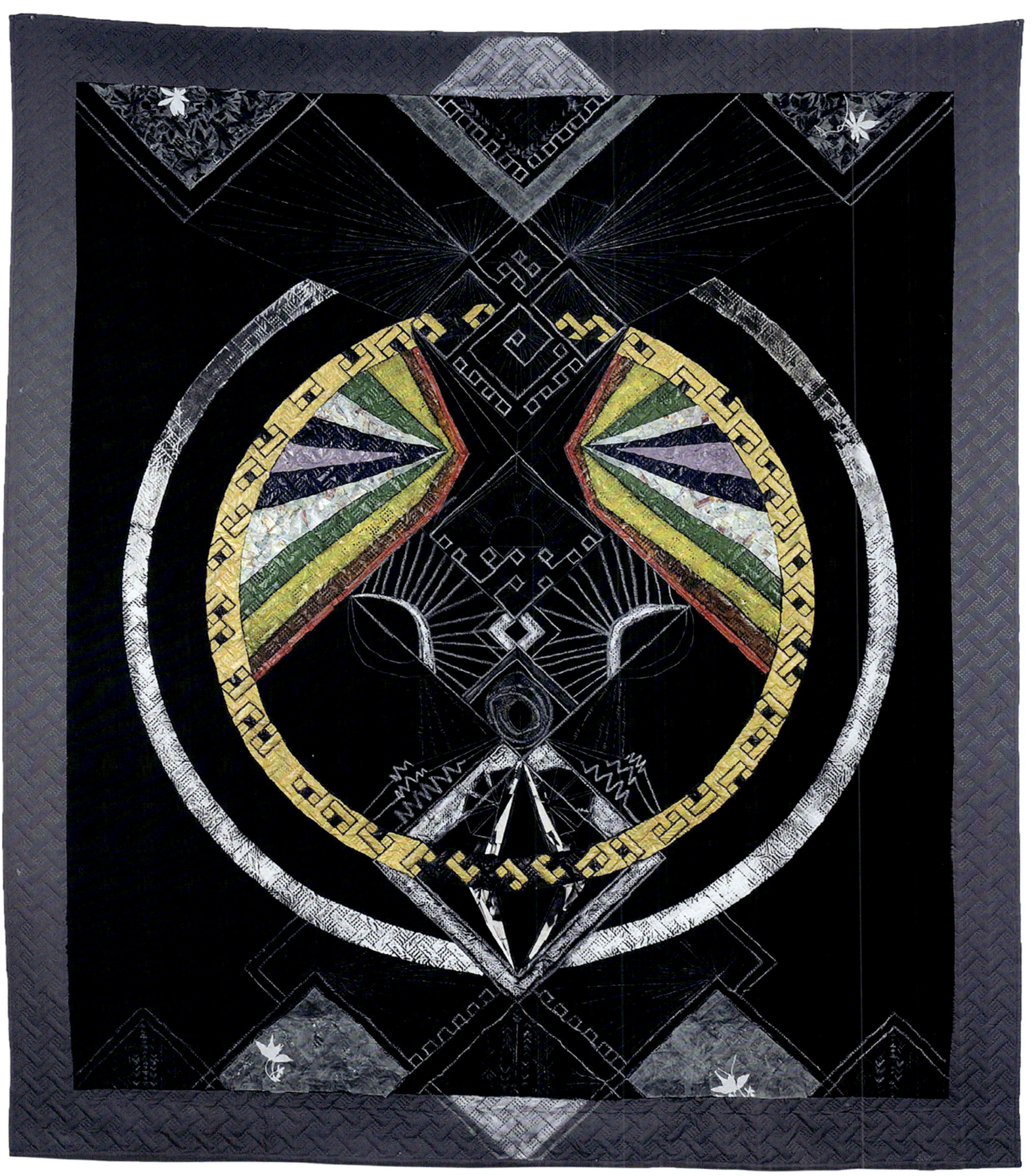

Amber Robles-Gordon (b. 1977, San Juan, Puerto Rico) is an interdisciplinary artist of Puerto Rican and West Indian heritage. She has over twenty years of professional experience through numerous solo and group exhibitions, public art commissions, speaking engagements, curation, and her work as an art educator. She has provided art critique for television and radio stations, museums, universities and colleges, podcasts, art fairs, and private, public, and government arts organizations and institutions. She earned a BS in business administration in 2005 from Trinity University, and an MFA in painting in 2011 from Howard University, Washington, DC. She has exhibited nationally and internationally in Britain, Germany, Italy, Malaysia, and Spain.

Amber Robles-Gordon (nacida en 1977, San Juan, Puerto Rico) es una artista interdisciplinaria de ascendencia puertorriqueña y antillana. Cuenta con más de veinte años de experiencia profesional, que incluyen numerosas exposiciones individuales y colectivas, encargos de arte público, conferencias, curaduría y su trabajo como educadora artística. Ha proporcionado críticas de arte para estaciones de televisión y radio, museos, universidades y colegios, podcasts, ferias de arte y organizaciones e instituciones de arte privadas, públicas y gubernamentales. Obtuvo su BS en administración de empresas en 2005 en Trinity University y su MFA en pintura en 2011 en Howard University, Washington, DC. Ha exhibido su trabajo a nivel nacional e internacional en países como Reino Unido, Alemania, Italia, Malasia y España.

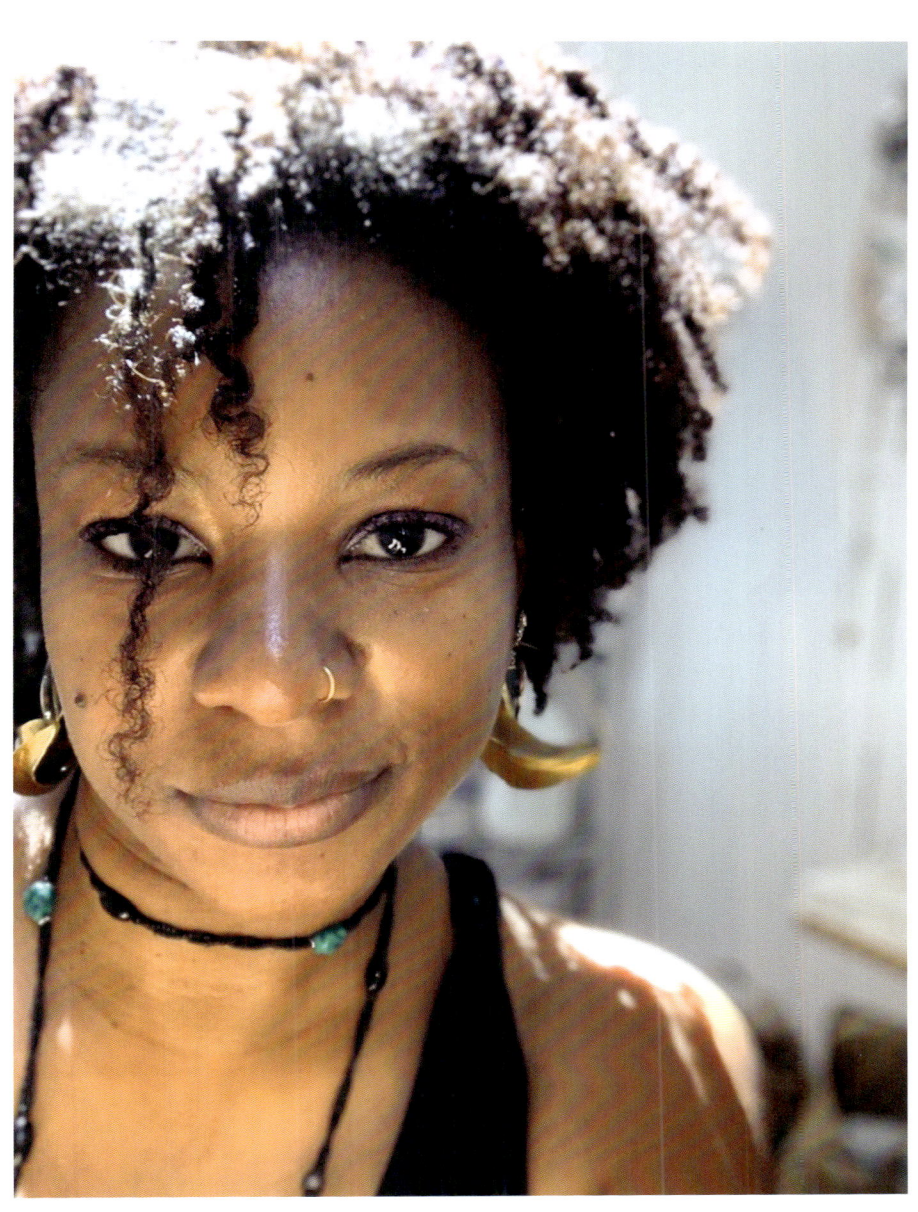

Jezabeth Roca González

Jezabeth Roca González is a multidisciplinary maker and educator working in collaboration with their family. Through multimedia installations, they make use of video, soil, and plants to explore the intimacy of place and the ever-shifting, migratory movement of people between the United States and Puerto Rico. Their practice is invested in generating visual records of generational differences and the cultures and aesthetics of care within their own family dynamics. Combining and contrasting the autobiographical with the speculative, they construct video vignettes and build multiple, parallel realms that question how colonial legacies shape the land, their own cuirness as an abstraction, and the banality of everyday life.

Jezabeth Roca González es une creadore multidisciplinarie y educadore que trabaja en colaboración con su familia. A través de instalaciones multimedios, hace uso de video, tierra y plantas para explorar la intimidad del lugar y el movimiento migratorio siempre cambiante de las personas entre los Estados Unidos y Puerto Rico. Su práctica se dedica a generar registros visuales de las diferencias generacionales y las culturas y estéticas del cuidado dentro de las dinámicas familiares propias. Combinando y contrastando lo autobiográfico con lo especulativo, construye viñetas en video y crea múltiples realidades paralelas que cuestionan cómo los legados coloniales modelan la tierra, su cuirness como abstracción y la banalidad de la vida cotidiana.

Jezabeth Roca González, stills from *House Tour* (adjacent), 2020; *Vortex* (left on following spread), 2022; and *Isla Flotante* (Floating Island) (right on following spread), 2022–25. Single-channel HD video compilation: color, sound, 8:09 minutes. Courtesy the artist.

Jezabeth Roca González, fotogramas de *House Tour* (Recorrido por la casa) (página adyacente), 2020; *Vortex* (Vórtice) (a la izquierda en el pliego siguiente), 2022 y *Isla Flotante* (a la derecha en el pliego siguiente), 2022–25. Compilación de vídeo HD monocanal: color, sonido, 8:09 minutos. Cortesía del artista.

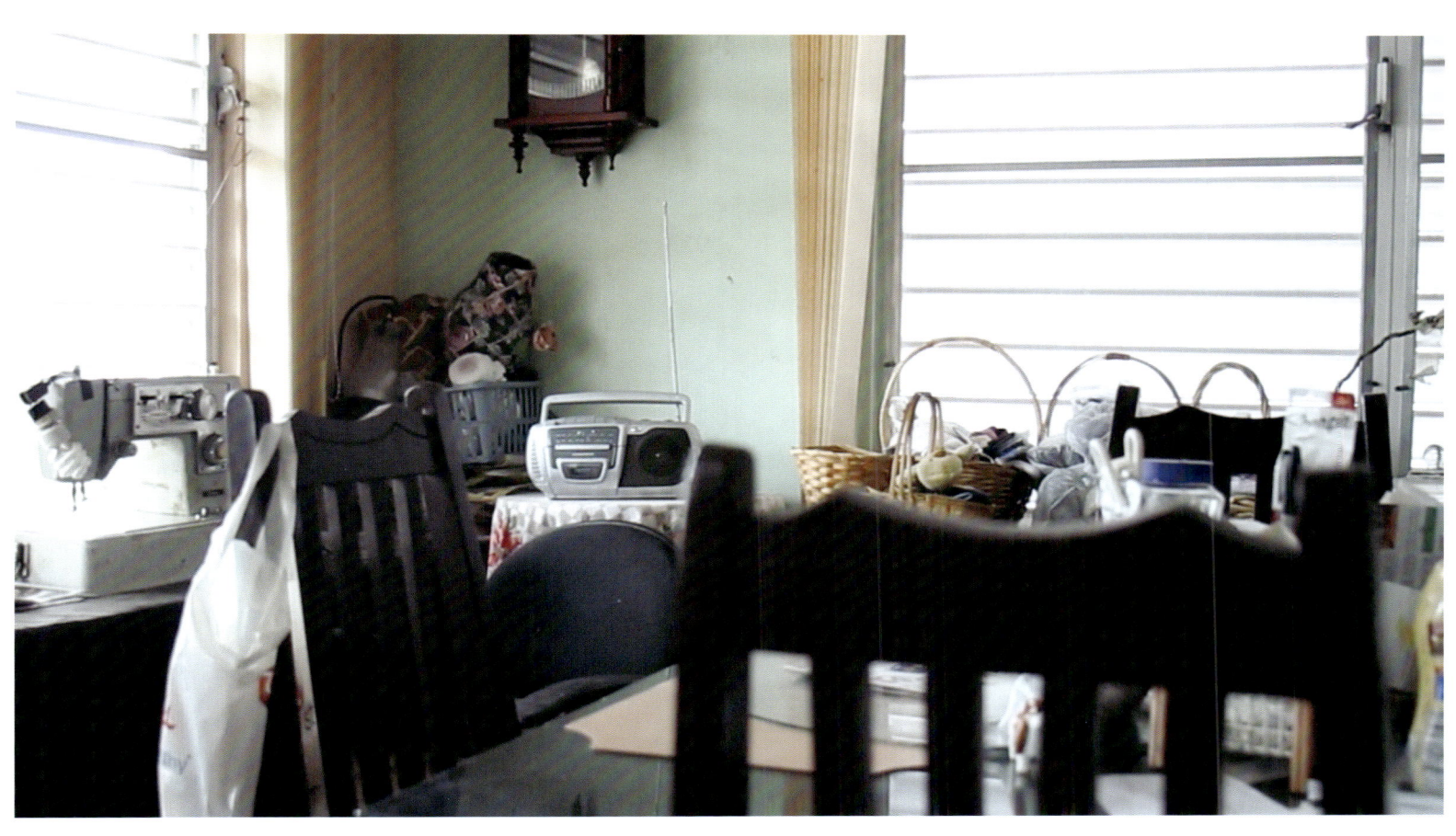

theres something that sucks you in

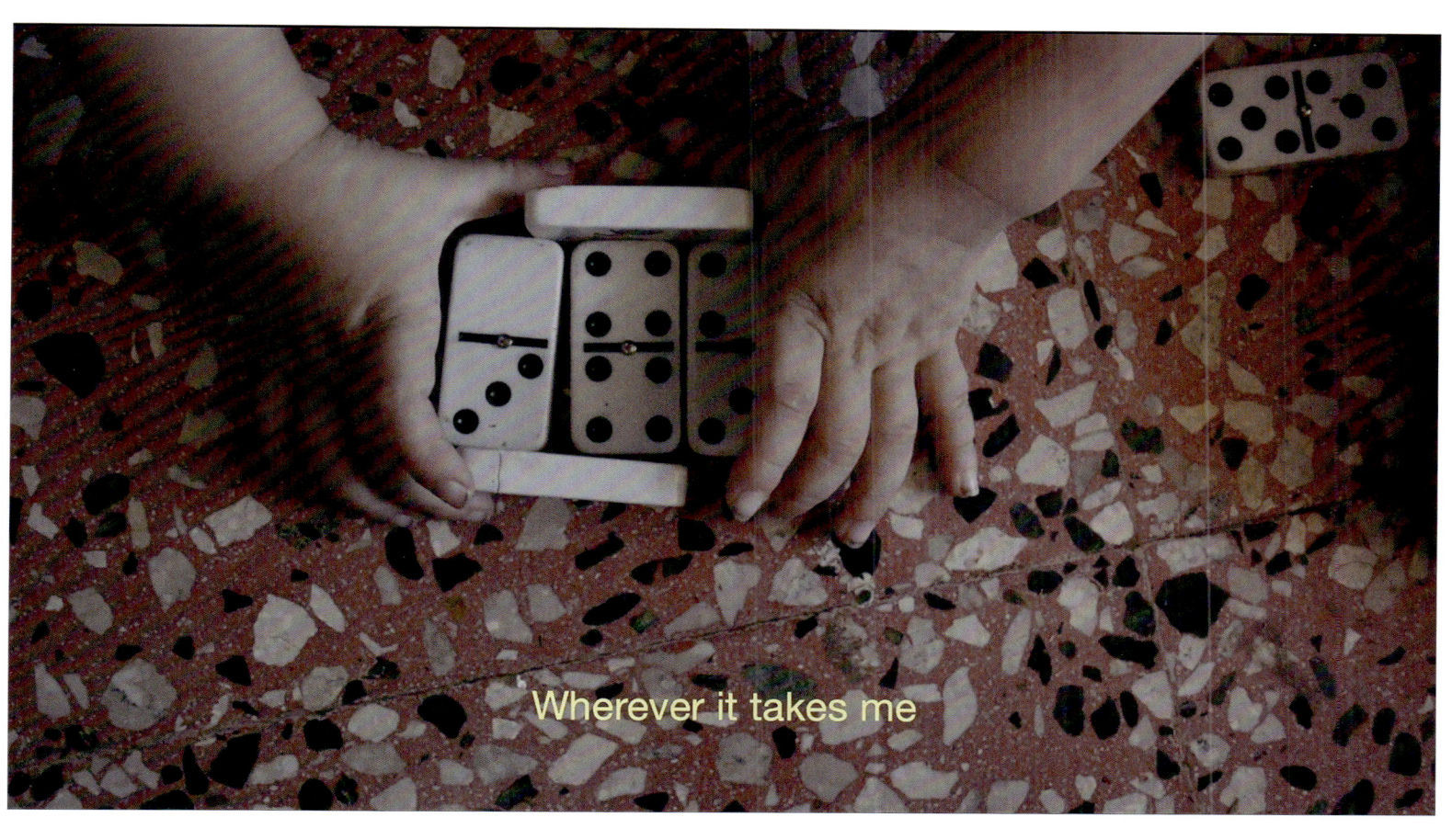

Wherever it takes me

Jezabeth Roca González (b. 1988, Añasco, Puerto Rico) is an instructor of record in film and video at the Maryland Institute College of Art and the Pennsylvania College of Art & Design. They have been awarded numerous residencies, including iLAB at University of the Arts, Philadelphia; Banff Centre for the Arts, Alberta, Canada; Bemis Centre for Contemporary Arts, Omaha, Nebraska; and Feminist Art Collective Artscape, Toronto, Canada. Their work was screened at Documenta 15's Video Caribx in Kassel, Germany, and has been exhibited at Taller Comunidad La Goyco, San Juan; Temple Contemporary, Philadelphia; and Hessel Museum of Art at Bard College, Annandale-on-Hudson, New York.

Jezabeth Roca González (nacide en 1988, Añasco, Puerto Rico) es une instructore de cine y video en el Maryland Institute College of Art y en el Pennsylvania College of Art & Design. Ha recibido numerosas residencias, entre ellas en iLAB en University of the Arts, Filadelfia; Banff Centre for the Arts, Alberta, Canada; Bemis Centre for Contemporary Arts, Omaha, Nebraska y Feminist Art Collective Artscape, Toronto, Canada. Su trabajo fue proyectado en el Video Caribx de Documenta 15 en Kassel, Alemania y ha sido exhibido en el Taller Comunidad La Goyco, San Juan; Temple Contemporary, Filadelfia y Hessel Museum of Art en Bard College, Annandale-on-Hudson, Nueva York.

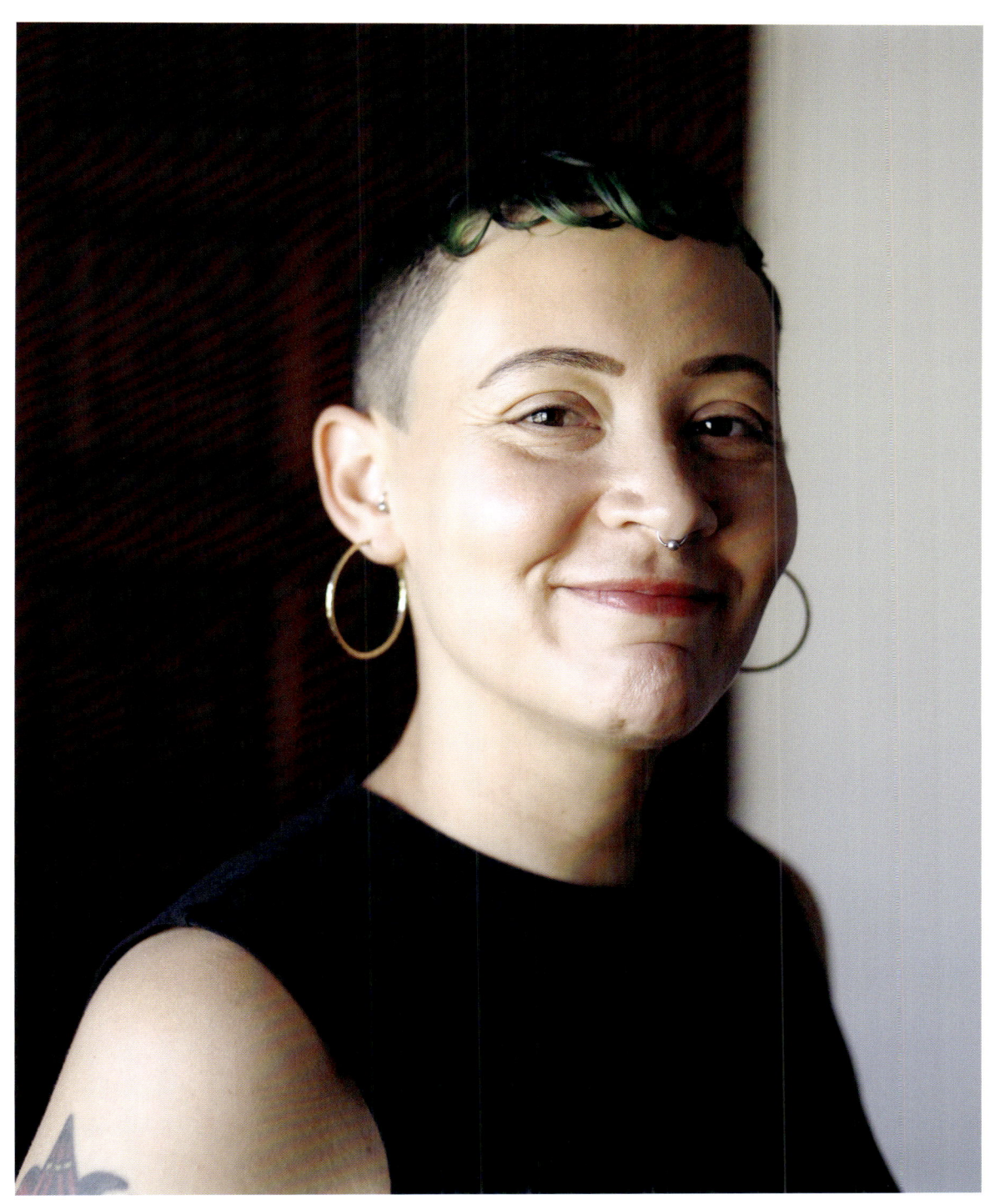

Shellyne Rodriguez

As a steward of the histories and stories of people that have shaped her lived experience, Rodriguez describes her multidisciplinary practice as "the depiction and archiving of spaces and subjects engaged in strategies of survival against erasure and subjugation." She documents the ways in which the diverse social fabric of the South Bronx is rewoven as the people and cultures coexist, utilizing language and sociopolitical references to unite portraits of individuals from various communities living together. Engaging with the legacy of the Ashcan School, who depicted how New York City's poor and working-class enclaves were transformed by the rise of the modern metropolis, Rodriguez views figures such as Alice Neel, Jane Dickson, and Martin Wong as an extension of this tradition and situates her practice alongside them.

Como guardiana de las historias y relatos de las personas que han moldeado su experiencia vivida, Rodriguez describe su práctica multidisciplinaria como "la representación y archivo de espacios y sujetos comprometidos con estrategias de supervivencia contra la erradicación y la subyugación". Documenta las formas en que el diverso tejido social del South Bronx se reconstruye a medida que las personas y culturas coexisten, utilizando el lenguaje y referencias sociopolíticas para unir los retratos de individuos de diversas comunidades que viven juntas. Comprometida con el legado de la Ashcan School, que retrató cómo los enclaves pobres y de clase trabajadora de Nueva York fueron transformados por el auge de la metrópolis moderna, Rodriguez ve a figuras como Alice Neel, Jane Dickson y Martin Wong como una extensión de esta tradición y sitúa su práctica junto a ellos.

Shellyne Rodriguez, *Deity (in the spirit of the Garbage offensive)*, 2015. Ceramic, wood, azabache charms, and brass ringlets, 54 × 24 × 42 in. (137.2 × 60.9 × 106.7 cm). Courtesy the artist and P•P•O•W, New York.

Shellyne Rodriguez, *Deity (in the spirit of the Garbage offensive)* (Deidad [en el espíritu de la ofensiva de la basura]), 2015. Cerámica, madera, amuletos de azabache y aros de latón, 54 × 124 × 42 in. (137.2 × 60.9 × 106.7 cm). Cortesía del artista y P•P•O•W, Nueva York.

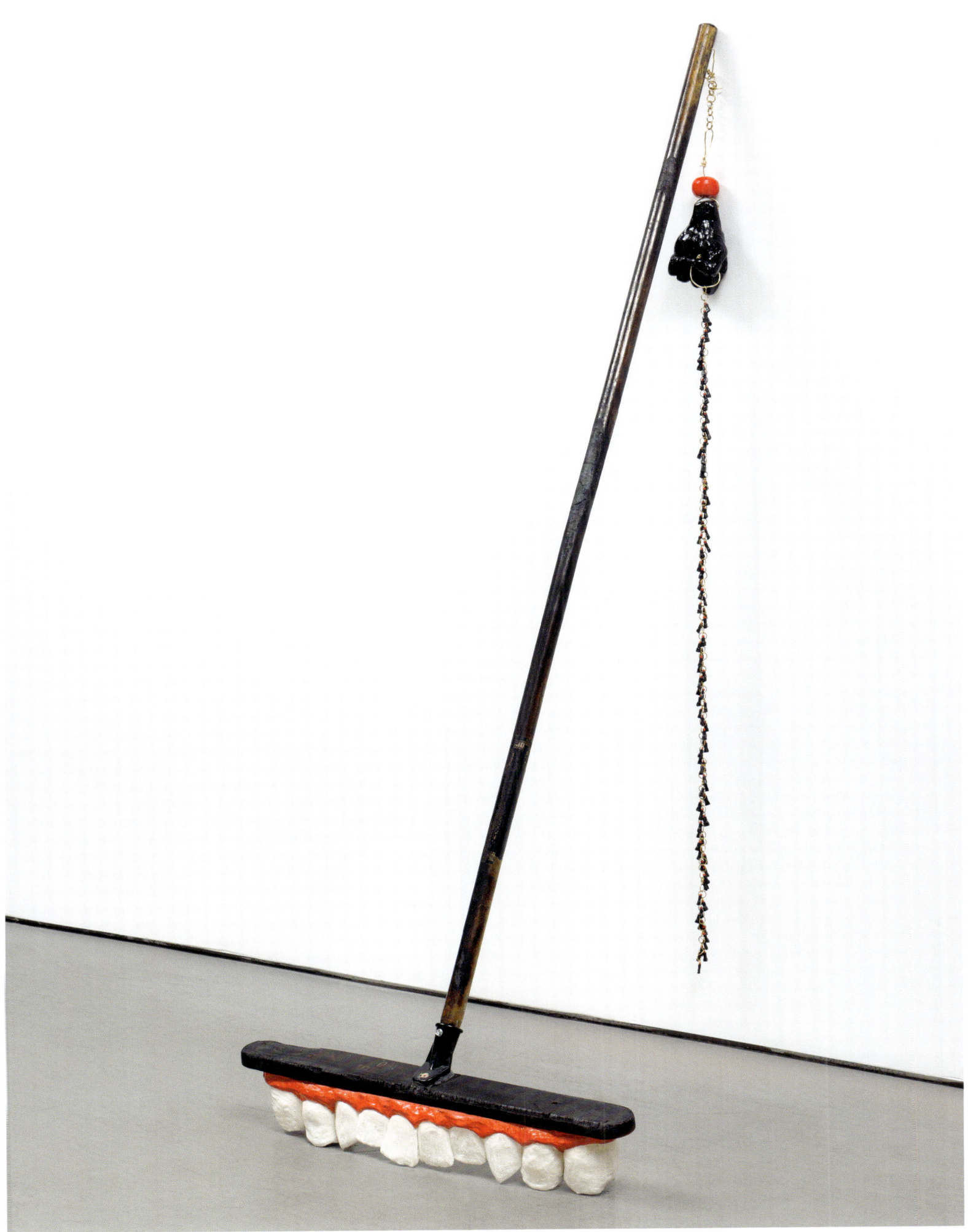

Shellyne Rodriguez (b. 1977, Bronx, New York) is a Bronx-based artist, educator, historian, writer, and community organizer. Rodriguez is represented by P·P·O·W, New York.

Shellyne Rodriguez (nacida en 1977, Bronx, Nueva York) es una artista, educadora, historiadora, escritora y organizadora comunitaria radicada en el Bronx. Rodríguez está representada por P·P·O·W, Nueva York.

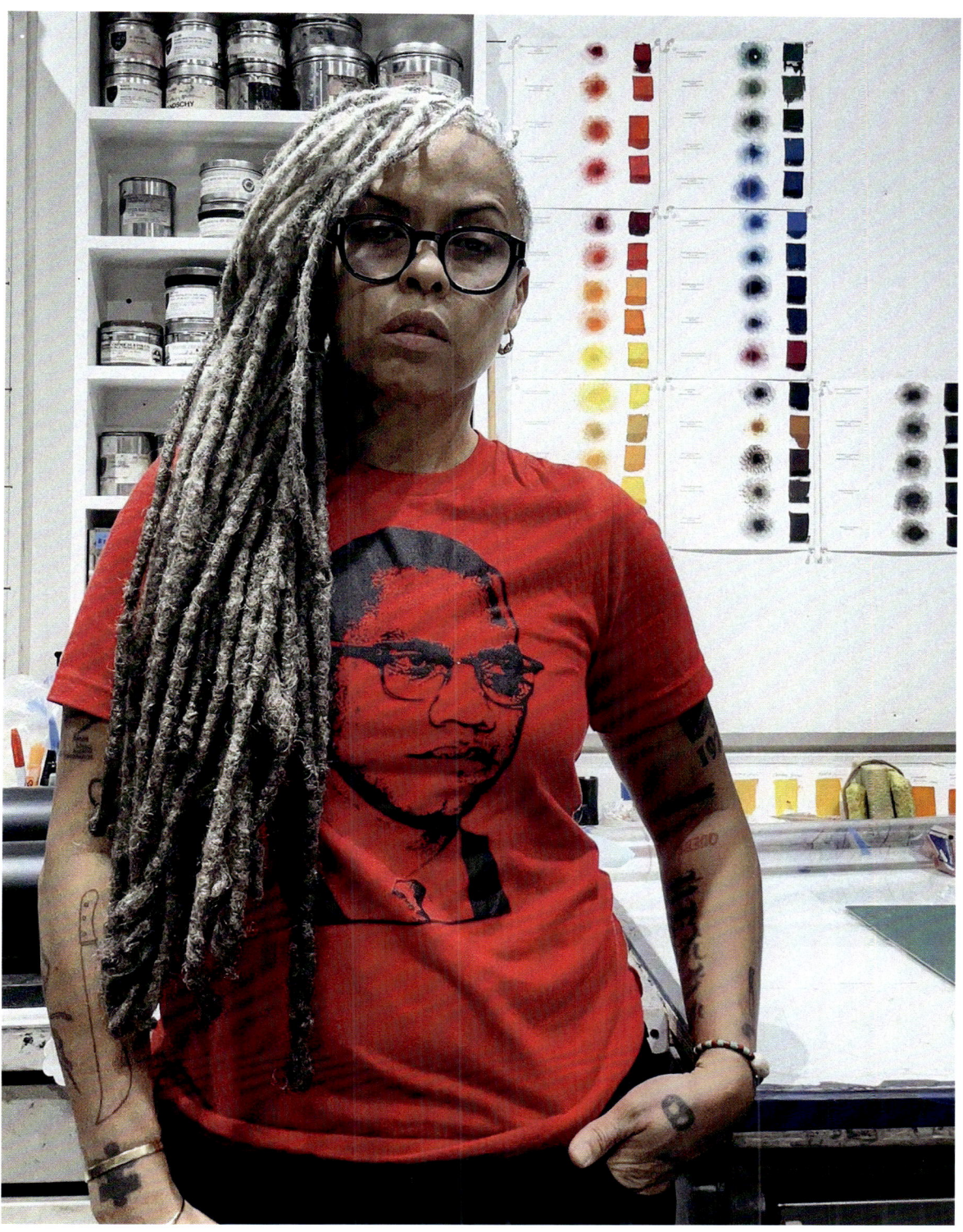

Luis Rodríguez Rosario

Mecanismo de constreñimiento (Constraint Mechanism) explores the interplay between external pressures and individual agency. Emphasizing the subtle dynamics of quotidian objects, the hardwood vice and translucent latex balloon symbolize the tension between constraint and endurance. As the balloon stretches tightly over a shard of brick, a conscious strategy is established that follows an exogenous logic. The pair serve as evocative symbols of resilience in response to the application of pressure. These deconstructed forms question the familiar and challenge viewers to confront the limitations imposed by external forces, further provoking contemplation on the complexities of choice and action under adverse circumstances.

Mecanismo de constreñimiento explora la interacción entre las presiones externas y la agencia individual. Enfatizando las dinámicas sutiles de los objetos cotidianos, la prensa de madera y el globo de látex translúcido simbolizan la tensión entre la restricción y la resistencia. A medida que el globo se estira firmemente sobre un fragmento de ladrillo, se establece una estrategia consciente que sigue una lógica exógena. La pareja sirve como símbolos evocadores de la resiliencia en respuesta a la aplicación de presión. Estas formas deconstruidas cuestionan lo familiar y desafían a los espectadores a confrontar las limitaciones impuestas por fuerzas externas, provocando más contemplación sobre las complejidades de la elección y la acción en circunstancias adversas.

Luis Rodríguez Rosario, *Mecanismo de constreñimiento* (Constraint Mechanism), 2014. Maple, steel, latex balloon, and brick, 13 × 14 × 4 in. (33 × 35.5 × 10.1 cm) (approx.). Courtesy the artist.

Luis Rodríguez Rosario, *Mecanismo de constreñimiento*, 2014. Arce, acero, globo de látex y ladrillo, 13 × 14 × 4 in. (33 × 35.5 × 10.1 cm). Cortesía del artista.

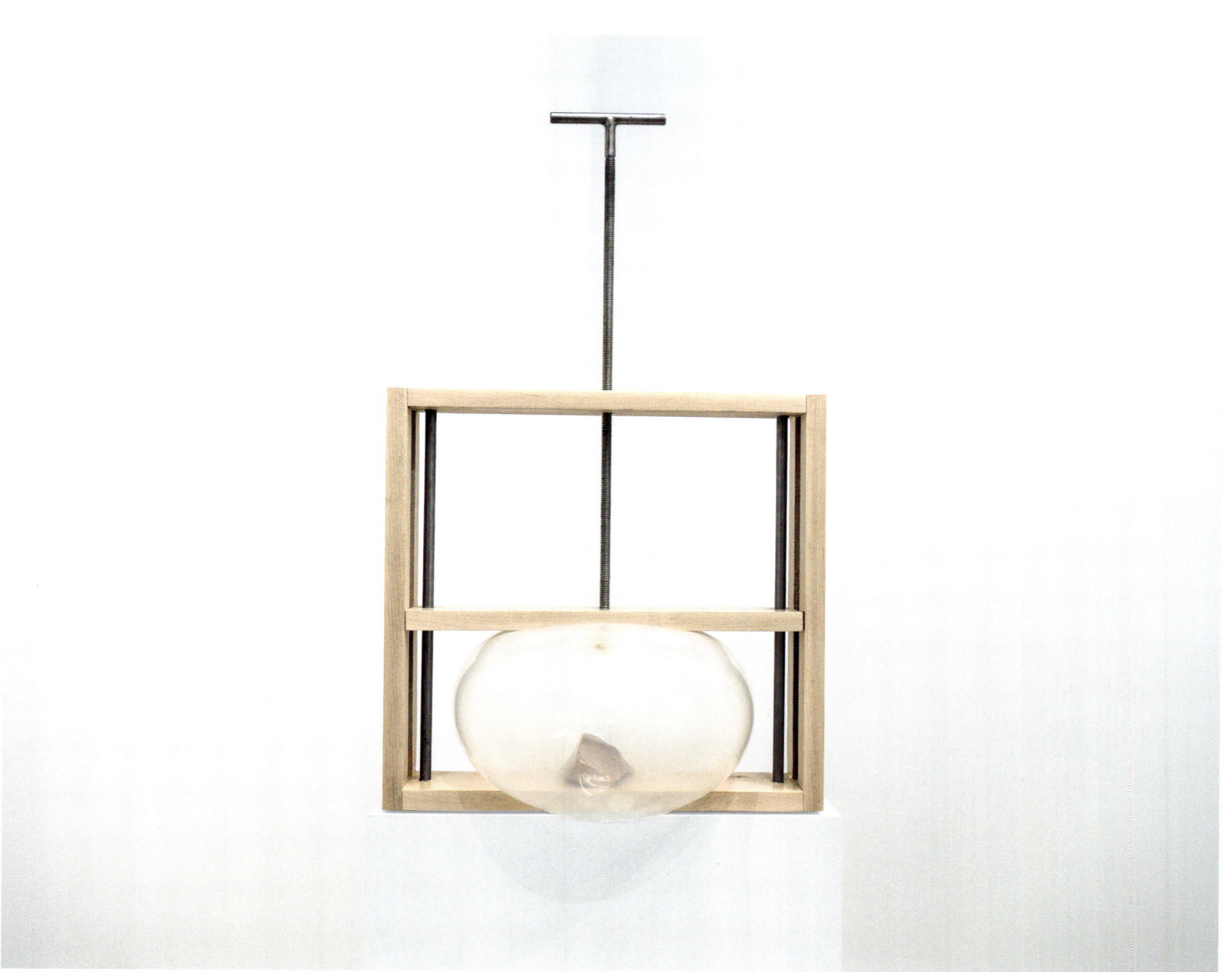

Luis Rodríguez Rosario (b. 1987, Caguas, Puerto Rico) is a Chicago-based artist whose work, since moving there, has focused on his longing and nostalgia for Puerto Rico. Born and raised on the island, he explores cultural elements and tropes to maintain a connection to his roots. He earned a BFA from the Escuela de Artes Plásticas y Diseño de Puerto Rico and an MFA in studio practices from the School of the Art Institute of Chicago. His work has been exhibited at the Museo de Arte de Puerto Rico, the Museo Antiguo Arsenal de la Marina Española, the Driehaus Museum, and the Ukrainian Institute of Modern Art, among others.

Luis Rodríguez Rosario (nacido en 1987, Caguas, Puerto Rico) es un artista radicado en Chicago, cuyo trabajo, desde su mudanza allí, se ha centrado en su nostalgia y añoranza por Puerto Rico. Nacido y criado en la Isla, explora elementos culturales y tropos para mantener una conexión con sus raíces. Obtuvo un BFA de la Escuela de Artes Plásticas y Diseño de Puerto Rico y un MFA en prácticas artísticas del School of the Art Institute of Chicago. Su trabajo ha sido exhibido en el Museo de Arte de Puerto Rico, el Museo Antiguo Arsenal de la Marina Española, el Driehaus Museum y el Ukrainian Institute of Modern Art, entre otros.

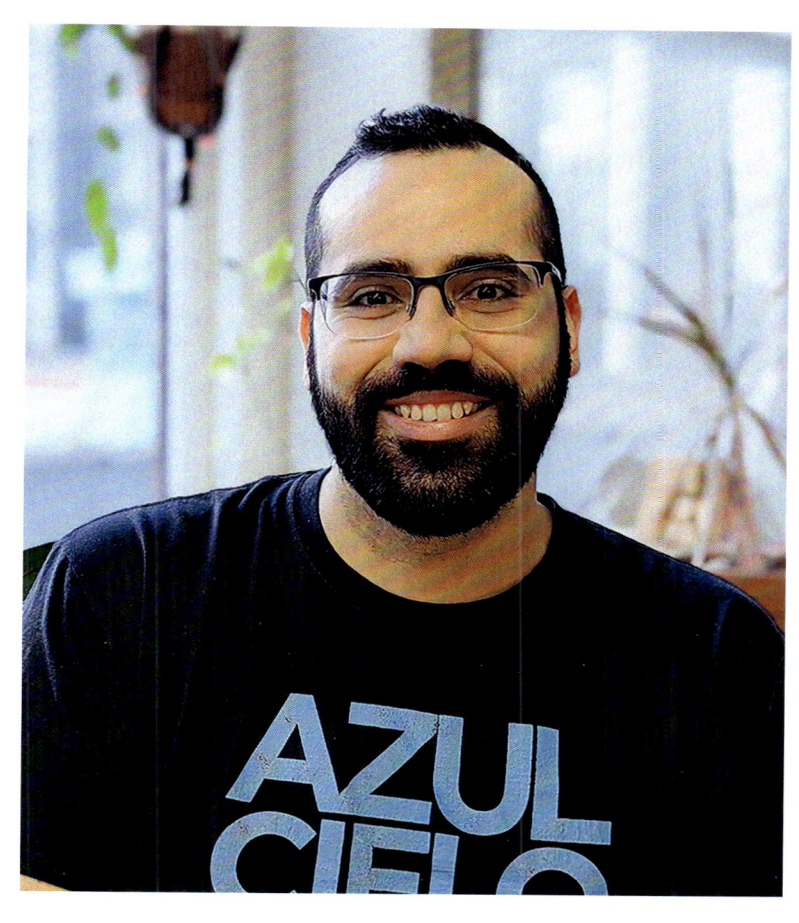

Raúl Romero

"I am interested in how connections to the past and future shape how we relate to our present world and each other. Intercommunication between people and our environment sits at the root of my practice. My work pulls from technological histories, communication and sound production tools, ancient artifacts and historic cultural sites, such as the Arecibo Observatory, and my Puerto Rican ancestry. These choices balance perceptions of nostalgia, colonialism's exploitation, and our environment, to present sound as a versatile tool—audible, visible, and even felt through the vibrations it creates. Sound has the power to unlock memories or create new ones, and I am drawn to it for its ability to transcend barriers and connect with people."

"Me interesa cómo las conexiones con el pasado y el futuro moldean nuestra relación con el mundo presente y con los demás. La intercomunicación entre las personas y nuestro entorno está en la raíz de mi práctica. Mi obra se nutre de historias tecnológicas, herramientas de comunicación y producción sonora, artefactos antiguos y sitios culturales históricos, como el Observatorio de Arecibo y mi ascendencia puertorriqueña. Estas elecciones equilibran las percepciones de nostalgia, la explotación del colonialismo y nuestro entorno, para presentar el sonido como una herramienta versátil—audible, visible e incluso perceptible a través de las vibraciones que crea. El sonido tiene el poder de desbloquear recuerdos o crear nuevos y me atrae por su capacidad para trascender barreras y conectar con las personas".

Raúl Romero, *A vessel for infrasound: Transmission from Arecibo (Onomonopoetics of a Puerto Rican Landscape)*, 2020. Copper, wooden tripod, speaker, frog exciter, Dracaena angolensis, Quercus stump, light reflection dish, water, audio components, and sound, 50 × 25 × 23 in. (127 × 63.5 × 58.4 cm) (approx.). Courtesy the artist.

Raúl Romero, *A vessel for infrasound: Transmission from Arecibo (Onomonopoetics of a Puerto Rican Landscape)* (Recipiente para infrasonido: Transmisión desde Arecibo [Onomatopeia poética de un paisaje puertorriqueño]), 2020. Cobre, trípode de madera, altavoz, excitador de rana, Dracaena angolensis, tocon de Quercus, plato de reflexión de luz, agua, componentes de audio y sonido ambiental, 50 × 25 × 23 in. (127 × 63.5 × 58.4 cm) (aprox.) Cortesía del artista.

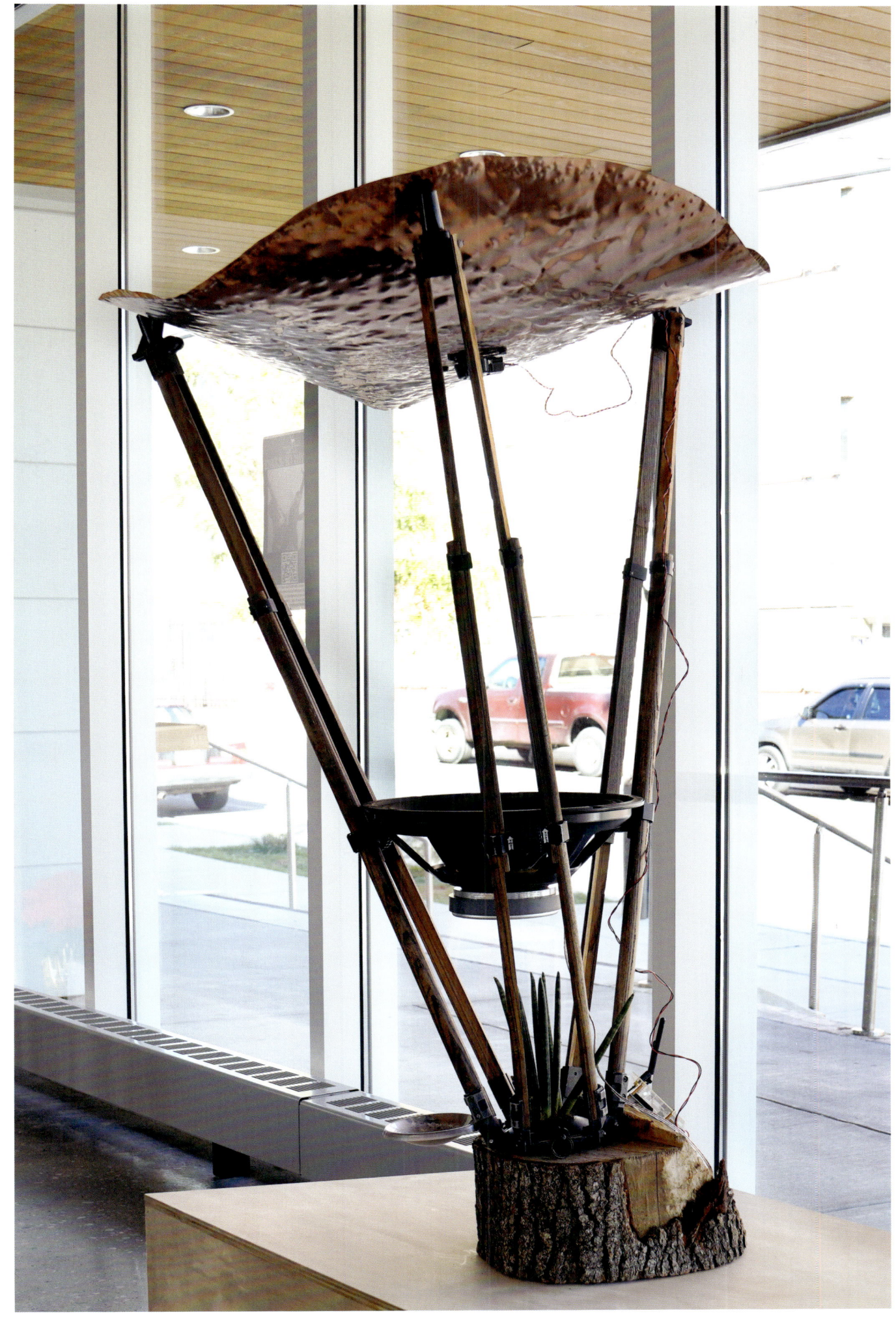

Raúl Romero (b. 1982, Tampa, Florida) is a Philadelphia-based artist and member of Vox Populi Gallery artist collective. He holds an MFA in sculpture from Yale University School of Art. Romero has exhibited at the Museum of Science and Industry, Tampa; Locust Projects, Miami; The Kitchen, New York; Museum of Contemporary Art Denver; Taller Puertorriqueño, Philadelphia; Tampa Museum of Art; Transformer Gallery, Washington, DC; Delaware Center for Contemporary Art, Wilmington; USF Contemporary Art Museum, Tampa; and the Fabric Workshop and Museum, Philadelphia.

Raúl Romero (nacido en 1982, Tampa, Florida) es un artista radicado en Filadelfia y miembro del colectivo artístico Vox Populi Gallery. Obtuvo un MFA en escultura de Yale University School of Art. Romero ha exhibido su trabajo en el Museum of Science and Industry, Tampa; Locust Projects, Miami; The Kitchen, Nueva York; Museum of Contemporary Art Denver; Taller Puertorriqueño, Filadelfia; Tampa Museum of Art; Transformer Gallery, Washington, DC; Delaware Center for Contemporary Art, Wilmington; USF Contemporary Art Museum, Tampa y el Fabric Workshop and Museum, Filadelfia.

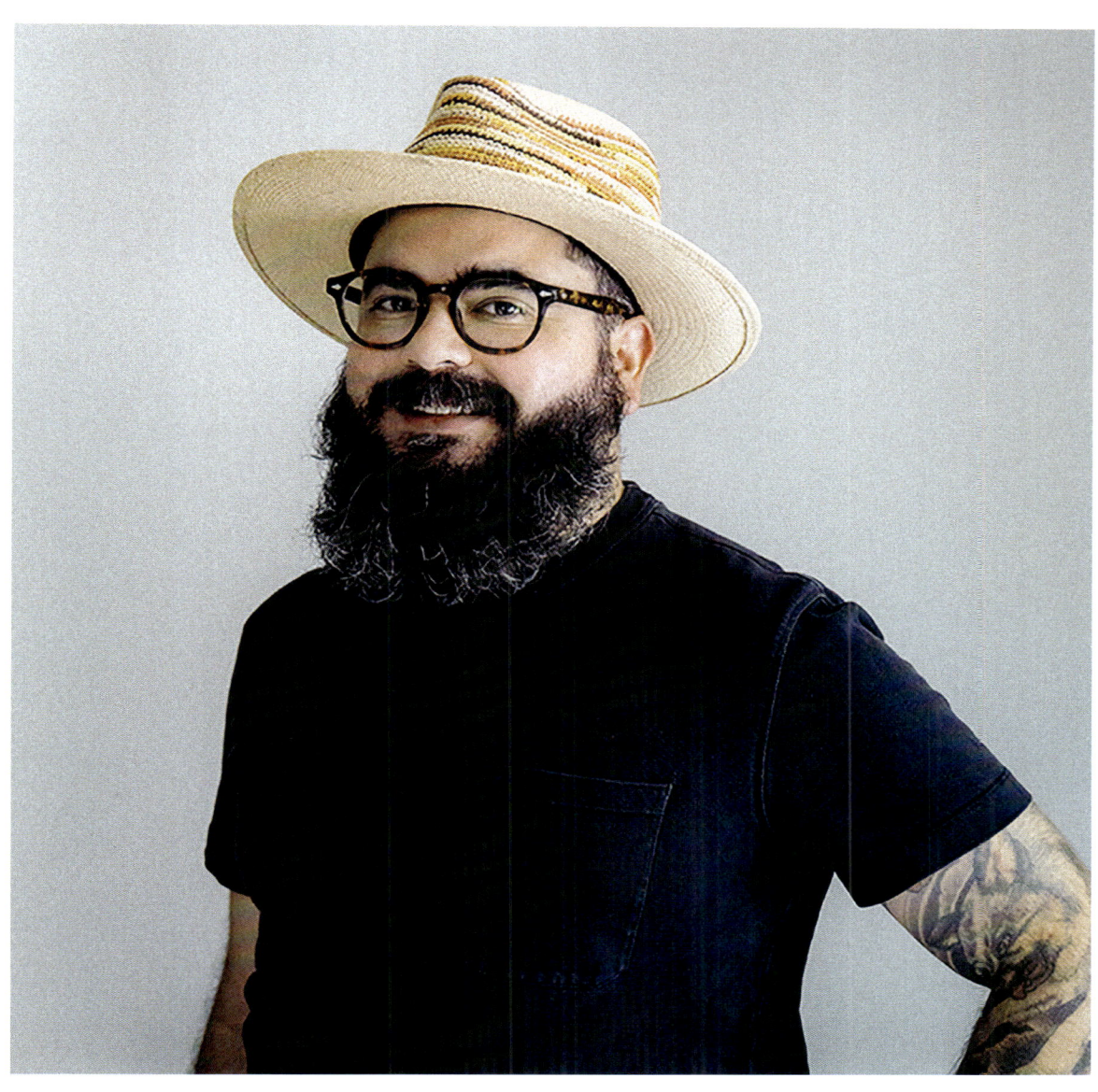

G. Rosa-Rey

"My paintings utilize textures and grids to reference geographic and internal terrains. Infused with the folklore, political histories, and terrains of my Puerto Rican heritage, my work offers a vital link to a global decolonial process that has been shaped by migration and a Puerto Rican diasporic consciousness in the wake of Operation Bootstrap. My practice is a testament to this journey—a continuous exploration of the intersections between history, memory, and environmental landscapes—where traces of the past inform our present spaces of becoming through the language of abstraction."

"Mis pinturas utilizan texturas y rejillas para referirse a terrenos geográficos e internos. Imbuida de los mitos, las historias políticas y los territorios de mi herencia puertorriqueña, mi obra ofrece un vínculo vital con un proceso decolonial global que ha sido moldeado por la migración y una conciencia diaspórica puertorriqueña en la estela de la Operación Manos a la Obra. Mi práctica es un testimonio de este viaje—una exploración continua de las intersecciones entre la historia, la memoria y los paisajes ambientales—donde los rastros del pasado informan nuestros espacios presentes de devenir a través del lenguaje de la abstracción".

G. Rosa-Rey, *Region in the Mind*, 2022. Acrylic, sand, and sandpaper on paper, sheet 17½ × 17½ in. (44.4 × 44.4 cm), framed 23 × 23 in. (58.4 × 58.4 cm). Courtesy the artist.

G. Rosa-Rey, *Region in the Mind* (Región en la mente), 2022. Acrílico, arena y lija sobre papel, pliego 17½ × 17½ in. (44.4 × 44.4 cm), enmarcado 23 × 23 in. (58.4 × 58.4 cm). Cortesía del artista.

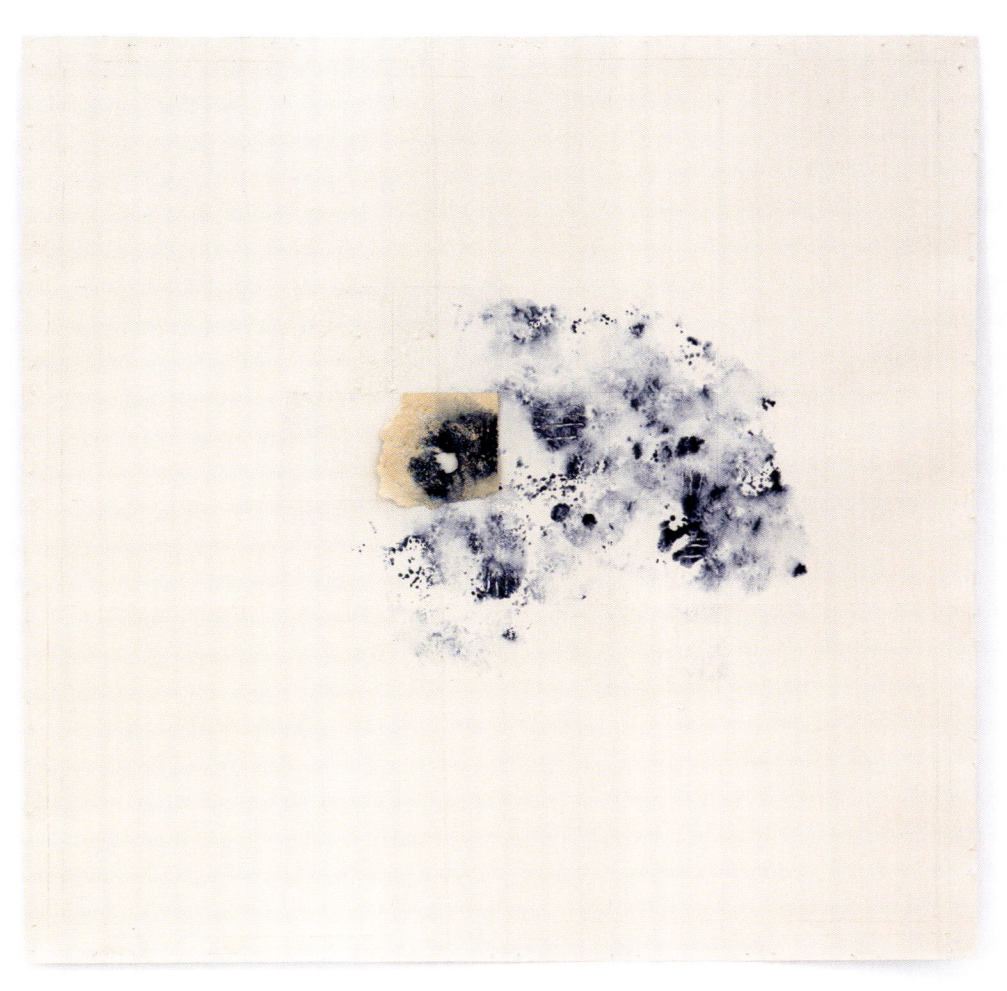

G. Rosa-Rey (b. 1955, Isabela, Puerto Rico) is a Brooklyn, New York–based visual artist. Rosa-Rey and her family migrated to Hartford, Connecticut, in the late 1950s. In the early 1970s she relocated to New York City to study fine art at Pratt Institute. She continued her graduate studies in the same field at Columbia University School of the Arts. Her first solo show, *a region in the mind: terrenos y cuentos*, was presented in 2023 at Hidrante, San Juan.

G. Rosa-Rey (nacida en 1955, Isabela, Puerto Rico) es una artista visual radicada en Brooklyn, Nueva York. Rosa-Rey y su familia emigraron a Hartford, Connecticut, a fines de la década de 1950. A principios de la década de 1970, se trasladó a la ciudad de Nueva York para estudiar arte en el Pratt Institute. Continuó sus estudios de posgrado en el mismo campo en Columbia University School of the Arts. Su primera exposición individual, *a region in the mind: terrenos y cuentos*, se presentó en 2023 en Hidrante, San Juan.

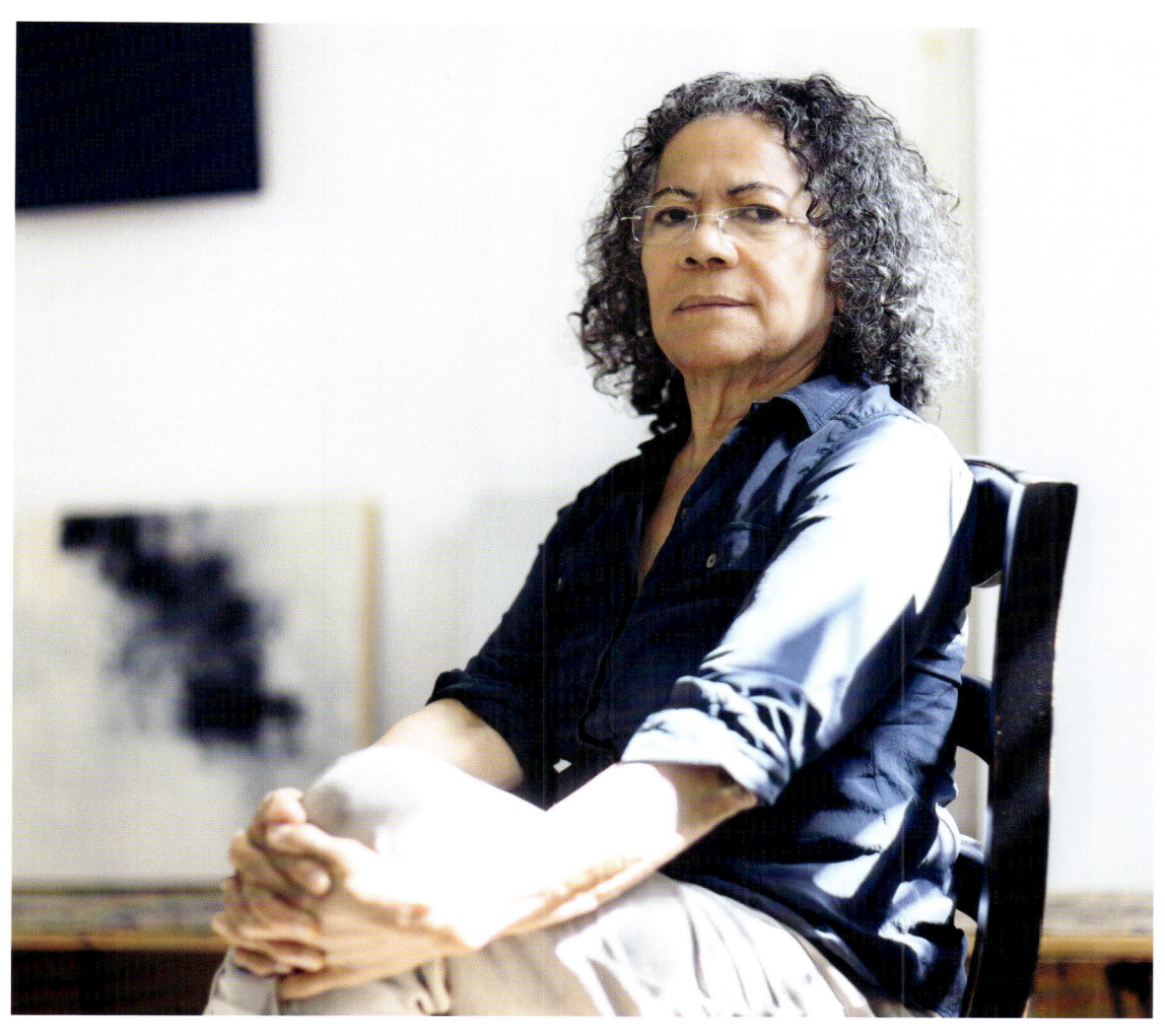

Juan Sánchez

In May of 1979, hundreds of Viequenses and main islanders demonstrated at a site that the United States Navy refers to as "Blue Beach." Twenty-one of them were arrested and sentenced to serve federal prison terms in Puerto Rico. Only one of them, Ángel Rodríguez Cristóbal—a Vietnam veteran, Puerto Rican independence activist, socialist, and friend of the artist—was exiled to a federal prison in Tallahassee, Florida. He denounced the navy's presence in Vieques and the illegitimacy of its military invasion and occupation of his homeland. On November 11, 1979, he was found tortured and hanged in his cell. *Para Ángel de Vieques* (For Ángel of Vieques) is a memorial and resurrection painting to a remarkable leader, organizer, and martyr in the struggle for Puerto Rican self-determination.

En mayo de 1979, cientos de viequenses y habitantes de la isla principal se manifestaron en un sitio que la Marina de los Estados Unidos denomina "Blue Beach" (Playa Azul). Veintiuno de ellos fueron arrestados y sentenciados a cumplir penas federales en Puerto Rico. Solo uno de ellos, Ángel Rodríguez Cristóbal—un veterano de Vietnam, activista por la independencia de Puerto Rico, socialista y amigo del artista—fue exiliado a una prisión federal en Tallahassee, Florida. Denunció la presencia de la marina en Vieques y la ilegitimidad de su invasión y ocupación militar de su tierra natal. El 11 de noviembre de 1979, fue encontrado torturado y ahorcado en su celda. *Para Ángel de Vieques* es una pintura de memorial y resurrección dedicada a un líder, organizador y mártir notable en la lucha por la autodeterminación de Puerto Rico.

Juan Sánchez, *Para Ángel de Vieques* (For Ángel of Vieques), 2006. Oil and mixed media collage on wood panel, 72 × 74 in. (182.8 × 187.9 cm). Courtesy Guariken Arts Inc. and Hutchinson Modern & Contemporary, New York.

Juan Sánchez, *Para Ángel de Vieques*, 2006. Óleo y collage de medios mixtos sobre panel de madera, 72 × 74 in. (182.8 × 187.9 cm). Cortesía de Guariken Arts Inc. y Hutchinson Modern & Contemporary, Nueva York.

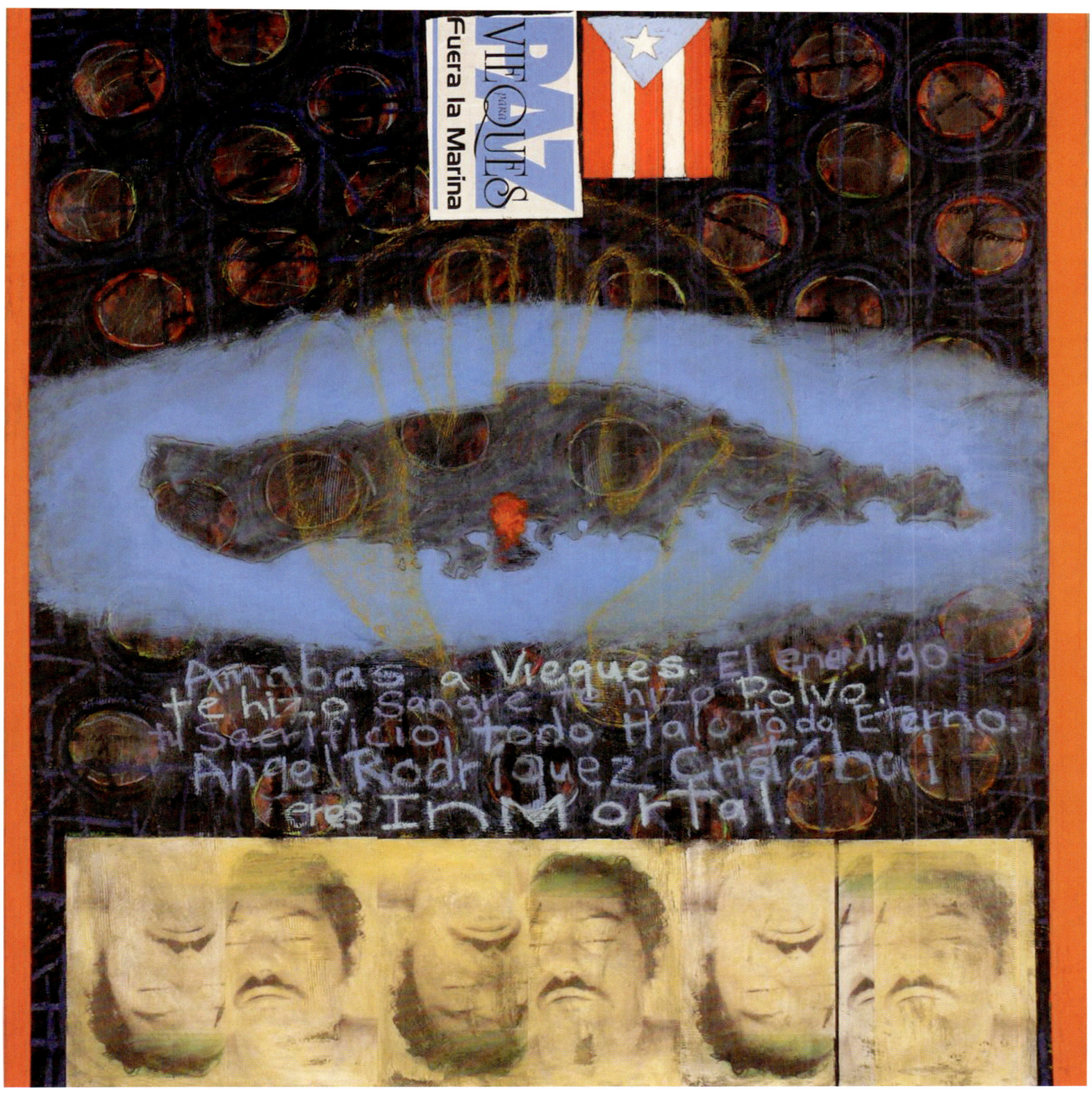

Juan Sánchez (b. 1954, Brooklyn, New York) first gained recognition for his large, multilayered, mixed-media collage paintings addressing issues of Puerto Rican identity and the struggle against United States colonialism. His practice has evolved to embrace photography, printmaking, and video as he continues to make visible how his community's struggle is connected to other civil rights movements across the globe. Sánchez has exhibited and lectured throughout the United States, Europe, and Latin America. He is represented by Hutchinson Modern & Contemporary, New York.

Juan Sánchez (nacido en 1954, Brooklyn, Nueva York) ganó reconocimiento inicialmente por sus grandes pinturas de collage mixto y multicapa que abordan temas de identidad puertorriqueña y la lucha contra el colonialismo de Estados Unidos. Su práctica ha evolucionado para incluir fotografía, grabado y video, mientras continúa visibilizando cómo la lucha de su comunidad está conectada con otros movimientos por los derechos civiles en todo el mundo. Sánchez ha expuesto y ofrecido conferencias a lo largo de los Estados Unidos, Europa y América Latina. Está representado por Hutchinson Modern & Contemporary, Nueva York.

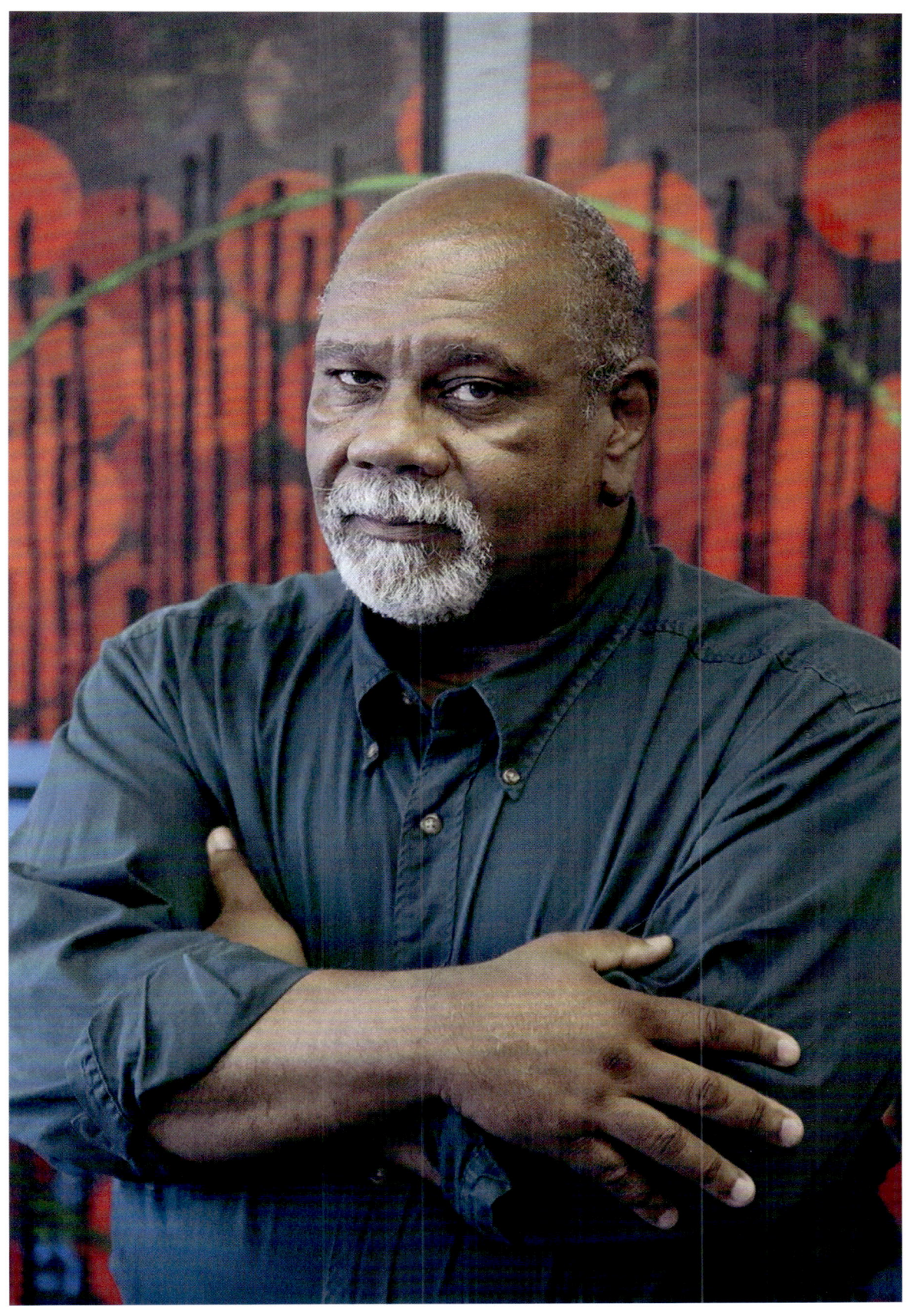

Beatriz Santiago Muñoz

Beatriz Santiago Muñoz is an artist whose expanded moving image work is entangled with Boalian theater, expanded cinema, and feminist practices. She often works with non-actors and incorporates improvisation into her process. Her recent work is on the sensorial unconscious of anti-colonial movements through everyday poetic thought and feminist experiments with language and narrative.

Beatriz Santiago Muñoz es una artista cuyo trabajo de imagen en movimiento ampliada se entrelaza con el teatro boaliano, el cine expandido y las prácticas feministas. Con frecuencia trabaja con actores no profesionales e incorpora la improvisación en su proceso. Su trabajo reciente se centra en el inconsciente sensorial de los movimientos anti-coloniales a través del pensamiento poético cotidiano y experimentos feministas con el lenguaje y la narrativa.

Beatriz Santiago Muñoz, stills from *Otros Usos* (Other Uses) (adjacent), 2014; *Post-Military Cinema* (left on following spread), 2014; and *Ojos para mis enemigos* (Eyes for my enemies) (right on following spread), 2014. Single-channel compilation of HD video and digitized 16mm film: color, sound, 31:52 minutes. Courtesy the artist and Sociedad del Tiempo Libre.

Beatriz Santiago Muñoz, fotogramas de *Otros Usos* (página adyacente), 2014; *Post-Military Cinema* (Cine post-militar) (a la izquierda en el pliego siguiente), 2014 y *Ojos para mis enemigos* (a la derecha en el pleigo siguiente), 2014. Compilación monocanal de vídeo HD y película digitalizada de 16mm: color, sonido, 31:52 minutos. Cortesía del artista y Sociedad del Tiempo Libre.

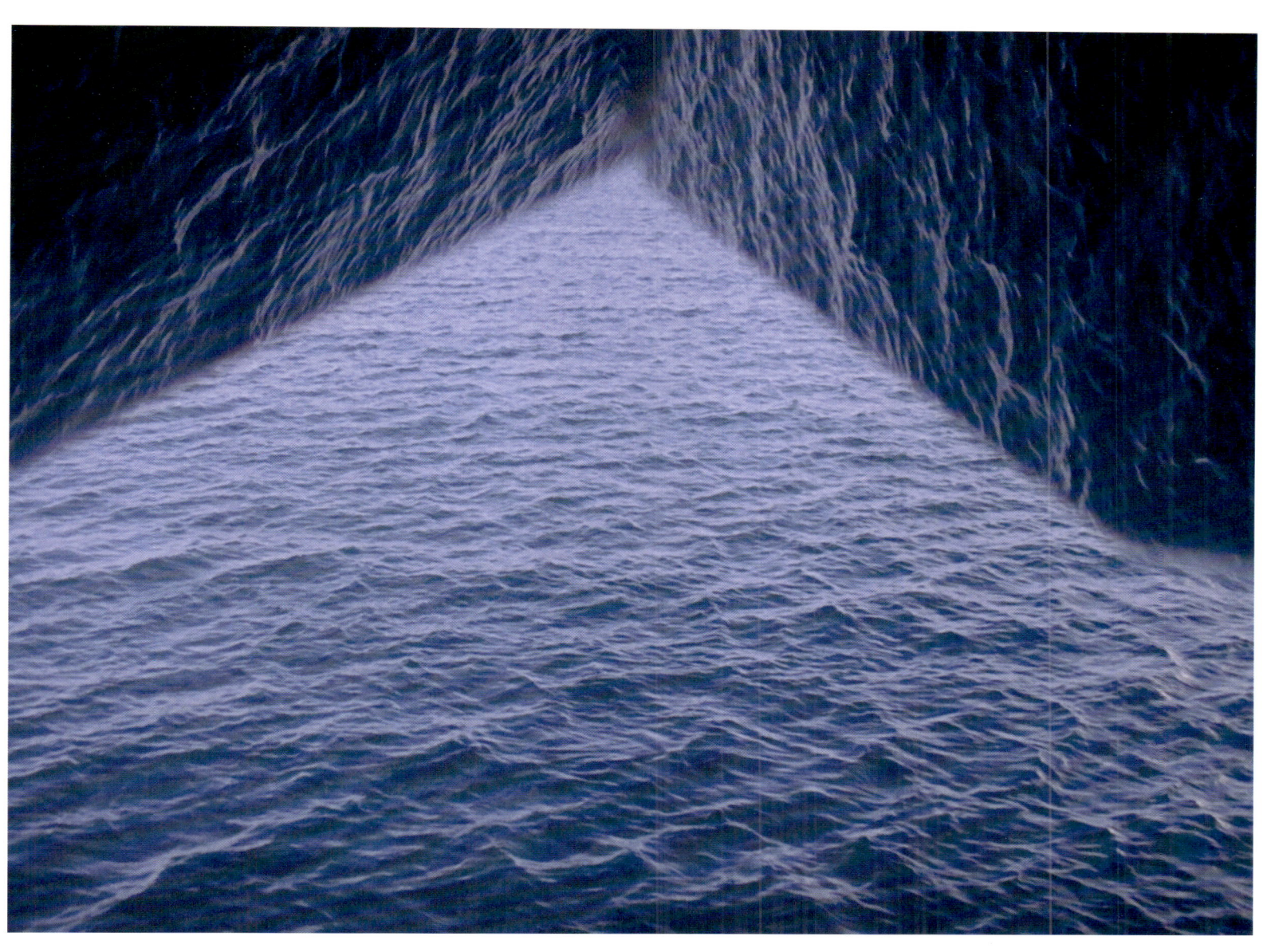

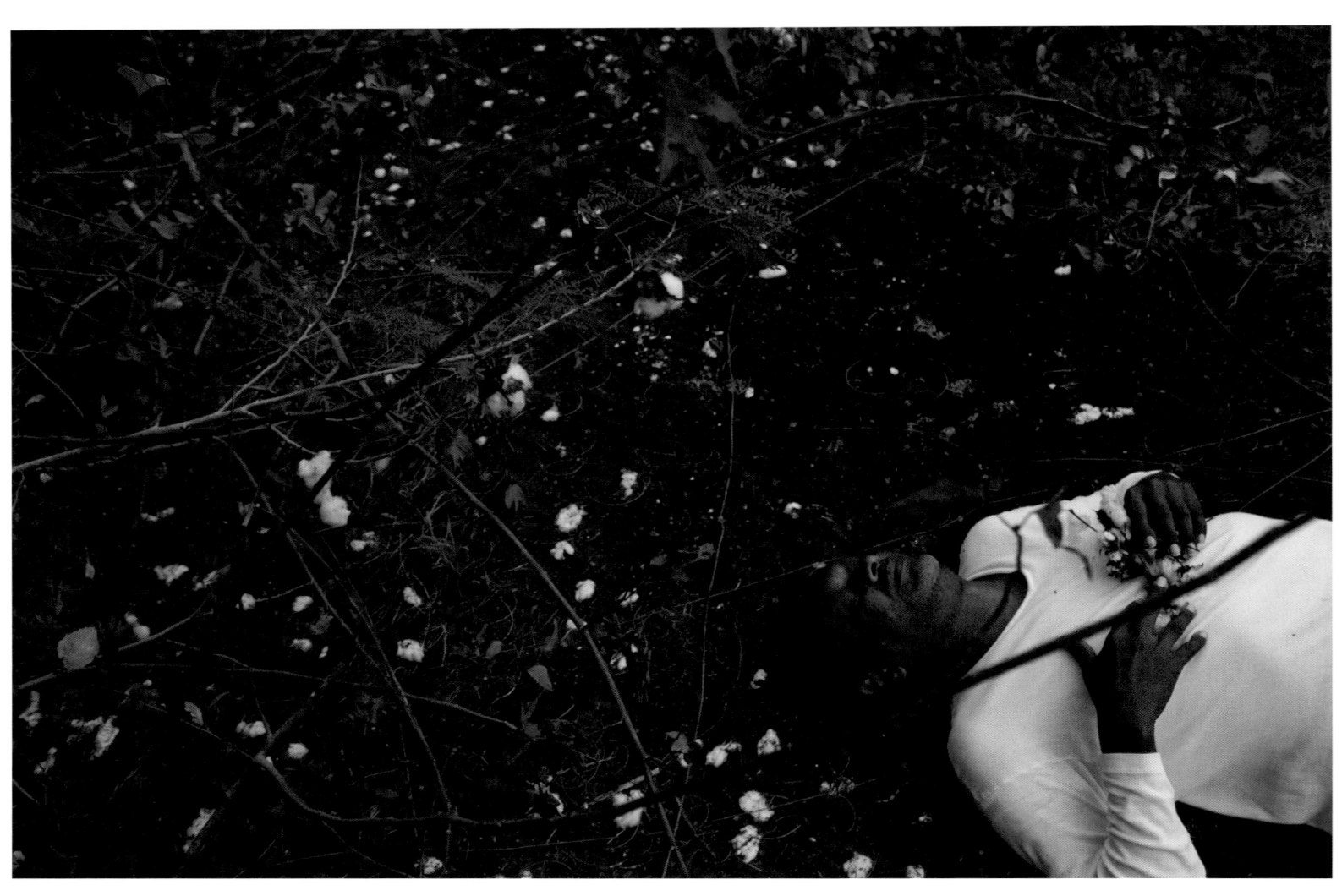

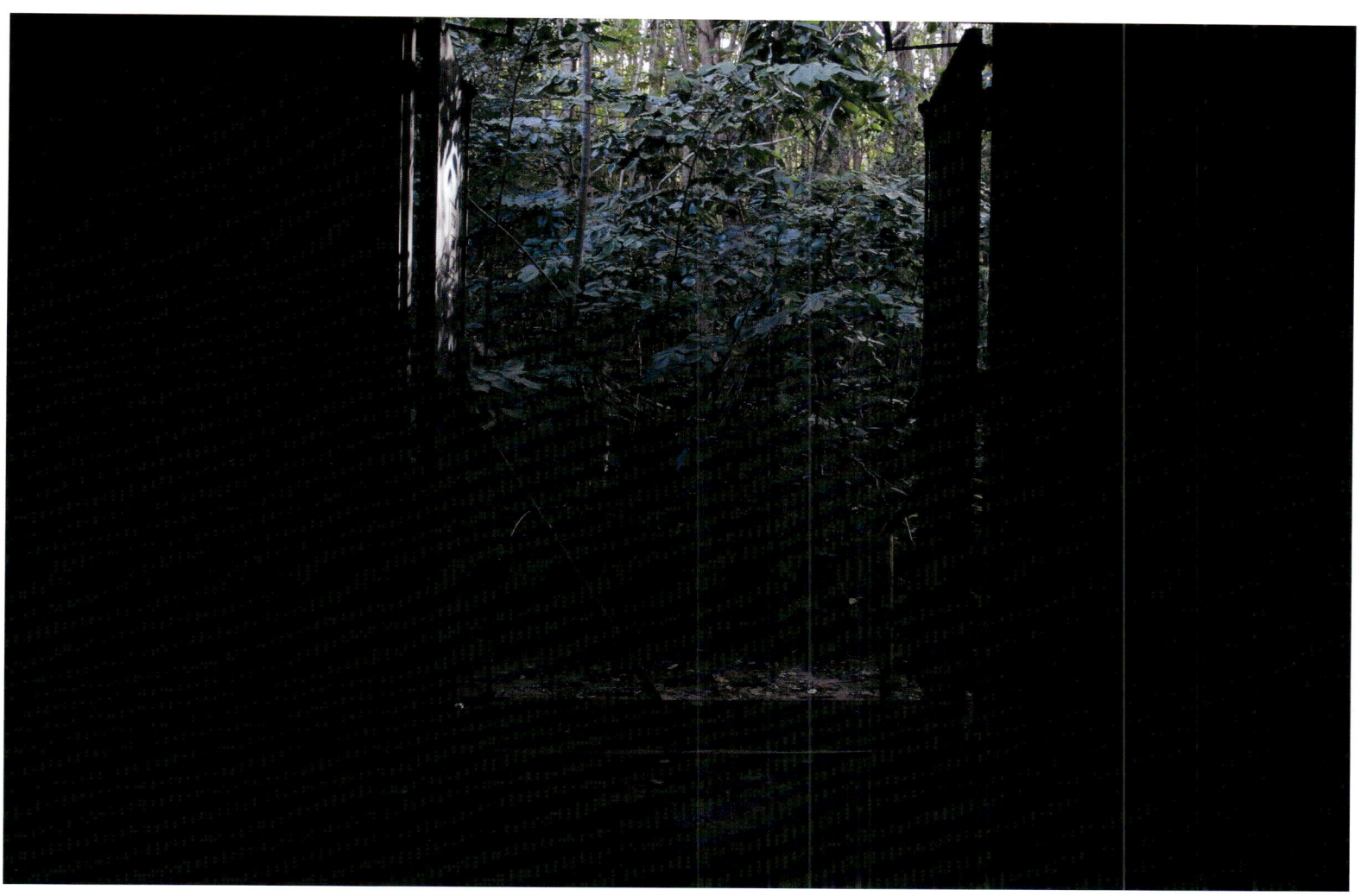

Beatriz Santiago Muñoz (b. 1972, San Juan, Puerto Rico) holds a BA in humanities from the University of Chicago and an MFA from the School of the Art Institute of Chicago, where she studied film and video. Recent solo exhibitions include *Oriana* at PIVO, São Paulo; the 34th São Paulo Biennial; the Momenta Biennale, Montréal; and *Gosila* at Der Tank, Basel. Her work is held in public and private collections, including the Museum of Modern Art, Kadist, and the Solomon R. Guggenheim Museum, among others. Her awards include a Creative Capital grant, a USA Fellowship, and the 2021 Artes Mundi Prize, shared among all seven nominees.

Beatriz Santiago Muñoz (nacida en 1972, San Juan, Puerto Rico) posee un BA en humanidades de la University of Chicago y una MFA del School of the Art Institute of Chicago, donde se especializó en cine y video. Entre sus exposiciones individuales recientes se encuentran *Oriana* en PIVO, São Paulo; la 34.ª Bienal de São Paulo; la Bienal Momenta, Montréal y *Gosila* en Der Tank, Basilea. Su obra forma parte de colecciones públicas y privadas, incluyendo el Museum of Modern Art, Kadist y el Solomon R. Guggenheim Museum, entre otras. Ha sido reconocida con una beca de Creative Capital, un USA Fellowship y el Artes Mundi Prize en 2021, compartido entre los siete artistas nominados.

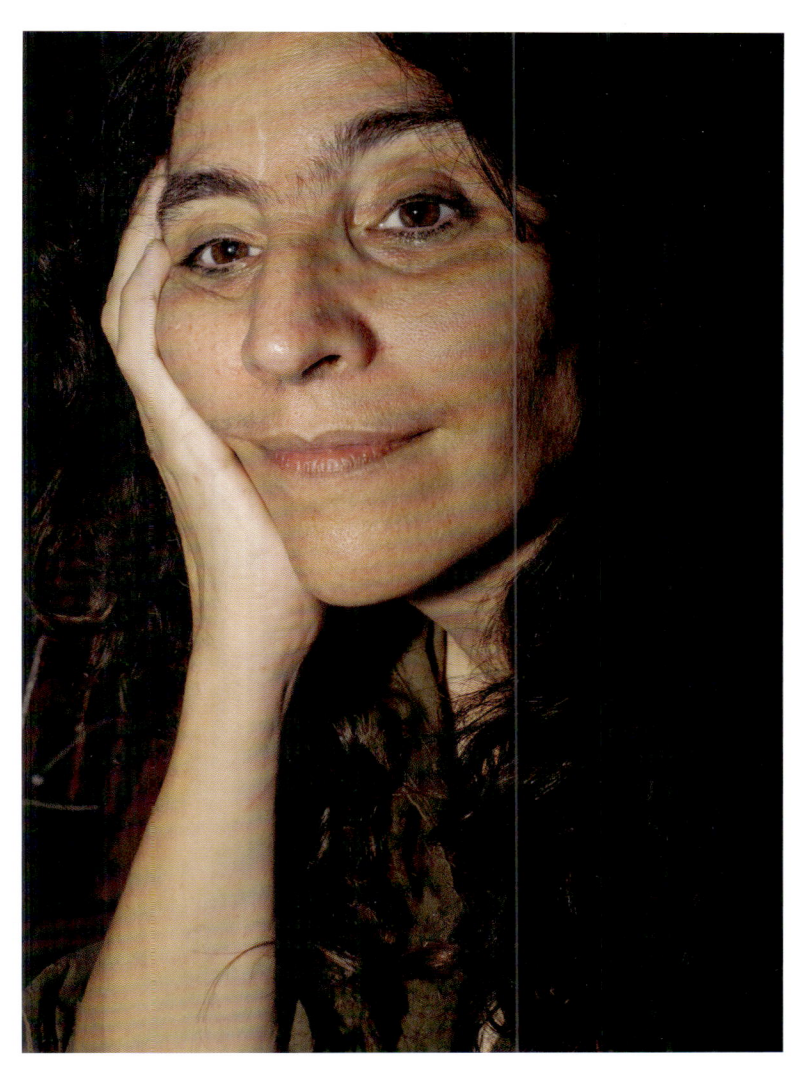

Amarise Deán Santo

Amarise Deán Santo is a lens-based artist and builder. He utilizes photography to observe and allow the land to become tangible. The intuitive aspect of his work is directly linked to the artist's gentle and deeply personal connection to knowledge passed down by their elders from the island of Puerto Rico. The pieces breathe together, resulting in living works that merge history, ancestry, altars, and still life. The depiction of life cycles found in Santo's ancestral lands becomes a simultaneous practice of honoring his 2spirit body, which has existed and will, for futures to come. Upon inspection, each detail narrates a space that invites the body—trans, queer, and diasporic—to enter. These images document survival while serving to build new worlds that fully liberate the body.

Amarise Deán Santo es un artista que se basa en el uso de lentes y en la construcción. Utiliza la fotografía para observar y permitir que la tierra se haga tangible. El aspecto intuitivo de su obra está directamente vinculado a la conexión profunda y personal del artista con el conocimiento transmitido por sus mayores desde la isla de Puerto Rico. Las piezas respiran juntas, resultando en obras vivas que fusionan historia, ascendencia, altares y naturaleza muerta. La representación de los ciclos de la vida encontrados en las tierras ancestrales de Santo se convierte en una práctica simultánea de honrar su cuerpo dos-espíritus, que ha existido y existirá en los futuros por venir. Al examinar cada detalle, se narra un espacio que invita al cuerpo—trans, cuir y diaspórico—a entrar. Estas imágenes documentan la supervivencia, al mismo tiempo que sirven para construir nuevos mundos que liberen completamente al cuerpo.

Amarise Deán Santo, *Our scales like mirrors to the light*, 2023. Color film, inkjet print, wood, cement, and rosaries, 28 × 14 in. (71.1 × 35.5 cm). Courtesy the artist.

Amarise Deán Santo, *Our scales like mirrors to the light* (Nuestras escamas como espejos a la luz), 2023. Película en color, impresión en inyección de tinta, madera, cemento y rosarios, 28 × 14 in. (71.1 × 35.5 cm). Cortesía del artista.

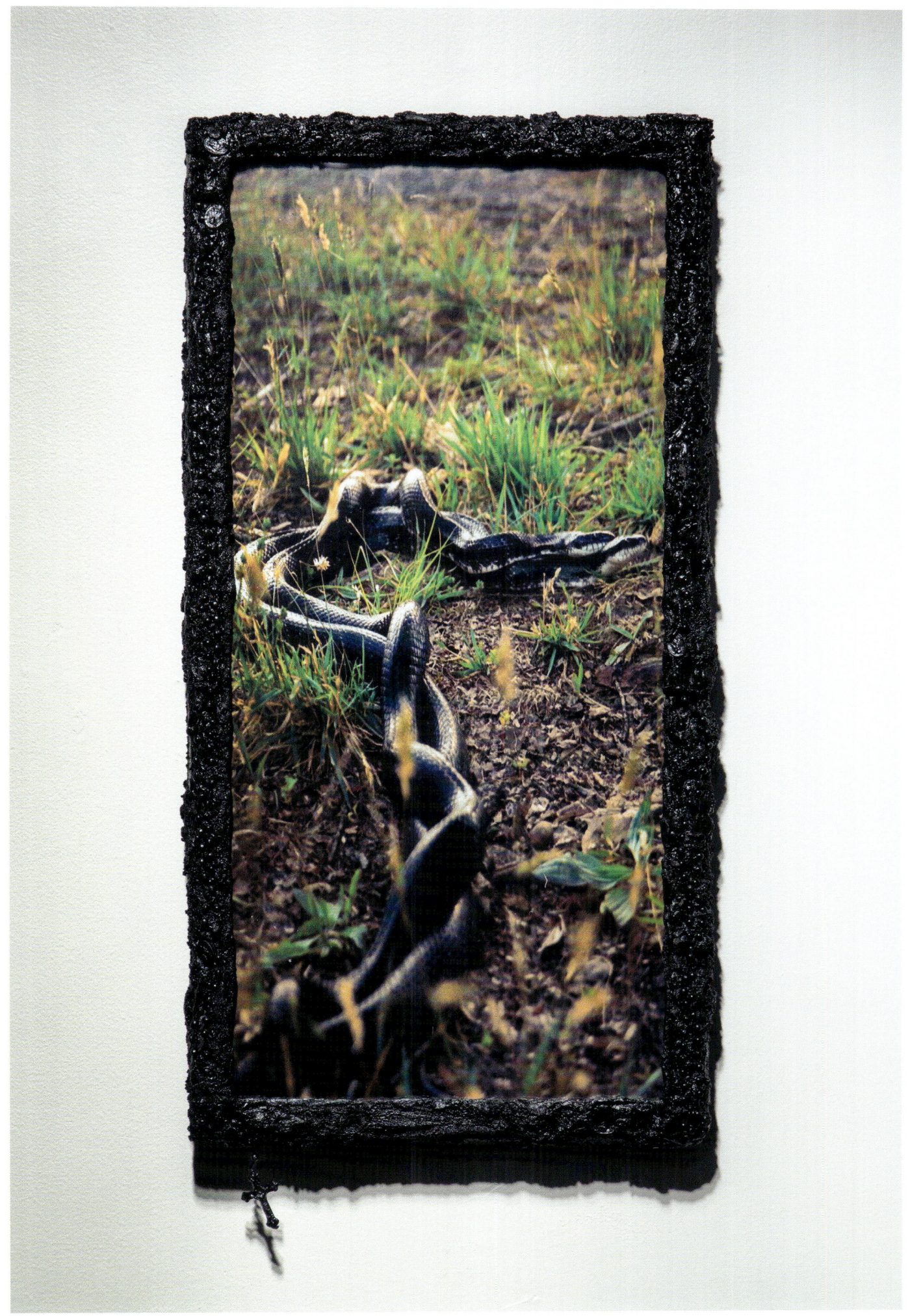

Amarise Deán Santo (b. 1995, New York, New York) received his BFA in photography and film from Virginia Commonwealth University in 2018. His work has been published in *The New Yorker*, *Aperture Magazine*, and *Nueva Luz*, and has been exhibited at El Museo del Barrio, The Museum of New York, and The Center. He is currently based in San Juan, Puerto Rico.

Amarise Deán Santo (nacido en 1995, Nueva York, Nueva York) recibió su BFA en fotografía y cine de la Virginia Commonwealth University en 2018. Su trabajo ha sido publicado en *The New Yorker*, *Aperture Magazine* y *Nueva Luz* y ha sido exhibido en El Museo del Barrio, The Museum of New York y The Center. Actualmente, vive y trabaja en San Juan, Puerto Rico.

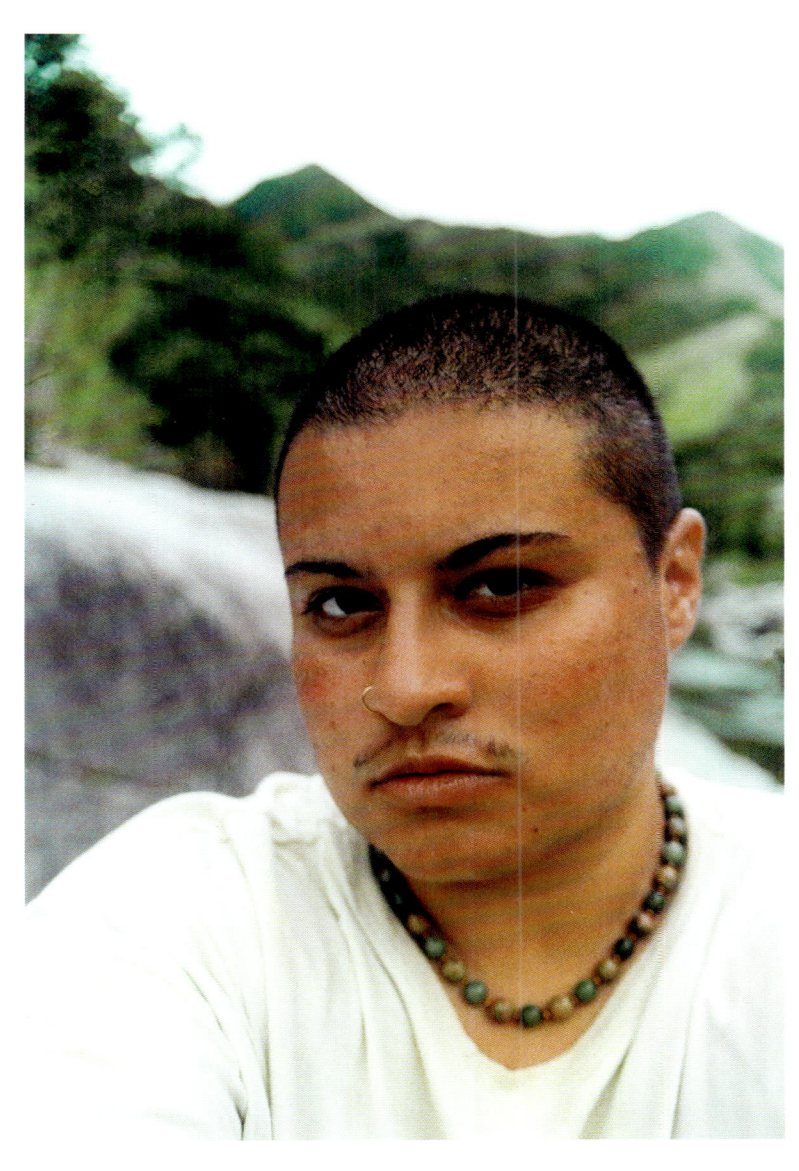

Edra Soto

Edra Soto's work instigates meaningful, relevant, and often difficult conversations surrounding socioeconomic and cultural oppression, erasure of history, and loss of cultural knowledge. Having grown up in Puerto Rico, and now immersed in her Chicago community, the artist has evolved to raise questions through her work about constructed social orders, diasporic identity, and the legacy of colonialism.

El trabajo de Edra Soto provoca conversaciones significativas, relevantes y, a menudo, difíciles sobre la opresión socioeconómica y cultural, la erradicación de la historia y la pérdida del conocimiento cultural. Criada en Puerto Rico y ahora inmersa en su comunidad de Chicago, la artista ha evolucionado para plantear preguntas a través de su obra sobre los órdenes sociales construidos, la identidad diaspórica y el legado del colonialismo.

Edra Soto, *The Myth of Closure* | *El Mito del Cierre* (detail; full image on following spread), 2021. MDF, plaster, paint, Sintra, aluminum tube, mirrored acrylic, and viewfinder, 120 × 144 × 7 in. (304.8 × 365.7 × 17.7 cm). Courtesy the artist and Luis De Jesus, Los Angeles.

Edra Soto, *The Myth of Closure* | *El Mito del Cierre* (detalle; obra de completa en el pleigo siguiente), 2021. MDF, yeso, pintura, sintra, tubo de aluminio, acrílico espejado y visor, 120 × 144 × 7 in. (304.8 × 365.7 × 17.7 cm). Cortesía del artista y Luis De Jesus, Los Ángeles.

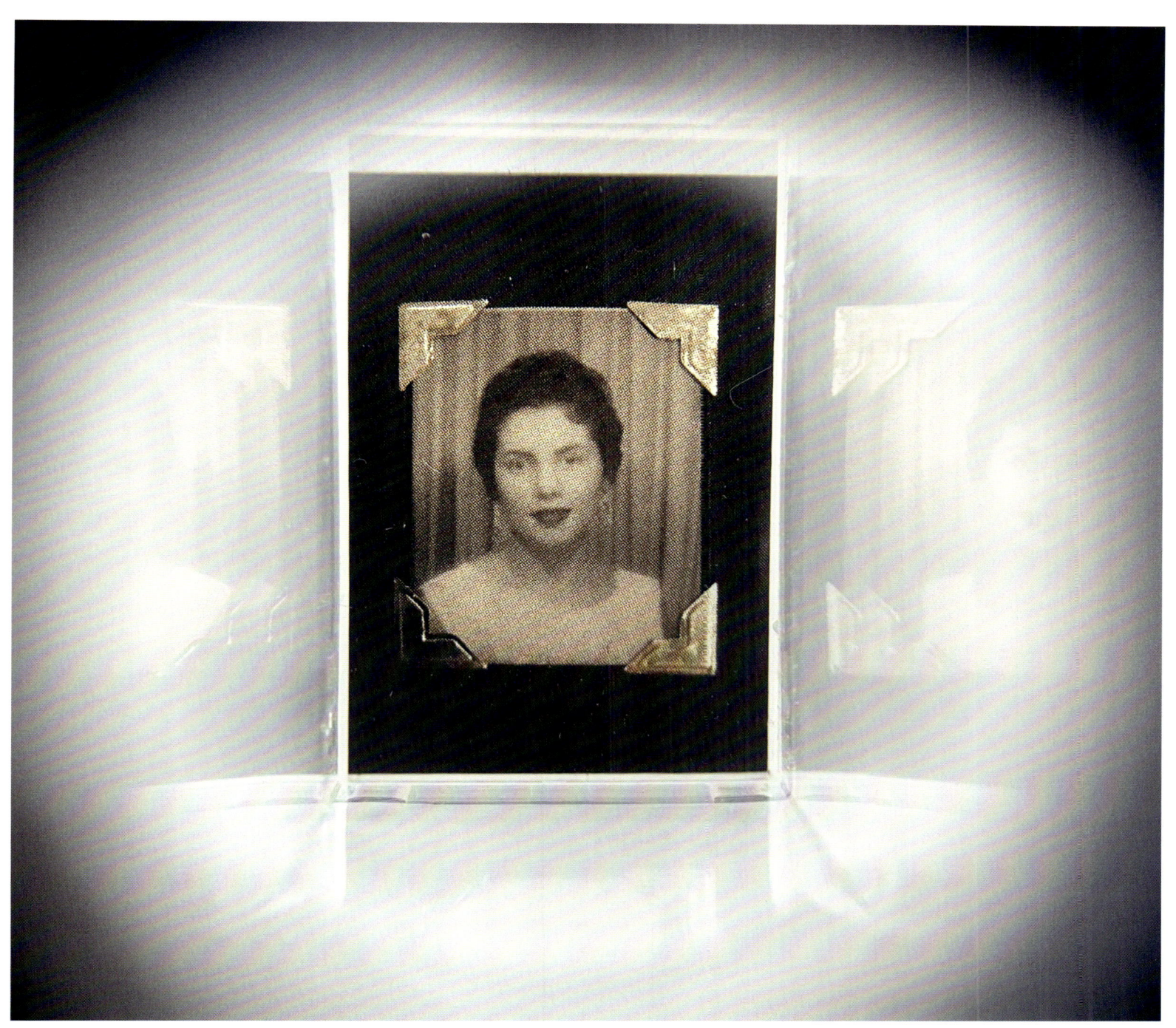

(detail / detalle)

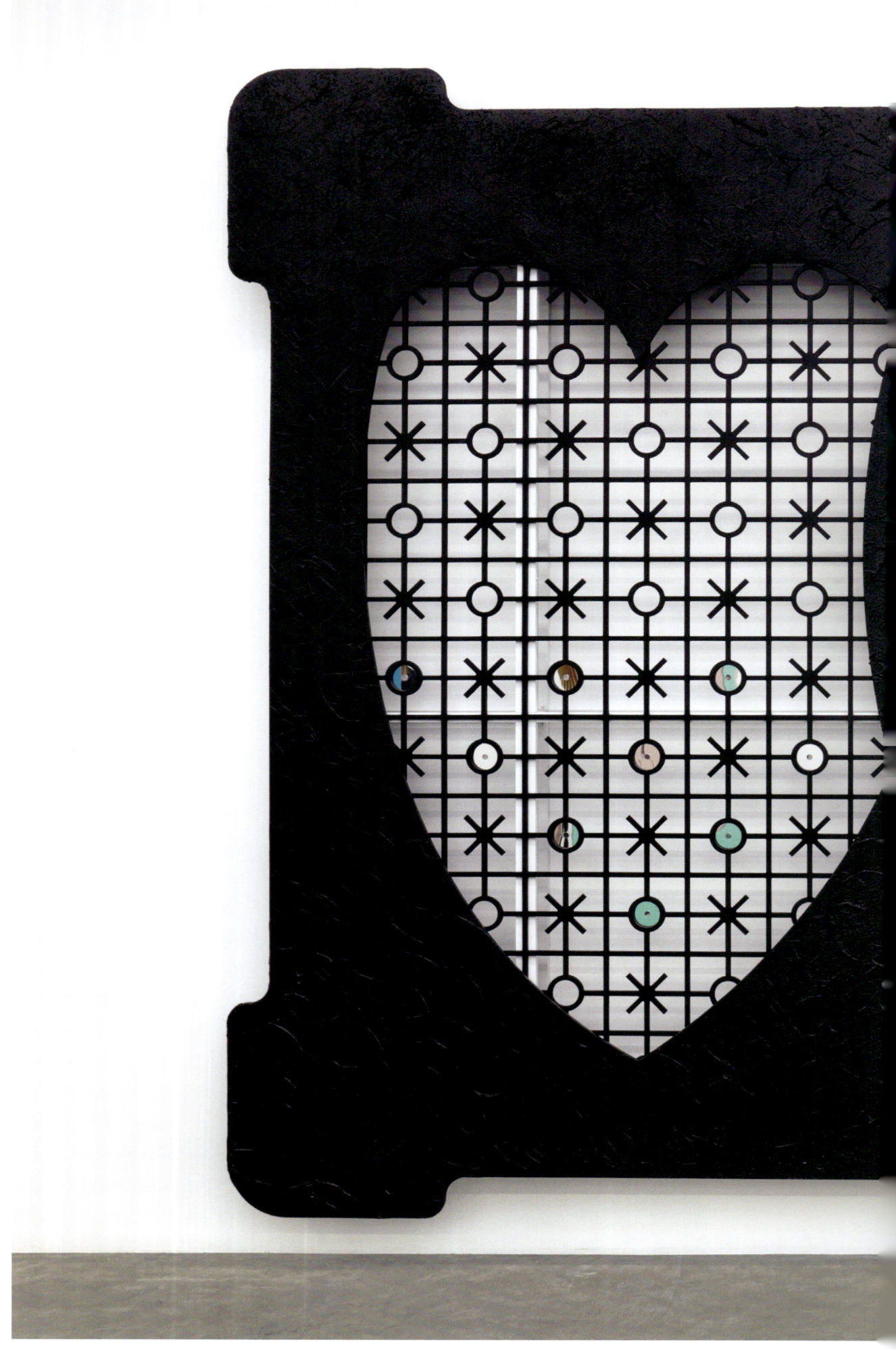

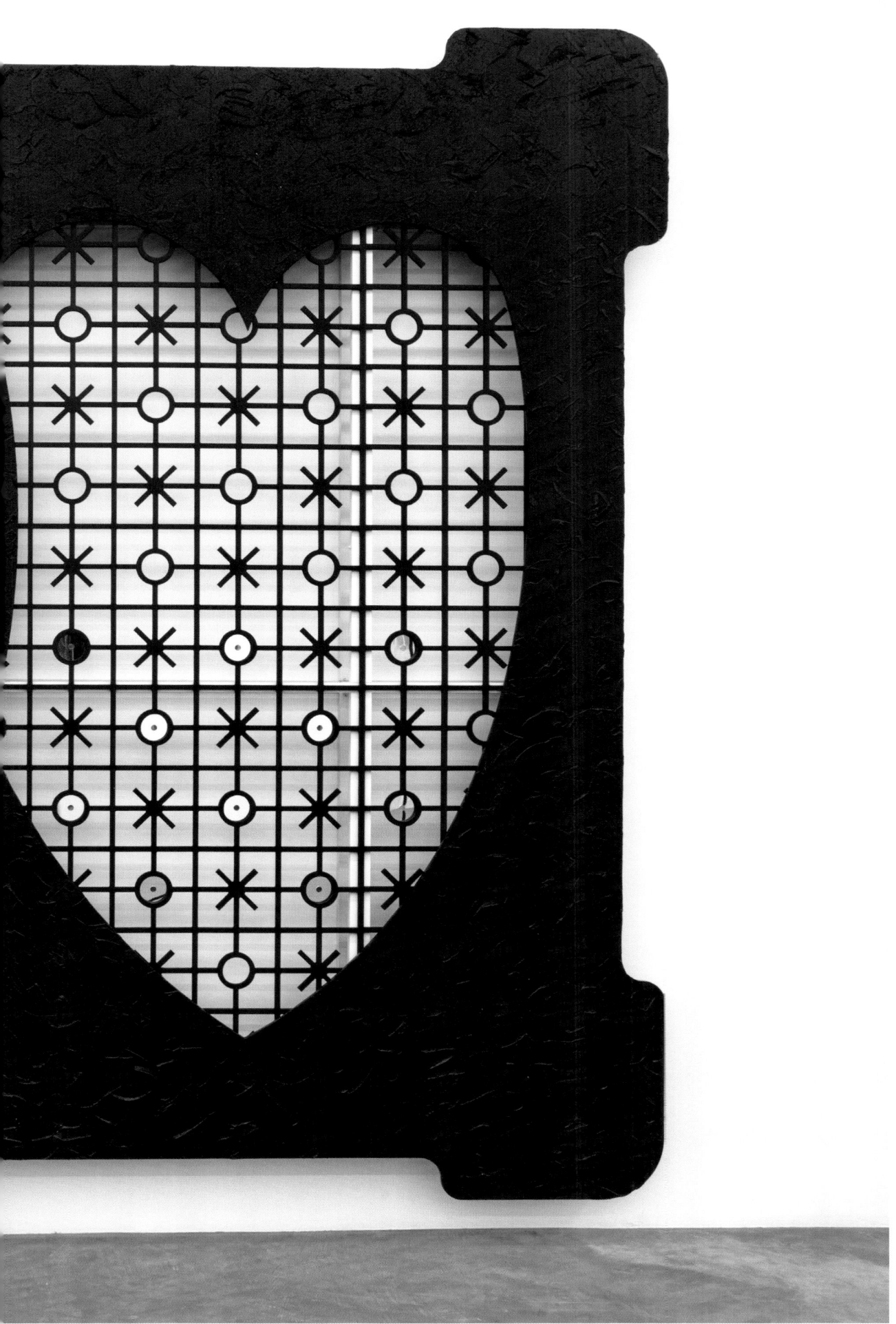

Edra Soto (b. 1971, San Juan, Puerto Rico) is an artist, educator, and codirector of The Franklin. She has exhibited extensively, including at venues such as the MCA Chicago and the Whitney Museum of American Art. She has been awarded the Joan Mitchell Fellowship, the Ree Kaneko Award, the US LatinX Art Forum Fellowship, and the MacArthur Foundation's International Connections Fund, among others. Her recent and upcoming projects include commissions for the Chicago Architecture Biennial, the Carnegie Museum of Art, and Public Art Fund. Soto holds an MFA from the School of the Art Institute of Chicago and a BFA from the Escuela de Artes Plásticas y Diseño de Puerto Rico.

Edra Soto (nacida en 1971, San Juan, Puerto Rico) es una artista, educadora y codirectora de The Franklin. Ha exhibido su trabajo de manera extensa en lugares como el MCA Chicago y el Whitney Museum of American Art. Ha recibido la Joan Mitchell Fellowship, el Ree Kaneko Award, el US LatinX Art Forum Fellowship y el MacArthur Foundation's International Connections Fund, entre otros. Sus proyectos recientes y futuros incluyen comisiones para Chicago Architecture Biennial, el Carnegie Museum of Art y Public Art Fund. Soto tiene un MFA del School of the Art Institute of Chicago y un BFA de la Escuela de Artes Plásticas y Diseño de Puerto Rico.

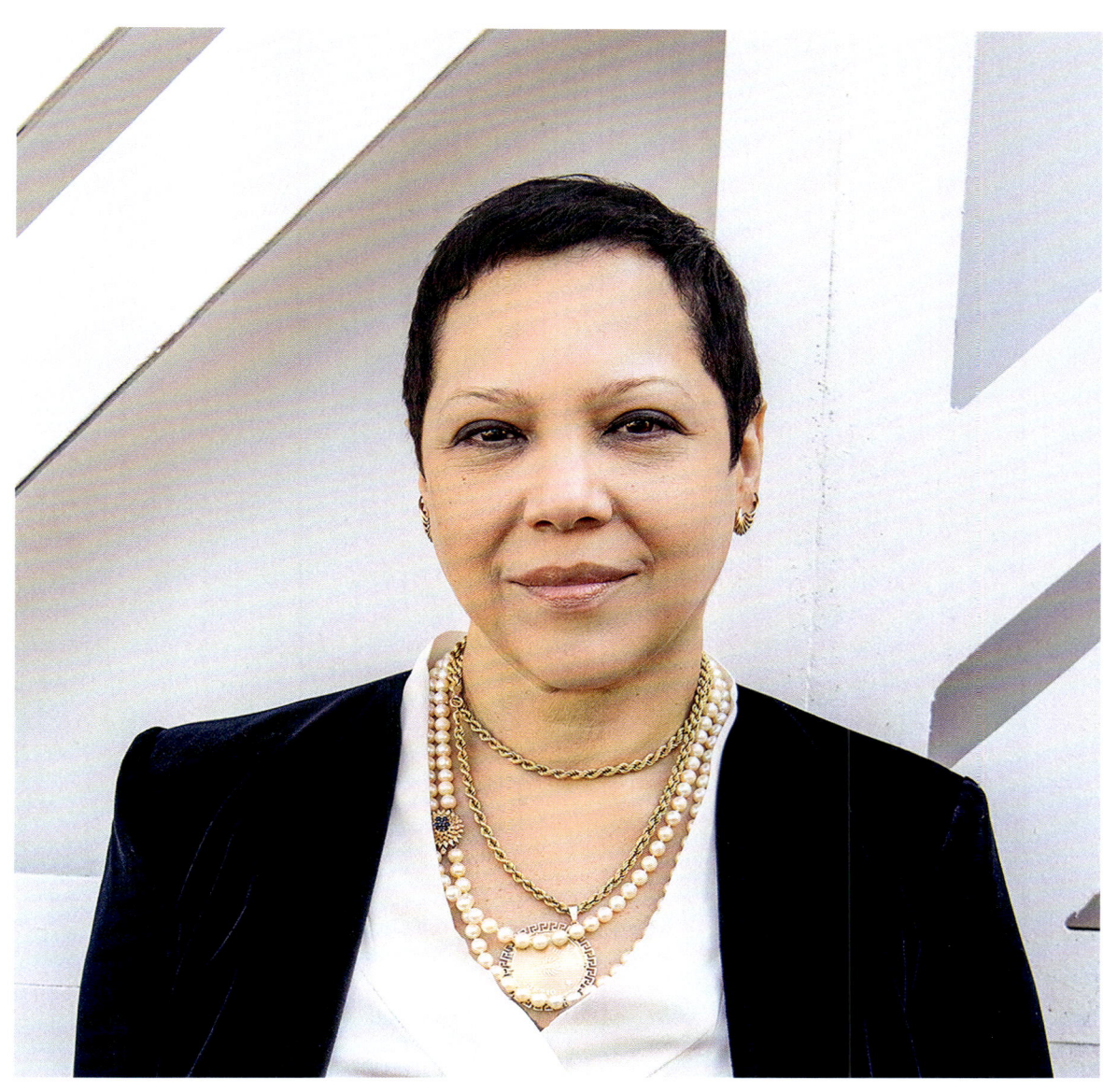

Bibiana Suárez

Inspired by the announcement that Latinx/e people were becoming the largest minority group in the United States, and its eventual reality in 2010, *Memoria (Memory)* (2005–11) uses a gamelike aesthetic to entice the audience. Suárez pointedly uses the format of the Milton Bradley game *Memory*, "matching" the idea of memory and placement to the history of demographic patterns of Cubans, Mexicans, and Puerto Ricans—three Latinx/e groups with the longest history in the US. The original installation consisted of 108 "cards" addressing relevant sociopolitical issues that invite the viewer to play, remember, concentrate, and interact with these interwoven Latinx/e histories.

Tomando como inspiración el anuncio de que las personas Latinx/e se convertirían en el grupo minoritario más grande en los Estados Unidos y su eventual realidad en 2010, *Memoria (Memory)* (2005–11) presenta una estética de juego para atraer al público. Suárez utiliza de manera puntual el formato del juego *Memory* de Milton Bradley, "emparejando" la idea de la memoria y la ubicación con la historia de los patrones demográficos de los cubanos, mexicanos y puertorriqueños—tres grupos Latinx/e con la historia más larga en los Estados Unidos. La instalación original consistió en 108 "tarjetas" que abordan cuestiones sociopolíticas relevantes e invitan al espectador a jugar, recordar, concentrarse e interactuar con estas historias entrelazadas de Latinx/e.

Bibiana Suárez, selections from *Memoria (Memory)*, 2005–11. Mixed media on aluminum panel, 35 objects, each 23½ × 23½ in. (59.7 × 59.7 cm); 112 × 318½ in. (284.5 × 808.9 cm) (approx.) overall. Courtesy the artist.

Bibiana Suárez, selecciones de *Memoria (Memory)*, 2005–11. Medios mixtos sobre panel de aluminio, 35 objetos, cada uno 23½ × 23½ in. (59.7 × 59.7 cm); 112 × 318½ in. (284.5 × 808.9 cm) (aprox.) en total. Cortesía del artista.

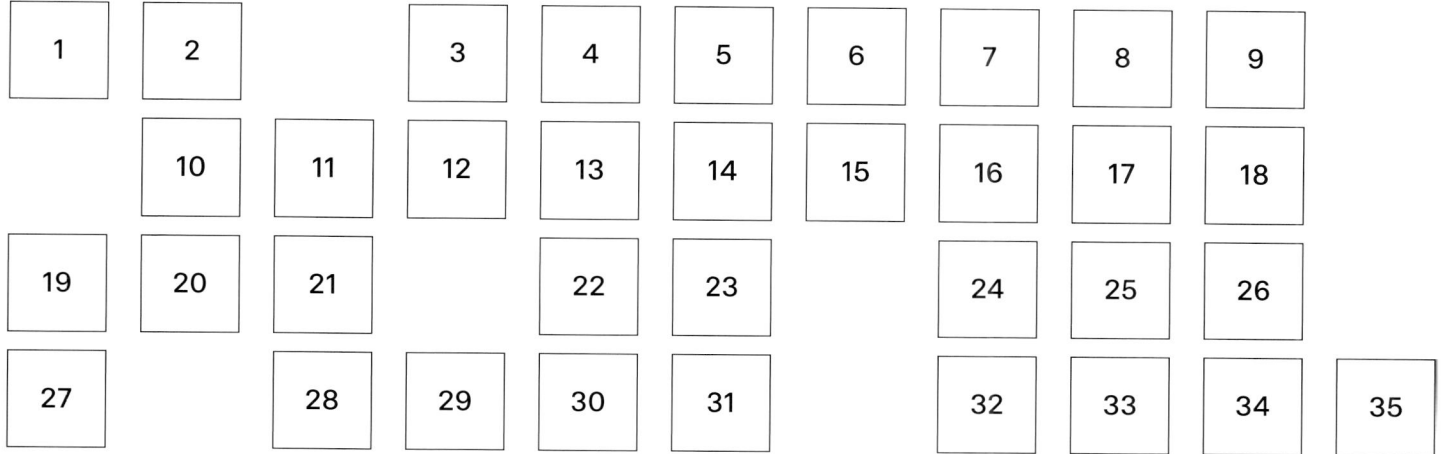

1   *Memoria / Memory,* acrílico, escarcha / acrylic, glitter

2   *Yei-lo / Jay-loh,* acrílico / acrylic

3   *Promesas envueltas en chocolate no. 2 / Promises Wrapped in Chocolate no. 2,* acrílico, papel de aluminio y etiquetas autoadhesivas impresas con láser / acrylic, aluminum foil, and self-adhesive laser-printed labels

4   *Tembandumba de la Quimbamba (Palés Matos),* acrílico / acrylic

5, 7, 9, 11, 13, 15, 21, 30, 32, 33   *Texto / Naming,* de archivo, impresión en inyección de tinta / archival inkjet print

6   *Hangueo / Hanging Out,* acrílico / acrylic

8   *Chimenea / Smokestack,* acrílico / acrylic

10   *Crucero / Cruise Ship,* acrílico / acrylic

12   *Aves raras (puertorriqueños) no. 1 / Strange Birds (Puerto Ricans) no. 1,* de archivo, impresión en inyección de tinta (mapa cortesía de las Colecciones Especiales de la Biblioteca de la Universidad de Chicago) / archival inkjet print (map courtesy the University of Chicago Library's Special Collections)

14   *Azótame / Do Me,* acrílico / acrylic

16   *I Won't to Leev een Amay-reeka (West Side Story)* (Historia del lado oeste), de archivo, impresión en inyección de tinta / archival inkjet print

17   *Aves raras (puertorriqueños) no. 2 / Strange Birds (Puerto Ricans) no. 2,* de archivo, impresión en inyección de tinta (mapa cortesía de las Colecciones Especiales de la Biblioteca de la Universidad de Chicago) / archival inkjet print (map courtesy the University of Chicago Library's Special Collections)

18   *Flor Maga / Maga Flower,* acrílico / acrylic

19   *En búsqueda de una isla / In Search of an Island,* de archivo, impresión en inyección de tinta / archival inkjet print

20   *Ai pledch aliyens no. 1,* acrílico, transferencia digital / acrylic, digital transfer

22   *Sotomayor,* de archivo, impresión en inyección de tinta / archival inkjet print

23   *Gandulera rubia / La Suárez,* de archivo, impresión en inyección de tinta / archival inkjet print

24   *Jugo de mangó corregido / Mango Juice Corrected,* acrílico, transferencia digital / acrylic, digital transfer

25   *Jugo de mango / Mango Juice,* acrílico / acrylic

26   *Promesas envueltas en chocolate no. 1 / Promises Wrapped in Chocolate no. 1,* acrílico, envolturas de chocolate / acrylic, chocolate wrappers

27   *Yo quiero no. 1 / I Want no. 1,* acrílico / acrylic

28   *Dominó / Domino,* acrílico / acrylic

29   *Memoria rota / Broken Memory,* acrílico, brillantina / acrylic, glitter

31   *Guineo / Banana,* acrílico transferencia digital / acrylic, digital transfer

34   *Se habla inglés no. 1 / We Speak English no. 1,* acrílico / acrylic

35   *Se habla español no. 1 / We Speak Spanish no. 1,* acrílico / acrylic

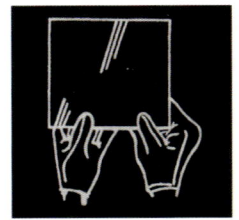 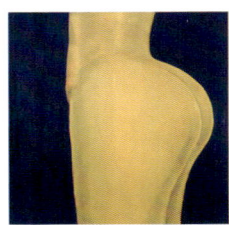 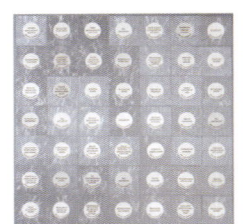 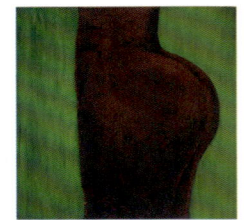

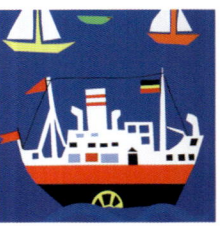  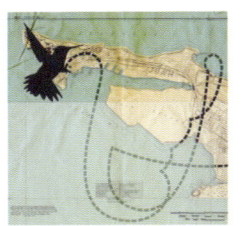 

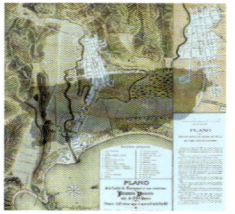 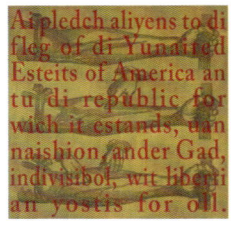  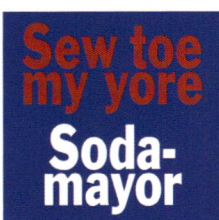

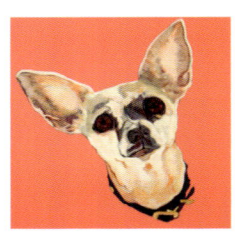 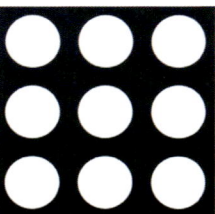 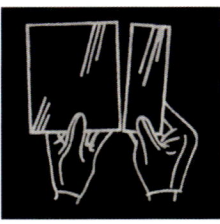 

 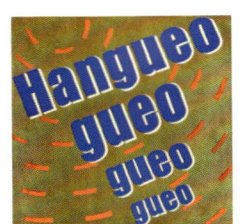  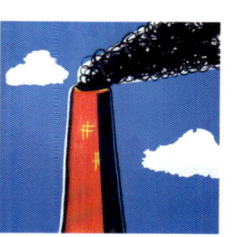 

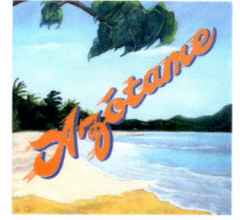 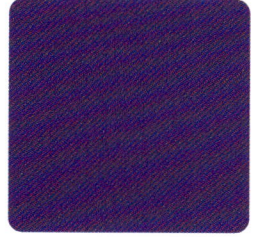 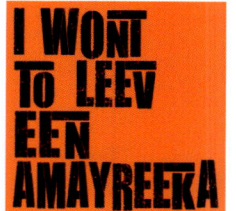 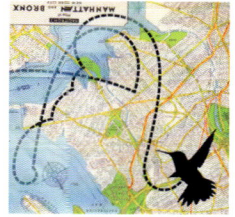 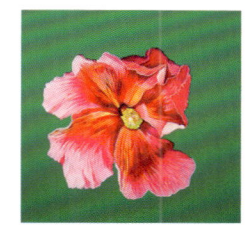

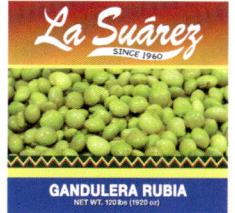 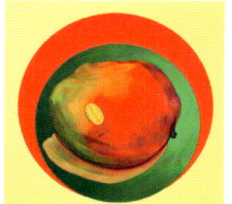 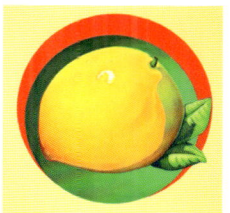 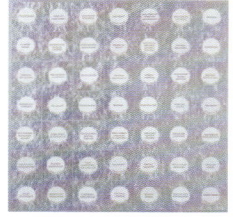

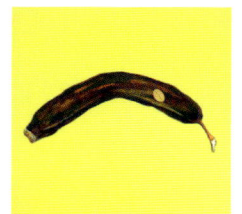   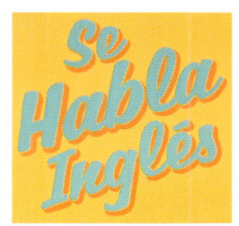 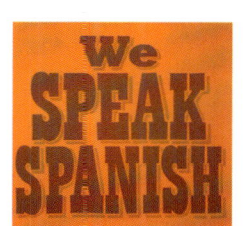

Bibiana Suárez (b. 1960, Mayagüez, Puerto Rico) resides in Chicago where she completed a BFA and MFA in painting and drawing at the School of the Art Institute of Chicago. She defines her art as a laboratory to explore the convergence between race, politics, and culture. Her work has been exhibited across the United States, Puerto Rico, and Mexico. Suárez is the recipient of three Illinois Arts Council Individual Visual Artist Fellowships, an Arts Midwest/NEA Regional Visual Arts Fellowship, and the inaugural University of Chicago's Center for the Study of Race, Politics and Culture Artist-in-Residence Fellowship.

Bibiana Suárez (nacida en 1960, Mayagüez, Puerto Rico) reside en Chicago, donde completó un BFA y MFA en pintura y dibujo en el School of the Art Institute of Chicago. Ella define su arte como un laboratorio para explorar la convergencia entre raza, política y cultura. Su trabajo ha sido exhibido en los Estados Unidos, Puerto Rico y México. Suárez ha recibido tres Illinois Arts Council Individual Visual Artist Fellowships, una Arts Midwest/NEA Regional Visual Arts Fellowship y la inaugural University of Chicago's Center for the Study of Race, Politics and Culture Artist-in-Residence Fellowship.

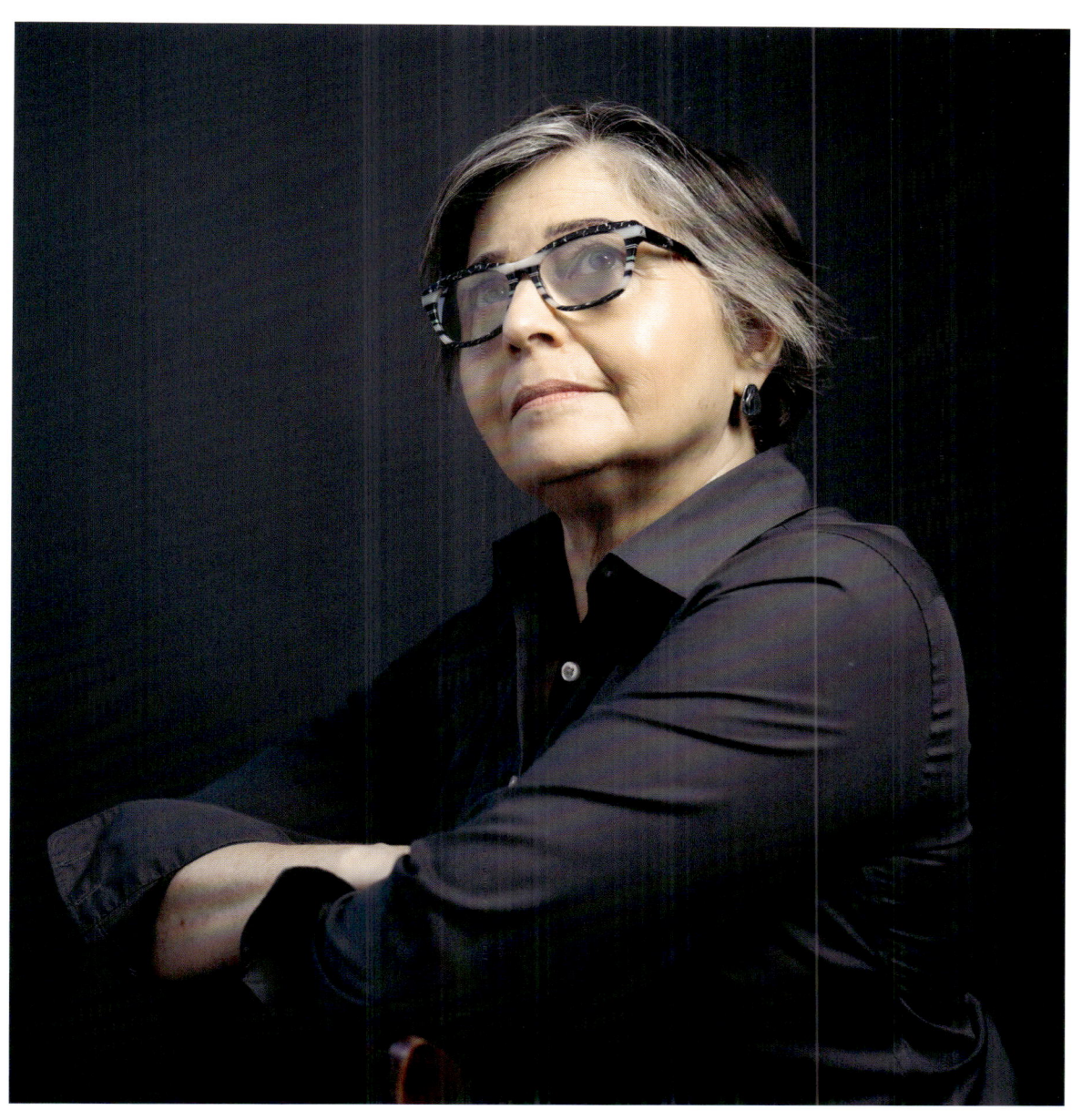

Nitza Tufiño

"A tribute to my ancestors and a celebration of my Mexi-Rican heritage, my art radiates color and history to honor who I am as an artist and mentor in connection with the urban settings of New York, New Jersey, and Connecticut."

"Un tributo a mis ancestros y una celebración de mi herencia Mexi-Rican, mi arte irradia color e historia para honrar quién soy como artista y mentora en conexión con los entornos urbanos de Nueva York, Nueva Jersey y Connecticut".

Nitza Tufiño, selections from *Tenderete (Clothesline)* (1974–present). Archival inkjet print, marker, and colored pencil on paper, sewn to cotton fabric with thread, dimensions variable. Courtesy the artist.

Nitza Tufiño, selecciones de *Tenderete* (1974–presente). De archivo, impresión en inyección de tinta, marcador y lápiz de color sobre papel, cosido a tela de algodón con hilo, dimensiones variables. Cortesía del artista.

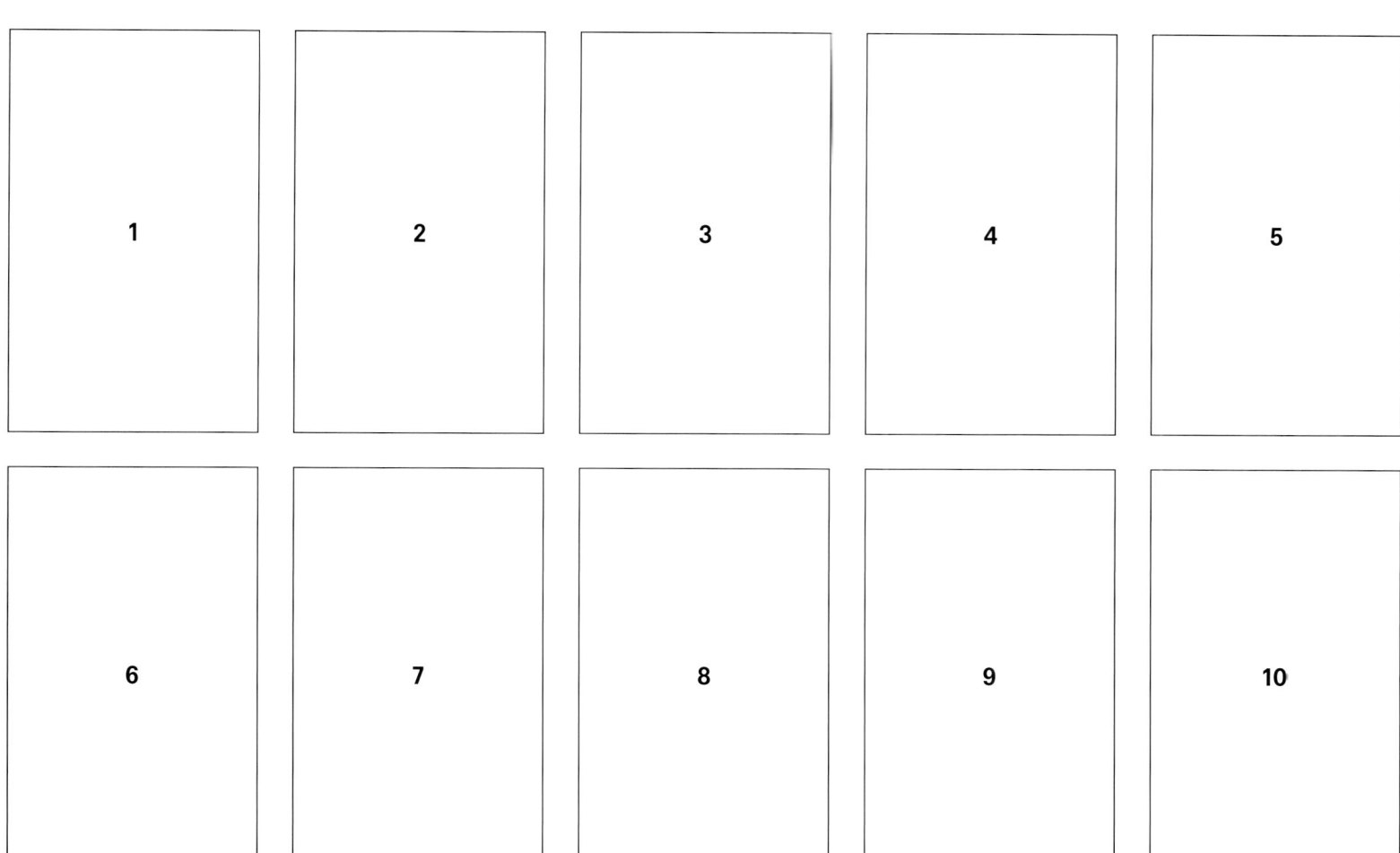

1 *Rafael Tufiño en el Campo, Manati, PR* / Rafael Tufiño in the Country, Manati, PR, 2023. 38 × 20 in. (96.5 × 50.8 cm).

2 *Gregoria "Goyita" Figueroa with 1st Grandchild, Nitza Tufiño, Mexico City* / Gregoria "Goyita" Figueroa con la primera nieta, Nitza Tufiño, Ciudad de México, 2025. 34 × 20 in. (86.3 × 50.8 cm).

3 *Rafael Tufiño and Nitza Tufiño, Mexico City* / Rafael Tufiño y Nitza Tufiño, Ciudad de México, 2025. 34 × 20¼ in. (86.3 × 51.4 cm).

4 *Dylcia Pagán con Vejigante, Loíza, PR* / Dylcia Pagán with Vejigante, Loíza, PR, 2025. 34½ × 20 in. (87.6 × 50.8 cm).

5 *Pedro Pietri, Rent-A-Coffin, Manhattan* / Pedro Pietri, Alquile-un-ataúd, Manhattan, 2024. 39 × 19¾ in. (99 × 50.1 cm).

6 *Nitza Tufiño with Rita (pet cow), Manati, PR* / Nitza Tufiño con Rita (vaca mascota), Manati, PR, 2025. 38 × 19¾ in. (96.5 × 50.1 cm).

7 *Luz Maria (Lucha) Aguirre with Rafael Tufiño's NY Cousins on E 107th Street and Nitza Tufiño on E 103rd Street (Rafael Tufiño Way)* / Luz Maria (Lucha) Aguirre con los primos neoyorquinos de Rafael Tufiño en E 107th Street y Nitza Tufiño en E 103rd Street (Rafael Tufiño Way), 2025. 34 × 19¾ in. (86.3 × 50.1 cm).

8 *Luz Maria (Lucha) with Nitza Tufiño, Mexico City* / Luz Maria (Lucha) con Nitza Tufiño, Ciudad de México, 2025. 34 × 20¼ in. (86.3 × 51.4 cm).

9 *Reunion with Rafael Tufiño, Dylcia Pagán, Jesus Papoleto Melendez, and Pedro Pietri, La Placita de Santurce, PR* / Reunión con Rafael Tufiño, Dylcia Pagán, Jesus Papoleto Melendez y Pedro Pietri, La Placita de Santurce, PR, 2025. 34 × 20 in. (86.3 × 50.8 cm).

10 *Dylcia Pagán with Juan Antonio Corretjer, San Juan, PR* / Dylcia Pagán con Juan Antonio Corretjer, San Juan, PR, 2025. 34 × 19½ in. (86.3 × 49.5 cm).

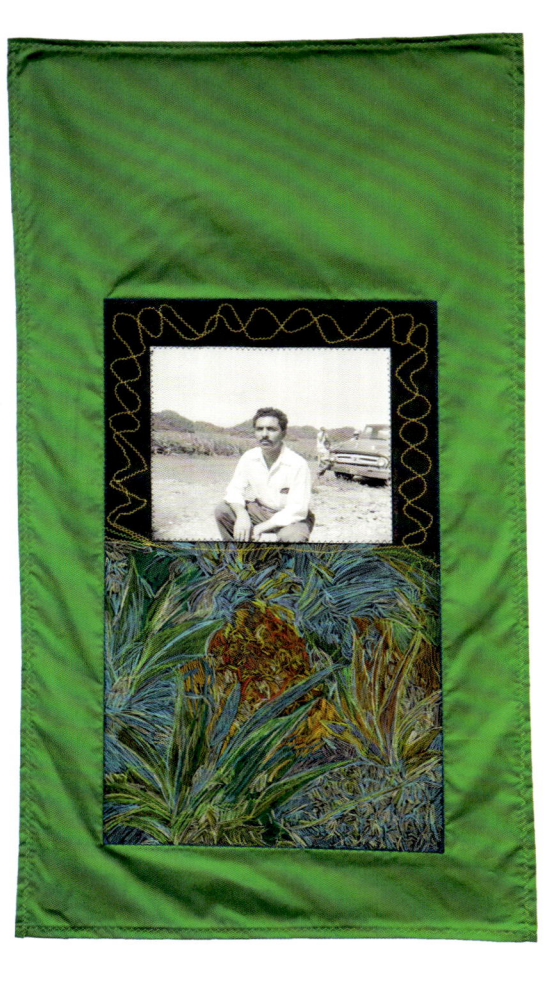

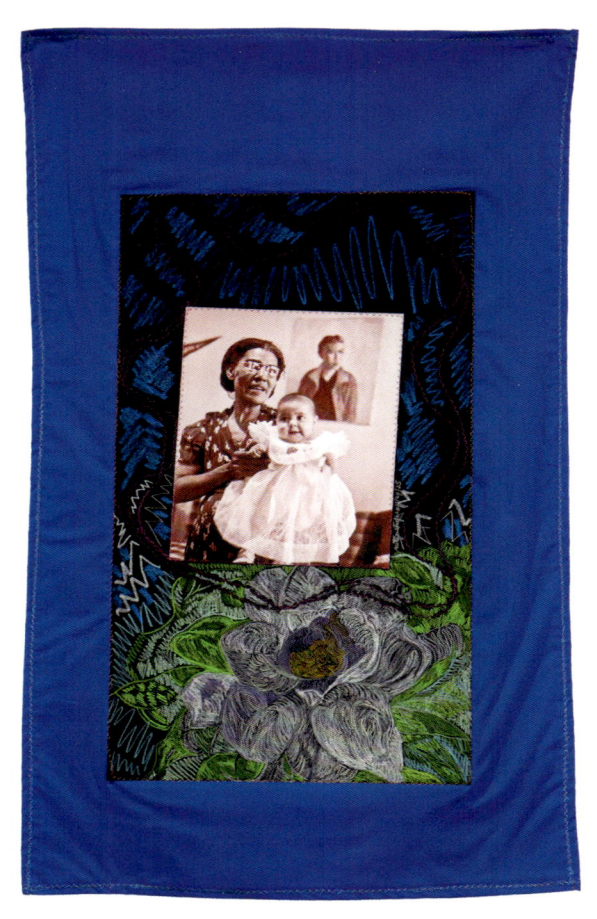

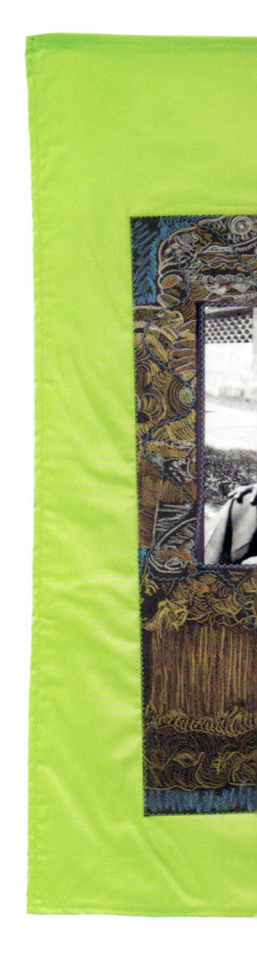

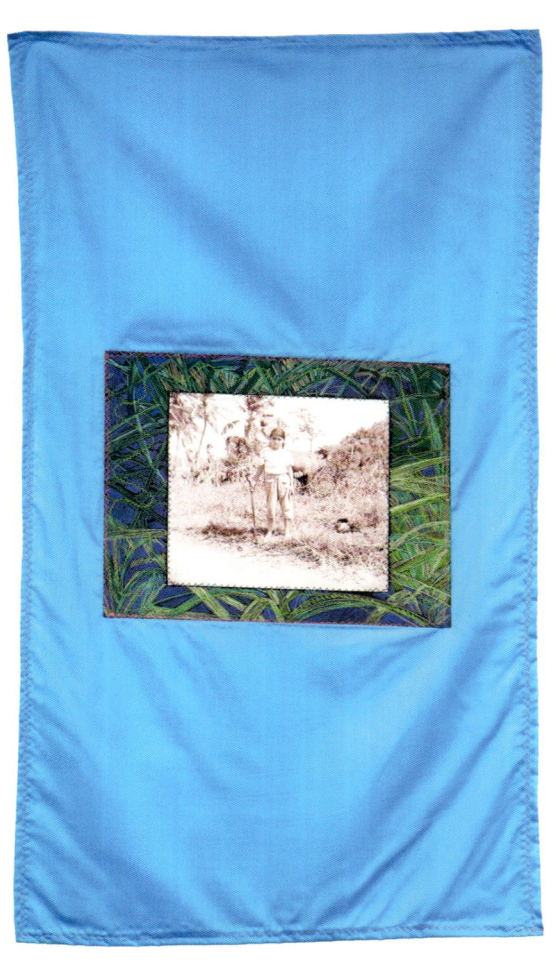

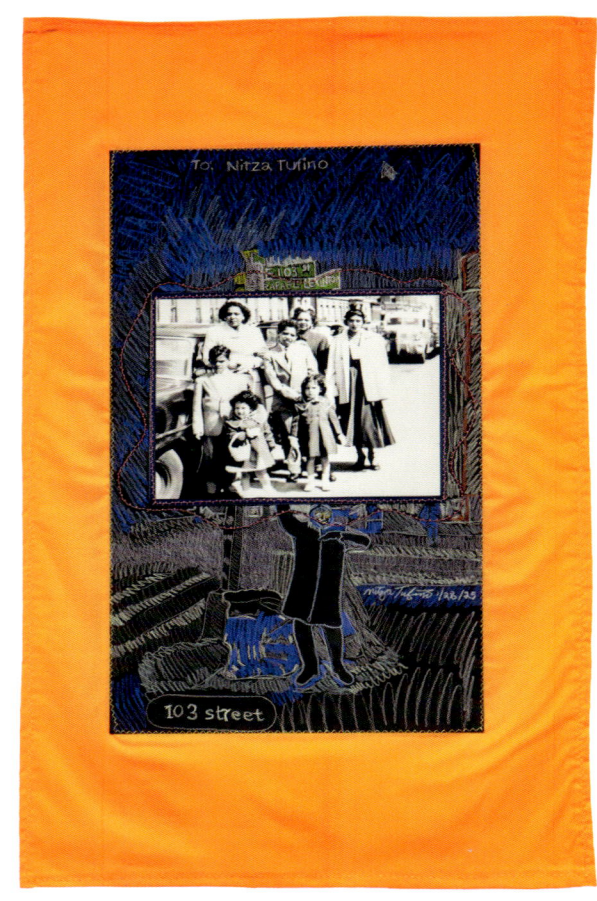

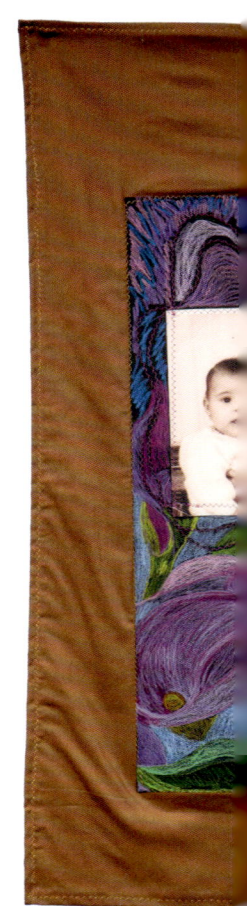

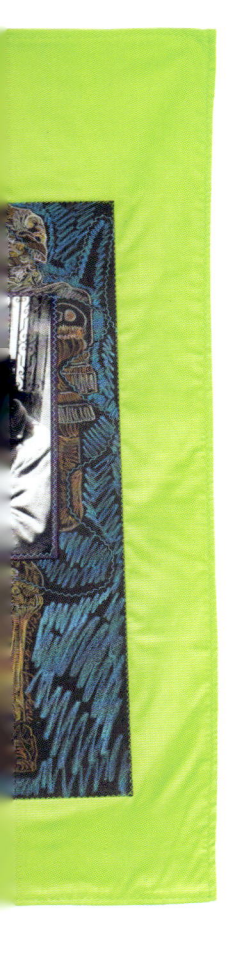
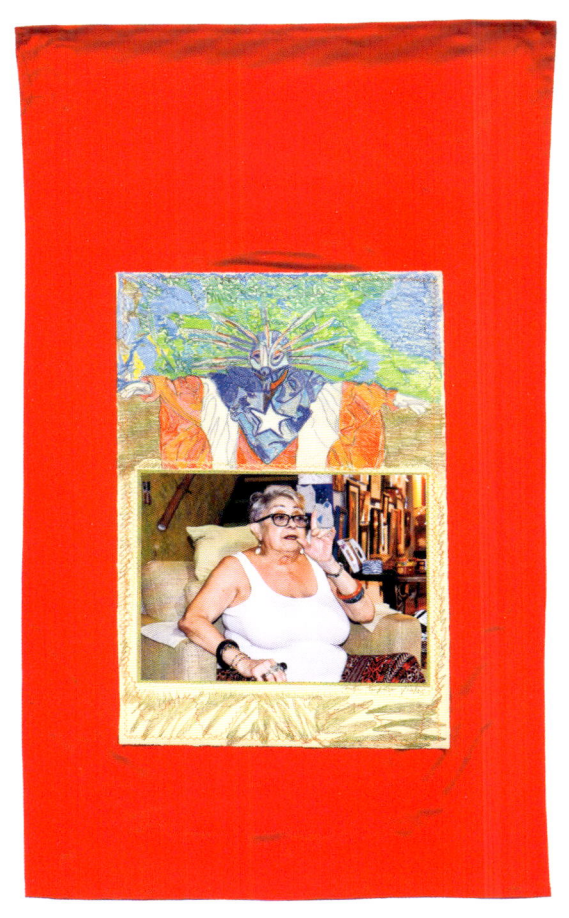
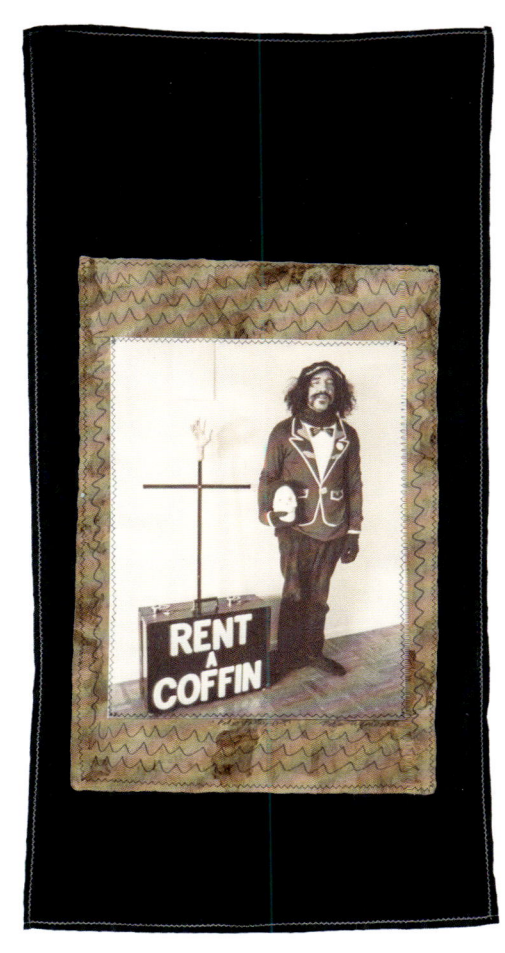
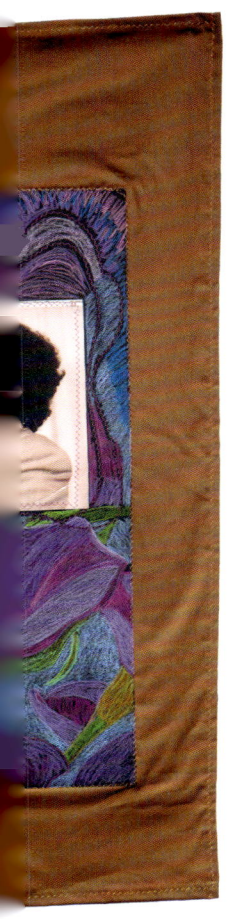
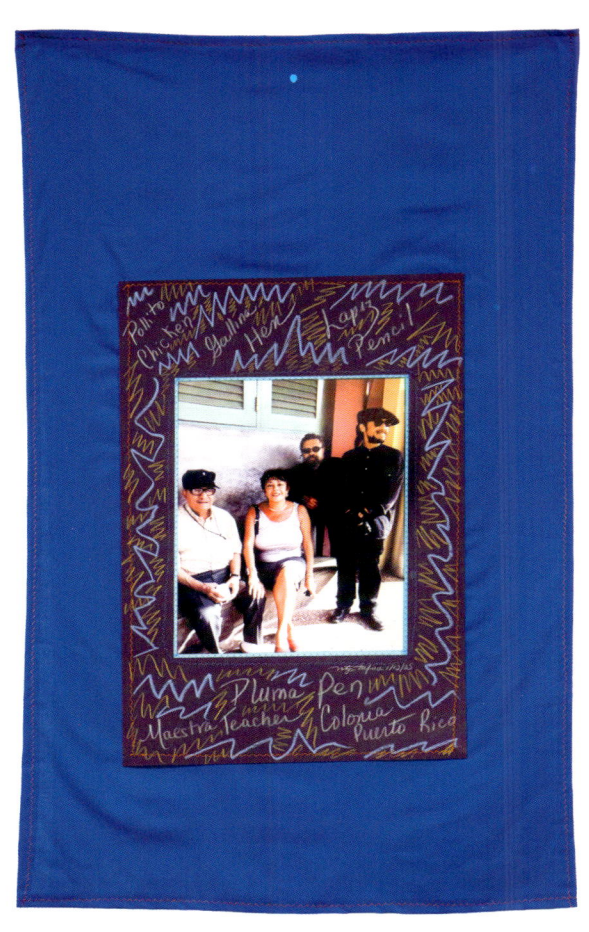
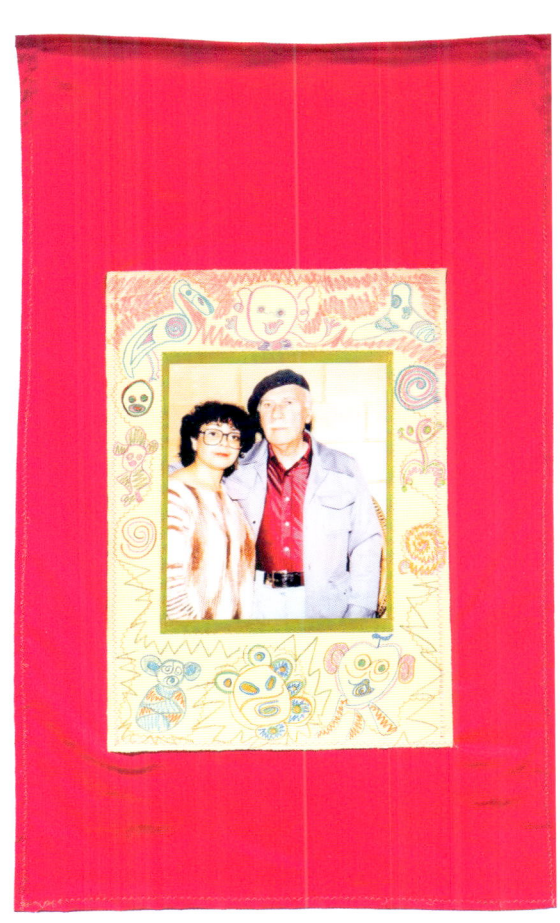

Nitza Tufiño (b. 1949, Mexico City, Mexico) is an artist, activist, and educator raised between New York and San Juan. She holds a BFA from the Academia de San Carlos, Universidad Autónoma, Mexico City, and an MS in urban planning from Hunter College, New York. As an activist and educator, she helped to found New York City institutions such as Loisaida, Inc. and El Museo del Barrio. Mural commissions include New York City's Third Street Music School Settlement, the Metropolitan Transit Authority, NYC Health + Hospitals, and La Guardia Community College, among others. She was El Taller Boricua's first female artist, is a founding member of Consejo Grafico, and established the first mural arts program at Central Connecticut State University. Select awards include the Donald G. Sullivan Award from the Department of Urban Planning at Hunter College, the Mid-Atlantic Endowment for the Arts Regional Award, a NYSCA/NYFA Artist Fellowship, and the Puerto Rican Legal Defense and Education Fund's Outstanding Contribution to the Arts Award.

Nitza Tufiño (nacida en 1949, Ciudad de México, México) es una artista, activista y educadora criada entre Nueva York y San Juan. Posee un BFA de la Academia de San Carlos, Universidad Autónoma de Ciudad de México y un MS en planificación urbana del Hunter College, Nueva York. Como activista y educadora, ayudó a fundar instituciones de la ciudad de Nueva York, como Loisaida, Inc. y El Museo del Barrio. Entre sus comisiones de murales se incluyen la Third Street Music School Settlement de Nueva York, el Metropolitan Transit Authority, NYC Health + Hospitals y La Guardia Community College, entre otros. Fue la primera artista femenina de El Taller Boricua, es miembro fundadora de Consejo Gráfico y estableció el primer programa de arte mural en Central Connecticut State University. Entre los premios que ha recibido se incluyen el Donald G. Sullivan Award del Departamento de Urban Planning de Hunter College, el Mid-Atlantic Endowment for the Arts Regional Award, un NYSCA/NYFA Artist Fellowship y el Premio a la Contribución Sobresaliente a las Artes del Puerto Rican Legal Defense and Education Fund's Outstanding Contribution to the Arts Award.

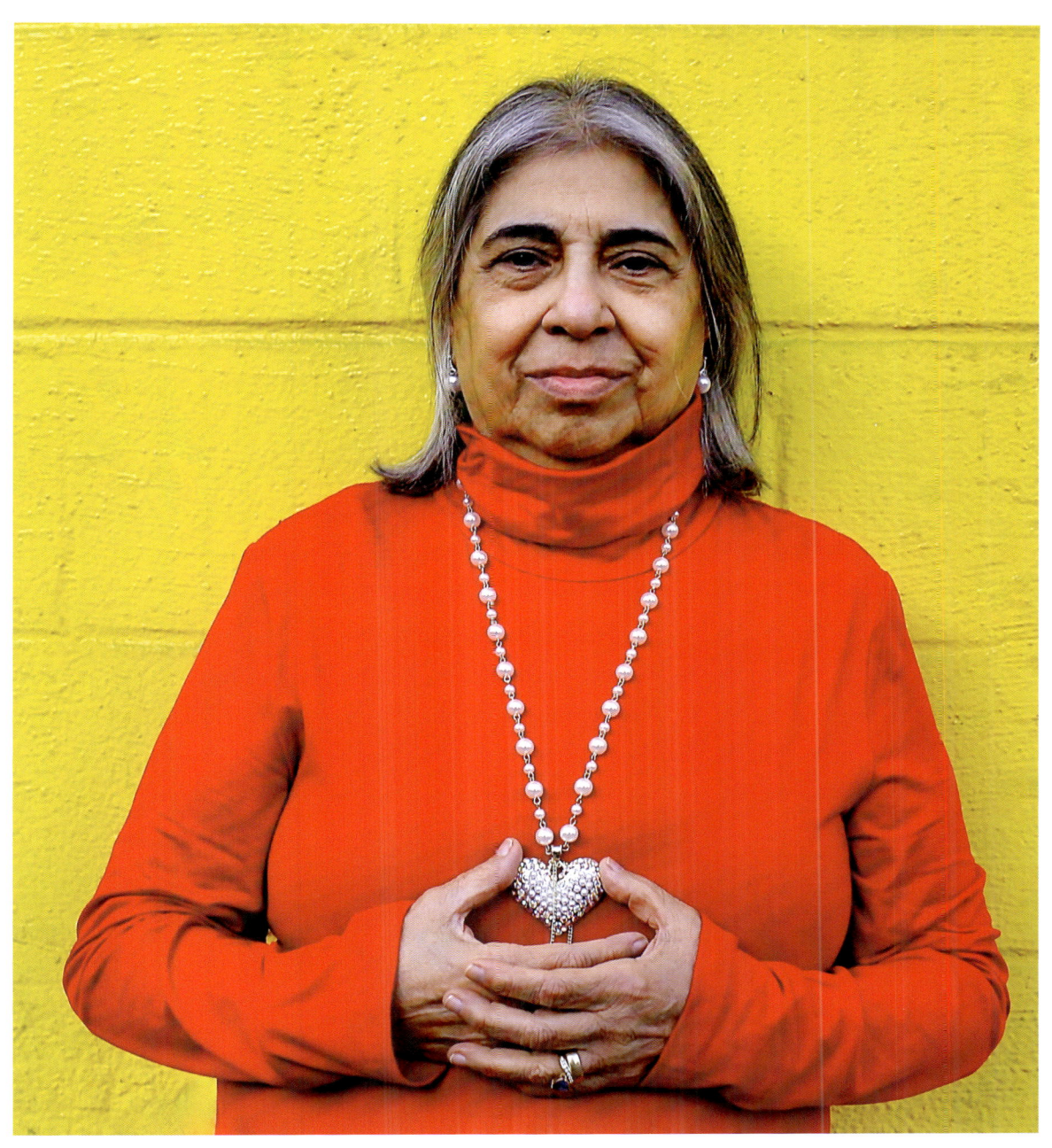

William Villalongo

"My work is concerned with stories and images of time and change in the arc of inhumanity to humanity that has marked the Black experience. This is my subject and my study as an artist. I often work in series, and I look for frameworks to make my concerns visible. A figure, a still life, a painting, a drawing, or a sculpture are vessels for information and sites to produce meaning. My work is informed by humor, urgent emotion, ephemeral visions, current events, Black critical theory, and Western and non-Western symbolisms in culture and art. I want to create sites of contemplation and wonder."

"Mi trabajo está relacionado con historias e imágenes del tiempo y el cambio en el arco de la inhumanidad hacia la humanidad que ha marcado la experiencia negra. Este es mi tema y mi estudio como artista. A menudo trabajo en series y busco marcos para hacer visibles mis preocupaciones. Una figura, una naturaleza muerta, una pintura, un dibujo o una escultura son recipientes de información y espacios para producir significado. Mi trabajo se nutre de humor, emoción urgente, visiones efímeras, eventos actuales, teoría crítica negra y simbolismos occidentales y no occidentales en la cultura y el arte. Quiero crear espacios de contemplación y asombro".

William Villalongo, *Specimen*, 2022. Stenciled linen pulp paint on black cotton with black abaca layered on top and collaged inkjet prints, 21 in. (53.3 cm) diameter. B.A.T. Courtesy the artist and Dieu Donné, New York.

William Villalongo, *Specimen* (Espécimen), 2022. Pintura de pulpa de lino con plantilla sobre algodón negro con abaca negra en capas e impresión en inyección de tinta en collage, 21 in. (53.3 cm) de diámetro. B.A.T. Cortesía del artista y Dieu Donné, Nueva York.

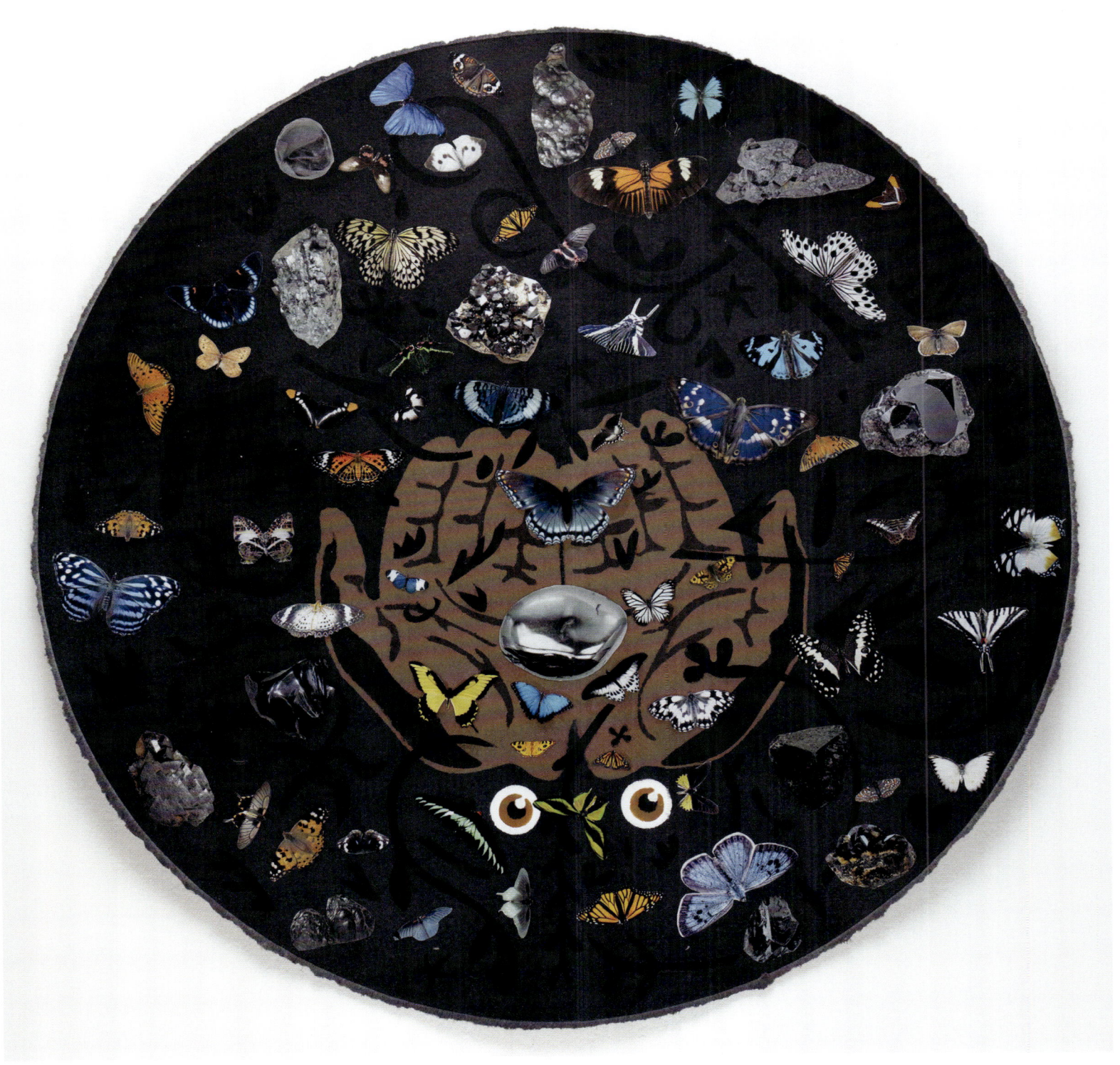

William Villalongo (b. 1975, Hollywood, Florida) was raised in Bridgeton, New Jersey, and is a New York–based artist and an associate professor at Cooper Union School of Art. He received his MFA from the Tyler School of Art at Temple University. He is the recipient of the Louis Comfort Tiffany Award, the Joan Mitchell Foundation Grant, and Jules Guerin/Harold M. English Rome Prize Fellowship. His work is held in the collections of the Studio Museum in Harlem, Princeton University Art Museum, Weatherspoon Art Museum, and the Whitney Museum of American Art, among others. He is represented by Susan Inglett Gallery, New York.

William Villalongo (nacido en 1975, Hollywood, Florida) creció en Bridgeton, Nueva Jersey y es un artista radicado en Nueva York y profesor asociado en Cooper Union School of Art. Recibió su MFA de la Tyler School of Art, Temple University. Es ganador del Louis Comfort Tiffany Award, el Joan Mitchell Foundation Grant y el Jules Guerin/Harold M. English Rome Prize Fellowship. Su obra se encuentra en las colecciones del Studio Museum in Harlem, el Princeton University Art Museum, el Weatherspoon Art Museum y el Whitney Museum of American Art, entre otros. Está representado por la Susan Inglett Gallery, Nueva York.

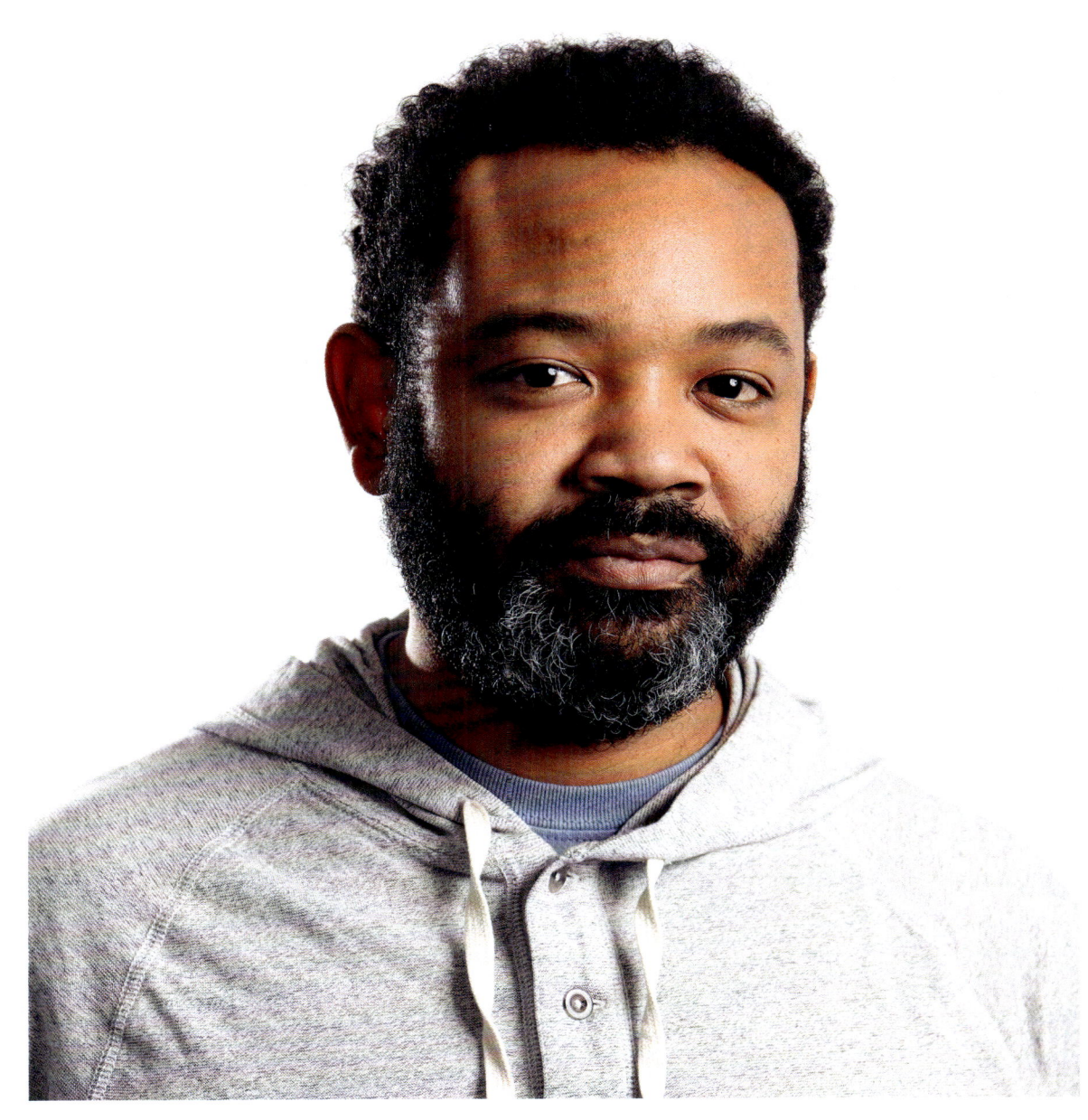

Contributors / Contribuidores

Arlene Dávila is a professor of anthropology and American studies at New York University (NYU), focusing on questions of cultural equity, Latinx, and critical race studies. She is the author of multiple books centering Latinx cultural politics spanning the media, urban politics, museums, and contemporary art markets, including *Latinx Art: Artists, Markets, and Politics* (Duke University Press, 2020), and is coeditor of *Nuyorican and Diasporican Visual Art: A Critical Anthology* (Duke University Press, 2025), among other titles. She is also the founding director of The Latinx Project, an interdisciplinary center focusing on Latinx art and culture, and hosting artists and curatorial projects at NYU. Among other awards, she is a Guggenheim Fellow, the winner of the Lifetime Achievement Award from the Association of Latino/a/x Anthropology, and the recipient of the Excellence in Diversity Award from the College Art Association.

Arlene Dávila es profesora de antropología y estudios estadounidenses en New York University (NYU), donde se especializa en cuestiones de equidad cultural, estudios Latinx y estudios críticos sobre raza. Es autora de varios libros centrados en la política cultural Latinx, que abordan los medios de comunicación, la política urbana, los museos y los mercados de arte contemporáneo, incluyendo *Latinx Art: Artists, Markets, and Politics* (Duke University Press (Duke University Press, 2020) y es coeditora de *Nuyorican and Diasporican Visual Art: A Critical Anthology* (Duke University Press, 2025), entre otros títulos. Además, es directora fundadora de The Latinx Project, un centro interdisciplinario enfocado en el arte y la cultura Latinx, que alberga proyectos artísticos y curatoriales en NYU. Entre otros premios, es un Guggenheim Fellow, la ganadora del Lifetime Achievement Award from the Association of Latino/a/x Anthropology y ha recibido el Excellence in Diversity Award del College Art Association.

Yomaira C. Figueroa-Vásquez is an Afro–Puerto Rican writer, teacher, and scholar from Hoboken, New Jersey. She is a professor in the department of Africana, Puerto Rican, and Latino Studies at CUNY

Hunter and the director of the Center for Puerto Rican Studies (CENTRO). She is the author of the award-winning book *Decolonizing Diasporas: Radical Mappings of Afro-Atlantic Literature* (Northwestern University Press, 2020) and the forthcoming *Survival of a People* (under contract with Duke University Press). Her work can be found in *Hypatia, Decolonization, CENTRO Journal, Small Axe, Frontiers, Hispanofilia, Contemporânea, Diálogos*, and *Feminist Formations*.

Yomaira C. Figueroa-Vásquez es una escritora, docente y académica afropuertorriqueña originaria de Hoboken, Nueva Jersey. Es profesora en el departamento de Estudios Africanos, Puertorriqueños y Latinos de CUNY Hunter y directora del Center for Puerto Rican Studies (CENTRO). Es autora del libro galardonado *Decolonizing Diasporas: Radical Mappings of Afro-Atlantic Literature* (Northwestern University Press, 2020) y de *Survival of a People* (bajo contrato con Duke University Press). Su obra ha sido publicada en revistas como *Hypatia, Decolonization, CENTRO Journal, Small Axe, Frontiers, Hispanofilia, Contemporânea, Diálogos* y *Feminist Formations*.

Teréz Iacovino is an artist, educator, and the director of the Katherine E. Nash Gallery at the University of Minnesota. Her curatorial practice is continually shaped by the artists she works with, the students she mentors, and her experience as a Latina and first-generation graduate working in academia. Iacovino is the recipient of a Curatorial Research Fellowship Grant from The Andy Warhol Foundation for the Visual Arts and is a 2024 National Association of Latino Arts and Cultures Leadership Institute Fellow. Recent publications include "Unpacking the Portmanteau: Locating Diasporican Art" as part of *Nuyorican and Diasporican Visual Art: A Critical Anthology* (Duke University Press, 2025).

Teréz Iacovino es una artista, educadora y la directora de la Katherine E. Nash Gallery en la University of Minnesota. Su práctica curatorial se ve constantemente moldeada por los

artistas con los que trabaja, los estudiantes a los que guía y su experiencia como latina y graduada de primera generación en el ámbito académico. Iacovino ha recibido una beca de investigación curatorial de The Andy Warhol Foundation for the Visual Arts y es una becaria del National Association of Latino Arts and Cultures Leadership Institute en 2024. Entre sus publicaciones recientes se incluye "Unpacking the Portmanteau: Locating Diasporican Art" como parte de *Nuyorican and Diasporican Visual Art: A Critical Anthology* (Duke University Press, 2025).

José López Serra is a visual artist and independent curator based in San Juan, Puerto Rico. He is a cofounder and the director of Hidrante, where he has organized solo and group exhibitions, performances, residencies, and cultural production. He is a 2017–18 Fellow of Beta-Local's La Práctica program, a 2017 participant in the Independent Curators International's (ICI) Curatorial Intensive in New Orleans, and a recipient of a Curatorial Research Fellowship Grant from The Andy Warhol Foundation for the Visual Arts. He is a 2022–25 participant of Maniobra, a cultural employment initiative by the Centro de Economía Creativa, in partnership with the Mellon Foundation, to support equity and salary justice within the arts in Puerto Rico.

José López Serra es artista visual y curador independiente radicado en San Juan, Puerto Rico. Es cofundador y director de Hidrante donde ha organizado exhibiciones individuales y colectivas, performances, residencias y gestión cultural. Fue becario del programa La Práctica de Beta-Local en 2017–18, participó en el Curatorial Intensive del Independent Curators International (ICI) en Nueva Orleans en 2017 y recibió una beca de investigación curatorial de The Andy Warhol Foundation for the Visual Arts. Participó del programa Maniobra (2022–25), una iniciativa de empleo cultural del Centro de Economía Creativa, en alianza con la Mellon Foundation, para apoyar la equidad y la justicia salarial en las artes en Puerto Rico.

María Elena Ortiz is a curator at the Modern Art Museum of Fort Worth, where she curated *Jammie Holmes: Make the Revolution Irresistible* (2023) and *Surrealism and Us: Caribbean and African Diasporic Artists Since 1940* (2024). Previously she was a curator at the Pérez Art Museum Miami (PAMM), where she curated group shows such as *Allied with Power: African and African Diaspora Art from the Jorge M. Pérez Collection*, *The Other Side of Now: Foresight in Caribbean Art*, and solo exhibitions featuring Firelei Báez, Ulla von Brandenburg, william cordova, Teresita Fernández, José Carlos Martinat, Carlos Motta, and Beatriz Santiago Muñoz. At PAMM she founded the Caribbean Cultural Institute, a curatorial platform dedicated to Caribbean art, and worked to grow the museum's collection, securing works by Simone Leigh, Bisa Butler, and Bony Ramirez, among others.

María Elena Ortiz es curadora en el *Modern Art Museum* de Fort Worth, donde comisarió las exposiciones *Jammie Holmes: Make the Revolution Irresistible* (2023) y *Surrealism and Us: Caribbean and African Diasporic Artists Since 1940* (2024). Anteriormente, fue curadora en el Pérez Art Museum Miami (PAMM), donde comisarió exposiciones colectivas como *Allied with Power: African and African Diaspora Art from the Jorge M. Pérez Collection, The Other Side of Now: Foresight in Caribbean Art* y exposiciones individuales de artistas como Firelei Báez, Ulla von Brandenburg, william cordova, Teresita Fernández, José Carlos Martinat, Carlos Motta y Beatriz Santiago Muñoz. En PAMM, fundó el Caribbean Cultural Institute, una plataforma curatorial dedicada al arte caribeño y trabajó para expandir la colección del museo, asegurando obras de artistas como Simone Leigh, Bisa Butler y Bony Ramirez, entre otros.

Carlos Ortiz Burgos is an art historian and curator specializing in Caribbean modern and contemporary art. He holds a BA in Latin American and Caribbean art from the University of Puerto Rico, Río Piedras, and an MA in visual cultures of the Americas from Florida State University. He has curated exhibitions at the Liga de Arte de

San Juan, the Clemente Soto Vélez Cultural & Educational Center, and the University of North Carolina at Chapel Hill. Ortiz Burgos is an associate editor of the online journal *Visión Doble* and his writing has been published in the *Revista del Instituto de Cultura Puertorriqueña*, the Spanish-language newspaper *Claridad*, and the Universidad de Murcia journal, *Arte y políticas de identidad*. He is a 2023–24 recipient of the Helen Frankenthaler Curatorial Fellowship at James Gallery and a 2025 recipient of the Ponsold-Motherwell Curatorial Fellowship at El Museo del Barrio. He is currently pursuing a PhD at the City University of New York.

Carlos Ortiz Burgos es historiador del arte y curador especializado en arte moderno y contemporáneo del Caribe. Posee un bachillerato en arte latinoamericano y caribeño de la Universidad de Puerto Rico, Río Piedras y una maestría en culturas visuales de las Américas de la Florida State University. Ha curado exposiciones en la Liga de Arte de San Juan, el Clemente Soto Vélez Cultural & Educational Center y la University of North Carolina, Chapel Hill. Ortiz Burgos es editor asociado de la revista en línea *Visión Doble* y sus escritos se han publicado en la *Revista del Instituto de Cultura Puertorriqueña*, el periódico en español *Claridad* y la revista de la Universidad de Murcia, *Arte y políticas de identidad*. Recibió la Helen Frankenthaler Curatorial Fellowship en James Gallery en 2023–24 y la 2025 Ponsold-Motherwell Curatorial Fellowship en El Museo del Barrio. Actualmente, cursa un doctorado en la City University of New York.

Monica Uszerowicz is a Brooklyn-born, New York City–based independent arts writer, editor, and photographer. Her perspective is deeply informed by Florida—where she spent a large part of her life—and the broader Global South. She has written on the work of Caribbean and Latinx artists including Cristine Brache, Deborah Jack, Cristina Molina, and Natalia Lassalle-Morillo. Uszerowicz's writing has been published in *Artsy*, *Artforum*, *Art in America*, *The Believer*, *Bomb Magazine*, *Burnaway*, *Hyperallergic*, *The Los Angeles Review of Books*, *The New*

York Review of Books, and *Pin-Up*, among others. She was a 2020 recipient of The Andy Warhol Foundation Arts Writers Grant in support of *Groundwater*, an ongoing essay series about artists from Florida and the Caribbean whose work addresses—or attempts to mitigate—instances of environmental injustice and the effects of the climate crisis.

Monica Uszerowicz es una escritora, editora y fotógrafa independiente nacida en Brooklyn y radicada en el ciudad de Nueva York. Su perspectiva está profundamente influenciada por Florida—donde pasó gran parte de su vida—y el contexto más amplio del Sur Global. Ha escrito sobre el trabajo de artistas caribeños y latinx, incluyendo a Cristine Brache, Deborah Jack, Cristina Molina y Natalia Lassalle-Morillo. Los escritos de Uszerowicz han sido publicados en *Artsy*, *Artforum*, *Art in America*, *The Believer, Bomb Magazine*, *Burnaway, Hyperallergic*, *The Los Angeles Review of Books*, *The New York Review of Books* y *Pin-Up*, entre otros. Fue beneficiaria en 2020 de The Andy Warhol Foundation Arts Writers Grant para apoyar *Groundwater*, una serie de ensayos en curso sobre artistas de Florida y el Caribe cuyo trabajo aborda—o intenta mitigar—casos de injusticia ambiental y los efectos de la crisis climática.

Notes and Sources / Notas y fuentes

Arlene Dávila
Foreword / Prólogo

1 Yasmin Ramirez, "'… A Place for Us': The Puerto Rican Alternative Art Space Move-ment in New York," in *A Companion to Modern and Contemporary Latin American and Latina/o Art*, ed. Alejandro Anreus, Robin Adèle Greeley, and Megan A. Sullivan (Hoboken, NJ: Wiley-Blackwell, 2021), 281–94.

Teréz Iacovino, José López Serra
Preface / Prefacio

1 As stated by Justic Edward Douglass White in *Downes v. Bidwell as part of the Insular Cases* (1901–22). / Como lo afirma el juez Edward Douglass White en *Downes v. Bidwell* como *parte de los Casos Insulares* (1901–22). Downes v. Bidwell, 182 U.S. 244 (1901).
2 Carmen Teresa Whalen, "Colonialism, Citizenship, and Community Building in the Puerto Rican Diaspora: A Conclusion," in *Puerto Rican Diaspora: Historical Perspectives*, ed. Carmen Teresa Whalen and Víctor Vázquez-Hernández (Philadelphia: Temple University Press, 2005), 239.
3 Arlene Dávila, "Making Latinx Art," in *Latinx Art: Artists, Markets, and Politics* (Durham, NC: Duke University Press, 2020), 3.
4 Black Lives Matter was found-ed in 2013 by Alicia Garza, Patrisse Cullors, and Opal Tometi in response to the ac-quittal of Trayvon Martin's mur-derer, George Zimmerman. / Black Lives Matter fue fudado en 2013 por Alicia Garza, Patrisse Cullors y Opal Tometi en respuesta a la absolución del asesino de Trayvon Martin, George Zimmerman. See (Véase) "Our History," Black Lives Matter, March 19, 2024, https://blacklivesmatter.com/our-history/#:~:text=In%202013%2C%20three%20radical%20Black,Trayvon%20Martin's%20murderer%2C%20George%20Zimmerman.
5 Mayra Santos-Febres, "Integrationist Racism and Contemporary Art in Puerto Rico in the Wake of Black Lives Matter," *Protodispatch*, January 23, 2024, https://www.protocinema.org/protodispatch/integrationist-racism-and-contemporary-art-in-puerto-rico-in-the-wake-of-black-lives-matter.
6 Yasmin Ramirez, "'… A Place for Us': The Puerto Rican Alternative Art Space Move-ment in New York," in *A Companion to Modern and Contemporary Latin American and Latina/o Art*, ed. Alejandro Anreus, Robin Adèle Greeley, and Megan A. Sullivan (Hoboken, NJ: Wiley-Blackwell, 2021), 283.

María Elena Ortiz
Refusing Essentialism / Rechazando el esencialismo

1 Lucille H. Gregory, "The Puerto Rican 'Rainbow': Distortion vs. Complexities," *Children's Literature Association Quarterly* 18, no. 1 (Spring 1993): 29.
2 Maritza Quiñones Rivera, "From Trigueñita to Afro-Puerto Rican: Intersections of the Racialized, Gendered, and Sexualized Body in Puerto Rico and the U.S. Mainland," *Meridians* 7, no. 1 (2006): 163.
3 In Puerto Rico, the Miss Uni-verse Pageant is a national celebration—the island prides itself on its winning queens. The majority of these beauty queens represent a European standard of beauty. / En Puerto Rico, el concurso de Miss Universo es una cele-bración nacional. Las reinas ganadoras enorgullecen a la isla. La mayoría de estas reinas de belleza presenta un estándar europeo de belleza.
4 Elvira Dyangani Ose, "And What Are You Looking At?: Formulas for Making the Invisible Visible," *Nka Journal of Contemporary African Art*, no. 22–23 (March 2008): 95–96.
5 Margo Natalie Crawford, "The Diasporic Power of Black Abstraction: *Black* as a Unifying Concept *and* a Strategic Abstraction," *Nka Journal of Contemporary African Art*, no. 42–43 (November 2018): 48.
6 The 1990s in Puerto Rico was a decade that embraced a Spanophilia, in which culture and topics related to Spain were venerated and promoted by local government. / Durante la década de 1990 en Puerto Rico, la acogida de la Hispanofilia fue tal que todo lo relacionado con España y su cultura era venerado y promo-vido por el gobierno local.

Carlos Ortiz Burgos
A Bifurcated Tongue: Multilingual Resistance in Puerto Rican Art / Una lengua bifurcada: resis-tencia multilingüe en el arte puertorriqueño

1 Throughout this essay Puerto Rico is referred to as an archi-pelago in respect to its geo-graphical and historical reality, which includes two island municipalities and several other uninhabited islands. / A lo largo de este ensayo, se hace referencia a Puerto Rico como un archipiélago con respecto a su realidad geográ-fica e histórica, que incluye dos municipios insulares y varias islas deshabitadas.
2 Jorge Duany, "Cuestión de idioma," in *La nación en vaivén: identidad, migración y cultura popular en Puerto Rico* (San Juan, PR: Ediciones Callejón, 2009), 58–59.
3 Amparo Morales, "Español e inglés en Puerto Rico: des-cripción y estudios," *Revista de Estudios Hispánicos de la Universidad de Puerto Rico* 27, no. 1 (2000): 71–106.
4 Fanon's text discusses the use and importance of Martinican Creole and its social relation-ship with French. / El texto de Fanon aborda el uso y la importancia del criollo martiniqueño y su relación socia con el francés.
5 Frantz Fanon, "El negro y el lenguaje," in *Piel Negras, Máscaras Blancas*, trans. Ana Useros Martín (Madrid: Ediciones Akal, 2009), 50. Unless otherwise noted, all translations into English are my own. / A menos que se indique lo contrario, todas las traducciones al inglés son mías.
6 Duany, "Cuestión de Idioma," 58–59.
7 Jorge Duany, "El éxodo Bori-cua contemporáneo," in *Ida y Vuelta: Experiencas de la migración en el arte puerto-rriqueño contemporáneo* (San Juan, PR: Museo de Historia, Antropología y Arte de la Universidad de Puerto Rico, 2017), 19.
8 Duany, "El éxodo Boricua con-temporáneo," 20.
9 Raymond Cruz Corchado, "La pintura abstracta matérica en Puerto Rico 1950–2020" (PhD diss., Universitat Politècnica de València, 2021), 357.
10 Tyler Rudick, "Artist Ivelisse Jiménez Explores Language, Memory and Plastic in New World Museum Installation," *CultureMap Houston*, April 11, 2012, https://houston.culturemap.com/news/entertainment/04-11-12-art st-ivelisse-jimenez-explores-language-memory-and-plastic-in-new-installation-at-the-new-world-museum.
11 Avis C. Vidal, "You Don't Look Puerto Rican," *New York Times*, February 11, 1990. https://www.nytimes.com/1990/02/11/books/you-don-t-look-puerto-rican.html.
12 See (Véase) Mireya Navarro, "Puerto Rico Teachers Resist Teaching in English," *New York Times*, May 19, 1997,https://www.nytimes.com/1997/05/19/us/puerto-rico-teachers-resist-teaching-in-english.html; "Spanish is once again the first official language of Puerto Rico … and the controversy returns," *BBC News*, September 4, 2015, https://www.bbc.com/mundo/noticias/2015/09/150904_espanol_ingles_idioma_oficial_puerto_rico_hr.

Monica Uszerowicz
An In-Between Thing: Water, Dreams, and Swaying in Vaivén / Una cosa entremedia: agua, sueños y balanceo en vaivén

Epigraph: Marigloria Palma, "Friend, This Is What Hurts (A Mega Poem)," trans. Carina del Valle Schorske, *Gulf Coast: A Journal of Literature and Fine Arts* 29, no. 2 (Summer/Fall 2017): https://gulfcoastmag.org/journal/29.2-summer/fall-2017/confession-of-the-obscene-/-confesi%C3%B3n-de-lo-obsceno/. / Epígrafe: Marigloria Palma, "Amigo, esto que duele … (un poematón)," de *La noche y otras flores eléctricas* (San Juan: Instituto de Cultura Puertorriqueña, 1976), 71–74.

1 Born in 1917 in Canóvanas, Puerto Rico, Marigloria Palma (born Gloria María Pagán y Ferrer) was, to quote Lassalle-Morillo, "a Puerto Rican poet, playwright, and interdisciplinary artist who spent twenty years of her life in Los Angeles, observing Puerto Rico's colonial struggle from a distance, and embodying the experience of displacement and in-betweenness that comes with simultaneously inhabiting two politically and culturally opposed homes." / Nacida en 1917 en Canóvanas, Puerto Rico, Marigloria Palma (nacida Gloria María Pagán y Ferrer) fue, para citar a Lassalle-Morrillo, "una poeta, dramaturga y artista interdisciplinaria puertorriqueña que pasó veinte años de su vida en Los Ángeles, observando la lucha colonial de Puerto Rico desde la distancia y encarnando la experiencia de desplazamiento e intermediación que caracteriza el habitar dos hogares política y culturalmente opuestos". See (Véase) Un atlas para la noche y otras flores eléctricas, Natalia Lassalle-Morillo (página web), accesado el 3 de septiembre de 2024, http://natalialassallemorillo.com/work/an-atlas-to-the-night-and-other-electric-flowers.

2 "Carina del Valle Schorske – 'Amigo, Esto Que Duele (Friend, This Is What Hurts),'" posted March 7, 2018, by SlamFind, YouTube, 4:43, https://www.youtube.com/watch?v=sIhAxs3vE58.

3 Natalia Lassalle-Morillo, interview with author, August 18, 2024. All quotes attributed to Lassalle-Morillo are from this interview, unless otherwise noted. / Natalia Lassalle-Morillo, entrevista con la autora, 18 de agostos de 2024. Todas las citas atribuidas a Lassalle-Morillo provienen de esta entrevista, a menos que se indique lo contrario.

4 Sophocles, Antigone, trans. Anne Carson (London: Oberon Books, 2015), 39.

5 All quotes attributed to the film's cast were transcribed by the author from a password-protected screener. / Todas las citas atribuidas al elenco de la película fueron transcritas por la autora a través de un screener protegido con contraseña. See (Véase) En Parábola/Conversations on Tragedy (Part 1), directed by Natalia Lassalle-Morillo, posted April 16, 2024, Vimeo, 1:03:07, https://vimeo.com/video/935326517?share=copy.

6 Jorge Duany, The Puerto Rican Nation on the Move: Identities on the Island and in the United States (Chapel Hill: University of North Carolina Press, 2002), 2.

7 "Rodríguez Calero," interview by Lauren Magnifico, February 28, 2007, posted June 6, 2013, by the Institute for Latino Studies at the University of Notre Dame, YouTube, 29:14, https://www.youtube.com/watch?v=PAjZ15ICt3s.

8 "Acrollage," Rodríguez Calero (website), accessed September 3, 2024, https://www.rodriguezcalero.com/acrollage.

9 "Acrollage," Rodríguez Calero.

10 Nadiah Rivera Fellah, "Genesis Báez's Fleeting Visions of the Puerto Rican Diaspora," Aperture, January 5, 2022, https://aperture.org/editorial/genesis-baez-fleeting-visions-of-the-puerto-rican-diaspora/.

11 Cristina Samper, "Experience Movement and Sound through Genesis Báez's Photographs," Art of Choice, October 12, 2020, https://www.artofchoice.co/experience-movement-and-sound-through-genesis-baezs-photographs/.

Yomaira C. Figueroa-Vásquez

"con el recuerdo al hombro": Black Boricua aesthetics and the demand for our politico-spiritual attention / "con el recuerdo al hombro": la estética negra boricua y la reivindicación de nuestra atención político-espiritual

Epigraph: Ángela María Dávila, Animal fiero y tierno / Fierce and Tender Animal, trans. Roque Raquel Salas Rivera (New York: CENTRO Press, 2024), 24–25. Originally published in 1977 by Editorial QueAce. / Epígrafe: Ángela María Dávila, Animal fiero y tierno / Fierce and Tender Animal, trad. Roque Raquel Salas Rivera (Nueva York: CENTRO Press, 2024), 24–25. Publicado originalmente en 1977 por Editorial QueAce.

1 Boricua, the demonym for Puerto Rican people, is rooted in the precolonial name of the island, Borikén (sometimes Hispanicized as Borinquén). / Boricua, el denomino del pueblo puertorriqueño, tiene sus raíces en el nombre precolonial de la isla, Borikén (a veces hispanizado como Borinquén).

2 José Luis González, "El país de cuatro pisos," in El país de cuatro pisos y otros ensayos (Río Piedras, PR: Ediciones Huracán, 1980), 20.

3 Destierro, as I have written elsewhere, is "a palimpsest of centuries of overlapping histories, lived experiences, ties to land and land-based practices, and multiple movements (forced and voluntary migrations) by dispossessed peoples onto dispossessed lands;" it "is a constitutive part of exile and diaspora" that can likewise be a way to focus "on the long legacies of self-determination by peoples on the underside of modernity." / El destierro, como he escrito en el pasado, es un "palimpsesto de siglos de historias superpuestas, vivencias, vínculos con la tierra y prácticas agrarias y varios movimientos (e.g. migraciones forzadas y voluntarias) por parte de pueblos desposeídos"; es "una parte esencial del exilio y la diáspora" que también puede ser una manera de centrarse "en los legados largos de auto-determinación de los pueblos más vulnerables de la modernidad". See (Véase) Decolonizing Diasporas: Radical Mappings of Afro-Atlantic Literature (Evanston, IL: Northwestern University Press, 2020), 93.

4 For more on how colloquialisms belie the ideologies of mestizaje, see (Para más información sobre cómo los coloquialismos contradicen las ideologías del mestizaje, véase) Carlos Pozzi, "Race, Ethnicity, and Color among Latinos in the United States," in This Side of Heaven: Race, Ethnicity, and Christian Faith, ed. Robert J. Priest and Alvaro L. Nieves (Oxford: Oxford University Press, 2006), 47–62.

5 Sarah Bruno and Jessica Marie Johnson, "'Que Recogan Este Memoria': Black Puerto Rican Data," New Literary History 54, no. 1 (2022): 583–611.

6 Aimé Césaire, Discourse on Colonialism, trans. Joan Pinkham (New York: NYU Press, 2000), 53.

7 M. Jacqui Alexander, "Remembering This Bridge Called My Back, Remembering Ourselves," in Pedagogies of Crossing: Meditations on Feminism, Sexual Politics, Memory, and the Sacred (Durham, NC: Duke University Press, 2005), 269.

8 M. Jacqui Alexander, "Introduction," in Pedagogies of Crossing: Meditations on Feminism, Sexual Politics, Memory, and the Sacred (Durham, NC: Duke University Press, 2005), 15.

9 Ruth Wilson Gilmore, Golden Gulag: Prisons, Surplus, Crisis, and Opposition in Globalizing California (Berkeley: University of California Press, 2007), 178.

10 Amber Robles-Gordon, email message to author, November 30, 2024. / Amber Robles-Gordon, correo electrónico a la autora, 30 de noviembre de 2024.

11 See (Véase) Alana Butler, "Quiltmaking among African-American Women as a Pedagogy of Care, Empowerment, and Sisterhood," Gender and Education 31, no. 5 (2019): 590–603.

Reproduction Credits / Créditos de reproducción

p. 23: Fig 1: Courtesy the artist. / Cortesía del artista. © Estrella Esquilín

pp. 25–26: Figs 2–5: Courtesy the artist and Monique Meloche Gallery, Chicago. / Cortesía del artista y Monique Meloche Gallery, Chicago. © Candida Alvarez

p. 28: Fig 6: Photo: Tejan Rahim. Courtesy Dieu Donné, New York. / Foto: Tejan Rahim. Cortesía Dieu Donné, Nueva York. © William Villalongo

p. 28: Fig 7: Courtesy the artist. / Cortesía del artista. © Héctor Méndez Caratini

p. 29: Fig. 8: Courtesy Guariken Arts Inc. and Hutchinson Modern & Contemporary, New York. / Cortesía del Guariken Arts Inc. y Hutchinson Modern & Contemporary, Nueva York. © Juan Sánchez

p. 31: Fig. 9: Courtesy Mattel, Inc. / Cortesía de Mattel, Inc. © Mattel, Inc.

p. 34: Fig. 10: Photo: Johnny Betancourt. Courtesy the artist. / Foto: Johnny Betancourt. Cortesía del artista. © Elizabeth Robles

p. 35: Fig. 11: Courtesy the artist. / Cortesía del artista. © Ivelisse Jiménez

p. 35: Fig. 12: Courtesy the artist. / Cortesía del artista. © Ricardo Levins Morales

pp. 37–38: Figs. 13–16: Courtesy the artist. / Cortesía del artista. © Bibiana Suárez

p. 40: Fig. 17: Courtesy the artist. / Cortesía del artista. © Natalia Lassalle-Morillo

p. 40: Fig. 18: Photo: José López Serra. Courtesy the artist and Hidrante, San Juan. / Foto: José López Serra. Cortesía del artista e Hidrante, San Juan. © Natalia Lassalle-Morillo

p. 43: Fig. 19: Courtesy the artist. / Cortesía del artista. © Rodríguez Calero

p. 44: Figs. 20–21: Courtesy the artist. / Cortesía del artista. © Genesis Báez

pp. 45–46: Figs. 22–23: Courtesy the artist. / Cortesía del artista. © Larissa De Jesús Negrón

p. 51: Fig. 24: Courtesy Normal Editions, Illinois State University. / Cortesía Normal Editions, Illinois State University. © Maritza Dávila-Irizarry

p. 52: Fig. 25: Courtesy the artist and P·P·O·W, New York. / Cortesía del artista y P·P·O·W, Nueva York. © Shellyne Rodriguez

p. 55: Figs. 26–27: Courtesy the artist. / Cortesía del artista. © Amber Robles-Gordon

pp. 61–63: Courtesy the artist and Monique Meloche Gallery, Chicago. / Cortesía del artista y Monique Meloche Gallery, Chicago. © Candida Alvarez

p. 65: Photo: Chester Alamo-Costello. Courtesy the artist and Monique Meloche Gallery, Chicago. / Foto: Chester Alamo-Costello. Cortesía del artista y Monique Meloche Gallery, Chicago. © Candida Alvarez

p. 67: Courtesy the artist. / Cortesía del artista. © Genesis Báez

p. 69: Photo: Dannielle Bowman. Courtesy the artist. / Foto: Dannielle Bowman. Cortesía del artista. © Genesis Báez

p. 71: Photo: Paul Salveson. Courtesy the artist and Hannah Hoffman, Los Angeles. / Foto: Paul Salveson. Cortesía del artista y Hannah Hoffman, Los Angelés. © Sula Bermudez-Silverman

p. 73: Photo: Jonathan Chacón. Courtesy Josh Lilley, London and Hannah Hoffman, Los Angeles. / Foto: Jonathan Chacón. Cortesía del Josh Lilley, Londres y Hannah Hoffman, Los Ángeles. © Sula Bermudez-Silverman

p. 75: Courtesy the artist. / Cortesía del artista. © Ricardo Cabret

p. 77: Photo: Mara Corsino. Courtesy the artist. / Foto: Mara Corsino. Cortesía del artista. © Ricardo Cabret

pp. 79, 81: Courtesy the artist. / Cortesía del artista. © Melissa Calderón

pp. 83, 85: Courtesy the artist. / Cortesía del artista. © Rodríguez Calero

pp. 87–89: Courtesy the artist. / Cortesía del artista. © Nayda Collazo-Llorens

p. 91: Courtesy Penny W. Stamps School of Art & Design, University of Michigan. / Cortesía del Penny W. Stamps School of Art & Design, University of Michigan. © Nayda Collazo-Llorens

p. 93: Photo: Marten Elder. Courtesy the artist and Efraín López, New York. / Foto: Marten Elder. Cortesía del artista y Efraín López, Nueva York. © Gisela Colón

p. 95: Photo: Marten Elder. Courtesy the artist and Efraín López, New York. / Foto: Marten Elder. Cortesía del artista y Efraín López, Nueva York. © Gisela Colón

p. 97: Photo: Raquel Pérez Puig. Courtesy the artist and Ferrin Contemporary. Cortesía del artista y Ferrin Contemporary © Cristina Córdova

p. 99: Photo: Lucy Plato. Courtesy the artist and Ferrin Contemporary. / Foto: Lucy Plato. Cortesía del artista y Ferrin Contemporary. © Cristina Córdova

pp. 101–103: Courtesy the artist and Monique Meloche Gallery, Chicago. / Cortesía del artista y Monique Meloche Gallery, Chicago. © David Antonio Cruz

p. 105: Photo: Lia Clay, for the 2018 Queer|Art Community Portrait Project. Courtesy the artist and Monique Meloche Gallery, Chicago. / Foto: Lia Clay, para el 2018 Queer|Art Community Portrait Project. Cortesía del artista y Monique Meloche Gallery, Chicago. © David Antonio Cruz

p. 107: Courtesy Normal Editions, Illinois State University. / Cortesía del Normal Editions, Illinois State University. © Maritza Dávila-Irizarry

p. 109: Photo: Jon W. Sparks. Courtesy the artist. / Foto: Jon W. Sparks. Cortesía del artista. © Maritza Dávila-Irizarry

p. 111: Courtesy the artist. / Cortesía del artista. © Larissa De Jesús Negrón

p. 113: Photo: Matthew Priestley. Courtesy the artist. / Foto: Matthew Priestley. Cortesía del artista. © Larissa De Jesús Negrón

p. 115: Courtesy the artist. / Cortesía del artista. © Ada del Pilar Ortiz

p. 117: Courtesy Museo de Arte de Puerto Rico. / Cortesía del Museo de Arte de Puerto Rico. © Ada del Pilar Ortiz

p. 119: Courtesy the artist. / Cortesía del artista.

© Estrella Esquilín

p. 121: Photo: Shaunté Glover, 2024. Courtesy the artist. / Foto: Shaunté Glover, 2024. Cortesía del artista. © Estrella Esquilín

pp. 123, 125: Courtesy the artist. / Cortesía del artista. © Mónica Félix

p. 127: Photo: Rik Sferra. Courtesy the artist and Public Functionary, Minneapolis. / Foto: Rik Sferra. Cortesía del artista y Public Functionary, Minneapolis. © Cándida González

p. 129: Photo: Diana Albrecht. Courtesy the artist. / Foto: Diana Albrecht. Cortesía del artiste. © Cándida González

p. 131: Photo: Zachary Balber. Courtesy the artist and South Florida Cultural Consortium. / Foto: Zachary Balber. Cortesía del artista y South Florida Cultural Consortium. © GeoVanna Gonzalez

p. 133: Photo: Nikki A. Rae. Courtesy Museum of Contemporary Art Denver. / Foto: Nikki A. Rae. Cortesía del Museum of Contemporary Art Denver. © GeoVanna Gonzalez

p. 135: Courtesy the artist. / Cortesía del artista. © Ivelisse Jiménez

P. 137: Photo: Laura Bianchi. Courtesy Bogliasco Foundation. / Foto: Laura Bianchi. Cortesía del Bogliasco Foundation. © Ivelisse Jiménez

p. 139: Courtesy the artist and Hidrante, San Juan. Cortesía del artista e Hidrante, San Juan. © Juanita Lanzo

p. 141: Photo: Derick Davies. Courtesy the artist. / Foto: Derick Davies. Cortesía del artista. © Juanita Lanzo

p. 143: Photo: New Document. Courtesy the artist. / Foto: New Document. Cortesía del artista. © Natalia Lassalle-Morillo

pp. 144–145: Photo: José López Serra. Courtesy the artist and Hidrante, San Juan. / Foto: José López Serra. Cortesía del artista e Hidrante, San Juan. © Natalia Lassalle-Morillo

p. 147: Photo: Xiayoue Zhang. Courtesy the artist. / Foto: Xiayoue Zhang. Cortesía del artista. © Natalia Lassalle-Morillo

p. 149: Photo: Minneapolis Institute of Art. Courtesy the artist. / Foto: Minneapolis Institute of Art. Cortesía del artista. © Olivia Levins Holden

p. 151: Photo: Eiko Mizushima. Courtesy the artist. / Foto: Eiko Mizushima. Cortesía del artista. © Olivia Levins Holden

p. 153: Courtesy the artist. / Cortesía del artista. © Ricardo Levins Morales

p. 155: Photo: Molly Miles. Courtesy the artist and McKnight Foundation. / Foto: Molly Miles. Cortesía del artista y McKnight Foundation. © Ricardo Levins Morales

pp. 158–159: Courtesy the artist. / Cortesía del artista. © Nora Maité Nieves

p. 161: Photo: Mara Corsino. Courtesy the artist. / Foto: Mara Corsino. Cortesía del artista. © Nora Maité Nieves

p. 163: Courtesy the artist. / Cortesía del artista. © Héctor Méndez Caratini

p. 165: Photo: Jochi Melero. Courtesy the artist. / Foto: Jochi Melero. Cortesía del artista. © Héctor Méndez Caratini

p. 167: Courtesy Colectivo Moriviví. / Cortesía del Colectivo Moriviví. © Colectivo Moriviví

p. 169: Photo: Herminio Rodríguez. Courtesy Colectivo Moriviví. / Foto: Herminio Rodríguez. Cortesía del Colectivo Moriviví. © Colectivo Moriviví

pp. 171–173: Photo: José López Serra. Courtesy the artist and Hidrante, San Juan. / Foto: José López Serra. Cortesía del artista e Hidrante, San Juan. © Javier Orfón

p. 175: Courtesy the artist. / Cortesía del artista. © Javier Orfón

p. 177: Photo: Christopher Selleck. Courtesy the artist and Katherine E. Nash Gallery. / Foto: Christopher Selleck. Cortesía del artista y Katherine E. Nash Gallery. © Josué Pellot

p. 179: Photo: Herminio Rodríguez. Courtesy the artist. / Foto: Herminio Rodríguez. Cortesía del artista. © Josué Pellot

p. 181: Photo: Natale Caccamo. Courtesy the artist and Winterthur Museum, Garden and Library. / Foto: Natale Caccamo. Cortesía del artista y Winterthur Museum, Garden and Library. © Joey Quiñones

p. 183: Photo: Eric Perry. Courtesy the artist. / Foto: Eric Perry. Cortesía del artista. © Joey Quiñones

p. 185: Photo: Dominic Di Paolo. Courtesy the artist. / Foto: Dominic Di Paolo. Cortesía del artista. © Wanda Raimundi-Ortiz

p. 187: Photo: Chris Edwards. Courtesy the artist. / Foto: Chris Edwards. Cortesía del artista. © Wanda Raimundi-Ortiz

p. 189: Photo: Johnny Betancourt. Courtesy the artist. / Foto: Johnny Betancourt. Cortesía del artista. © Elizabeth Robles

p. 191: Photo: José López Serra. Courtesy the artist and Hidrante, San Juan. / Foto: José López Serra. Cortesía del artista e Hidrante, San Juan. © Elizabeth Robles

pp. 193–195, 197: Courtesy the artist. / Cortesía del artista. © Amber Robles-Gordon

pp. 199–201: Courtesy the artist. / Cortesía del artiste. © Jezabeth Roca González.

p. 203: Photo: José López Serra. Courtesy the artist and Hidrante, San Juan. Foto: José López Serra. Cortesía del artiste e Hidrante, San Juan. © Jezabeth Roca González.

pp. 205, 207: Courtesy the artist and P·P·O·W, New York. / Cortesía del artista y P·P·O·W, Nueva York. © Shellyne Rodriguez

pp. 209, 211: Courtesy the artist. / Cortesía del artista. © Luis Rodríguez Rosario

pp. 213, 215: Courtesy the artist. / Cortesía del artista. © Raúl Romero

p. 217: Photo: Daniel Terna. Courtesy the artist. / Foto: Daniel Terna. Cortesía del artista. © G. Rosa-Rey

p. 219: Photo: Maria Baranova. Courtesy the artist. / Foto: Maria Baranova. Cortesía del artista. © G. Rosa-Rey

p. 221: Courtesy Guariken Arts Inc. and Hutchinson Modern & Contemporary, New York. / Cortesía Guariken Arts Inc. y Hutchinson Modern & Contemporary, Nueva York. © Juan Sánchez

p. 223: Photo: George Malave, 2012. Courtesy Guariken Arts Inc. and Hutchinson Modern & Contemporary, New York. / Foto: George Malave, 2012. Cortesía Guariken Arts Inc. y Hutchinson Modern & Contemporary, Nueva York. © Juan Sánchez

pp. 225–227: Courtesy the artist and Sociedad del Tiempo Libre. / Cortesía del artista y Sociedad del Tiempo Libre. © Beatriz Santiago Muñoz

p. 229: Photo: Ramón Miranda Beltrán. Courtesy the artist. / Foto: Ramón Miranda Beltrán. Cortesía del artista. © Beatriz Santiago Muñoz

p. 231: Photo: Christopher Selleck. Courtesy the artist and Katherine E. Nash Gallery. / Foto: Christopher Selleck. Cortesía del artista y Katherine E. Nash Gallery. © Amarise Deán Santo

p. 233: Courtesy the artist. / Cortesía del artista. © Amarise Deán Santo

pp. 235–237: Courtesy the artist and Luis De Jesus Los Angeles. / Cortesía del artista y Luis De Jesus Los Ángeles. © Edra Soto

p. 239: Photo: Steph Murray. Courtesy the artist and Luis De Jesus Los Angeles. / Foto: Steph Murray. Cortesía del artista y Luis De Jesus Los Ángeles. © Edra Soto

pp. 242–243: Courtesy the artist. / Cortesía del artista. © Bibiana Suárez

p. 245: Photo: Herminio Rodríguez. Courtesy the artist. / Foto: Herminio Rodríguez. Cortesía del artista. © Bibiana Suárez

pp. 248–249: Photo: Christopher Selleck. Courtesy the artist and Katherine E. Nash Gallery. / Foto: Christopher Selleck. Cortesía del artista y Katherine E. Nash Gallery. © Nitza Tufiño

p. 251: Photo: Ruben Natal-San Miguel, Nitza Tufiño (El Corazón Del Barrio), 2025, El Barrio, East Harlem, NYC. Thursday, February 13, 2025, 4:55 PM. 43 degrees. Courtesy the artist and Katherine E. Nash Gallery. / Foto: Ruben Natal-San Miguel, Nitza Tufiño (El Corazón Del Barrio), 2025, El Barrio, East Harlem, NYC. Jueves, 13 de febrero de 2025, 4:55 PM. 43 grados. Cortesía del artista y Katherine E. Nash Gallery. © Ruben Natal-San Miguel.

p. 253: Photo: Tejan Rahim. Courtesy Dieu Donné, New York. / Foto: Tejan Rahim. Cortesía Dieu Donné, Nueva York. © William Villalongo

p. 255: Photo: Argenis Apolinario NYC. Courtesy the artist and Susan Inglett Gallery, New York. / Foto: Argenis Apolinario NYC. Cortesía del artista y Susan Inglett Gallery, Nueva York. © William Villalongo